班主任
专业基本功

第4版

编委会主任

胡金波

编委会成员

陆岳新　张卫星　董洪亮　殷雅竹

顾润生　齐学红　黄正平　张志刚

主　编

齐学红　黄正平

南京师范大学出版社

图书在版编目(CIP)数据

班主任专业基本功/齐学红,黄正平主编. —4版. —南京:南京师范大学出版社,2021.8(2025.1重印)
ISBN 978-7-5651-4895-8

Ⅰ.①班… Ⅱ.①齐… ②黄… Ⅲ.①中小学—班主任工作 Ⅳ.①G635.16

中国版本图书馆CIP数据核字(2021)第114836号

书　　名	班主任专业基本功(第4版)
主　　编	齐学红　黄正平
策划编辑	张　春
责任编辑	秦　月
出版发行	南京师范大学出版社
地　　址	江苏省南京市玄武区后宰门西村9号(邮编:210016)
电　　话	(025)83598919(总编办)　83598412(营销部)　83373872(邮购部)
网　　址	http://press.njnu.edu.cn
电子信箱	nspzbb@njnu.edu.cn
照　　排	南京开卷文化传媒有限公司
印　　刷	兴化印刷有限责任公司
开　　本	710毫米×1000毫米　1/16
印　　张	23
字　　数	425千
版　　次	2021年8月第4版　2025年1月第8次印刷
书　　号	ISBN 978-7-5651-4895-8
定　　价	58.00元

出 版 人 张　鹏

序

中小学班主任是中小学教师队伍的重要组成部分，是班级工作的组织者、班集体建设的指导者、中小学生健康成长的引领者，是中小学思想道德教育的骨干，是沟通家长和社区的桥梁，是实施素质教育的重要力量。加强中小学班主任工作，对于贯彻党的教育方针，全面推进素质教育，把加强和改善未成年人思想道德建设的各项任务落到实处，具有十分重要的意义。

著名教育家雅斯贝尔斯在其经典著作《什么是教育》中曾经写道："教育的本质是心灵的教育，是一棵树摇动另一棵树，一朵云推动另一朵云，一个灵魂唤醒另一个灵魂。"中小学班主任工作是学校教育中极其重要的育人工作，既是一门科学，也是一门艺术，更是一门专业技能。在新时期、新形势下，中小学班主任工作面临着许多新问题、新挑战：经济社会的深刻巨变，教育改革的创新深化，中小学生成长的新情况、新特点，班主任队伍建设的新途径、新方法，对中小学班主任工作提出了更新、更高的要求，迫切需要思想观念创新、体制机制创新、工作内容创新、方式方法创新。随着教师专业化发展理论的引入和不断完善，我国的班主任正从"职业道德、职业知识、职业技能"要求，向更高层次的"专业道德、专业知识、专业技能"要求迈进。在普遍要求全体教师都要努力承担育人工作的前提下，新时期的班主任的责任更大、要求更高。做班主任和授课一样，都是中小学教师的主业，班主任队伍建设与任课教师队伍建设同等重要。班主任教师的专业理念是指班主任在对教育工作本质理解的基础上形成的关于教育的观念和理性认识。这就亟须确立班主任是一个重要的专业性岗位，是学生的主要精神关怀者，是全面关心学生发展的人生导师，是学生发展的"重要他人"，是学生合法权益的保护者等理念，积极主动地争做一个专业自觉、自信、自强的班主任，这是班主任工作的核心灵魂！

为了深入贯彻落实党的十八大精神和《中共中央国务院关于进一步加强和改进未成年人思想道德建设的若干意见》，充分发挥中小学班主任教师在学校教育工作中的示范引领和骨干作用，有力促进中小学生德、智、体、美、劳全面发展，2012 年 11 月，上海市教委、江苏省教育厅、浙江省教育厅、安徽省教育厅共同成功地举办了“首届长三角地区中小学班主任基本功大赛”。长三角地区中小学班主任基本功大赛采用“赛训一体、以赛促建”的方式，营造氛围、锤炼骨干、打造优秀、树立典型。通过大赛，旨在搭建班主任成长的平台，推动班主任专业化发展的过程，壮大优秀班主任核心团队；同时以赛会友，增进长三角地区的合作交流，实现资源共享、优势互补，共同促进班主任队伍建设。多年来，大赛在长三角地区基础教育领域产生了良好的社会声誉和联动示范、促进、辐射功能。

长期以来，江苏省各级教育行政部门和中小学重视班主任队伍建设，发挥班主任独特的教育作用，形成了卓有成效的工作机制。全省广大中小学班主任兢兢业业、无私奉献，做了大量的教书育人和管理工作，为促进中小学生的健康成长作出了贡献。

由江苏省教育学会班主任专业委员会、南京师范大学班主任研究中心编写的《班主任专业基本功》培训读本，吸纳了一批班主任工作的鲜活案例和典型经验。参与策划和编写的专家、作者，有的担任过师范院校领导并长期从事班主任工作理论与实践研究；有的在教育教学研究领域耕耘时久，论文著述成果丰硕；有的一直在出版部门从事实务工作，擅长图书策划。他们虽然在不同的工作单位和专业岗位，各自的主攻研究方向也不尽相同，但是有着一个共同的特点，就是始终紧跟时代的脚步，密切关注班主任专业研究的动态，不断思索班主任工作如何适应当下中国的教育发展态势。诚然，任何培训读本都不可能十全十美，因为就在作者研究、写作的时候，班主任工作的客观情况已经在变化了；再加上每位作者拥有的资料很难滴水不漏，观察的角度也会彼此各异。但重要的是做起来，教起来，学起来！《班主任专业基本功》问世以来，在听取读者，尤其是广大的一线班主任老师的意见、建议后不断修改提高，已经成为广受欢迎的班主任工作读本，以及具有权威性、实用性、针对性强的特点的培训教材，我真切期冀以这本书为新的起点，强化班主任工作研究，逐步形成和完善具有江苏特色的班主任工作实践与学理研究，使中小学班主任工作不仅在数量和质量方面达到相应水平，出色地担当起教书育人、传承文明的重任，而且在理论建树和实践创新方面具有东方元素、中国特色，令人瞩目。

是为序。

2013 年 7 月

目 录

第二编　班主任专业知识

第三编　班主任专业技能

第一编

班主任专业道德

专业道德是指一种职业群体为更好地履行职业责任、满足社会需要、维护职业声誉而制定的自我约束的行为规范，是一套被一致认可的伦理标准。随着教师专业化发展理论的不断完善，我国教师正从“职业道德”要求向更高层次的“专业道德”要求迈进。班主任专业道德是班主任专业素养的核心，是班主任专业化的重要标志。班主任专业道德的成长不仅能深化班主任的职业认知和职业情感，提升班主任的职业价值感和职业承诺，还能激发其自我专业成长的强烈动机，是班主任专业化发展中具有基础性地位的方面。可以说，没有班主任专业道德的发展，就不会有真正的可持续的班主任专业化发展。本编将从专业理念、职业道德和礼仪修养三个方面，对班主任专业道德进行分析阐述。

第一章 专业理念

班主任感言

教育是“农业”，不是“工业”，所以教育绝不能简单化。只有把握好教育的“节气”，才能收获孩子灿烂的明天。

——丁馨（2012年上海市“十佳”班主任）

专业理念是专业人员对自身专业的性质、标准、价值等的理解、判断、期待与认同，指引着专业人员的思考方式和行为举止。班主任的专业理念是指班主任“在对教育工作本质理解的基础上形成的关于教育的观念和理性认识”。它主要体现在对待职业、对待学生、对待教育教学和对待自身发展四个方面的正确观念和信念。新时代的班主任要以这些观念和信念引领专业活动、指导班级管理、开展班级工作。这就需要确立班主任是一个重要的专业性岗位，班主任是学生的主要精神关怀者，班主任是全面关心学生发展的人生导师，班主任是学生发展的“重要他人”，班主任是学生合法权益的保护者等基本理念，做一个专业自觉、自信、自强的班主任。

第一节 班主任是一个重要的专业性岗位

随着社会的发展和进步，专业化已成为社会职业发展的重要趋势，专业性则成为衡量职业成熟度的重要指标。班主任制度是我国中小学教育的成功模式，班主任在中小学的特殊作用是难以替代的，班主任工作是一个重要的专业性岗位。

一、班主任专业化的应然取向

在整个中小学教育教学工作中，班主任的工作非常重要。从教育事业来看，基础教育战线贯彻党的教育方针、培养德智体美劳全面发展的社会主义建设者和接班人的任务，都要通过中小学教师特别是班主任面向每一个学生教书育人来实现。从学生的成长来看，班主任在中小学阶段对学生的成长影响非常大，是中小学生学习做人做事最具影响力的指导者。班主任专业化是一种应然取向。

（一）从班主任的地位、作用看班主任岗位的专业性

《教育部关于进一步加强中小学班主任工作的意见》（以下简称《意见》）从加强中小学班主任工作重要性的高度，对班主任的地位和作用进行了精辟的阐述，指出："中小学班主任是中小学教师队伍的重要组成部分，是班级工作的组织者、班集体建设的指导者、中小学生健康成长的引领者，是中小学思想道德教育的骨干，是沟通家长和社区的桥梁，是实施素质教育的重要力量。"在中小学教育中，班主任绝不是可有可无的。针对有一段时间个别学校取消班主任、削弱班主任作用的做法，《意见》明确指出："每个班必须配备班主任。"在现实生活中，我们注意到，许多家长不仅要选择好学校，而且要选择优秀的班主任。这种现象也说明了社会对班主任在学生成长、发展中的专业地位和重要作用的认同。

（二）从班主任的工作职责看班主任岗位的专业性

由于中小学班主任与学生接触较多、沟通便利、影响深远，肩负着育人的重要职责，因此，《意见》对中小学班主任的工作职责作了进一步明确：要求班主任做好中小学生的教育引导工作和班级的管理工作；组织好班集体活动；关注每一位学生的全面发展；要善于利用各种教育资源，不仅要协调好各任课教师，还应成为沟通学校、家庭、社会的纽带。为了履行工作职责，班主任需要付出几倍于他人的努力，没有白天黑夜、课内课外、校内校外之分；需要全身心地投入，把自己的青春和精力、知识和才智全部奉献给班级的每一个学生。因此，班主任工作是一项特别艰巨的工作，诸多的教育问题都会在班主任工作中显现出来。没有一定专业素养的教师是不能胜任班主任这一专业性岗位的。

（三）从班主任的任职条件看班主任岗位的专业性

长期以来，由于受班主任工作“人人能为”思想观念的影响，在实践中，往往出现只要是教师就能当班主任，只要是教师就得当班主任的情况。针对这种现象，《意见》指出，“认真做好中小学班主任的选聘和培训工作”，“班主任应由取得教师资格、思想道德素质好、业务水平高、身心健康、乐于奉献的教师担任”，“班主任要忠诚党的教育事业，热爱学生，善于做学生的思想工作，具有符合素质教育要求的教育观和较强的教育教学和组织能力，掌握教育学、心理学的基本知识和方法，熟悉相关法律法规；品德高尚，为人师表，具有团结协作精神和较强的人际沟通能力”。这就表明，不是所有的教师都能当班主任，也不是所有的教师都能当好班主任，当班主任是有条件的和必须经过选择的。班主任除了应具备一般任课教师的基本品质外，在专业道德、专业知识、专业技能等方面还有一些更广、更高、更深的要求，这就决定了班主任岗位的专业性。

二、班主任专业化的现实诉求

班主任工作是一项复杂的专业劳动。班主任是专业工作者，这种认识已经被越来越多的人所接受，也受到教育行政部门的重视。经济全球化、价值多元化、信息网络化，都对班主任工作提出了新的挑战；生活条件的优越、独生子女的特点，增加了对学生教育管理的难度；同时，班主任队伍的年轻化、经验缺少、威信不高、责任心不强，也给班集体建设带来了严重影响。因此，班主任专业化是教育持续、健康发展的现实诉求。

（一）班主任专业化是时代发展的强烈呼唤

现代学校是以班级授课制为基本模式的，班级制度随着班级授课制的产生而产生、发展而发展。许多国家的学校教学和生活指导都是以班级为单位实施的。我国最早在晚清时期就出现了“级任教师”。中华人民共和国成立后，中小学一律设“班主任”。以班级为单位的班主任工作为“未成年人社会”与“成年人社会”和“未来社会”之间架设了一座由此达彼的桥梁。促进人的全面发展是新时代全面建成小康社会和社会主义现代化建设的重要目标，也是教育活动的根本所在。班主任工作是以完整的人作为工作对象的，因此，班主任工作是一项专业性很强的工作。但是，长期以来，由于班主任所受专业训练严重不足，加之教育自身存在的问题，班主任在班级教育管理实践中没有能够表现出必要的专业精神、专业理论、专业技艺，班主任工作存在着诸多问题。少数班主任由于教育理念的落后、工作方式的粗暴、角色认知的错位，在教育工作中制造了一系列的“反教育”现象，对学生的身心发展造成了伤害，给班主任工作的信誉蒙上了一层阴影，这使班主任工作陷入了某种尴尬的境地。因此，新时代的班主任必须经过专门的系统训练，必须具备班主任工作的专业性系统知识。

【工作案例】

花季少女因被同学投票赶走而自杀[①]

雷梦佳是河南省洛阳市孟津县西霞院中学初一学生，被同学形容为“打起架来比男生还厉害”。2010 年 4 月 6 日，因她又和同年级其他班另一个女同学打架，班主任周老师在 4 月 7 日组织全体同学投票，决定对其如何处罚。投票之前，周老师让雷梦佳先回避，然后给全班同学出了两个选项：留下来给她一次改正错误的机会；或者让家长将其带走，进行家庭教育一周。结果，26 个同学选择让她回家接受教育一周，12 个同学选择再给她一次机会。在得知自己被大部分同学投票赶走后，该少女留下遗言，投渠自杀。

这一案例说明，班主任在处理学生偶发事件时，之所以事与愿违、酿成悲剧，是由于缺乏专业知识和专业道德。因为投票只有在涉及公共利益与公共事务的时候才适用。与公共事务相关的人，可以用投票来决定与自己利益相关的事情。涉及私人领域不宜用投票，涉及科学与专业领域也不宜用投票，因为那是需要专业知识才能决策的。就像对一个病人的诊断，靠的是高明的医生而不是人多一样。因为那是科学，是学术专业领域里的事。

一个未成年的学生犯了错，就用学生投票的方式作出处罚决定，这个目前看似最为流行的“民主”做法，实际却违背了教育的本真。表面上是学生们决定的，事实上却是因为班规与班主任的暗示效应使许多不谙世事的学生为了迎合老师而作出了最坏的决定，甚至培养了学生羞辱他人、虐待他人及受虐的心理。在这个过程中，犯错的学生所要承受的压力是可想而知的。因为，被老师批评可能还是可以承受的，但是被同伴孤立却是最为残忍的。

① 许锡良，谭晓玉，迟希新，等.面对犯错学生，其实还有更好的办法[N].中国教育报，2010-05-07.

（二）班主任专业化是教师专业化发展的必然结果

教师专业化是国际教师教育的发展潮流和趋势。我国教师法规定了“国家实行教师资格制度”，经国家教师资格考试合格者，取得教师资格。联合国教科文组织和国际劳工组织在 20 世纪 60 年代就倡导“教师应当成为一门专业”。1996 年，世界教育大会第 80 号建议《加强教师在多变世界中的作用之教育》，再次提出教师专业化的要求，并把它作为“改善教师地位和工作条件之策略”。

班主任岗位的专业性既源于又应高于一般教师劳动的专业性，是教师专业发展的深化和扩展。班主任在学生素质发展中的地位与作用日益受到关注，《意见》指出：“在普遍要求全体教师都要努力承担育人工作的情况下，班主任的责任更重，要求更高。”人们逐步认识到，现代班主任不仅仅是班集体的组织者、教育者、管理者，同时还是学生主要的“精神关怀者”、影响学生成长发展的“重要他人”。为此，现代班主任应当成为具有专门的职业道德、职业理论、职业技能的专业教育工作者。相对于教师专业化而言，班主任工作是一个更微观的领域，是教师专业化向纵深发展的必然结果。

（三）班主任专业化是改变班主任工作现状的迫切需要

长期以来，班主任工作被看作“人人能为”的、不具有专门学问的工作。这种观念必须彻底打破。班主任的教育劳动是一种专业性的劳动，要胜任班主任的教育劳动，就需要逐渐地走向专业化。

由于多种形式的班主任在职培训逐年升温及班主任学习积极性的不断提高，班主任专业化成熟速度正在加快。但从总体上看，班主任队伍的专业水平仍然不能满足素质教育不断深化的需要和社会对他们的要求，班级管理和班级文化构建能力处于较低水平。有关调查显示，不少班主任在接手一个新的班级时，往往对这个班的班级文化建设缺乏前瞻性的构思。同时，在班级工作中围绕班级文化特色开展工作的习惯和意识淡薄，工作起来就事论事多，甚至被动地跟着学生的表现走。当然，也有很多教师非常注意班级文化建设，但是常常苦于没有解决问题的好方法，或者在开展班级工作时感到力不从心。

【相关链接】

班主任工作中的“三不”现象[①]

长期以来，广大的中小学班主任兢兢业业、无私奉献，作了大量教育和管理工作，为促进中小学生的健康成长作出了重要贡献。但在现实生活中，一些教师在担任班主任工作的问题上，确实存在着“不愿做”“不会做”“不宜做”的“三不”现象。“不愿做”是态度问题。有些教师认为，现在的学生多是独生子女，难管理；班主任工作很辛苦，风险大，吃力不讨好，弄不好两头受气，自寻烦恼，不值得。“不会做”是水平问题。有些教师基本能够胜任教学工作，但缺乏当班主任的能力，不会管理班级、组织活动，不会做学生的思想工作，在学生中没有威信，虽然工作也很辛苦，但效果不佳，自己也常常感到很苦恼，领导和学生家长也不满意。“不宜做”是素质和觉悟问题。有些教师虽然有管理班级的能力和水平，但并不是出于对班主任工作的热爱，而是考虑到有班主任津贴和评职称的需要。一个任课教师不合格，影响的是一门学科；一个不合格的班主任就会影响一个班级学生的成长和发展。由此可见，班主任工作不是人人都能做的，也不是人人都能做好的，班主任应当是一种专业性的岗位。

班主任专业化不仅是改变班主任工作现状的迫切需要，也是提高班主任学术地位和班集体建设水平的关键所在。班主任的社会地位和学术地位的提高，尽管与党和政府的重视以及社会和家庭的信赖有关，但是，仅靠改善待遇和提高声誉是远远不够的。班主任只有自己行动起来，努力提高专业知识和专业能力水平，使自己从经验型班主任向研究型班主任发展，使自己的专业成熟程度不断提高，真正成为训练有素的不可替代的角色，才能从根本上改变班主任的职业形象，提高班主任的社会地位和学术地位，使班主任工作令人尊敬。

总之，班主任专业化不仅是一个理论问题，更是一个现实问题，必须通过促进班主任的专业化发展，来提高班主任的学术地位和班集体建设水平。

---

① 黄正平.班主任专业化：应然取向和现实诉求——解读《教育部关于进一步加强中小学班主任工作的意见》[J].人民教育，2006(19).

【相关链接】

爱就要教书育人[1]

现在有许多教师怕做班主任。在我看来，做教师就要争做班主任，不做班主任的教师，既不能畅享孩子们带来的教育真趣，也无法成全自我的教育人生。我做了58年初中数学教师，也做了58年班主任，两年多之前送走的那一届学生，我是两个班的班主任，成天与学生“泡”在一起。几年前，我创下“连续任职时间最长的班主任”上海大世界吉尼斯纪录。和孩子们在一起，做世界上最小的“主任”，每天领着他们向前走，每天跟着他们同进步，这是我最快乐的事。

三、班主任专业化的基本内涵

专业化是社会文明与进步的表现，是社会发展的必然趋势和重要标志。班主任工作是一种不可替代的专业性工作，班主任专业化的内涵要比一般教师更加丰富，有其自身的特殊性。

（一）专业化的含义

专业是专门从事的某种学业或职业和专门的学问。本书所讨论的专业是一个社会学术语，它区别于教育学的“学科专业”中的概念，它是在社会分工、职业分化中形成的一类特殊的职业，它以有生命的人或无生命的物为对象，以特有的知识技能进行专门化的处理活动，从而解决人生和社会问题，促进社会全面进步。因此，专业是指一群人在从事一种必须经过专门教育或训练，具有较高深和独特的专门知识和技术，按照一定的专业标准进行的活动，通过这种活动将解决人生和社会问题，促进社会进步并获得相应的薪酬和社会地位。专业与非专业的区别在于，专业必须达到一定的标准。关于专业标准，尽管有所差异，但一般都强调这样几个方面：① 有专门的知识体系；② 有较长时期的专业训练；③ 有专门的职业道德；④ 具有专业上的自主权；⑤ 有专业资格的限制和认定专业的组织；⑥ 需要持续的在职成长和终身学习；⑦ 有较高的社会声望和经济地位。专业化是指一个职业经过一段时间后不断成熟，逐渐获得鲜明的专业标准，并获得相应的专业地位的过程。

---

① 李庚南.像陶行知那样做教师[N].江苏教育报，2016－03－02.

从职业本身来看，专业化是一个持续的努力过程。科技的发展促使新的学科领域不断开发，同时社会进步促进人们产生新的服务需要，不同职业的专业发展机遇也在随时变化着，曾经被视为“半专业”“准专业”或“新兴专业”的职业，经过一定时期的努力，成功地达到一般人所能接受的专门职业标准，逐渐发展成为完善的专业。从从业人员来看，一个人要具有专业理论、专业技能和专业精神，必须接受专门的教育，成为专业人才，这也是一个专业化的问题。因此，专业代表一类特殊的职业类型，专业化则是职业迈向专业目标的努力过程。

（二）班主任专业化的含义

班主任专业化的内涵基本上与教师专业化的内涵相近。教师专业化是指教师在获得国家规定的学历标准的基础上，建立现代教育理念，修炼崇高的职业道德，并经过教师职业培训而获得必要的专业知识、专业能力和教师资格，确保专业地位的过程。班主任专业化与教师专业化具有共同性，因为“一个优秀的班主任，首先应该是一个优秀的教师”。然而，班主任的专业角色与教师的专业角色是有所不同的，除了和任课教师一样要完成好教学工作之外，班主任还要履行相应职责。1952年3月，教育部颁发的《中小学暂行规程（草案）》规定“每班设班主任一人”，这标志着我国中小学已从“级任制”转向“班主任制”。1998年7月，原国家教委又制定了《中（小）学班主任工作的暂行条例》，提出了中学班主任的八条职责、小学班主任的七条职责，要求班主任对他们所辖班级学生的生活、学习、工作和学生的素质以及班集体的形成与发展承担重要责任，要对学生和班集体进行教育和管理。因此，班主任专业化就是以教师专业化为基础，以专业的观念和要求对班主任进行选择、培养、培训、管理和使用的过程。主要包括在职业道德上，从一般的道德要求向专业精神发展；在专业知识和能力上，从“单一型”向“复合型”发展；在劳动形态上，从“经验型”向“创造型”发展。

班主任专业化命题是在2002年10月于天津举行的全国第十一届班集体建设理论研讨会上，由首都师范大学王海燕教授首先提出来的；2003年11月，全国第十二届班集体建设理论研讨会在广西柳州市举行，“班集体建设与班主任专业化发展”成了会议主题，柳州市的“班主任专业化”实践受到广泛关注。2004年8月，《人民教育》推出了“中小学班主任专业化”专辑，较为明确地阐述了“班主任专业化”的理论观点。南京师范大学班华教授在这一专辑中发表了著名文章《专业化：班主任持续发展的过程》。从此以后，有关“班主任专业化”的理论研究和实践探索逐渐形成规模。

（三）班主任专业化的内容

班主任工作是一项专业性很强的工作，不仅需要先进教育理念的引领和高尚人格力量的支撑，而且更需要班主任的教育智慧和专业能力。班主任要增强专业发展意识，就应当在专业认知、专业能力、专业道德等方面不断提升自我，超越自我。

一是要深化专业认知。专业化的班主任需要有清醒的专业自觉，不能仅凭经验工作。班主任除了与一般任课教师一样要了解和掌握教育学、心理学、伦理学等教育理论知识外，还需要了解德育原理、班主任学的基本理论和实践知识，需要掌握班级管理学和班主任工作行为学的相关理论知识并逐步运用到学生教育和班集体建设与管理当中去，形成自己的工作风格。由于班主任专业角色的丰富性，需要对学生进行心理、科技、环保、艺术等多方面的教育，因此，班主任要有广博的科学文化知识。

二是要增强专业能力。知识虽然是能力的基础，但知识并不必然地转化为能力。一个专业化的班主任必须具备多方面的能力。如深入了解和研究学生的能力，创建班集体的能力，做好个别学生工作的能力，组织开展各种班队活动的能力，灵活机智的应变能力，交往协调能力以及熟练地运用网络开展德育工作的能力等。此外，班主任还应有较强的教育科研能力。

三是要提升专业道德。任何一种职业都要求从业人员具有相应的职业道德，但对班主任来讲，职业道德更有其特殊意义，这也是由班主任专业劳动的特殊性决定的。班主任的职业道德是道德教育的资源，是直接参与教育过程的因素。班主任的教育劳动，既是道德教育的过程，又是班主任自我修炼的过程，也是班主任展现自己道德人格的过程。班主任自身的道德作为道德教育的内容和手段参与到教育劳动中，教育的内容和手段与班主任的道德是融为一体的。因此，班主任专业化要求班主任具有高尚的职业道德，班主任的职业道德是一种宝贵的教育资源。

【工作案例】

班主任的“专业”，“专”在哪里？

有一位班主任A老师给我讲了自己的一个教育故事：

在学校运动会上，他们班的一个学生在男子100米决赛中扭伤踝关节住了院，家长十分恼火，要找学校“算账”。班主任急了，怎么办？按照《校园安全事故责任认定办法》，学校可以不承担医药费等，但家长会“胡搅蛮缠”，领导也会因为自己没有“搞定”家长而迁怒于班主任。班主任选择了“爱心感动法”，每天下班后都去医院看望学生，甚至“劳驾”妻子，让她炖鸽子汤、排骨汤送到医院，还安排成绩好的同学每天放学后给他补课。这一招果然有效，家长再也“没好意思”找学校“算账”，A老师的“爱心感动法”也多次被校长在各种场合宣扬，似乎这已经是“专业”的最佳表现了。

但果真如此吗？

A老师对待受伤学生的做法无可厚非，也是应该的，但仅就这一件事而言，从班主任“专业”的角度，还仅仅是个开始，他所做的，除了请学生补课外，几乎都是学生的父母要做的，我们的班主任就像学生作文中所说的“像妈妈”，班主任也以此为自豪，其实这是一种讽刺，班主任像妈妈，那么这个班主任至多就是个“妈妈”。妈妈就是妈妈，班主任就是班主任，功能不同。那么，班主任要做些什么呢？

首先要教育孩子在运动中学会自我保护，如准备动作、运动中的技巧（请体育老师讲解），对于“扭伤”不去寻找原因下次还会“扭伤”，将其纳入专业范畴实属当然；其次是面对扭伤了脚后自己的态度，人一旦住进了医院，会有很多不适应，老师要教会学生如何面对，这就要有一定的心理学基础和生活积累，现在的孩子很少经历挫折，有了一次就要抓住，还要教育其他学生如何面对困难，这部分是家长容易忽略的，而恰恰是班主任的职责范畴；最后要向家长宣讲《校园安全事故责任认定办法》，这是教师的社会责任，文明社会的重要标志是法制意识，而不是迁就其“一搅三分理”。

我想，我们的班主任之所以停留在“爱”上，还是一种政治思维，太多的宣传和师德宣讲让我们的“专业”变得太“妈妈”了些，并且，教育的目的也有问题，A老师之所以启动“爱心感动法”，是因为要“搞定”家长，为自己赢得师德分。

因此，班主任专业化之路还很长，首先要明白哪些是专业范畴。

第二节　班主任是学生的主要精神关怀者

在班主任的地位和作用中，班主任最重要的角色是学生的精神关怀者。哲学家雅斯贝尔斯认为，“教育过程首先是一个精神成长过程”。“精神关怀”更深刻、更准确地反映了班主任教育劳动的意蕴，体现了班主任以人为本的教育理念，表达了班主任对学生的情感和态度。[①] 因此，精神关怀应当成为班主任工作的核心内容。

一、班主任精神关怀的内涵解析

教育是促进人发展的一种社会活动。教育虽然不可能解决所有的精神问题，但教育对人的精神关怀是非常有必要的。没有教育赋予人的知识、技能、精神和信念，人类教育发展史只能是荒诞的，缺乏价值的。教育的引领和开发，有助于建构一个更加完善的人类精神生活体系，使人的存在状态更加符合人的本质。

（一）教育的本质是精神关怀

“精神”主要是指对人的主观存在状态的描述与定位，是人所具有的一种基本属性，以及发展过程的理想归属。[②] 黑格尔曾说过，“人的本质是精神”。人不仅是一种客观的存在，而且是一种精神的存在。人的精神存在，是一个相对于物质存在而言的人的主观存在和意识存在，即对存在的意识状态、对生命的意义和价值的主观理解、感受、向往与追求，是人不同于物的根本标志，也是人不断超越物质世界，包括超越人自身的动力因素。“精神”的最终立足点或归宿应该是个人的精神生活，即与物质生活相对应的精神进化和满足。所谓精神生活，是指人在处理自我、他人与人类关系过程中的思想倾向、情感态度和价值意识。

人有物质层面和精神层面的生活，但是人生的本质并不在于物质生活，人的物质生活永远服从于一定的生活目的或意义。同时，精神又是在物质基础上产生的，“皮之不存，毛将焉附”，不能离开物质而只讲抽象的精神完善与超越。个人是生命的基本单位，也是精神的源头。没有具体的个人，也就没有所谓的“精神”。虽然物质可以给人某些精神享受，但是并不是所有的物质享受都可以产生精神的作用，有时候过于充裕的物质条件反而容易使人失去精神的家园。因为精神是教育的产物，只有从精神上进行关怀，才有可能发生教育，精神关怀是一种真正意义上的关怀。

人的所有行为都是由需求所驱动的。按照美国心理学家马斯洛的需求层次理论，人的需求从低级到高级顺次排列为七个层次：生理需求、安全需求、归属和爱的

---

① 班华.专业化：班主任持续发展的过程[J].人民教育，2004(15－16).

② 王坤庆.精神与教育：一种教育哲学视角的当代教育的反思与建构[M].上海：上海教育出版社，2002：14.

需求、尊重的需求、认知需求、审美需求、自我实现需求。物质和精神是人的需求的两个极端,需求的层次越低,就越趋向于物质;需求的层次越高,就越趋向于精神。人的高级需求的出现往往以低级需求的满足为条件。高级需求一旦产生,就可以改组、超越、压倒低级需求。教育必须提升人的需求层次,即由低级的生物需求向高级的精神需求发展,只有这样,人才能过上有尊严的生活,才能有效地解决当前人类精神发展中遇到的种种问题,才能使人的精神沿着一条正确的路径不断进化。①

人与人之间所体现的差异往往就是精神的差异,从而我们能够将人群区分为一个一个的人。个人是人类整体生命的基本载体,也是精神的源头。个人的精神主要包含三个基本层面:一是心理和情感。这是人的精神存在的基础。人的精神存在正是在这些基本心理状态下不断向高级方向发展的。同样,如果人的精神存在出现问题,最基本的问题恐怕就是心理问题。二是道德和意识。这是人在与他人交往过程中逐渐发展起来的高级的心理状态,它表明的是个人与他人交往的精神能力。一个人道德生活的和谐和自我意识的平衡,是其精神处于良好状态的标志。三是审美意识和信念水平。这是个人精神存在的核心,表明的是人的精神发展所达到的高度,是人的自我认识的升华和境界。一个人在审美意识上所达到的水准,表明了他的精神发展所达到的程度,是人的自由所达到的状态。信念与理想相联系,信念如果不是理想的状态,它只能是一种需求。正因为信念是理想的,才需要人们付出时间和汗水,那种即刻能够满足的需要只能是欲望。对精神世界的向往和追求更体现了人的发展水准,其本质标志就是个人的信念水平。②

(二) 班主任精神关怀的内容

班主任教育劳动的主要目的是育人,主要内容是关怀学生的精神生活、促进学生的精神成长。对学生的"精神关怀"是以人为本教育的本质规定,是教育人性化的重要体现。"精神关怀者"的角色准确地反映了班主任教育劳动的性质:班主任所从事的是以心育心、以德育德、以人格育人格的精神劳动;班主任应具有对学生充满关怀、爱护的感情,以精神关怀培养学生的关怀精神。所以,"精神关怀者"表达了班主任教育劳动的性质和对待学生的态度。

"精神关怀"是班主任的首要任务和根本要求。班主任要全面地关心学生,但

---

① 谭维智.精神关怀:教育本质的回归[J].当代教育科学,2003(13).

② 王坤庆.精神与教育:一种教育哲学视角的当代教育的反思与建构[M].上海:上海教育出版社,2002:14.

是以对学生的精神关怀为核心。每一位老师都应当关怀学生的精神生活，给学生以精神关怀是班主任的天职。从制度规定的班主任的职责来说，班主任尤其要给学生以精神关怀。从学校教育实际来看，相对于一般任课教师而言，大多是班主任起着“精神关怀者”的作用。学生精神生活的丰富，生命价值的实现，永葆生命的活力，需要班主任深切地去关怀、去引导。

“精神关怀”主要是关怀学生的心理生活、道德情操、审美情趣等方面及其成长与发展，即关怀他们的精神生活质量和精神成长；关怀他们当下的精神生活状况和他们未来的精神发展。[①] 班主任的精神关怀，从纵向上讲，包含着对学生的现实关怀和终极关怀两个维度；从横向上讲，体现在生命关怀和人文关怀两个方面。

【相关链接】

英国的精神关怀制度[②]

精神关怀是指通过对人的精神、思想、信念和心理等方面的关注与培养，促进个体身心健康发展的一种教育思想，它最初起源于19世纪初的英国“公学”(public school)。精神关怀最初是和宗教精神的培养、道德行为的形成等密切联系的。200年前，英国政府对一些“公学”进行了改革，在这些“公学”里，教师不只是教课授业，还要负责学生的人际关系、个性心理等其他方面的发展。具有讽刺意味的是，这些“公学”并不是真正的公学，它们只招收官宦富家子弟，即所谓的精英人物的后裔，而且只收男孩，不收女孩。

时至今日，英国的精神关怀制度已比较稳定，形成了自己的一套较为完备的体系。它的基本细胞是学校专门的团体组织，由班主任、主管(年级主任或科目主任)、校长以及副校长组成。下面又分为小团队和高级管理团队(SMT)。小团队主要由班主任和年级主任或科目主任组成，负责筹划精神关怀课程的具体内容等。高级管理团队则由校长和3个副校长以及3—4个主管组成，负责整个学校精神关怀的导向和规划等。

可以给精神关怀下一个简洁的定义：学校和教师不是只把学生当作学生，而是要把他当作完整的人来发展。

---

① 班华.专业化：班主任持续发展的过程[J].人民教育，2004(15-16).

② 日禾.在精神关怀中成长[N].中国教育资讯报，2002-05-29.

二、班主任精神关怀的价值追寻

班主任的精神关怀具有十分重要的意义，精神关怀作为一种理念，是教育以人为本的必然要求；精神关怀作为一种目标，是基础教育课程改革的价值取向；精神关怀作为一种境界，是促进班主任专业发展的关键所在。

（一）精神关怀：教育以人为本的必然要求

“以人为本”是科学发展观的本质和核心。坚持以人为本，就是要尊重人、理解人、关心人，就是要把不断满足人的全面需求、促进人的全面发展，作为各项工作的根本出发点。教育是一种富有情感的工作，教育的对象是有血有肉、需要精神关怀的人；人是教育的中心，也是教育的目的；人是教育的出发点，也是教育的归宿；教育在人的交往与活动中展开，人在教育交往与活动中成长和发展；人是教育的基础，也是教育的根本。所以，一切教育都必须以人为本。

教育要以人为本，就是要把教育和人的幸福、自由、尊严、终极价值联系起来，使教育真正成为人的教育，而不是机器的教育；使教育不只是人获得生存技能的一种途径，而且还能成为提升人的需求层次、丰富人的精神世界的一种方式。以现代人的精神培养现代人，以全面发展的视野培养全面发展的人。

作为“精神关怀者”的班主任，对待学生要从对待物的方式转到对待人的方式。学生不是盛知识的容器，也不是盛美德的口袋，学生是精神的主体、情感的主体，对学生要以对待有思想、有感情的人的方式，给予真切的关心。

（二）精神关怀：基础教育课程改革的价值取向

现代教育观认为，教育的根本目的是促进学生的全面发展，它包括生理、心理、认知、情感等方面的发展。在布卢姆的教育目标分类中，情感领域是与认知、动作技能相并列的三个领域之一。现行教育对认知领域、动作技能领域的目标给予了足够的关注，却忽视了情感领域目标的达成和精神的关怀，这是对完整教育目标的曲解。所以，教育部颁布的《基础教育课程改革纲要》明确指出：新课程标准“应体现国家对不同阶段的学生在知识与技能、过程与方法、情感态度与价值观等方面的基本要求”，把培养学生的情感和关怀学生的精神作为基础教育课程改革的重要功能。

在基础教育课程改革的背景下，我们既要关注学生的知识与技能、学习的过程和方法，更要注重对学生情感、态度和价值观的培养。教育是做人的工作，人是有理性的，也是有情感的，情感决定着思考的方向，理性决定着思考的结果。只有以情感人，才能以理服人。无论多么先进的教育手段都不能否定面对面的教育工作，无论多么发达的现代传媒都不能代替人与人之间的融合和交流，无论各项制度多么完善也都不能忽视人文关怀的巨大作用。

因此，作为“精神关怀者”的班主任，要从对学生的知识关怀转向精神关怀，从知识本位的教育转向以人为本的教育。班主任不仅要关心学生的学习成绩，关心他们的生活状况，更重要的是关心他们的内心世界，关心他们的情感、情绪，关心他们的精神生活，让学生在学习知识、技能的过程中，使其情感、态度、价值观得到协调发展。

（三）精神关怀：促进班主任专业发展的关键所在

班主任的教育劳动是一种专业性的劳动，要胜任班主任的教育劳动，就需要逐渐地走向专业化。专业化的班主任首先应具备实施精神关怀的意识和素养，其次应具备实施精神关怀的具体操作系统，使精神关怀贯彻到教育的全过程，使每一位学生在充盈着精神关怀的环境中，真实地感受到精神关怀的存在，体验着精神关怀，践行着精神关怀，从而形成关怀精神。

精神关怀是班主任专业化的核心内容。教育实践表明，一个班主任仅仅拥有知识和能力，还不足以成为好班主任；班主任对学生的精神关怀，班主任自身的情感人格，是影响班主任工作质量和水平的重要因素。精神关怀的深层次意义在于为班主任专业化成长提供了不竭动力。班主任专业发展具有双重含义：从班主任个体角度来看，专业发展是一个不断延续、不断深化的过程，它伴随着班主任的整个职业生涯；从班主任职业角度来看，从职业到事业再到专业，作为社会分工的班主任职业也是一个不断发展、完善的过程，即便达到了专业层次，它也有一个不断提升的要求，而不可能臻于至境。维持班主任专业发展固然有外在的力量，如社会对班主任要求的提高、知识更新速度的加快、利益的诱惑等，但是，外在力量的作用毕竟是有限的，如果不能被转化为班主任的内在需要，它们就很难对班主任的专业发展起到推动作用。维持班主任专业发展的最大动力还是来自班主任内在的精神需求和道德鞭策，主要表现为对教育事业的热爱和责任感。正是这种热爱和责任感促使班主任不断完善自我，以适应社会发展对班主任提出的更高要求；正是由这种热爱集聚起来的专业信念和精神关怀，为班主任专业化提供了可持续发展的无穷力量。

三、班主任精神关怀的具体要求

精神关怀的内容是广泛的，关心、理解、尊重、信任是精神关怀的基本表现，也是学生基本的精神需求。因此，在实际工作中，班主任精神关怀应当体现在注重学生的个体差异，关注学生的精神需求，唤醒学生的主体意识，促进学生的全面发展。

（一）注重学生的个体差异

注重学生的个体差异，研究其产生和发展的规律，以便恰当地采取有效对策与方法，是班主任精神关怀的首要问题。苏霍姆林斯基曾作过这样的精辟论述："最主要的是在每一个孩子身上发现最强的一面，找出他作为人发展根源的'机灵点'，做到使孩子能够充分地显示和发挥他的天赋素质，达到他年龄能达到的卓越成绩。"教育成功的艺术在于善于察觉"学生的天赋"，发现学生的个体差异，以便确定使其施展智力和创造力的领域。

在班级教育过程中，班主任注重学生的个体差异，主要包括三方面的内容：首先，关注学生的个体差异，发现学生的特殊才能和"闪光点"，如人际交往的艺术、和谐相处的技能等方面的特点，并予以针对性的培养和引导；其次，对有不良行为倾向的学生和学习习惯不好、情绪不稳定的学生，帮助其分析原因，予以适当的帮助和矫正；再次，帮助不同的学生，找到"表现自己"的领域和方面，发现自己的长处，并且促成其达到某种"完善的高度"，让他们打开眼界，认识自我，树立自信心，让每一个学生都能找到自己个性和才能发展的独特性和成长点，从而调动学生内在的学习积极性，引发其学习的兴趣。

（二）关注学生的精神需求

学生的需求包括物质需求和精神需求。当然，物质需求是人类生存与发展的第一需求，就学生个体而言，自身的生存需求决定了其对物质利益的追求。班主任的精神关怀应充分尊重和理解学生的这种追求，引导学生通过努力实现自己的价值来满足这种需求。班主任的精神关怀并不排斥物质关怀，但其内在的尺度主要表现为学生的精神需求。学生同时需要各种关怀，既需要物质关怀，也需要精神关怀，尤其需要精神的终极关怀。

班主任精神关怀的真实意蕴不是教化学生在空洞的精神王国里生活，而是要告诫学生在发展物质条件的同时，不要陷入功利性的泥潭。现代社会的高度分工和市场经济的功利主义逻辑，使人过分以社会的需求来塑造自身，因此，教育不是成“人”的教育，而是成“材”、成“器”的教育。由于这种教育只教人掌握“何以为生”的本领，而放弃了引导受教育者对“为何而生”进行思考，导致了当下的社会强调技术知识教育，把发展的重点放在技术教育上，人文学科被边缘化。由此引发青少年出现道德失范、心理失衡等问题，缺乏精神关怀的恶果开始展现。固然，追求金钱和地位等是很重要的目标，更关键的问题是该如何运用财富。只有将以工具价值为主体的技术教育与以学生需求为前提的精神关怀相结合，才能培养出新时代所需要的合格公民。班主任的精神关怀要引导学生实现从功利物欲到精神境界的升华，使学生秉承崇高、真诚和友善的精神追求。

（三）唤醒学生的主体意识

学生主体意识的觉醒，是青少年学生提升思想品德境界和全面发展的重要前提。班主任对学生进行精神关怀，不是只向学生灌输一些思想道德修养的知识，或将一些外在的社会道德规范强加给学生，而是注重唤醒学生的主体意识，不断地激发学生的主体发展欲望，使之自觉地将外在的社会规范、要求内化为自身的成长、发展需要，从而在内心获得一种提升境界、完善人生的动力。通过精神关怀，使学生深刻地认识到，在其与对象世界的关系中，充分地发挥人的主观能动性，突出人的主体性，乃是塑造独立人格的关键。

班主任对学生的精神关怀，能激发学生丰富和发展道德需要，使他们通过自身德性的提升和完善，体验精神上的幸福感。随着社会的进步，物质生活的丰富，人类精神的提升，人们对于道德的需要已超越了原有的生存价值和功利价值层面，而上升到了精神价值层面，人们越来越以德性完善作为人生的最高目标，作为一种理想和信仰，把德性作为获得自我肯定、自我完善、自我发展的对象物，从各种道德的追求和道德活动中得到精神上的满足和享受，获得一种精神的超越。班主任的精神关怀要使学生从内心体验到，从道德中可以得到愉快、幸福与满足，得到自我的充分发展与自由，得到唯独人才拥有的一种最高享受。

【工作案例】

在英国的一所小学，有一个“捣乱”的学生，他为了看一看动物内脏是什么样子，就和几个小朋友一起把校长心爱的狗杀了，校长得知后非常生气，但处理方法却令人耳目一新：校长罚学生画一幅人体骨骼图和一幅血液循环图。学生知道自己惹了大祸，便认真地画好两幅图交给了校长。校长见学生认错态度较好，图画得不错，便免去了这几个学生的处分，杀狗的事就这样了结了。学生在画图的过程中深深体会到自己知识的缺乏，从此发奋学习。那位带头杀狗的学生就是后来获得诺贝尔奖的解剖学家麦克劳德。这位校长以奇特的教育方式，既让学生认识了错误，也保护了他的自尊心和好奇心，使他得到一次学习的机会。如果当时那位校长从个人的恩怨出发，给学生处分，甚至将其驱逐出校，很可能就断送了麦克劳德的前程。①

这一案例给我们的启示是：班主任要有“大人不计小孩过”的宽广胸怀；稍有错误便给处分的“杀鸡给猴看”的教育方式应该摒弃。惩戒是为了教育学生，惩戒只是手段，教育才是目的。

（四）促进学生的全面发展

人有心灵和躯体两个层面。当一个人经常能够以精神为核心而达到心体合一的平衡状态时，他就是一个具有良好品格的人，也就是一个有高尚道德的人。在良好品德的基础上，在充满爱心的心灵指引下，我们就能在个人成功欲和造福他人这个更高目标之间实现平衡。当心灵能够处于主体的位置，躯体则处于对象的位置，彼此以精神为核心而心体合一时，人的精神就能主宰躯体的本能欲望。同样，只要学生的品德高尚，与家人、同学和老师的关系良好，那么他们步入社会后，在进行知识、技能开发的时候，他们就拥有了对社会创造巨大利益的潜力。这种人不会纵容自己的个人野心去剥削他人，不会滥用公共资源或从事其他欺骗活动。不管人们是用双手或头脑来劳动，还是与人合作或共事，良好的品德有助于对人类社会作出更为崇高的贡献。

班主任应当把对学生的精神关怀放在优先地位或基础地位。只有重视精神的关怀和培育，才能使学生理智地使用自己所学的知识和技能造福社会、家庭和个人，成为全面发展的人，并能够以诚挚的态度对待他人，为他人负责；才能使他们的行为表现出自我控制而能够拒绝诱惑，不顺从自私而行的冲动，一贯地实践为他人负责的原则；才能使他们的言行一致，能够按照自己的价值观生活，从而使其成为具有美德的个人。反之，放松或忽视对学生精神的关怀和培育，就可能造成学生的品德不良和信念不够坚定。由于缺乏自我控制力，学生容易使自己的欲望凌驾于

---

① 练丽娟，赵云花.爱心与耐心：班主任基本素养与技能[M].上海：学林出版社，2009：46.

道德之上，成为私欲的奴隶。班主任的责任就是通过对学生进行精神关怀，培养学生的整体素质，促进学生全面、均衡发展。

第三节　班主任是全面关心学生发展的人生导师

班主任是成人世界派往儿童[①]世界的“全权大使”，是代表社会、学校和家庭对儿童施行教育管理的主任老师，这就决定了班主任角色的多面性和任务的全面性。中小学生处于成长发育和学业提升的双重关节点，身心变化大，学习任务重，来自身成长和家庭期望的压力都比较大。这就要求班主任必须对他们进行全面关心，帮助他们顺利实现人生中最重要的转折，从而迈进成人社会的门槛，进入人生发展的新阶段。

一、班主任全面关心学生发展的内涵

全面关心学生发展主要包括三层意思：关心学生的全面发展，关心学生的终身发展和关心全体学生的发展。

（一）关心学生的全面发展

学习是学生的天职，社会性角色定位决定了学生必须把知识学习作为自己教育生活的重要任务，但同时我们也应该认识到，学生首先是一个人，他还需要实现人的个性化发展和社会性成长。针对中小学生的身心发展特点，班主任要从以下四方面关心学生的全面发展。

一是关心学生的思想发展。思想是人区别于动物的一个重要特征，学校教育在促进学生社会化的过程中，应当把学生的思想发展作为重要的教育内容。广义的思想发展包括理想信念、价值取向、个性心理、道德情感等方面的成长。伴随着生理的快速成熟，中小学生思想层面的素养也正逐渐发展、定型，关心学生的思想发展是班主任义不容辞的责任。

二是关心学生的知识学习。中小学生的观察力、思维力、注意力、记忆力等智

---

① 根据联合国《儿童权利公约》，这里把儿童定义为“18 岁以下的任何人”。

力因素发展迅速，学习动机、学习情感和学习意志等非智力因素渐趋稳定，而且精力旺盛，求知欲强，是知识学习的黄金时期。在班级教育管理中，班主任应该帮助学生树立正确的知识观，培养学习兴趣，形成良好的学习习惯。

三是关心学生的社会成长。促进学生社会化成长是学校教育的基本功能。现代学生的社会接触面较广，社会视野比较开阔，但相对而言，他们的社会认知能力、社会辨别能力和社会免疫能力还比较弱，容易受到社会上不良因素的干扰和侵袭。班主任一方面要在班级与社会之间设置“防火墙”，阻止社会不良信息进入班级，为学生创造一个良好的学习、生活环境；另一方面也要引导学生全面认识社会，理性看待社会问题，提高学生的社会适应力，为其将来走向社会、成为一个健全的社会人打下基础。

四是关心学生的生理发育。中小学生生理发育很快，大脑机能、身高、体重、性别特征等方面都在快速发展，逐渐走向成熟。班主任要引导学生学习基本的卫生保健常识，养成良好的学习、生活习惯，特别是在高强度的学习压力下要注意张弛有度、劳逸结合，积极参加体育运动，加强身体锻炼，塑造强健的体魄。

（二）关心学生的终身发展

中小学生是未成熟的个体，这就意味着他们具有多种发展的可能性，个人发展的空间非常宽广。全面关心学生的发展，就是要拓展学生的发展空间，关注学生当下的发展和未来的发展，把发展的可能性变成发展的现实性和持续性。因此，班主任在着眼学生现实发展的同时，还要把自己的教育劳动纳入学生发展成长的整体过程，为学生的长远发展，乃至终身发展奠定坚实的基础。

教育要为学生的未来负责，但这并不意味着可以用漠视甚至是牺牲学生当下的幸福生活作为代价。学生的当下生活既有自足的意义，又是不完满的，这种双重性决定了教育一方面要尊重学生的当下生活，另一方面又要帮助学生在现有的基础上有所发展。苏联心理学家维果斯基的“最近发展区理论”告诉我们，学生的发展有两种水平：一种是学生的现有水平，另一种是学生可能的发展水平。两者之间的差距就是最近发展区。这一理论对于学生的当下发展具有重要的意义。在班级教育和管理中，班主任应该了解学生身心发展的现实水平和质量，把握学生的发展能力和特点，帮助学生准确找出自己的最近发展区，让学生有的放矢、脚踏实地地不断进步，把发展的可能性转化为发展的现实性。

教育要为学生的终身发展负责。学生的当下发展和未来发展之间是不矛盾的，二者相互渗透，相互影响，共同促进学生的成长。班主任在帮助学生脚踏实地、循序渐进地实现当下发展的同时，还应“风物长宜放眼量”，引导学生树立远大理想，进行生涯规划，为自我发展定下目标，勾画蓝图。班主任要让学生认识到，除了知识学习之外，还应该在德性、体格、情感、意志、能力等方面全方位地锻炼自己，提高自己，为将来走向社会奠定基础。

（三）关心全体学生的发展

教育具有甄别和选拔功能，但这并不意味着就要单纯盯住学生的成绩，根据成绩“论资排辈”，把学生分为三六九等，而应该关心全体学生的发展，真正实现“让每一个学生都能成功”这一教育目标。

当然，关心全体学生的发展并不是要实行教育平均主义，给予每一个学生完全相同的教育，让他们成为标准化的“零件”。恰恰相反，关心全体学生发展的真义是对每一个学生实行适合的教育，让他们成长为个性化的社会人。每一个学生都是一个独特的个体，呈现出各不相同的个性化特征，因此，在班级教育和管理中，关心全体学生的发展意味着在态度上对学生一视同仁的同时，在教育策略上必须对学生进行有针对性、区别化的教育。班主任要有全面的发展眼光，以多元智能理论为指导，把握每一个学生的现实发展状况和发展特点，分析他们的发展旨趣和发展优势，进行个性化的教育与指导，让每一个学生都能成为独特的“我”。譬如，有的学生虽然学习成绩一般，但却有很强的人际沟通能力，班主任就可以引导学生扬长避短，在人际公关方面培养其特长，为其将来的就业和发展奠定基础。

【相关链接】

习近平在北京市八一学校考察时强调，教育决定着人类的今天，也决定着人类的未来。基础教育在国民教育体系中处于基础性、先导性地位，必须把握好定位，全面贯彻落实党的教育方针，从多方面采取措施，努力把我国基础教育越办越好。广大教师要做学生锤炼品格的引路人，做学生学习知识的引路人，做学生创新思维的引路人，做学生奉献祖国的引路人。[①]

---

① 霍小光，张晓松.全面贯彻落实党的教育方针，努力把我国基础教育越办越好[N].光明日报，2016-09-10.

二、班主任全面关心学生发展的意义

（一）全面关心学生发展是教育目的的根本要求

教育目的是一个历史性的范畴。中华人民共和国成立以来，我国对教育目的的表述随着历史的发展是有所不同的。但是，不同的表述都包含着一个核心内容：促进学生的全面发展。作为我国教育的基本法，《中华人民共和国教育法》规定："教育必须为社会主义现代化建设服务，必须与生产劳动相结合，培养德、智、体等方面全面发展的社会主义事业的建设者和接班人。"这一表述应该视作国家关于教育目的的权威表述。

教育目的是国家对教育功能的基本定位和对人才培养规格的基本要求，是国家意志在教育中的一种体现。在教育实践层面，实现教育目的需要社会、家庭和学校的密切配合，需要全体教师的共同努力，而"在普遍要求全体教师都要努力承担育人工作的情况下，班主任的责任更重，要求更高"。作为班级的主任教师，班主任是沟通、协调各种教育力量的枢纽，对学生的成长具有非同寻常的影响力，离开了班主任的教育劳动，教育目的在学校教育中很难真正得到实现。

教育目的是一种宏观描述。在具体的实践过程中，首先，班主任需要对其内容进行分解、细化，落实到学生素质结构的每一个方面，帮助学生实现全面发展；其次，班主任还要对教育目的的实现过程有全面的了解和深刻的把握，在此基础上合理规划教育目的实现的目标、阶段、途径和方法，全程关注学生的发展；再次，由于学生发展水平和能力的差异，教育目的在每一个学生身上达成的程度、方式和效果都会有所不同，因此，班主任还必须根据学生的实际情况提出具体的要求，关心全体学生的发展。

（二）全面关心学生发展是学生成长的本质需求

中小学生的发展在本质上是人的发展。马克思主义哲学告诉我们，人的发展应该是全面的发展。因此，班主任全面关心学生发展是满足学生作为人的本质需求，是推进学生生命走向完满的基本路径。

马克思关于人的全面发展学说内容十分丰富，其基本含义包括四个方面：一是人的"完整发展"，即人的各种最基本或最基础的素质必须得到完整的发展，各个方面可以有发展程度上的差异，但缺一不可，否则就是片面发展。二是人的"和谐发展”,即人的各种基本素质必须获得协调的发展,各方面发展不能失调,否则就是畸形发展。三是人的“多方面发展”,即人的各种基本素质中的各素质要素和具体能力在主客观条件允许的范围内应力求尽可能多方面地发展。四是人的“自由发展”,即人自主的、具有独特性和富有个性的发展。① 在自我发展中,中小学生是未成熟的主体,需要班主任给予正确的引导和帮助。在工作中,班主任应该正确理解人的全面发展的内涵,首先要着眼于学生基本素质的全面达标,让学生成为一个完整的个体;其次要注重学生素质发展的平衡性和协调性,让学生成为一个和谐的个体;再次要鼓励学生“跳一跳,摘果子”,在现有的发展基础上,尽自己最大的能力追求更高、更强、更远的目标,让学生成为一个成功的个体;最后要增强学生个性发展的意识,培养学生自主发展的能力,让学生成为一个自由的个体。

(三) 全面关心学生发展是学校教育的现实吁求

尽管素质教育在理念层面上已经得到了大多数人的认同,但是由于应试教育传统的巨大惯性,以及我国的优质教育资源还不够充足,在基础教育(特别是中学教育)阶段,教育竞争还比较激烈,应试教育倾向比较明显。应试教育的一个突出特征就是从考试而不是从学生素质发展的角度出发开展教育教学,教育目标有所偏离,课程开设不够全面,在教育教学活动中重知识学习而轻品德培养、体格锻炼、审美熏陶、情感提升和意志锻铸。学生的素质得不到全面、协调可持续的发展,对学生的未来发展十分不利。

随着社会经济的发展和物质生活水平的提高,我国青少年生理发育期普遍提前,但与此不相适应的是,青少年的心理发展和社会性发展却相对滞后,中小学生的身心发展出现结构性失衡现象。这种结构性失衡非常容易造成学生的成长性焦虑,加之学生身处迅速变革的社会,身受多元价值观念的纷扰,学习任务又非常繁重,社会适应和学习升学的双重压力,在客观上也加剧了他们的焦虑心理。心理焦虑使学生面对纷繁复杂的社会现实时经常产生迷惘与困惑,难以理性而恰当地处理与社会、与家庭、与他人、与自我之间的关系,甚至会有极端的言行。调查显示,学生在人际沟通、自我意识、生活调适、应对方式等方面普遍存在着比较明显的问题。② 这些问题不利于学生的健康成长,应该引起教育工作者的重视。

---

① 扈中平.“人的全面发展”内涵新析[J].教育研究,2005(5).

② 郑晓边,李涛.全国2016例高中生心理健康五因素调查分析[J].湖北招生考试,2004(8).

除了心理问题之外，现阶段学生学习任务繁重，学习压力很大，加之普遍缺乏体育锻炼，中小学生的身体健康状况不容乐观。调查显示，学生的爆发力、力量等素质继续呈下降趋势，超重及肥胖检出率则继续呈上升趋势，学生视力不良检出率仍居高不下。[①] 身体素质是一个人的基本素质，体质下降对于学生的学习乃至将来的工作、生活都会产生很大的负面影响。2007 年出台的《中共中央国务院关于加强青少年体育，增强青少年体质的意见》提出，“确保学生每天锻炼一小时”，对增强青少年体质提出了明确的要求。

2020 年 10 月，中共中央办公厅、国务院办公厅印发的《关于全面加强和改进新时代学校体育工作的意见》指出：要“坚持健康第一的教育理念，推动青少年文化学习和体育锻炼协调发展，帮助学生在体育锻炼中享受乐趣、增强体质、健全人格、锤炼意志，培养德智体美劳全面发展的社会主义建设者和接班人”。并提出明确要求：“学前教育阶段开展适合幼儿身心特点的游戏活动，培养体育兴趣爱好，促进运动机能协调发展。义务教育阶段体育课程帮助学生掌握 1—2 项运动技能，引导学生树立正确健康观。高中阶段体育课程进一步发展学生运动专长，引导学生养成健康生活方式，形成积极向上的健全人格。”

由此可见，目前我国的基础教育在一定程度上已经偏离了促进学生全面发展这一教育目的，亟须纠偏拨正。考虑到上述问题由来已久、根深蒂固，而且形成这种问题的土壤依然存在，因此改变基础教育的现状任务艰巨，需要政府、教育行政部门、学校、社会和家长多方力量的共同参与。在促进学生全面发展中，班主任主要是在政策执行层面和教育实践层面发挥作用，如引导学生树立正确的发展观，正确处理升学与成才的关系，按照规定保证课程开全开足，督促学生加强体育锻炼，开展心理健康教育和心理辅导，帮助学生进行生涯规划等。总而言之，基础教育的现状要求班主任必须抛开片面的、静态的和短视的教育认识，从学生的全面发展、终身发展角度出发，促进全体学生的健康成长。

三、关心学生全面发展对班主任的具体要求

（一）更新教育理念，引导学生全面发展

“差之毫厘，谬以千里。”理念是行动的方向和先导，如果教育理念出现了偏差，

---

① 杨东平.2005 年：中国教育发展报告[M].北京：社会科学文献出版社，2006：289.

那么教育行动就会严重偏误，甚至会与教育目的南辕北辙、背道而驰。同时，先进而坚定的教育理念还是行动的动力，使班主任对自己的教育行为坚信不疑、充满希望，推动教育行动向前发展。因此，在工作中，班主任必须首先树立先进的教育理念。随着社会的变迁，人们对人的认识、对教育的理解不断深入，这就要求班主任要敏锐地把握教育改革和班主任工作的最新动向，在审问、慎思、明辨的基础上有选择地予以接纳，以锻铸教育思想，优化教育理念。

素质教育理念是班主任必须树立和坚持的最基本教育理念。素质教育是一种全新而深刻的教育哲学理念，一种进步的教育价值取向，它不仅契合了全面发展的马克思主义人学观，而且还体现了时代发展的要求。素质教育关注人的素质全面而基本的发展，认为教育的基本使命是保证每一个受教育者都能在体格、品德、心智、情感、态度、价值观等身心素质的所有方面达到基本的标准，以适应社会发展和个人生活的要求。受传统文化的影响，在我国，教育带有较强的选拔性质，应试压力较大，社会、学校、家长和学生特别看重学习成绩，而相对忽视其他方面素质的发展。

【问题情境】

今年才大学毕业的班主任李老师，在北京一所不错的中学任教。刚刚接手一个班的他，为了能使新入学的同学们尽快熟悉起来，决定在暑假里组织一次集体的滚轴溜冰。但是让李老师没有想到的是，在通知同学时，部分学生的答复却是这样的："有必要吗？大家都冲着高考，学习呗，搞得再熟有什么用！"①

应该来说，这"部分学生"的看法并非"个人观点"，而是有所来源，它折射了社会对于教育的一种比较具有代表性的认识。从这些学生的回答中，我们隐隐能感觉到他们素质发展的缺陷，至少他们在人际交往、社会情感等方面的认识和发展是有所偏颇的。这恰恰说明，应试教育对学生的全面发展会产生负面影响，不利于学生的健康成长。因此，越是在社会、学校、家长、学生都一心盯着学习成绩，应试压力空前强大之时，作为全面关心学生成长的主任教师，班主任越是要秉持和实践素质教育理念，充当应试教育的制衡力量，对学生的全面发展、终身发展负责。

正如全国政协委员、江苏省锡山高级中学唐江澎校长说的，学生没有分数，就过不了今天的高考，但如果只有分数，恐怕也赢不了未来的大考。如果我们的教育

① 樊未晨.在崩溃的边缘行走：中小学遭遇班主任危机[J].师道，2005(7).

只关注升学率，国家会没有核心竞争力。他认为，好的教育应该是培养终生运动者、责任担当者、问题解决者和优雅生活者，给孩子们健全而优秀的人格赢得未来的幸福，造福国家社会。

【相关链接】

孩子，你不该走①

2013 年 1 月 11 日 17 时 27 分左右，14 岁的初一学生强强(化名)背着书包从 11 楼跳下身亡。书包里有他抄写的成绩单。

强强是内蒙古呼和浩特实验中学的学生。警方推断，强强轻生是期末考试排名从全年级的 290 多名落到了 600 多名后，不堪忍受压力所致。

是什么让孩子走上不归路？记者通过调查了解到，近几年在呼和浩特地区先后发生了呼市二中分校、师大附中学生跳楼事件。而全国其他地方，也发生过类似事件。这些极端孤立的事件如果联系起来，不难发现，在对待孩子教育和评价观点上，家长、学校、社会都出现了偏差和误区。

（二）适应课程改革，促进学生协调发展

学校教育主要是通过课程教学来促进学生的全面发展，课程教学是学校教育的核心内容，是实现培养目标的基本途径。基础教育对学生的成长具有奠基的功能，这决定了中小学课程应以促进学生核心素养的协调发展，而不是以甄别、选拔为主要目的。

基础教育历来就有个难以解决的现实矛盾：课程设置的全面性与考试评价的选择性之间的矛盾。长期以来，在学校教育的实践层面，课程被人为地分为“主科”与“副科”两块，而分类的标准不是课程对学生发展的重要程度，而是是否被列入统一考试的范围。在强大的考试压力之下，学校轻视“副科”课程的现象非常普遍，很多学校任意压缩“副科”课程的课时量，“副科”课程的教学、管理与评价得不到重视，教学质量得不到保证。当然，“主科”课程虽然受到重视，也只是在应考层面的重视，并不是从促进学生素质发展的层面来考虑的。因此，“主

① 高平.孩子，你不该走：从呼市一位初一学生轻生看家长学校社会的教育观念误区[N].光明日报，2013-01-22.

科”课程实施也存在大量问题，如课程目标过于注重知识传授，课程内容总体“难、繁、偏、旧”，课程实施过于强调接受学习、死记硬背、机械训练，课程评价过分强调甄别与选拔等。

课程教学中厚此薄彼的现象在中学教育中尤为明显。在一项涉及全国16个省市关于普通高中课程的公众满意度调研中，“在‘高中课程的实用性’‘高中课程的时代性’‘高中课程的选择性和灵活性’等方面，选择‘满意’和‘不满意’的比例差别不大，而选择‘很不满意’的比例要明显高于‘很满意’”。进一步研究还发现，“无论在课程的实用性、时代性，还是在选择性与灵活性方面，大学生和中学生的不满意率都要明显高于其他身份的人”。而且，“许多高中学生反映，学校开的课程大多都与高考有关，仍然是‘考什么、学什么’，课程难以反映现代科技和社会发展的新内容，脱离了学生经验和社会实际”[①]。高中课程存在的种种弊病已经对学生基本素质的协调发展产生了比较严重的负面影响，调查显示，“只有20%左右的人对中学生的身心健康状况、终身学习能力、人生规划能力、社会责任感和个性发展感到满意或很满意，15%左右的人对中学生的社会适应能力感到满意或很满意”[②]。

为了解决基础教育中存在的现实问题，2001年，《国务院关于基础教育改革与发展的决定》和《基础教育课程改革纲要(试行)》先后颁布，启动了新一轮的基础教育课程改革。作为一场自上而下的变革，基础教育课程改革要想取得预期的成果，必须得到学校和教师的高度认同，调动和发挥学校和教师的积极性、主动性。班主任是教育力量和课程资源的重要协调者和开发者，班主任应该顺应课程改革的潮流，在课程执行和课程开发层面为新课程的推进提供支持和动力，促使课程改革从政策设计向教育实践“软着陆”，让课程改革成为推动学生基本素质协调发展的巨大动力。

【相关链接】

中国学生发展核心素养研究成果正式发布[③]

今天在北京师范大学举行的新闻发布会上，教育部委托课题、中国学生发展核心素养研究成果正式发布。

---

①② 吴刚平，王俊.普通高中课程的公众满意度调研报告[J].教育发展研究，2003(12).

③ 柴葳，刘博智.中国学生发展核心素养研究成果正式发布[N].中国教育报，2016-09-14.

该研究成果将中国学生发展核心素养分为文化基础、自主发展、社会参与3个方面，综合表现为人文底蕴、科学精神、学会学习、健康生活、责任担当、实践创新等6大素养，具体细化为国家认同等18个基本要点。各素养之间相互联系、互相补充、相互促进，在不同情境中整体发挥作用。根据这一总体框架，可针对学生年龄特点进一步提出对各学段学生的具体表现要求。

分析这6大素养，可以发现其中不少描述融入了鲜明的时代特征。比如，在文化基础主要表现描述中包含"能理解和尊重文化艺术的多样性，具有发现、感知、欣赏、评价美的意识和基本能力"，"能大胆尝试，积极寻求有效的问题解决方法"；在自主发展主要表现描述中包含"具有数字化生存能力，主动适应'互联网＋'等社会信息化发展趋势"，"具有网络伦理道德与信息安全意识"；在社会参与主要表现描述中包含"崇尚自由平等，能维护社会公平正义"，"能尊重世界多元文化的多样性和差异性，积极参与跨文化交流"等。

"对'教育要培养什么样的人'这一教育最根本问题的回答和解决，必须基于对学生身心发展规律的科学认识，必须依靠科学的思考和方法。核心素养是对素质教育内涵的解读与具体化，是全面深化教育改革的一个关键方面。"课题组负责人、北京师范大学资深教授林崇德带领研究团队承担这项教育部重大委托课题，遴选和界定中国学生发展的核心素养，也是21世纪中国学生应具备的、能够适应终身发展和社会发展需要的必备品格和关键能力。

林崇德介绍，中国学生发展核心素养研究以科学性、时代性和民族性为基本原则，以培养"全面发展的人"为核心，充分反映新时期经济社会发展对人才培养的新要求，高度重视中华优秀传统文化的传承与发展，系统落实社会主义核心价值观。

（三）搭建成长平台，鼓励学生自主发展

全国模范班主任任小艾在调查中发现，学生不喜欢的老师主要有"保姆型""警察型""保姆型＋警察型"等类型。[①] 不管是事必躬亲、大包大办的"保姆型"班主任，还是"严防死守"、独断专行的"警察型"班主任，虽然他们的行为方式有所不同，但是行为背后却有相似的学生观，即学生是不成熟的个体，需要班主任加以约束和呵护。这种学生观或许不错，但是，如果对未成熟的学生进行保姆似的呵护或警察般的约束，学生没有自主发展的空间，缺乏自我锻炼的机会，那么，学生

① 朱永新.中国著名班主任德育思想录[M].南京：江苏教育出版社，2010：80.

如何能够走向成熟呢？特别是对处于心理断乳期的中学生而言，过于精细的呵护或过于严厉的管束不仅不会有好的教育效果，而且还容易激发他们的逆反心理和对立情绪。因此，班主任应该理解并尊重学生的独立自主意识，准确把握学生的知识和能力水平，为学生提供自我锻炼和自我展示的平台，让学生在自主实践中实现自主发展。

【工作案例】

我没想到我会成为高中学生的班主任。说句实话，由于"海拔"不高，一开始我对中学生有种畏惧心理。我害怕他们挺拔得像树一样的大个子，站在他们中间，会有种迷失在丛林里的感觉。我更怕他们看我的眼神，那里面有太多的挑剔，甚至是挑战。

或许是这种畏惧心理在作怪，我一改往日的威严与强悍，在与他们相处时，脸上的线条柔和了许多，说话的声音舒缓了许多。我虚心听取他们的意见和建议，心平气和地给他们讲道理，像朋友一样与他们沟通交流。结果，我从他们眼中看到了尊敬与信任。我突然顿悟：在这群"大孩子"面前不失时机地示示弱，也不失为一种有效的带班策略。

去年11月，冬季越野赛的通知一下发，我就向学生诉苦："我是个体育盲，从小连皮筋都不曾跳过，上学时从未参加过运动会，如今更是与体育无缘。这次越野赛是我们的第一次集体比赛，我真担心我的学生也和我一样，你们看怎么办？总不能弃权吧？"没想到，学生们的热情和信心反而被我的一席话给点燃了，很多人拍着胸脯打包票："有我们呢，怕啥？"

比赛那天，我和学生们一起站在起点，我对他们说："安全第一，比赛第二，我等你们回来！"枪声响了，学生们蜂拥而出。我和几个女生提着开水，抱着一堆衣服，等着每一位健将凯旋。那次，我这个体育盲第一次领到了越野赛团体总分第一名的奖状，这是我们以集体的名义争得的第一份荣誉。

还是去年11月底，学校举办纪念"一二·九"大合唱活动，我又犯了难。那天班会课上，我又使出了老一套，再次向学生示弱，"怎么办？"我说，"你们的班主任唱歌没有音高，指挥又找不着调，谁能组织好这次活动，我请他吃巧克力，说话算数。"第二天，班上一个娇小的女生自告奋勇向我请缨，从指挥到排练全由她负责，我只要配合她就行了。比赛那天，我给学生化好了妆，鼓励他们拿出最好的精神状态。临上阵前，我还是那句："就看你们的了，我等你们的好消息！"最终，我们在既无伴奏又无花样的情况下，凭借高昂的士气赢得了评委的心，拿了三等奖。那天晚上，我买了一大盒巧克力犒劳学生——为了兑现诺言，更为了表达我对学生的钦佩与感谢。

这两件事情给了我很多启发。我在想，为什么以前我在学生面前事事逞强的时候，学生们弱不禁风；而如今我处处示弱，学生们却又能独当一面呢？后来我终于明白了，老师不是保姆，不该将学生的一切事务包办代替，应该为学生创造条件，让他们学着承担责任、解决问题，让他们拥有锻炼才能、展示才华的舞台。老师不是巨人，不该总以并不伟岸的身躯为学生遮风挡雨，应该让他们在风雨的洗礼中学会生存，勇于拼搏。老师更不是完人，不必在学生面前掩饰自己的弱点，只要付出了真心与真情，学生就会在爱的沐浴中学会爱人、学会珍惜。①

这位班主任在教育实践中明白了一个道理："在这群'大孩子'面前不失时机地示示弱，也不失为一种有效的带班策略。"而且，这个道理在以后的一次次教育实践中得到了反复印证。在这里，示弱的目的就是激发学生的自主意识，让学生学会解决自己能够解决的问题。其实，即便班主任在各方面都是高手，也不应该事事替学生包办，在适当的时候也应该"示示弱"，给学生更多展示自己、锻炼自己的机会；否则，难免会带出"弱不禁风"的学生来。

（四）实施多元评价，支持学生个性发展

"全面发展"和"个性发展"在语义上具有一定的相对性，但在实质上，二者之间并不存在对立关系。根据马克思关于人的学说，人的全面发展的本质是促进每一个人的个性"获得充分的自由的发展"，这可以从两个方面来理解："首先，'全面发展'是'个性发展'的基础。没有人基本素质的相对完整、和谐的发展，个性及特长的发展就缺乏基础，就会失衡，这样的个性和特长发展实际上就是片面和畸形发展。其次，'个性发展'又是'全面发展'的动力。人的发展要想真正形成自己突出的个性特点并具有较强的可持续性，就必须使自己的素质达到一定的全面性，特别是在人的那些最基本的素质方面，更是不能缺失。这样，'个性发展'就成了人追求'全面发展'的动力。"②长期以来，在集体主义的旗帜之下，教育过多强调学生作为集体成员的共性，而较少关注学生作为独特个体的个性，有时甚至以"集体主义"的名义压制、阻碍学生的个性发展。在教育评价层面，这种重共性而轻个性的缺陷尤

① 任芳."弱将"手下有强兵[J].班主任之友，2005(7).
② 扈中平."人的全面发展"内涵新析[J].教育研究，2005(5).

为明显。班主任喜欢用特定的框架(主要是学习成绩)来评价学生,而对学生丰富的个性特征却往往视而不见。毫无疑问,这种一元化的评价模式抹杀了学生个性的正向价值,挫伤了学生个性发展的积极性。

学生是接受教育的主体,学生评价是教育评价的基础环节。正确的评价"指挥棒",对促进学生身心健康、全面发展具有十分重要的意义。为扭转当前学生评价中存在的以分数给学生贴标签等错误倾向,2020 年 10 月,中共中央、国务院印发了《深化新时代教育评价改革总体方案》,着眼促进德智体美劳全面发展,主要设计了七项改革任务:一是树立科学成才观念,二是完善德育评价,三是强化体育评价,四是改进美育评价,五是加强劳动教育评价,六是严格学业标准,七是深化考试招生制度改革。①

在学生评价中,班主任应该借鉴多元智能理论,注重学生语言智能、节奏智能、数理智能、空间智能、动觉智能、自省智能、交流智能和自然观察智能等方面的基本发展和特长发展,要善于发现学生的优点,鼓励学生在全面认识自我的基础上扬长避短,实现"合格＋特长"发展。班主任要辩证看待学生的个性特征,有时候,从一个角度来看,学生的个性是缺点;但是,如果从另一个角度来看,可能就是其独特的优势。

第四节　班主任是学生发展的"重要他人"

作为尚未成熟的个体,中小学生需要寻求学习和生活的导师、榜样、知己;需要寻求自己能够认同,同时又能理解自己、引领自己的"重要他人"。美国心理学家艾里克森的研究认为,人生发展有八个阶段,每个阶段都有影响其发展的"关键影响人"(也就是"重要他人")。儿童期的关键影响人是母亲、父亲、家庭,学龄期的关键影响人则可能是邻居、教师、同伴和学校等。班主任很可能成为影响学生发展的重要他人或关键影响人,成为学生心目中的"导师"。②

---

① 焦新.构建符合中国实际、具有世界水平的教育评价体系——教育部负责人就《深化新时代教育评价改革总体方案》答记者问[N].中国教育报,2020-10-14.

② 班华,等.发展性班级教育系统[M].南京:南京师范大学出版社,2000:70.

一、“重要他人”的内涵

“重要他人”是美国社会学家米尔斯在米德的自我发展理论的基础上首先明确提出的一个概念。所谓“重要他人”，是指对个体的社会化过程具有重要影响的具体人物。[①] 也有人解释为“对个体的自我发展（尤其是在儿童时期）有重要影响的人和群体，即对个人的智力、语言及思维方式的发展和对个人的行为习惯、生活方式及价值观的形成有重要影响的父母、教师、受崇拜的人物及同辈群体等”[②]。学生的“重要他人”可分为两个层次：一是“互动性重要他人”，二是“偶像性重要他人”。“互动性重要他人”是学生在日常交往过程中认同的重要他人，往往会对学生社会化的所有方面产生潜移默化的影响；“偶像性重要他人”是指因受到学生特别喜爱、崇拜或尊敬而被学生视为学习榜样的具体人物，一般是社会知名人士，并非学生的直接互动对象。[③] 班主任与学生朝夕相处，对学生的身心发展产生着全方位的影响，是学生的“互动性重要他人”。作为学生的“重要他人”，班主任一般承担以下角色任务。

（一）家长代理人

家长代理人的角色是指班主任应像学生的父母一样，爱护学生，无微不至地关心学生的学习和生活，认真负责地对待学生，耐心周到地帮助学生，并对学生在学校的安全和保护承担监护人的责任。班主任是学生继家长之后所遇到的另外一个社会权威，他们常常自然地把许多自己父母具有的特征、行为模式，把与父母相处的经验、体会，移植到与班主任的交往中，把对父母的期望寄托或转移到班主任身上。同时，家长把未成年的孩子送到学校，也是向学校，特别是负责学生全面教育的班主任，移交了部分监护权。尤其是寄宿制学校，班主任要像家长一样，对学生的生活起居、人际交往等予以关心和指导。

（二）学生楷模

班主任要对学生产生正面的影响，就必须首先成为学生的楷模，成为学生的榜样。教师也往往被人们誉为“人类灵魂的工程师”，这不仅是对教师的赞誉，也是社

---

① 吴康宁.教育社会学[M].北京：人民教育出版社，1999：244.

② 教育大辞典编纂委员会.教育大辞典：第6卷[M].上海：上海教育出版社，1992：462.

③ 吴康宁.教育社会学[M].北京：人民教育出版社，1999：244－247.

会对教师的职业期待。中小学生正处在成长的过程中，模仿学习是他们的一种主要学习形式，班主任就是学生认同与模仿的主要对象，班主任的仪表体态、言行举止等都对学生起着很大的示范作用，并对学生的心灵产生深刻而久远的影响。班主任是处于社会与学生之间的中介人物，要通过自己的言传身教向学生传递社会的道德行为准则，在调适学生与社会的关系中发挥积极作用。

（三）心理保健者

美国学者杜伯伦在《课堂内的教育心理学》中指出："作为一个心理保健工作者，也许不是一个教师的主要任务。然而如果一个教师忽视了心理的临床工作，他就收不到应收到的教育效果，而且在关键时期和最困难的问题上不能有效地教育学生，他将忽视某些最基本的教育目的。假如教师应尽自己的职责，为一个健康的社会培养健康的公民，教师们就必须意识到他们作为心理保健工作者这个角色的责任。"学生在身心发展过程中不可避免地受到社会生活中各种因素的影响，出现一些心理问题，这就要求班主任承担起心理保健者的角色任务。同时，生活质量普遍改善所带来的人们对心理健康预期的提高，也使人们对班主任增加了心理调节者的角色期待。在教育过程中，班主任必须充分了解每个学生的情感、意志、能力、气质、性格等心理特征，尊重他们的人格，有的放矢地实施教育，确保他们心理的健康发展。

（四）学生的朋友和知己

生活在现代社会中的中小学生，不仅希望班主任成为他们知识上的教师和生活中的导师，也非常希望班主任成为他们真诚、坦率、无话不说的挚友。班主任在教育教学过程中应更多地接近学生，应认识到班主任与学生在人格上是平等的，班主任应该是值得学生信赖的朋友。只有赢得学生的信赖，学生才会向班主任敞开心扉，甚至把不愿告诉父母、同伴的内心秘密倾吐给班主任。当然，班主任的朋友角色不同于一般的纯粹情感意义上的朋友，它同时还要服从教育目的，促进完成教育任务。

二、班主任成为学生"重要他人"的意义

《意见》明确指出："中小学班主任是中小学教师队伍的重要组成部分，是班级工作的组织者、班集体建设的指导者、中小学生健康成长的引领者，是中小学思想

道德教育的骨干，是沟通家长和社区的桥梁，是实施素质教育的重要力量。”这对中小学班主任的角色进行了明确定位。同时，《意见》还规定了中小学班主任的基本职责：做好中小学生的教育引导工作，做好班级的管理工作，组织好班集体活动，关注每一位学生的全面发展。由此可见，班主任的角色十分丰富，职责非常重大，工作要求很高。

班主任从事的是以心育心、以德育德、以人格育人格的精神劳动。因此，要满足班主任的角色要求，履行班主任的基本职责，出色地完成班主任的工作任务，班主任就不能以对待物的方式来对待学生，而要努力成为学生心目中的“重要他人”。如果班主任没有得到学生的认同，那么班级教育和管理就只能成为冷冰冰的责罚、约束和控制，容易引发学生的逆反心理和消极行为，班主任要完成自己的工作职责就困难重重。相反，“亲其师，信其道”，一旦学生把班主任视为自己生命中的“重要他人”，对班主任产生了认同感、信任感，那么，班主任就容易调动起学生自我教育的自觉性和主动性，工作的开展就会取得事半功倍的效果。

【工作案例】

要做学生正面的“重要他人”①

一个周六的傍晚，我在《教师博览》上读到了毕淑敏的《谁是你的重要他人》。心，不由自主地疼痛起来。尽管，我亦如作者宽恕她的音乐老师般，早已宽恕了我的那位“重要他人”。

在我的记忆中，刘老师从未笑过。她是语文老师兼班主任，我却无论如何，也想不起她给我们讲过什么课文。

那时的我，是个努力上进、学业优秀的女生，内向、敏感而要强。记得高一的第一次考试，我是班级第九名。化学试卷发下来时，我发现少加了几分，老师给我改了过来。那个课间，分数有错的同学都围在讲台边等刘老师改成绩，我也拿了化学试卷怯怯地走过去。没想到，刘老师半低着头，眼睛越过镜框，从上方逼视了过来：“这分数是老师给你改的吗？”我的脸立刻涨得通红，窘迫得一个字也说不出来。刘老师看着我手中的成绩单，说：“改过来，也不过第六名，和第九名也没什么差别。”我忘记了自己当时的反应，也忘记了分数到底改了还是没改，却记住了我回到座位上时没有忍住的泪水，还有刘老师那怀疑、冷漠无情的目光。

① 石伶俐.重要他人[N].中国教师报，2008－06－25.

这目光,扼杀了一个少女所有的自信和自尊。整个的高一,我更加内向,而且自卑,再也没有留下任何关于成绩和名次的记忆。我没有跟任何人提起,只是自此,再也不看那双眼睛。

到高二,我遇到了重新给我信心的陈正宽老师。然而,刘老师的目光在我青春期所留下的惨痛记忆,却正如毕淑敏所写的,"烙红的伤痕,直到数十年后依然冒着焦煳的青烟"。

2007 年的"十一",我回母校参加高中毕业 20 周年的师生聚会。刘老师也来了,她已是白发苍苍,老态尽现。和当年的同学们谈起来,才知道,她伤害的学生何止是我一个人啊!我想,我们的名字和经历,在她,或许早就淡忘得不留痕迹了吧。

而今,我也成了一名教师,我时时告诫自己、要求自己:一定要做学生正面的"重要他人"。尤其是在我做了母亲之后,我更加小心地面对孩子那纯净稚弱的心灵。因为,学生时代烙下的情感伤疤,是时间和岁月难以轻易抚平的。

三、班主任成为学生"重要他人"的原则

学生的"重要他人"具有一定的选择性,班主任并不必然是学生的"重要他人"。事实上,教师"作为受社会之托对学生进行社会化的专职教育工作者,作为一心要使自己的影响主导学生的社会化发展的正式权威,很难在所有方面都成为学生的重要他人,甚至可能在任何方面都不可能成为学生的重要他人"①。在这种情况下,如果班主任想要成为学生成长中的"重要他人",就必须全方位提高自己的能力和水平,以高尚的人格濡染学生,以渊博的学识吸引学生,以出色的能力折服学生,以真挚的情感打动学生。

(一) 以高尚的人格濡染学生

人格不仅是一个人的个性特征的表现和精神境界的表征,而且还具有一种巨大的感召力、凝聚力和向心力。《意见》指出:"班主任岗位是具有较高素质和人格要求的重要专业性岗位。"人格健全的班主任有一种特殊的吸引力,会对学生产生积极的暗示作用。在向师性心理的作用下,学生会不自觉地学习、模仿班主任,从

① 吴康宁.教育社会学[M].北京:人民教育出版社,1999:246.

而受到“润物细无声”的教育。人格的教育作用往往是潜在的，但正因为不为人所知，所以，它所发挥的作用往往更本质、更深入、更持久。中小学生正处于人格形成的关键时期，班主任应该不断砥砺自己的人格，让自己成为一个身心和谐、人格健全的社会人，增强自己的人格魅力，让学生主动把自己当成榜样和楷模，从而出色地完成教育任务。

（二）以渊博的学识吸引学生

班主任首先是一个教师，是知识的传播者和学习知识的引导者，没有基本的教育知识、精深的专业知识、广博的文化知识，很难得到学生的认同，更难以成为学生的“重要他人”。同时，班主任工作面广量大、繁杂多样，涉及学生学习、生活的方方面面，如果没有渊博的学识，也很难做好班主任工作。

（三）以出色的能力折服学生

能力是顺利实现某种活动的心理条件，能力表现在所从事的各种活动中，并在活动中得到发展。毫无疑问，一个能力薄弱的班主任是不可能受到学生欢迎的，很难成为学生成长中的“重要他人”，从而也不能对学生产生应有的教育影响。班主任工作的重要性和复杂性对班主任的专业能力提出了很高的要求，一个合格的班主任必须具备观察能力、组织管理能力、语言表达能力、协调能力等综合教育能力。

（四）以真挚的情感打动学生

现代教育观认为，教育的根本目的是促进学生的全面发展，包括生理、心理、认知、情感等方面的发展。研究表明，教育的效果不仅与班主任的知识结构和教学技巧密切相关，更与班主任对学生的情感态度有关（皮格马利翁效应就是一个很好的证明）。正向的情感态度往往能最大限度地激发学生的潜能，使教育效果呈几何级提升；而负向的情感态度则会使学生的情绪低迷，甚至会引发厌学情绪。班主任对学生的情感冷漠通常会带来学生对班主任的加倍冷漠，使师生关系僵化，甚至形成对立局面。因此，在工作中，班主任要保持积极的情感状态，努力开掘与学生情感沟通的渠道，合理调控自己的教育行为，用自己的正向情绪来影响、感化学生。在学生教育中，诉诸情感会比诉诸理性取得更好的教育效果。

第五节 班主任是学生合法权益的保护者

教育法制观念是现代教师教育观念体系中的重要组成部分。班主任应正确把握教育法、教师法、义务教育法、未成年人保护法等教育法律法规，全面准确地理解教师的权利和义务，学会依法保护自身和学生的合法权益，不断增强教育法制观念，提高思想素质和业务水平。

一、教师要增强教育法制观念

“观念的东西不能改变世界，但可以改变人，而人能够改变世界。”观念是人们行为的原动力。因此，增强教育法制观念，是教师依法执教的前提。教育法制观念是人们关于教育法律法规的思想和观点。它包括对教育法律法规的本质和作用的看法，对现行教育法律法规的要求和态度，对教育法律法规的评价和解释，对人们的行为是否合法的认识等。教育法制观念作为人的一种自觉的心理活动，直接影响着人们执行和遵守教育法律法规的自觉性。

教师职业的性质和特点，要求教师应具有较强的教育法制观念，在教育教学中自觉贯彻执行国家的教育法律法规，正确履行自己的权利和义务，保护学生的合法权益。但在教育活动中，一些教师教育法制观念淡薄，不能正确看待权利和义务，侵犯学生权益的现象时有发生，主要表现在以下四个方面。

一是侵害学生的受教育权。受教育权是学生的一项基本权利。国家培养青年、少年、儿童在品德、智力、体质等方面全面发展。近些年来，教师侵害学生受教育权的现象时有发生。如教师擅自更改学生的报考志愿；不允许学习差的学生参加考试；随意占用学生的上课时间，指派学生参加一些与教育无关的活动，如商业庆典、开幕式等。

二是侵害学生的人身自由权。学生作为公民享有人身自由不受侵犯的权利。但在传统观念影响下，教师往往在有意无意中就对学生的人身权构成了伤害。学生作为一个活生生的个体，教师应该对他们的权利给予充分的尊重，不得任意体罚或变相体罚学生。如有的教师让学生相互打手心、敲脑袋；有的教师罚学生做俯卧撑、绕操场长跑；有的教师罚学生几遍甚至几十遍地抄写作业等。

三是侵害学生的人格权。人格权是基于人的存在而须臾不分的权利，只要自然人出生、法人成立，无须任何意思表示或经过特别授权，就当然取得并受到法律保护。教师侵害学生的人格权主要表现在：有的教师讽刺、挖苦、侮辱、谩骂“后进”学生，使学生无地自容从而畏惧上学等。对学生人格权的侵害是一种潜在的伤害，其危害程度对于学生来说，比体罚等身体性伤害更为严重。所以，教师必须注意保护学生的人格尊严，在教育过程中与学生平等相待。

四是侵害学生的隐私权。教师侵害学生的隐私权主要有两种表现：① 有的教师为杜绝学生早恋，私拆、隐匿、毁弃学生的信件，甚至随意披露未成年人的隐私；② 不正当地公布学生的考试成绩。早在 1994 年原国家教委就明确指出，“学校教师不得按学生考分高低排列名次，张榜公布”。

二、我国的教育法律法规体系

从法理学的意义上讲，教育法律法规是指国家制定或认可并由国家强制力保证实施的教育活动的法律法规体系，以及实施这种法律规范所形成的教育法律关系的行为准则和法律秩序的总和。所谓教育法制体系，通常是指教育法律法规依据法理学原理，按照一定的原则，组成一个门类齐全、结构严谨、内部和谐、体例科学、协调发展的整体。

改革开放以来，我国教育立法的进展较为迅速，相继出台了一系列的教育法律法规。全国人大或人大常委会自从 1980 年起相继制定了《中华人民共和国学位条例》(以下简称学位条例)、《中华人民共和国义务教育法》(以下简称义务教育法)、《中华人民共和国教师法》(以下简称教师法)、《中华人民共和国教育法》(以下简称教育法)、《中华人民共和国职业教育法》(以下简称职业教育法)、《中华人民共和国高等教育法》(以下简称高等教育法)和《中华人民共和国民办教育促进法》(以下简称民办教育促进法)等重要教育法律，国务院、国家教育行政部门制定了大量的教育行政法规，省级人大、政府也制定了许多地方性教育法规。我国已初步形成了以教育法为核心，以教育单项法为骨干，内容比较完备、结构比较合理的中国特色社会主义教育法律法规体系的基本框架。这些覆盖我国各级各类教育和教育主要方面的不同等级、具有不同的法律效力的教育法律规范，它们按照一定的纵向、横向联系构成总体框架，这就是通常所说的我国教育法制体系结构。

（一）我国教育法制的纵向结构

从教育法律法规的纵向构成上看，由于教育法律法规的立法权限和立法程序不同，教育法律法规的适用范围和效力也不同。除了国家根本大法——宪法对我国教育作了最根本的规范之外，按我国教育法律法规不同的适用范围和效力等级，可将其从纵向上分为以下六个层级。

一是与国家宪法相配套，对整个教育全局起宏观调控作用的教育基本法，即教育法。教育基本法是依据宪法制定的调整教育内部、外部相互关系的基本法律准则，有人将其称为“教育的宪法”或“教育的母法”。1995 年 3 月 18 日由第八届全国人大三次会议审议通过并于 1995 年 9 月 1 日生效的《中华人民共和国教育法》，是我国教育事业改革和发展的根本大法，它规定了我国教育的基本方针、基本任务、基本制度以及教育活动中各主体的权利和义务等，也是制定其他教育法规的基本依据。

二是与教育法相配套的单行教育法以及其他与教育相关法律中的条款。教育单行法是根据宪法和教育基本法确立的原则制定的，用于调整某类教育或教育的某一具体部门的教育法规。我国先后制定并公布实施的其他教育单行法有学位条例、义务教育法、教师法、职业教育法和高等教育法等。一些相关法律如《中华人民共和国未成年人保护法》《中华人民共和国预防未成年人犯罪法》《中华人民共和国残疾人保障法》中的有关教育问题的相关条款也属于教育法律的范畴，其效力仅次于教育基本法。此外，全国人大及其常委会制定的有关教育的决定、决议等有法律效力的规范性文件也属于教育法律的范畴。

三是与教育法律和其他法律相配套的，由国家最高行政机关（即国务院）制定、发布的教育行政法规。它包括对某一方面的行政工作作较为全面、系统规定的“条例”，如《学校体育工作条例》《学校卫生工作条例》等。

四是地方性教育法规。它由省、自治区、直辖市和较大的市（也称为大市，即有权制定地方性法规的城市，如省会城市等）的人大及其常委会在不与宪法、法律、行政法规相冲突的前提下制定并颁发实施的地方性教育法规，如《江苏省中小学生人身伤害事故预防与处理条例》等。

五是部门教育规章。部门教育规章是指国务院所属各部委根据法律和行政法规，在本部门权限内单独或与其他部委联合发布的有关命令、指示、实施细则等规范性文件。其效力虽低于国务院制定的行政法规，但在全国通行有效。部门教育规章通常由教育部或由教育部联合其他部委签发，其常用名称为规定、办法、规程、大纲、标准等。这些规章是执行教育法律、行政法规的具体办法，也具有一定强制性。它既包括对某一项行政工作做部分规定的“规定”，也包括对某一项行政工作做比较具体规定的“办法”或“细则”。

六是地方政府规章。它是省、自治区、直辖市和较大的市(也称为大市，即有权制定地方性法规的城市，如省会城市等)的人民政府在自身权限范围内发布的调整教育行为的规范性文件，即规章。

上述六个层级在总体上呈现一种由高到低、按序分列的态势。但在宪法和教育基本法之下的各种层级中，也有相互包容、相互渗透的一面。

（二）我国教育法制的横向结构

教育法律法规的横向结构是指按照它所调整的教育关系的性质或教育关系的构成要素，划分出若干个同一层次的专项法律法规，形成教育法律法规调整的横向覆盖面，使之在横向上呈现门类齐全、内容完整、互相协调的态势。

人们对教育内部和外部各种教育关系构成要素的认识不同，判别教育法律法规横向构成的种类所采用的标准不同，以致对教育法律法规的横向结构的表现形式也会形成不同的划分。此外，需要注意的是，有时一种教育法律法规的内容作用于几个领域，也导致教育法律法规横向构成的分类很难避免交叉重复的现象。从目前情况看，我国教育法律法规按横向结构表现形式可分成六类。

(1) 教育基本法。

(2) 规范相关部门教育行政管理权限和运作方式的教育行政组织法。

(3) 规范各类学校办学行为的学校教育法。

(4) 规范教师、学生行为的教职学员法。

(5) 规范实施教育经费保障的教育经费投入法。

(6) 规范学校设备必需额度及其标准的教育设备法。

上述第三类“学校教育法”，又可细分为：基础教育法律、职业教育法律、高等教育法律、成人教育(或称社会教育)法律、特殊教育法律等。

对教育法律法规从横向构成上进行统一的分类，是一个较为复杂的问题，需要进行更深层次的研究。当然，划分教育法律法规的种类数量可多可少，关键在于充分兼顾相互关系的协调、和谐，且能涵盖教育主体关系的主要部类和方面。

我国教育法律法规的体系结构的形成，是一项系统工程，有一个较长过程，只有在动态发展中逐步加以整合，方可使之渐臻完善。我国教育法律法规的动态发展，表现在教育法律法规在整个社会法规体系中地位的变化上。

我国教育法律法规的纵向、横向结构如图 1-1 所示。

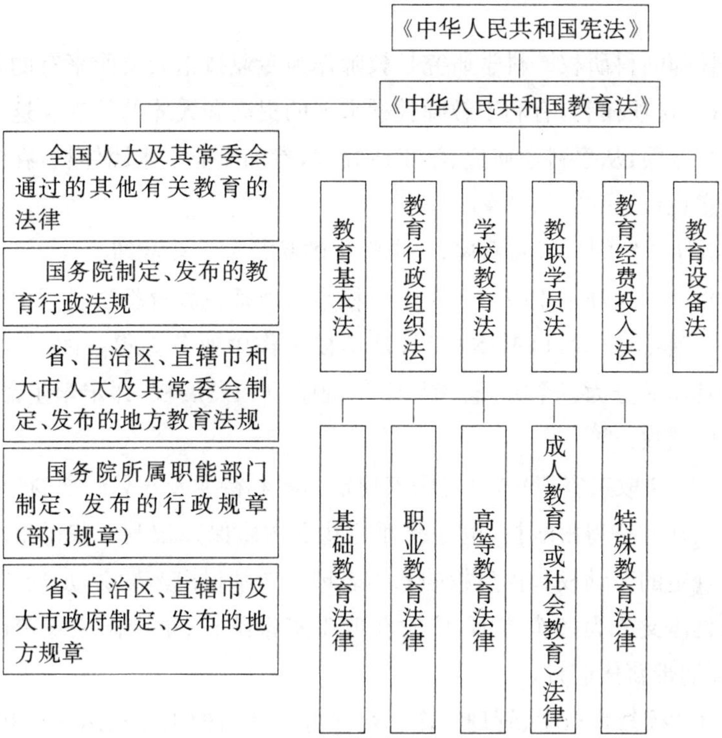

图 1-1　我国教育法律法规结构

三、教师的权利和义务

教师法赋予教师在教育教学中特定的权利和义务，是基于教师特殊职业的专业性而规定的。教育行政部门和学校要为教师行使权利、履行义务提供条件。

（一）教师的权利

教师的权利是指依照教育法、教师法及其他法律法规，在组织教育活动中可以行使的权利。教师作为教育者，行使教师法赋予的特定权利，是由教师职业决定的，教师法规定教师可以行使以下六个方面的权利。

（1）进行教育教学活动，开展教育教学改革和教学实验。

这是教师的教育教学权。教育教学权是教师履行教书育人职责最基本、最重要的权利，是教师其他权利的基础。这一权利具体又分为三个方面：教育教学活动权、教育教学改革权和教学实验权。

(2) 从事科学研究、学术交流、参加专业的学术团体、在学术活动中充分发表意见。

这是教师的科研权。科学研究是教师作为专业技术人员所享有的基本权利之一,教师行使这项权利,有利于教师教学水平的提高和人才的培养。这一权利具体又分为三个方面:从事科学研究、学术研究权,参加专业学术团体权,在学术活动中充分发表意见权。

(3) 指导学生的学习和发展,评定学生的品行和学业成绩。

这是教师的管理学生权。管理学生权是与教师在教育教学过程中的主导地位相适应的一项特定的教师基本权利,是学校工作中业务性很强的一项专门工作。这一权利具体又分为三个方面:指导学生的学习和发展权、评定学生品行权、评定学生学业成绩权。

(4) 按时获取工资报酬,享受国家规定的福利待遇及寒暑假期的带薪休假。

这是教师的获得报酬权,也是教师的基本物质保障权利。获得报酬权是教师享受宪法规定的劳动权和休息权的具体表现。教师付出辛勤劳动,应当获取报酬。这一权利具体又分为三个方面:按时获取工资报酬权、享受国家规定的福利待遇权、寒暑假期带薪休假权。

(5) 对学校教育教学、管理工作和教育行政部门的工作提出意见和建议,并可通过教职工代表大会或其他形式参与学校的民主管理。

这是教师的民主管理权。民主管理权是教师作为国家的主人行使民主管理国家的具体表现。宪法规定:"公民对任何国家机关和国家工作人员,有提出批评和建议的权利。"这一权利具体又分为两个方面:提出意见和建议权、参与学校民主管理权。

(6) 参加进修或者其他方式的培训。

这是教师的进修培训权。进修培训权是教师享有的继续教育和终身教育的基本权利,是教师不断提高政治思想和业务水平的重要措施。教师的这一权利,同时也是政府和学校的义务,政府和学校应当采取各项措施落实教师这一权利。这一权利具体又分为两个方面:参加进修的权利、参加其他方式培训的权利。

教师法规定的上述权利,是教师在教育教学活动中基于特定职责所享有的基本权利,目的是保证教师能更好地从事教育教学工作。因而,教师法所规定的教师权利不能随意放弃,有的权利同时也是教师的义务和职责,如教育教学权、进修培训权,这是由教师这一职业的特殊性决定的。

教师的上述权利如果受到侵害,可以申诉,这是教师的申诉权,也是教师法确定的教师申诉制度。关于教师申诉制度,《中华人民共和国教师法》第三十九条规定:"教师对学校或者其他教育机构侵犯其合法权益的,或者对学校或者对其他教育机构作出的处理不服的,可以向教育行政部门提出申诉,教育行政部门应当在接到申诉的三十日内,作出处理。教师认为当地人民政府有关部门侵犯其根据本法规定享有的权利的,可以向同级人民政府或者上一级人民政府有关部门提出申诉,同级人民政府或者上一级人民政府有关部门应当作出处理。"

如果教师因为申诉等原因而受到打击报复的,《中华人民共和国教师法》第三十六条明确了制裁规定:"对依法提出申诉、控告、检举的教师进行打击报复的,由其所在单位或者上级机关责令改正;情节严重的,可以根据具体情况给予行政处分。国家工作人员对教师打击报复构成犯罪的,依照刑法第一百四十六条的规定追究刑事责任。"

【相关链接】

教育惩戒,有"法"可依[①]

2020 年 12 月 23 日,教育部在前期广泛调研、公开征求意见基础上,制定颁布《中小学教育惩戒规则(试行)》(以下简称《规则》)。《规则》第一次以部门规章的形式对教育惩戒作出规定,系统规定了教育惩戒的属性、适用范围以及实施的规则、程序、措施、要求等,旨在把教育惩戒纳入法治轨道,更好地推动学校全面贯彻落实党的教育方针和立德树人根本任务。

本规则所称教育惩戒,是指学校、教师基于教育目的,对违规违纪学生进行管理、训导或者以规定方式予以矫治,促使学生引以为戒、认识和改正错误的教育行为。

《规则》对应当给予教育惩戒的情形作了具体化,规定在确有必要的情况下,学校、教师可以在学生存在不服从、扰乱秩序、行为失范、具有危险性、侵犯权益等情形时实施教育惩戒。

《规则》采取概括式表述,根据程度轻重将教育惩戒分为一般教育惩戒、较重教育惩戒和严重教育惩戒三类。一般教育惩戒适用于违规违纪情节轻微的学生,包括点名批评、做口头或者书面检讨、增加额外教学或者班级公益服务任务、一节课堂教学时间内的教室内站立、课后教导等;较重教育惩戒适用于违规违纪情节较重

---

① 林焕新.教育部颁布《中小学教育惩戒规则(试行)》——教育惩戒,有"法"可依[N].教师报,2020-12-30.

或者经当场教育惩戒拒不改正的学生，包括德育工作负责人训导、承担校内公共服务、接受专门的校规校纪和行为规则教育、被暂停或者限制参加游览以及其他集体活动等；严重教育惩戒适用于违规违纪情节严重或者影响恶劣，且必须是小学高年级、初中和高中阶段的学生，包括停课停学、法治副校长或者法治辅导员训诫、专门人员辅导矫治等。

（二）教师的义务

教师的义务是指教师依照教育法、教师法及其他法律法规，在组织教育活动中必须履行的义务。履行教育法、教师法规定的特定义务，是教师工作性质决定的。在实践中表现为教师必须作出一定的行为或者不得作出的行为。教师法规定教师必须履行以下六个方面的义务。

（1）遵守宪法、法律和职业道德，为人师表的义务。

遵守宪法、法律是国家、社会组织和公民活动的基本行为准则。教师作为公民，应当自觉遵守宪法和法律；作为人类灵魂的工程师，教师更应该模范地遵守宪法和法律，在教育实践中应严格践行教师职业道德规范。

（2）贯彻国家的教育方针，遵守规章制度，执行学校的教学计划，履行教师聘约，完成教育教学工作任务。

这是教师完成教育教学任务的义务。教师必须依法履行自己的工作职责，教师的这一义务包括三个内容：贯彻国家的教育方针的义务；遵守规章制度，执行学校的教学计划，履行教师聘约的义务；完成教育教学工作任务的义务。

如果教师完不成教育教学任务，要受到行政处罚。《中华人民共和国教师法》第三十七条规定：教师故意不完成教育教学任务给教育教学工作造成损失的，由所在学校、其他教育机构或者教育行政部门给予行政处分或者解聘。

（3）对学生进行宪法所确定的基本原则的教育和爱国主义与民族团结的教育、法制教育以及思想品德、文化、科学技术教育，组织、带领学生开展有益的社会活动。

这是教师从事教育教学工作的义务，教师应当从德、智、体、美、劳以及社会活动等各方面全面担负起培养人的任务。这一义务包括三个内容：对学生进行思想政治教育的义务；对学生进行文化、科学技术教育的义务；组织、带领学生开展有益的社会活动的义务。

(4) 关心、爱护全体学生，尊重学生人格，促进学生在德、智、体、美、劳等方面全面发展。

这是教师热爱学生、尊重学生人格的义务。热爱学生是教师的天职和美德，教师要平等地对待每一个学生，关心、爱护全体学生，促进学生全面发展。这一义务包括三个内容：关心、爱护全体学生的义务；尊重学生人格的义务；促进学生在德、智、体、美、劳等方面全面发展的义务。

(5) 制止有害于学生的行为或者其他侵犯学生合法权益的行为，批评和抵制有害于学生健康成长的现象。

这是教师保护学生合法权益和身心健康的义务。学生是教师的工作对象，也是教师的服务对象，作为教师，在教育教学中有义务保障他们的合法权益。这一义务包括三个内容：制止有害于学生健康成长的行为的义务；制止侵犯学生合法权益的行为的义务；批评和抵制有害于学生健康成长的现象的义务。

【相关链接】

学生因小事违纪就扣分，扣到规定分值就被停课回家——
学校怎能如此随意停课①

中国教育报：

衡水市第十四中学实行了所谓的“军事化管理”，除了上课时间，学生们吃饭、洗漱、如厕的时间都很紧张。学校设置了学生会，专门对学生各种违纪行为进行监督和记录，比如进宿舍迟到一分钟、在宿舍吃零食、晚上睡觉铃响后没上床等，都属于违纪范围。而一旦被记录违纪，学生面临的就是被扣分，扣到学校规定的分值后，就只能停课回家了。

新学期刚开学，同事的孩子就回家了，问过才知道，是因为寒假作业做得不认真，老师责令回家重新写作业。班里还有几个学生也一起被撵回家了，其中还包括两个家离得很远的学生，家长从数百里外赶过来把孩子领走。老师说了，什么时候作业他觉得满意了，才能回来继续上课。

笔者认为，学校是教书育人的地方，教育学生是学校的本职工作。在校上课是学生应该享有的基本权利，动辄让学生停课回家，不仅耽误了正常的学习，而且会对孩子的自尊心造成极大伤害。给违纪的孩子“放假”，是在开脱学校对学生应尽

① 读者来信：学校怎么能如此随意让学生停课回家[N].中国教育报，2013-03-28.

的教育管理职责。只顾纠缠这些小事,制造紧张气氛,而忽略了孩子们学习的大事,不利于营造轻松的学习环境,这样的教育方式真的可取吗?

河北省衡水市一位家长

(6) 不断提高思想政治觉悟和教育教学业务水平。

这是教师不断提高政治觉悟和业务水平的义务。时代在发展,社会在进步,教师要跟上时代和社会的发展就要不断提高思想政治觉悟和教育教学业务水平。这一义务包括两方面的内容:不断提高思想政治觉悟的义务;不断提高教育教学业务水平的义务。

教师不履行相应的义务,违反教师法的行为主要表现为:故意不完成应当完成的教育教学任务,给教育教学工作造成损失的;体罚学生,并且经教育不改的;品行不良,侮辱学生,影响恶劣的。教师法在法律责任一章中对上述行为作出了处罚规定:有以上三种情形之一的,“由所在学校、其他教育机构或者教育行政部门给予行政处分或者解聘”;有上述后两项所列情形之一的,且情节严重,构成犯罪的,依法追究刑事责任。

思考与练习

一、思考探究

1. 有人说:“一个优秀的班主任,首先应该是一个优秀的教师;但是,一个优秀的教师不一定就是一个优秀的班主任。”请谈谈你对这句话的理解。

2. 叶圣陶先生说:“教育是什么,往简单方面说,只需一句话,就是养成良好的习惯。”请你谈谈养成教育在学生成长中的重要作用。

二、情境问答

1. 2010 年 10 月 9 日,在山东省临沂市第六中学就读的七年级女生张悦因为不符合学校的剪短发的要求,三次被班主任和政教处赶出校门后,在家喝下灭幼脲自杀(《山东商报》)。请结合案例,谈谈当学生行为与学校规定发生矛盾时,教师如何保护学生的合法权益。

2. 有人开玩笑说:“起得比鸡早,睡得比狗晚。”高中班主任在校待的时间最长,工作也很辛苦,几乎全天候地陪伴着学生,对于学生大大小小的事都要上心。但是做工作到底是眉毛胡子一把抓还是事无巨细?很多高中老师陪伴学生的时间甚至多于陪伴家人,遭到家人的指责。

(1) 面对工作和家庭矛盾的难以调和,你觉得如何提高教师的幸福感?

(2) 很多高中班主任都不是语数外这三门重要科目的老师，三门功课占据了学生大部分的时间，那么身为班主任的你会如何在学生高压学习下进行自己的班主任工作而不让自己成为可有可无的角色？

3. “三年中，她没看过一场电影，没逛过一次公园，把全部时间和精力都投入到工作中去，大家都戏称她为工作狂。”“工作如此辛苦，好几次因过度疲劳晕倒在课堂上。”“她拖着患有重病的身体，三更始眠五更即起，披星戴月，潜心钻研……兜里总是放着救心丸，脚上有挂水留下的针眼……”

(1) 你如何评价这位老师的事迹？

(2) 你认为一个优秀班主任的基本条件有哪些？

延伸阅读

1. 中共中央，国务院.关于进一步加强和改进未成年人思想道德建设的若干意见，2004－02－26.
2. 教育部.关于进一步加强中小学班主任工作的意见，2006－06－04.
3. 教育部.中小学班主任工作规定，2009－08－12.
4. 教育部.中小学生守则，2015－08－20.
5. 教育部.中小学德育工作指南，2017－08－17.
6. 中华人民共和国教师法，1993－10－31.
7. 中华人民共和国教育法，2021－04－29.
8. 中华人民共和国未成年人保护法，2012－10－17.
9. 班华.专业化：班主任持续发展的过程[J].人民教育，2004(15－16).
10. 班华.班主任专业化问题的探讨过程[J].人民教育，2010(5).

第二章 职业道德

班主任感言

教师的形象被无数人描绘过，教师的品格被无数次赞美过，或用文字，或用音乐，或用画笔，或用镜头……虽然这些作品来自不同的时代，不同的种族，不同的文化，但师爱那无私深挚的感情却永恒不变。

——张丽莉（全国优秀教师，2012 年度“感动中国”十大人物）

教师是教育发展的第一资源。习近平总书记指出：教师是人类灵魂的工程师，是人类文明的传承者，承载着传播知识、传播思想、传播真理，塑造灵魂、塑造生命、塑造新人的时代重任。[①] 2018 年 1 月 20 日，《中共中央国务院关于全面深化新时代教师队伍建设改革的意见》指出，要“注重加强对教师思想政治素质、师德师风等的监察监督，强化师德考评，体现奖优罚劣，推行师德考核负面清单制度，建立教师个人信用记录，完善诚信承诺和失信惩戒机制，着力解决师德失范、学术不端等问题”。党的十八大以来，习近平总书记在关于教育工作的系列重要讲话中，把师德师风建设作为提升新时代教师素质、办好人民满意教育的首要任务，先后用“大先生”“筑梦人”“系扣人”“引路人”等表现力极强的称谓表达对广大教师的殷切期望，并提出“四有好老师”“四个引路人”“四个相统一”等师德建设标准和要求。2018 年 5 月在北京大学考察时，他又号召广大教师要以德立身、以德立学、以德施教。2018 年 9 月 10 日在全国教育大会上的讲话中，他要求“做老师就要执着于教书育人，有热爱教育的定力、淡泊名利的坚守”。习近平总书记关于师德建设的系列重要讲话和关于教师职业角色的一系列明确要求，为广大教师如何履行教书育人的神圣职责，树立了价值标尺，是新时代加强师德建设的根本遵循。

---

① 吴晶，胡浩. 习近平在全国教育大会上强调坚持中国特色社会主义教育发展道路 培养德智体美劳全面发展的社会主义建设者和接班人[N].光明日报，2018-09-11.

第一节 教师职业道德及其重要意义

教师职业道德是教师的立身之本、立教之本,这是由教师劳动的任务、对象及其特点所决定的。教师职业道德需要在教育教学的实践中不断地陶冶和锻炼,加强师德修养是教师专业化的重要内容,是提升教师素质的关键所在。

一、教师职业的产生与属性

职业是人们在社会生活中对社会所承担的一定职责和所从事的专门业务。它是一种以社会分工和劳动分工为纽带的社会形式和社会关系。教师是向受教育者传递人类积累的文化科学知识和进行思想品德教育,把他们培养成为一定社会需要的人才的专业人员。[①]教师职业是指按照一定社会的需要和标准,传授文化科学知识,以培养人的能力和思想品德的一种职业。

(一) 教师职业的产生

教师职业是人类历史上既古老又神圣的职业。教师职业的产生建立在人类教育活动的基础上,由社会生产力的发展所决定,以社会分工的出现为前提。原始社会没有专门的学校教育和教师职业。人类进入奴隶社会后,出现了文字和学校,脑力劳动和体力劳动的分工也有了发展。在奴隶社会初期,掌管文化的主要是国家官吏和巫师,他们从事专门的文化整理、研究和教学,也担任一定的官职。在封建社会,随着学校结构的复杂和规模的扩大,教师职业开始向专门化方向发展。

随着近代科技和工业的发展以及科学技术在生产中的广泛应用,不但需要培养有文化、懂技术的劳动者,而且需要培养大批有创新能力的科学技术专家。这时初等义务教育得到了普及,中等和高等教育也有了迅速发展。随着教育结构更趋复杂和教育规模更趋扩大,专门培养教师的初等师范、中等师范和高等师范教育应运而生,教师职业更趋专门化和专业化。

随着知识经济的发展,高新技术产业将成为经济部门的主导产业,传统产业也

① 中国大百科全书(教育)[M].北京:中国大百科全书出版社,1985:146.

将高技术化。科技创新是发展高技术产业的基础，培养高质量的有创新能力的科学技术专家就成为知识经济发展的关键。这就必须大力发展教育和提高教师素质。在知识经济时代，科学技术加速发展，知识更新不断加快。因此，人类将进入学习化社会，成人教育、继续教育将不断发展。这就必将造成教师职业的进一步扩大，教师质量的进一步提高。①

（二）教师职业的属性

教育是传承人类文明的事业。教师是知识的传播者和创造者，是学生健康成长的指导者和引路人。教师职业与其他职业相比有着不同的专业属性。

教师是一个专业化的职业。专业化是现代社会的一个重要特征。《中华人民共和国教师法》明确规定："教师是履行教育教学职责的专业人员。"教师专业化表达的最基本的含义就是要把教学视为专业，把教师视为专业人员。教师作为专业人员，需要长期的专门训练，有较高的学历要求；需要专门的知识技能，不仅要有所教的学科知识，也要有教育专业知识和能力；需要把教学与研究融为一体，通过研究不断提高专业水平；需要有专门的从业资格要求和专门的职业道德规范要求；需要有强烈的事业感与职业投入感，愿意献身于自己从事的职业。

教师是一个特殊性的职业。"教师的劳动是塑造人的劳动，即从事劳动力再生产、科学知识再生产和社会成员再生产的一种特殊劳动。"教师职业的特殊性主要表现在：教师的劳动对象，是有着千差万别的活生生的人，是可塑性大、模仿性强、尚未成熟的儿童和青少年；教师的劳动任务，主要是从学生的心理上去造就完美的个性，塑造高尚的灵魂；教师的劳动"产品"，具有全面性和高质量，既要求每个学生在德、智、体、美、劳诸方面得到全面发展，又要注意因材施教，更好地发展各种类型学生的个性；教师的劳动手段，是以自己的学识、才能、思想水平和道德品质培养学生；教师的劳动过程，是直接处理人与人之间的关系，这些关系处理得如何，直接影响教育教学任务的完成和人才培养的质量；教师的劳动成果，是各个教师作用的有机总和，是集体劳动的结晶。教师职业的特殊性，要求教师必须是一个博学多才和道德高尚的人。

教师是一个实践性的职业。教师职业具有很强的实践性，教师教育教学能力的培养不能仅仅依靠课堂、书本的学习。教师职业的实践性表明，教师专业技能、专业情意的养成是一个长期的过程，是一个不断反思实践的过程。因为教师学科

---

① 黄济，劳凯声，檀传宝.小学教育学[M].2版.北京：人民教育出版社，2007：82.

专业知识的掌握虽然靠短时间突击能够完成，但是教师的专业技能和专业情意却不是一朝一夕可以养成的。专业技能不仅需要专业知识作支撑，更需要在持续的专业实践中不断尝试、不断体验。“纸上得来终觉浅，绝知此事要躬行”，只有亲身经历，才能慢慢熟练掌握专业技能。师范教育设置了系统的教育实践课程，如教学基本功训练、教学观摩、案例分析、微格教学、教育见习、教育实习等，帮助师范专业的学生在不断实践的过程中，将普适性的专业知识转化为个体性的专业技能。而非师范专业的学生却很难有这样系统的教育实践训练，通常缺乏扎实的专业技能。专业情意也需要长时间的濡染、浸润。有些人对教师职业充满热情，但是仅有热情是不够的，专业情意是一种稳定的、成熟的心理状态，是对教师职业充分了解、深入体验基础上的情感认同和意志坚守。

教师是一个复合型的职业。教师是一种以育人为中心的职业。对于一名教师来说，他的专业性首先体现在教育性上，因为他面临的最大挑战是研究教育对象，研究教与学之间的关系，同所教学科知识的相对稳定性不同，教育对象是变化的、动态的、个性化的，一名合格教师的素质主要体现在他的教育教学研究能力上。因此，不管是哪个学科的教师，他首先是一名教师，其次才是一名学科教师。教师职业的首要特点在于其本质是“育人”，以教育他人、培养他人为神圣职责，所教学科的课程体系、课程设置和教学要求都要服务于、服从于“育人”这个总要求，所以，教师是一种有别于学科研究人员的专门人才。

【相关链接】

教师的三种职业生存状态①

在现实的教育职业生活中，生存、享受、发展这三种状态表现了教师对生活世界的把握程度以及对自我超越程度的区别，也体现了教师对生活理想与职业理想的不同追求。

“生存型”教师是出于功利的目的而教，教师职业对他们而言仅仅是生活或者是获取地位的一种基本手段，教师这一职业并不是他们的所爱和首选，他们只是不得已而为之，他们所做的一切都只是为薪金而做的“交换”，他们在职业中找不到快乐与幸福，他们也无法融入自己所从事的工作。更有甚者，把教师职业当作寻找“更好”职业前的跳板，“这山望着那山高”，没有长远打算，也不想深入钻研，更不要

① 王文东.心灵的教化：变革社会中的中国师德[M].成都：四川人民出版社，2003：127－130.

说将自己的一生都系之于教育事业。

“享受型”教师与“生存型”教师不同，他们怀着满腔的热情投入工作，并在教师这一平凡的职业中享受着愉悦，以教师职业作为自己参与生活、体验人生的重要途径。对于这些教师而言，学生的成长和进步就是他们辛勤劳动的最好回报，也是他们全部付出的价值所在；教师的职业就意味着付出与给予，在付出与给予中，他们有一种来自心底深处的满足，他们愿意就这样一生一世在教师这个职业之路上走下去。

“发展型”教师是怀着崇高地服务社会的理想走进教师职业中的。他们相信学生的成长、自我的进步、社会的发展这三者在职业中是融为一体的。他们不再满足于仅仅作为知识的传声筒或教材的扬声器，而是把自己当成一个理性的，有思想、有见解、有独立判断和决策能力的人，反思与研究成为他们职业发展的内在需要，终身自我教育成为他们教师生涯的推动力，他们把自我发展与职业的要求结合起来，把教学的成功与持续不断的学习结合起来。这使他们的职业发展呈现出更强的主动性和自觉性，也使他们的职业生涯焕发出更加旺盛的生命活力。就这样，他们的自我价值在服务社会的创造性活动中得以体现，他们的个人理想融入社会的进步当中，而教师这一职业成为他们参与社会创造、实现自我理想的有效途径，成为他们个人幸福生活和持续发展的不竭源泉。

二、教师职业道德的含义与特点

道德是人类社会所特有的现象，是一种特殊的社会意识形态。教师职业道德是职业道德的特殊形式，有其自身的基本特点。

（一）道德及职业道德的内涵

道德是由一定社会的经济关系所决定的特殊意识形态，是以善恶评价为标准，依靠社会舆论、传统习惯和内心信念所维持的，调整人与人之间以及个人与社会之间关系的行为规范的总和。伦理与道德的含义基本相同，都与行为准则有关，但也有一些细微的差别。伦理主要指客观的道德法则，具有社会性和客观性；而道德是客观见之于主观的法则，主要指称个人的道德修养及其结果。①

① 檀传宝.教师伦理学专题：教育伦理范畴研究[M].北京：北京师范大学出版社，2010：5.

戚万学教授针对道德教育中的“目中无人”现象，论述了道德与人的关系，揭示了道德的本质。

首先，道德是人为的。从道德的产生或起源上看，道德是人在现实的社会生活、社会实践过程中为了满足自己的需要而发挥自己的聪明才智去主动地选择和创造的。无论是把道德视为一种社会现象还是个体的心理机制，它都是从无到有、不断发生发展的。并且，随着社会的发展和人的需要的变化，人们总是在不断地扬弃旧道德和创造新道德。

其次，道德是为人的。从道德对于人的意义或人创造道德的目的而言，人创造出道德绝不仅仅是为了创造本身或为自己制定一种必须服从的“清规戒律”以接受道德的役使，其真正的目的在于满足人自身的需要，为了人更好地生存。人的需要既是人进行道德创造、道德辩护的根本动力，也是其根本目的。因此，在道德与人的相互关系上，道德是为人服务的，人不仅是道德的创造者，而且是道德的享用者，是道德价值的体现者，这就是道德的目的。

再次，道德是由人的。从道德的存在方式或形态的视角来看，道德的由人性主要表现在道德对人的依赖：一方面，道德是人的道德，离开了人，就根本谈不上什么道德不道德，道德是人类社会特有的现象，是人之存在中才有的尺度；另一方面，道德的真正存在并发挥作用离不开人的内在自觉，它不是靠强制性的力量或者自动就能发挥作用的。

由此可见，人既是道德的创造者，又是道德存在的目的，还是道德的载体。①

道德作为一种特殊的社会意识形态，有其自身的一些基本特征。道德具有特殊的规范性。道德在表现形式上是一种规范体系，虽然在人类社会生活中，以行为规范方式存在的社会意识形态还有法律、政治等，但道德具有不同于这些行为规范的显著特征是利他性，是社会用来调整个人与他人、个人与社会之间利害关系的手段。道德这种行为规范是依靠人们的内心信念来维系的，其约束力不像法律那样需要一种特殊的外在的强制力量来维持，而是主要依靠社会舆论、传统习惯和个人的内心信念所维持，并依据善恶标准对人们的行为进行评价。

道德具有广泛的渗透性。从横向来看，道德渗透在社会生活的各个领域，无论是经济领域，还是政治领域；无论是个人生活、集体生活，还是社会生活，时时处处都有各种社会关系需要道德来调节。从纵向来看，道德贯穿于人类社会发展的一切阶段，只要有人，有人的生活，就一定会有道德存在并发挥作用。

---

① 戚万学，唐汉卫.以人为本的道德和以学生为本的道德教育[J].中国教育学刊，2003(1).

道德具有较大的稳定性。在反映社会经济关系时，道德常常以各种规范、戒律、格言、理想等形式去约束和引导人们的行为与心理。而这些规范、戒律、格言、理想等又以人们喜闻乐见的形式出现，它们很容易因袭下来，与社会的风尚习俗、民族传统结合起来，内化为人们心理结构的特殊情感，从而具有相对的稳定性。

道德具有显著的实践性。道德必须实现向行为的实际转化，从意识形态进入人们的心理结构与现实活动。道德如果不指导人们的实践活动，不能表现为人们的具体行为，那么道德自身也就失去了存在的价值。

职业道德与人们的职业活动密切相关。由于从事某种特定职业的人们，有着共同的劳动方式，经受共同的职业训练，具有共同的职业兴趣、爱好、习惯和心理传统，从而结成某些特殊关系，形成特殊的职业责任和职业纪律，产生特殊的行为规范和道德要求。职业道德是所有从业人员在职业活动中应该遵循的行为准则。职业道德是社会道德的重要组成部分，与社会一般道德要求相比，是社会一般道德要求在职业生活中的具体体现，更直接地反映着社会道德的要求和道德面貌。

职业道德的基本内容包括：① 对职业道德价值的正确认识。即正确认识本行业在整个社会生活中的地位、性质、职责、意义、服务对象与手段，这是从业人员道德品质形成和发展的思想基础。② 树立正确的职业理想。职业理想是人们对于未来要从事的工作以及所取得的成就的希望与追求，并具有为实现职业上的奋斗目标而发奋努力的进取精神。职业理想是一个人人生目标的具体形式，也是实现人生理想的重要途径。③ 培养对职业的真挚情感，包括对职业的荣誉感、幸福感以及对服务对象的热情等。职业道德情感是人的一种精神活动，是联系认识与行动的桥梁。它和道德信念一起表明自己的道德立场，是职业人员从事职业活动的巨大精神力量。④ 锻炼职业意志。意志是人们按照自己的意向、根据自己的决定去行动的一种能力。职业意志是指以坚忍不拔的毅力和大无畏的精神去克服职业工作中的困难，形成良好的职业道德行为和习惯。

（二）教师职业道德的含义

教师职业道德是职业道德的特殊表现形式，是在教师职业劳动产生之后逐渐形成的，具体是指教师在从事教育教学活动时所应遵循的行为规范和必备的品德的总和。它规定了教师在教育劳动过程中以什么样的思想、情感、态度和作风去待人接物，处理问题，做好工作，为社会尽职尽责。它是教师职业的特殊道德要求，是调整教师与学生、教师与教师、教师与学校领导、教师与学生家长以及教师与社会其他方面关系的行为准则。[①]

教师行为规范是指教师在从事教育劳动中必须遵守的教育思想和进行教育活动的基本准则，是国家为教师规定的教育原则、教育规划、言行标准、职业修养和各项纪律。教师行为规范的内容主要包括两个方面：一方面是国家和政府制定的有关教师行为标准的法律、政令、政策、条例、守则等，这些都具有法律效力或行政效力；另一方面是早已存在于社会活动中并被人们所公认、为每一个教师内心所认可并自觉遵守的纪律、习惯、规矩等。

教师必备的品德是指教师应具备的道德品质，一般称为教师的品格、品行、品性或德性，它是一定社会或一定阶级的道德原则、规范在教师思想和行为中的体现和凝结，是每个教师在一系列的道德行为中所表现出来的比较稳定的特征和倾向，是教师教书育人、塑造完美人格的必备条件。

因此，教师职业道德包括外化的师德规范和内化的道德品质两部分，教师职业道德规范是教师职业道德的重要组成部分。

（三）教师职业道德的特点

1. 教师职业道德要求的崇高性

由于教师以立德树人、教书育人为根本任务，因此教书者必先强己，育人者必先律己，教师职业的自身特点决定了教师应具有崇高的精神境界和高尚的道德品质。在教育实践中，师德的所有问题都是围绕着师生关系展开的，师生关系的核心是教师的情感问题，也就是要关心、热爱学生，树立以学生为本的教育理念。由于教师职业与其他职业相比更受社会关注，对社会具有直接影响，特别是我国自古以来就有尊师重教的优良传统，人们对教师的期望值很高，对教师的道德要求更高。

2. 教师职业道德意识的自觉性

叶澜教授指出：“教育是一个使教育者和受教育者都变得更完美的职业，而且，只有当教育者自觉地完善自己时，才能更有利于学生的完善与发展。”[②]教师职业的最大特点是培养人、塑造人。教师不仅要用自己的丰富学识教人，而且更重要的是要用自己的品格教人；不仅要通过语言传授知识，而且要以自己的品格去“传授”

---

① 王兰英，黄蓉生.教师职业道德[M].北京：高等教育出版社，2000：35－36.

② 叶澜，白益民，陶志琼，等.教师角色与教师发展新探[M].北京：教育科学出版社，2001：3.

品格。这就要求教师以身立教，具有高度的自觉性。

3. 教师职业道德行为的示范性

教师的劳动对象是活生生的人，是尚未成熟的儿童和青少年，他们具有向师性、模仿性的特点。这就要求教师的行为时时处处起示范表率作用。道德行为是道德意识和道德品质的外在表现。教师不仅对学生要有学习上的影响力，而且更重要的是具有人格上的感召力；高尚的师德就是一部生动的教科书，对学生的影响是潜移默化的、深刻的、终身受益的。

4. 教师职业道德内容的时代性

教师职业道德有自身的发展历史和独特内容，体现着人类的智慧和文明。在我国，教师职业道德的内容首先继承了优良的文化传统和优秀的师德遗产，如学而不厌、诲人不倦、循循善诱、因材施教、言传身教、为人师表等。在此基础上，教师职业道德在内容上要与时俱进，因此，我国改革开放以来对教师职业道德规范先后作了四次修订，不断适应时代发展的需要，努力体现时代特点。

三、教师职业道德建设的重要意义

教师是教育事业发展的基础，是提高教育质量、办好人民满意教育的关键。师德是教师素质的核心，是教师的立身之基和执教之本，是加强和改进青少年学生思想道德建设的重要保证。近年来，师德建设取得重要进展，广大教师勤奋工作、教书育人，赢得了全社会的广泛赞誉和普遍尊重。在新的历史时期，从立德树人的高度审视师德建设，对于大力提升教师专业素质、深入推进教育改革、全面建成小康社会具有重要的理论和实践意义。

（一）加强师德建设是全面建成社会主义现代化国家的客观需要

教育兴衰，系于教师；教师素质，重在师德。党的十九大报告提出，从 2020 年到 2035 年，在全面建成小康社会的基础上，再奋斗十五年，基本实现社会主义现代化的宏伟目标。任务十分艰巨，需要全党全社会的共同努力。教师是引领社会发展与进步的重要群体，是建设中国特色社会主义和谐社会不可或缺的重要力量。教师要完成这样的角色任务，就必须努力提高自身素质尤其是要加强师德修养。习近平总书记指出，教师是教育工作的中坚力量。有高质量的教师，才会有高质量的教育。因此，教育质量根本上取决于教师质量。取决于教师的科学文化素质和道德水平。古人云："师者，人之模范也。"无数事实说明，教师的整体道德水平不仅对于社会主义现代化建设具有特别重要的作用，而且在全社会的道德建设中具有特别重要的地位。教师的道德修养、师德建设理应走在社会的前列，特别是在社会主义先进文化建设已成为时代性命题的今天，这一点显得尤为突出和重要。而要做到这一点，就必须加强师德建设，教育和引导广大教师把教书育人、立德树人放在首位，率先垂范，做先进生产力和先进文化发展的弘扬者和推动者。也只有做到这一点，教师群体才能成为整个社会效仿的榜样，才能在深入推进社会主义现代化建设、全面建成小康社会的伟大进程中发挥应有的作用。

（二）加强师德建设是促进教师专业发展的内在要求

教师是一种良心职业；师德是一种职业品质，具有特殊的教育价值。"道德是做人的根本。根本一坏，纵然你有一些学问和本领，也无甚用处。"陶行知先生的这段话不仅过去适用、今天适用，未来同样适用。师德是教师专业发展的内在维度与应有之义，更是教师职业的灵魂所在，是衡量专业水平高低的重要标准与内容，缺失了师德的专业发展是没有根基的发展，教师专业发展必须从师德建设抓起，从师德完善做起。教师专业发展过程首先是师德提升过程。教师职业的"教育性"决定了教师专业发展必须永远把师德建设和师德完善作为重要前提，这既是教师与其他行业的本质区别，也是教师应该引以为豪的工作属性。师德作为教师专业伦理的核心，理应成为教师专业发展的重中之重。教师也只有具有立德树人的伦理精神与教育追求，才会把全部身心都奉献给教育事业，用更高的理性自觉和满腔热情去努力钻研专业发展与教学实践，克服专业发展中碰到的种种困难，最终感受到作为教师的专业幸福，更好地促进自身的专业发展。

（三）加强师德建设是促进学生全面健康成长的必然选择

师德绝不仅仅要求教师追求自我完善，具有较高的道德素养，更不是要求教师人人都成为完人、圣人，其更根本的价值取向在于育人。师德是一种重要的精神体现，教师的品德直接关系人才培养的质量。俗话说，学生是教师的影子，有什么样的教师就会有什么样的学生。师德对学生的影响是终身的，而且它比知识传授所产生的影响更强烈、更持久。道德的终极价值是心灵的互动，了解是教育的前提。教师只有了解学生的身心特点与成长规律，加强师生之间的相互理解与沟通，充分理解与尊重学生，才能打开学生的心灵之门，走进学生的内心世界。也只有这样，教育才可能获得真正的成功，学生的健全人格才能得到有效的培养，素质教育的宏伟目标才能够真正实现。而要切实做到这一点，没有高尚的师德是难以想象的。学校是育人的重要场所，教师在学生道德成长中具有极为重要的示范作用和强大的感染力，教师的一言一行都是学生模仿的对象，对学生的成长起着潜移默化的熏陶与培养作用。身教重于言传。俗话说，“名师出高徒”。中小学生正处在世界观、人生观的养成时期，老师往往就是他们做人的榜样。如果老师人格高尚、眼界开阔、知识渊博、志向远大、思想活跃，对学生的影响是巨大而深远的。因此，作为一个有责任感的教师，不仅要做到学高，更要做到身正，要通过自己的身教去提高学生的道德素养。理想的教育应该是知识传授与品德养成的有机统一。育人先育己、立教先立德。教师只有具备良好的道德，才能在教书中实现育人，通过立德实现树人的根本目的。

第二节　教师职业道德规范的主要内容

中华人民共和国成立以来，国家正式颁布中小学教师职业道德规范主要有四次：1984 年 10 月 13 日由全国教育工会颁布的《中小学教师职业道德要求》(试行草案)，1991 年 8 月 13 日由国家教育委员会和全国教育工会颁布的《中小学教师职业道德规范》，1997 年 9 月 1 日由国家教育委员会和全国教育工会颁布的《中小学教师职业道德规范》，2008 年 9 月 3 日由国家教育部颁布的《中小学教师职业道德规范》。现行的《中小学教师职业道德规范》(2008 年)的内容为：爱国守法、爱岗敬业、关爱学生、教书育人、为人师表、终身学习。这六条基本内容体现了教师职业特点对师德的本质要求和时代特征。而“爱”与“责任”是贯穿其中的核心和灵魂。

一、爱国守法

爱国主义是中华民族的优良传统，是中国特色社会主义核心价值体系的一个重要方面。坚持以爱国主义为核心的民族精神和“以热爱祖国为荣，以背离祖国为耻”的社会主义荣辱观是社会主义核心价值体系中不可或缺的一部分。

守法是公民的基本行为准则，也是我国实施“依法治国”方略的必然要求。要实现社会主义法治国家的目标，需要每个社会成员知法守法，用法律来规范自己的行为，遵守社会秩序，恪守社会公德，不做法律禁止的事情。守法是依法执教的重要内容。教师要认真学习和领会有关教育法律法规，把依法执教这一教师职业道德规范与其他相关法律法规联系起来，完整准确地理解依法执教的全部内涵。

爱国守法包括两个方面的含义：爱国和守法。爱国的基本要求：一是牢固树立中华民族和国家利益至上的意识，自觉维护祖国的独立、统一、尊严和利益；二是为建设富强、民主、文明、和谐、美丽的社会主义现代化强国作出力所能及的贡献；三是在教育教学中，积极实施爱国主义教育。守法不仅是法律层面的要求，也是道德层面的要求。作为教师道德规范，守法强调教师要自觉地学法、懂法和守法，同时在教育教学中，严格遵守宪法和教育法律法规，使自己的教育教学活动合法、规范，做到依法执教。

爱国守法包含着两种角色要求：一是教师作为公民，必须自觉履行公民应尽的权利和义务；二是作为人民教师，必须认真贯彻党和国家的教育方针，遵守教育法律法规，依法履行教育职责和权利。

二、爱岗敬业

个人无论从事什么职业，要具备高尚的职业道德，首先就必须热爱自己的本职工作岗位。缺少这一基础和前提，职业道德的其他内容便无从谈起。《新时代公民道德建设实施纲要》对职业道德提出的首要要求就是“爱岗敬业”。爱岗敬业是教师做好工作的情感基础。热爱是最好的老师，是人们行为的动力源泉。教师对职业劳动投入的多少和教育效果如何，直接取决于教师对职业的热爱程度。

教育活动是一种直接与受教育者进行情感交流和心灵沟通的活动。只有对教育事业充满热爱，对学生充满感情的教师，才能与学生进行积极的互动；学生感受到教师的热切关爱，才会对教师产生强烈的认同感。

爱岗和敬业既相互联系，又相互区别。从二者的联系来看，爱岗是敬业的前提，敬业是爱岗的体现；从二者的区别来看，爱岗更多的是一种情感体验，敬业更多的是一种态度和行为表现。二者相互联系，相互促进。

爱岗敬业的要求分为三个层面：一是“忠诚于人民教育事业，志存高远，勤恳敬业，甘为人梯，乐于奉献”，这是教师应具有的精神状态，是教师爱岗敬业的前提和基础；二是“对工作高度负责，认真备课上课，认真批改作业，认真辅导学生”，这是对教师工作所涉及内容的具体要求；三是“不得敷衍塞责”，这是教师在教育工作中必备的工作态度。

爱岗敬业，教师要树立强烈的事业心。事业心是一种对事业全身心投入和不懈追求的信念、态度和决心，是劳动者拼搏奋斗和事业有成的保证。教师的事业心就是坚信自己所从事的教育工作是崇高的事业，因而一心扑在自己的事业上，下决心要在教育工作中为人民作出最大的成绩和贡献。事业心是做好教育工作的内驱动力，它给人力量，催人奋进，使人坚强。

爱岗敬业，教师要具有高度的责任感。爱岗敬业最终必须落实在教师认真负责、精心施教的工作态度上。对工作有高度责任感是一种高尚的职业道德情感，也是做好本职工作的巨大动力。一个人认识到自己所从事的事业对祖国和人民是一种不可推卸的责任时，就会不遗余力地去干好它。责任感是巨大压力，催人为事业奋斗；责任感是焊条，把人与事业焊接在一起。教师的责任感，在于把培养教育好下一代当成不可推卸的责任，当成神圣的天职。这种责任感，要求教师不仅要教书，而且要育人；不仅要对学生在校期间负责，而且要对他们的终身负责。

三、关爱学生

学校是培养人的场所，育人是教师的职责，师生关系是学校中最基本的伦理关系。教师对待学生的态度是衡量师德高低、素质优劣的基本标准。关爱学生是教师的天职，是做好教育工作的根本保证。

关爱学生是教师最宝贵的职业情感。只有当广大教师真正把关爱学生当成自己全部教育教学实践活动的基本出发点的时候，教师的人格魅力、学识魅力才会最大限度地影响学生、感染学生，从而生成有效的教育。没有爱就没有优秀的教育。师爱在本质上是一种超越血缘、超越私利而源于人类教育本性的、崇高的、永恒的教育情感。

关爱学生是教师对学生要情深似海，丹心一片；要坚持一切为了学生，为了一切学生，为了学生的一切。学生的成长和发展既关系到他们自身的前途，也关系到家庭幸福，更关系到社会和国家的未来。

关爱学生就要严格要求学生。“严是爱，松是害。”对青少年学生一定要严格要求，严格管理，要加强对学生进行正面的教育和引导，这是关爱学生的必然要求。爱和严是相辅相成的：一方面，教师的严格必须以爱为基础，不能让它变成那种让学生感到害怕、敬而远之的“严厉”；另一方面，严格又必须要对爱有所限制，它要求教师不能完全感情用事，不能对学生溺爱和放纵。因此从本质上说，严格要求本身就是一种对学生充满责任感和理智的无比深沉的爱。教师要严慈相济，做学生的良师益友。

关爱学生就要尊重、信任学生。教育的前提是尊重。马卡连柯说过："我的基本原则永远是尽量多地要求一个人，同时也尽可能多地尊重一个人。"人皆有自尊心，处在成长期的学生的自尊心是敏感而脆弱的，更需要教师的悉心呵护。教师只有从心底去爱护学生，尊重学生，用一颗真诚的心去贴近学生、启发学生、感染学生，学生才会在一种健康、自由、愉快的环境中接受教育、自觉学习，从而产生有效的教学效果。尊重学生，就是尊重学生的主体性，树立以学生为本的思想。不同学生的个体发展是有差异的，在教育教学过程中，教师应尊重学生的兴趣特长和个性特征，一切从学生的需要出发，循循善诱，因材施教。

【相关链接】

班主任的"致命幽默"①

一位班主任在课堂上为了调节气氛，给全班学生讲了这样一个幽默故事："张华、刘军和李茂辉共同去见上帝，张华问上帝自己什么时候可以成为全班第一，上帝说需要奋斗一年，张华哭了，说时间太长了。刘军问上帝自己什么时候能考全班第一，上帝回答说两年，刘军也哭了，说怎么会需要那么长时间。最后李茂辉也想问自己什么时候能成为全班第一，还没等他开口，上帝哭了，边哭边说自己这辈子是看不到李茂辉拿第一了。"老师讲罢，同学们大笑不止，可是幽默中提到的三个人却怎么也笑不出来，老师的否定和不尊重的调侃深深伤害了他们的自尊。

信任学生，就是相信学生，对学生满怀期待。"罗森塔尔效应"告诉我们，只要教师相信学生，内心对他们寄予良好的期待，对他们取得的每一点进步给予正面鼓励，那么，学生在教师的态度和行为中也能感受到信任与期待，从而增强自信心与上进心，无形中在师生之间架起了一座相互信任、相互融通的桥梁，对教师的"教"与学生的"学"起到一种催化作用。由此可见，"罗森塔尔效应"实质上就是一种信任的效应、爱的效应。

---

① 迟希新.班主任的德育工作：角色定位与功能实现[M].北京：教育科学出版社，2012：3.

【工作案例】

班主任对学生成长的影响[①]

韩寒对数学不感兴趣，还殃及物理和化学，应该说，与他的班主任数学老师有一定的关系。

韩寒的数学老师是罗星中学的业务骨干，教数学很有一套方法。她出于对韩寒的关心和爱护，平时对韩寒的要求很严，而韩寒又不习惯这种管理，所以有抵触情绪。

学生对老师一旦有了抵触情绪，那么肯定会影响学生对这位老师所任的课的兴趣；而一旦没有了兴趣，甚至产生了反感，那么他也就没有了学好这门课的动力。

韩寒虽然学习成绩平平，但也在做着努力。初三一次数学测验，一直拿七八十分的韩寒考到了 100 分。韩寒从来没有考过 100 分，所以数学老师不相信韩寒能考 100 分，就把他叫到办公室要他将这张试卷再做一遍。韩寒正好有一个地方看不清楚，就问老师。老师说你做过的会不知道？便断定他是抄的。按韩寒的性格，他是不可能做这种事的，不然他从一开始就可以作弊，把名次弄上去一点，何必惹大家不开心？这件事使韩寒的心灵受伤较深，也从此对数学失去了兴趣。要是老师当时用另一种方法处理这件事，比如信任韩寒、鼓励韩寒，我想韩寒也许从此会对数学产生兴趣。

关爱学生应当面向全体学生，公正对待学生。一是教师必须公正地、一视同仁地对待所有学生，既不偏袒任何一名学生，也不委屈任何一名学生；二是教师必须公正地、是非分明地看待学生的各种行为，既要实事求是地看到他们的缺点，也要积极热情地赞扬他们的优点。公正和公平，是教师关爱学生应当具有的普遍性和科学性的集中体现，是使学生对教师感到可亲可敬的必备条件。

关爱学生就要保护学生安全。《中小学教师职业道德规范》首次将“保护学生安全”列入“关爱学生”条目下，因为中小学生绝大多数是未成年人，因此教师在负有教育、教学之责时也负有保护之责。“保护学生安全”主要是要求教师在平时加强对学生的安全教育，落实各项安全措施，防范学生的危险行为。在学生遭遇突发事件或处于危险中时，具有更多避险经验和能力的教师应该给学生切实有效的帮助。教师与学生的生命权是同等的，在危难中让体力和经验不如自己的学生走在

---

① 韩仁均.儿子韩寒[M].沈阳：万卷出版公司，2008.

前面，正是给学生平等权的表现，就像在海难发生时让老人、儿童、妇女、残疾人先上救生船一样。在四川汶川大地震中，灾区学校的广大教师始终把学生的生命安全放在首位，舍生忘死、奋不顾身地保护学生，在全社会赢得了高度赞誉。

四、教书育人

教书育人是教师最核心的职责与任务。教师要根据社会发展的需要和学生身心发展的规律，在教育教学过程中，自觉地把教学和教育结合起来，尽职尽责，既传播科学文化知识，又进行思想品德教育，把学生培养成为德、智、体、美、劳全面发展的一代新人。这既是教师的基本职责，又是教师应当遵循的道德规范。

教书是育人工作的一部分，教好书是教师的主要职责。教书者必先强己，要教好书，教师就得有扎实的教学基本功。教学基本功是贯穿整个教学过程各个环节的最基本的教学能力，也是做一个合格教师的起码要求，是进一步提高自身素质的基础。

教师是人类灵魂的工程师，育好人是教师的天职所在。育人包括德育、智育和体育诸方面。要育好人，教师要遵循教育规律，按教育规律办事，不断更新教育观念，树立育人为本的教育观；树立人才多样化，人人能够成才的人才观；树立德、智、体诸方面全面发展的教育质量观；树立为学生一生发展和幸福奠定基础的教育价值观。要育好人，教师要具备多种教育能力和教育技巧，在现代教育理论指导下，通过自己的实践摸索出一套行之有效的方法。

一是遵循教育规律，实施素质教育。在教育教学中，只有遵循教育规律，尤其是遵循青少年身心发展的规律，才能实现我们的教育目的。教育要适应青少年身心发展的顺序性，循序渐进地促进学生的身心发展；教育也要适应青少年身心发展的阶段性，对不同年龄阶段的学生，在教育内容和方法上应有所不同。素质教育是以全面提升人的基本素质为根本目的；以开发人的智慧和潜能，弘扬人的真善美本性为基本内容；以促进人的积极主动发展，形成人的健全个性，实现人的潜在价值为根本特征的教育。因此，教师不仅要培养学生的知识与能力，更要促进学生良好品德的形成与发展。良好的思想品德和行为习惯为学生的发展指明正确方向和提供有力保障。

二是因材施教，促进每个学生的发展。每个人都有其不同的个性特点。中小学生正处于生理、心理发育和发展的重要时期，是变化着的个体。教师应树立正确的学生观，承认、尊重和接受学生发展的独特性，把他们看成是平等的有区别的个体，而不是待加工的“零部件”。教师应尊重学生的兴趣、爱好、意志、性格等方面的不同特点，充分发挥学生的个性；并且从每个学生的实际出发，对他们提出相应的要求和制定相适应的发展目标。教师在组织活动时应采用多种教学方法，让每个学生都参与其中，成为课堂教学活动的积极主体，充分挖掘每个学生的潜力。

三是培养学生的创新精神。创新是一个民族进步的灵魂，是一个国家兴旺发达的不竭动力。教师要注意给学生创设一个平等、宽松和民主的环境，营造创新氛围，允许学生在课堂上提出问题、质疑教师，在学习中培养多向思维能力。教师要尊重学生的观点，对新观点的提出要加以鼓励，还要进行方法探索上的指导。教师要保护学生的兴趣和好奇心，激发他们的求知欲，这是培养创新精神的关键。教师要鼓励学生的独创性行为，这是培养创新精神最本质的内容。教师要允许学生按照自己的猜想去探索问题，鼓励学生用超出书本的知识去创造性地解决问题，按照自己的设想去进行实验。

四是不以分数作为评价学生的唯一标准。教育要培养社会所需要的合格人才，就要在正确的人才观指导下，用正确的评价方式来引导教育教学活动。社会对人才的需求是多元的，教师应树立科学的评价观，从多维度评价学生，以合格及特长的标准对学生进行评价，这样的评价方法能有效地对教育进行导向，全面促进素质教育的实施，促使学生学会做人、学会做事、学会合作、学会学习。①

五、为人师表

为人师表是教师自觉地以自身的纯正品德为学生作表率、作榜样、作示范，即以身作则、言传身教。为人师表是教育事业对教师人格提出的特殊要求。教师的职业劳动是一种以人格来培育人格、以灵魂来塑造灵魂的劳动，教育过程自始至终都是一个人与人之间相互影响、相互作用的过程。“教师对学生的作用和影响不可能是零。”因此，为了使学生的人格得到健康发展，教师就必须致力于塑造自己高尚的人格。

“学为人师，行为世范。”要照亮别人，首先自己身上要有光明；要点燃别人，首先自己心中要有火种。捷克教育家夸美纽斯说过：“教师的职务是用自己的榜样教育学生。”学生希望他们的老师不仅是教师、学者，还是长辈、朋友；不仅要有广博的知识，还要有高尚的人格；不仅应精于教书，还应勤于育人。教师职业是道德含量

① 杜时忠.新世纪 新师德[M].修订版.武汉：湖北教育出版社，2009：36.

较高的特殊职业，培养的是特殊精神产品。一个好教师，不仅对学生要有学习上的影响力，而且更重要的是具有人格上的感召力。

作为师德的基本内涵之一，为人师表与其他师德相比，其特殊价值在于它具备巨大的教育功能。其教育力度正如孔子所说："其身正，不令而行。"为人师表的这种巨大教育力量，首先，来自教育者的自我对象化的严格律己性，即凡是要求学生做到的自己必须率先做到；其次，身教是活生生的、真实的、直观的；再次，身教不凭借言教，是通过平等交往而耳濡目染、潜移默化的，不带任何"压力"，因此它最容易激发学生的敬仰、信任、共鸣、向往和模仿，从而对教师的言教也愿意听从。这就表明，教师的为人师表是自觉地将自身品德外化为教育手段，其高效性是任何教育力量都不可比拟的，从而达到了教育的至高境界。

为人师表的教师是一个品德高尚的人。一个品德高尚的人，首先应是一个情操高尚、知荣明耻的人；一个品德高尚的人，还应是一个严于律己、以身作则的人。

为人师表的教师是一个举止文明的人。一个举止文明的人，首先要做到衣着得体；其次要做到语言规范，提倡日常生活中讲普通话，用文明语。教师文明的举止可以充分展示教师高雅的气质、翩翩的风度，赢得学生的尊敬甚至崇拜。

为人师表的教师要处理好各方面的关系。首先是要正确处理好个人与集体的关系。现代社会培养人才不是哪一位教师、哪一位班主任个人能力所能及的，它是教师集体团结协作的成果。因此，教师个人的工作与集体的合作是分不开的。同时，教师个人的成长也离不开集体，教师要自觉地把自己的发展与集体的命运联系在一起，依靠集体的发展来带动自己的进步。教师要牢固树立大局意识，自觉维护集体的利益，关心集体的发展，把自己融入集体之中，和集体共同成长。其次是要正确处理好与同事的关系。不同科目、不同年级的教师之间，不同年龄、具有不同特长的教师之间，都要从学生的利益出发，团结一致，通力合作，相互学习，取长补短，共同提高。再次是要正确处理好与家长的关系。家庭教育是学校教育的基础和补充，教师要主动与家长联系，取得家长的支持与配合。教师要尊重家长，切忌趾高气扬，随意指责训斥家长。如果学生犯了错误，请家长到学校配合教育本是情理之中的事，但不能伤害家长的自尊心，更不允许训斥家长。

教师要拒绝牟取不正当利益。教师要珍视自己在学生心目中的形象，珍视自己在社会上的形象，自觉抵制社会不良风气的侵蚀和影响，做到作风正派，廉洁从教。

六、终身学习

终身学习的思想陶行知提倡得最早，也阐发得最为透彻。早在1934年，他就说："生活教育与生俱来，与死同去。出世便是破蒙，进棺材才算毕业。"1945年5月，他强调说："无论老少，也应该受教育。生活教育很早就提出活到老学到老。"1965年，法国教育理论家保罗·朗格朗在联合国教科文组织于巴黎召开的国际成人教育促进会上，以《论终身教育》的报告开启了终身教育运动的序幕。自此以后，终身教育作为一种全球化的教育思潮引起了世界各国的热切关注。终身学习的基本含义是：学习是贯穿人一生的自觉的行动，社会各部门，包括学校、博物馆、文化宫、电视台等社会机构、设施和大众传媒都应参与教育并为社会成员的学习提供机会和条件。

【相关链接】

当今时代，知识更新周期大大缩短，各种新知识、新情况、新事物层出不穷。有人研究过，18世纪以前，知识更新速度为90年左右翻一番；20世纪90年代以来，知识更新加速到3至5年翻一番。近50年来，人类社会创造的知识比过去3 000年的总和还要多。还有人说，在农耕时代，一个人读几年书，就可以用一辈子；在工业经济时代，一个人读十几年书，才够用一辈子；到了知识经济时代，一个人必须学习一辈子，才能跟上时代前进的脚步。如果我们不努力提高各方面的知识素养，不自觉学习各种科学文化知识，不主动加快知识更新、优化知识结构、拓宽眼界和视野，那就难以增强本领，也就没有办法赢得主动、赢得优势、赢得未来。[①]

终身学习既是时代发展的要求，也是由教师职业特点所决定的。教师必须树立终身学习观念，不断加强自己的师德修养和业务学习，潜心钻研知识，勇于探索创新，不断提高思想道德素质、专业素养和教育教学水平。

一是师德的学习。师德建设是教师队伍建设的核心目标。师德修养的状况如何直接影响到青少年的健康成长。教育大计，教师为本；教师修养，立德为本。在"德"与"才"的关系中，德是才的基础和根本，才是德的优化与升华。因此，在教师

---

① 习近平在中央党校建校80周年庆祝大会暨2013年春季学期开学典礼上的讲话[N].人民日报，2013-03-03.

终身学习发展中，必须将师德修养放在第一位。从另一个角度讲，教师劳动的成果具有整体性，但教师劳动过程却具有个体性。不同学科教师之间往往存在角色冲突，如果协调、合作、交流、互助不够，则必然影响学校的集体凝聚力。有优秀师德修养的教师不仅自己成就卓著，更能与人为善，具有“君子以厚德载物”的博大胸怀，有利于形成交流与合作、对话与互助的教师群体。所以，教师师德修养水平也制约着学校教师共同体的建设与发展。

二是教育科研能力的学习。教育科研能力是教师的基本能力。研而不学则罔，善学才能善研。研究总是先从学习开始，并伴随研究的全过程。短绠难汲深井之水，浅水难负载重之舟。要坚持工作学习化，学习工作化，做到学以立德，提高境界；学以增智，开阔眼界；学以致用，改造世界。运用有关理论知识对教育教学中遇到的许多现实问题作出科学的解释，把自己多年积累的丰富经验加以整理，使之条理化、科学化，从而得出具有普遍意义的科学结论。因此，学习不仅仅是教师对外在变化的一种适应，更应成为专业发展的一种需要、内在生命的一种自觉。

【相关链接】

教育科研是学者型教师成长的摇篮①

我在小学已经工作了50多年，深感教育是一门科学。教育丰富而复杂，需要我们去研究、探寻少年儿童学习的奥秘，揭示他们成长的规律。

情境教育的探索之所以能一步步展开，是教育科研引领我不断前行，走上理论与实践相结合的道路。围绕情境教育，我先后承担江苏省的“七五”课题到全国“八五”“九五”“十五”“十一五”课题，25年承担了五期课题，可算是坚持不懈。从情境教学—情境教育—情境课程，及至涉足学习领域的“情境学习”。

长期的积淀产生了认识上的飞跃，我的亲身经历告诉我，为儿童研究儿童，就易于发现规律。于是就生成了自己的教育主张和思想，凝聚30年的心血，终于构建了具有民族文化特色的情境教育的理论框架和操作体系。

三是反思能力的培养。反思是行为主体立足于自我以外批判地考察自己行为及其情景的能力。反思是教师以自己的教育教学活动为思考对象，对自己的思想和态度、行为和方法、教育和管理进行审视与分析的过程，是一条通过提高参与者

① 李吉林.教育科研是学者型教师成长的摇篮[J].人民教育，2013(6).

的自我觉察水平来促进能力发展的途径。波斯纳曾提出过一个教师成长的简要公式:经验+反思=成长,并指出,"没有反思的经验是狭隘的经验,至多只能形成肤浅的知识,如果教师仅仅满足于获得经验而不对经验进行深入的思考,那么他的发展将大受限制"。可见,反思对于教师的专业成长具有重要意义。

四是现代教学手段的掌握。教师只有具备较高的教学能力,才能适应素质教育的要求。现代教育要求教师以现代教学思想为指导,掌握所教学科的知识结构、能力结构,在教学中调动学生主体积极性,师生互动,培养学生的创造性素质,而且要善于总结自己的教学,不断提高教学水平。

五是对学生和自身的研究。学生是教育的对象,不了解学生现状、发展及个性情况,教育教学就没有针对性。教师在学习过程中既要研究学生群体又要研究学生个体,既要研究学生现状又要研究学生发展。对自身研究的目的主要是要学会自我调控,正视社会发展中的现实,在学习中认真分析自己的现状,扬长避短,不断提高自己的调控能力,以良好的心态投入到教育教学中。①

【相关链接】

中小学教师职业道德规范

(2008 年修订)

1. 爱国守法。热爱祖国,热爱人民,拥护中国共产党领导,拥护社会主义。全面贯彻国家教育方针,自觉遵守教育法律法规,依法履行教师职责权利。不得有违背党和国家方针政策的言行。

2. 爱岗敬业。忠诚于人民教育事业,志存高远,勤恳敬业,甘为人梯,乐于奉献。对工作高度负责,认真备课上课,认真批改作业,认真辅导学生。不得敷衍塞责。

3. 关爱学生。关心爱护全体学生,尊重学生人格,平等公正对待学生。对学生严慈相济,做学生良师益友。保护学生安全,关心学生健康,维护学生权益。不讽刺、挖苦、歧视学生,不体罚或变相体罚学生。

4. 教书育人。遵循教育规律,实施素质教育。循循善诱,诲人不倦,因材施教。培养学生良好品行,激发学生创新精神,促进学生全面发展。不以分数作为评价学生的唯一标准。

① 教育部师范教育司.中小学教师职业道德规范学习手册[M].北京:高等教育出版社,2008:69.

5. 为人师表。坚守高尚情操，知荣明耻，严于律己，以身作则。衣着得体，语言规范，举止文明。关心集体，团结协作，尊重同事，尊重家长。作风正派，廉洁奉公。自觉抵制有偿家教，不利用职务之便谋取私利。

6. 终身学习。崇尚科学精神，树立终身学习理念，拓宽知识视野，更新知识结构。潜心钻研业务，勇于探索创新，不断提高专业素养和教育教学水平。

第三节 立德树人是教育的根本任务

党的十八大以来，以习近平同志为核心的党中央高度重视立德树人。党的十八大报告提出“把立德树人作为教育的根本任务”。党的十九大报告强调“要全面贯彻党的教育方针，落实立德树人根本任务，发展素质教育，推进教育公平，培养德智体美全面发展的社会主义建设者和接班人”。把“立德树人”作为教育的根本任务，是对现代教育理念的深化，是对教育发展提出的新要求。班主任必须坚持立德树人，切实加强师德建设。

2019 年 11 月，教育部、中央组织部、中央宣传部、国家发展改革委、财政部、人力资源社会保障部、文化和旅游部等七部门印发的《关于加强和改进新时代师德师风建设的意见》的通知(教师〔2019〕10 号)指出，全面加强教师队伍思想政治工作，要坚持思想铸魂，用习近平新时代中国特色社会主义思想武装教师头脑；坚持价值导向，引导教师带头践行社会主义核心价值观；坚持党建引领，充分发挥教师党支部和党员教师作用。大力提升教师职业道德素养，突出课堂育德，在教育教学中提升师德素养；突出典型树德，持续开展优秀教师选树宣传；突出规则立德，强化教师的法治和纪律教育。

一、以“四有”好老师为根本标准

2014 年教师节前夕，习近平总书记在同北京师范大学师生代表座谈时，就如何做一名好老师提出了四点要求，即要有理想信念、有道德情操、有扎实知识、有仁爱之心。“四有”好老师的重要论述揭示了教师发展的内在规律，对教师提出了新期待、新要求。

有理想信念。有理想信念是好老师的首要标准。好老师要做共产主义远大理想、中国特色社会主义共同理想的坚定信仰者和忠实实践者。一个抱有理想信念的教师，才会在青少年的心中播下梦想的种子。好老师心中要有国家和民族，要明确意识到肩负的国家使命和社会责任；要始终同党和人民站在一起，注重加强习近平新时代中国特色社会主义思想的学习，加深对中国特色社会主义的思想认同、理论认同、情感认同。

有道德情操。有道德情操是好老师践行教育使命的重要品质。习近平总书记指出，教师的职业特性决定了教师必须是道德高尚的人群。合格的教师首先应该是道德上的合格者，好老师首先应该是以德施教、以德立身的楷模。好老师的道德情操，需要在自我修养中不断提升；好老师的道德情操，最终要体现到对所从事职业的忠诚和热爱上来。好老师应该执着于教书育人。

有扎实知识。教师自古就被称为“智者”。习近平总书记强调，教师应是学问之师，扎实的知识功底、过硬的教学能力、勤勉的教学态度、科学的教学方法是老师的基本素质，其中知识是根本基础。好老师应该学识渊博，视野开阔，充满智慧。好老师要牢固树立终身学习理念和强烈的改革创新意识，着力培养学生的创新精神和实践能力。

有仁爱之心。好老师应该把自己的温暖和情感倾注到每个学生身上，用欣赏增强学生的信心，用信任树立学生的自尊，让每一个学生都健康成长，让每一个学生都享受成功的喜悦。好老师应该懂得，选择当教师就选择了责任，就要尽到教书育人、立德树人的责任；好老师要具有尊重学生、理解学生和宽容学生的品质，善于发现每一个学生的长处和闪光点，让所有学生都成长为有用之才。

二、以社会主义核心价值观为思想引领

社会主义核心价值观是社会主义核心价值体系的内核，体现社会主义核心价值体系的根本性质和基本特征，反映社会主义核心价值体系的丰富内涵和实践要求，是社会主义核心价值体系的高度凝练和集中表达。

培育和践行社会主义核心价值观，是推进中国特色社会主义伟大事业、实现中华民族伟大复兴中国梦的战略任务。党的十八大提出，倡导富强、民主、文明、和谐，倡导自由、平等、公正、法治，倡导爱国、敬业、诚信、友善，积极培育和践行社会主义核心价值观。这与中国特色社会主义发展要求相契合，与中华优秀传统文化和人类文明优秀成果相承接，是我们党凝聚全党全社会价值共识作出的重要论断。

富强、民主、文明、和谐是国家层面的价值目标，自由、平等、公正、法治是社会层面的价值取向，爱国、敬业、诚信、友善是公民个人层面的价值准则，这 24 字是社会主义核心价值观的基本内容，为培育和践行社会主义核心价值观提供了基本遵循。党的十九大提出，社会主义核心价值观是当代中国精神的集中体现，凝结着全体人民共同的价值追求。要以培养担当民族复兴大任的时代新人为着眼点，强化教育引导、实践养成、制度保障，发挥社会主义核心价值观对国民教育、精神文明创建、精神文化产品创作生产传播的引领作用，把社会主义核心价值观融入社会发展各方面，转化为人们的情感认同和行为习惯。

面对世界范围内思想文化交流交融交锋形势下价值观较量的新态势，面对改革开放和发展社会主义市场经济条件下思想意识多元多样多变的新特点，积极培育和践行社会主义核心价值观，对于巩固马克思主义在意识形态领域的指导地位、巩固全党全国人民团结奋斗的共同思想基础，对于促进人的全面发展、引领社会全面进步，对于集聚全面建成社会主义现代化国家、实现中华民族伟大复兴中国梦的强大正能量，具有重要现实意义和深远历史意义。

经济全球化、政治多极化、文化多样化、价值多元化是当今世界的显著特点。我国正处于社会转型时期，必然会发生各种价值观念的碰撞、冲突、迷失甚至嬗变。拜金主义、享乐主义、极端个人主义对教师的思想观念、价值取向不可避免地会产生一定影响，使一些教师在现实生活中不能进行科学的价值判断、价值选择和价值追求，在价值观上出现了偏离甚至混乱，迫切需要主流价值观的引领，在多元中立主导、在多样中谋共识、在多变中定方向。广大教师要把社会主义核心价值观融入国民教育全过程，这需要教师的文化自觉与教育引导。教师要以社会主义核心价值观为指导，丰富自己的精神、高尚自己的道德、塑造自己的信仰、净化自己的灵魂，提升自己的素质。社会主义核心价值观是新时代师德建设的思想引领。

三、以关爱学生、严谨笃学、淡泊名利、自尊自律为核心内容

党和国家领导人十分重视教师队伍建设，对提高教师的思想道德和业务素质提出要求、寄予厚望。2002 年 9 月 8 日，江泽民在庆祝北京师范大学建校 100 周年大会上的讲话中，对全国广大教师提出三点希望：志存高远、爱国敬业，为人师表、教书育人，严谨笃学、与时俱进。2007 年 8 月 31 日，胡锦涛在全国优秀教师代表座谈会上的讲话中，对全国广大教师提出四点希望：爱岗敬业、关爱学生，刻苦钻研、严谨笃学，勇于创新、奋发进取，淡泊名利、志存高远。2010 年 7 月发布的《国家中

长期教育改革和发展规划纲要(2010—2020年)》在加强教师队伍建设一章中,对教师师德的要求是"关爱学生、严谨笃学、淡泊名利、自尊自律"[①]。2011年4月24日,胡锦涛在庆祝清华大学建校100周年大会上的讲话中也指出:"广大高校教师要切实肩负起立德树人、教书育人的光荣职责,关爱学生、严谨笃学、淡泊名利、自尊自律,加强师德建设。"[②]立足当前我国教育发展的实践,准确把握时代要求,从新的视角研究和探讨新时代教师职业道德规范的基本内容和要求,对于增强广大教师教书育人的责任感和使命感,加强师德建设,推动我国教育事业的健康发展具有十分重要的意义。因此,我们认为"关爱学生、严谨笃学、淡泊名利、自尊自律"是当代教师职业道德规范的核心内容。

关爱学生是教师特有的职业情感。教师要关心爱护全体学生,尊重学生人格,平等公正对待学生;要严格要求学生,善于理解学生,做学生的良师益友;要保护学生安全,关心学生健康,维护学生权益。

严谨笃学是教师职业的基本特征。教师要崇尚科学精神,树立终身学习理念,拓宽知识视野,更新知识结构;要秉持学术良知,恪守学术规范,勤奋学习、刻苦钻研,诚实守信、力戒浮躁,勇于创新、奋发进取,不断提高专业素养和教育教学水平。

淡泊名利是教师职业的崇高美德。教师要忠诚于党和人民的教育事业,志存高远,爱岗敬业,甘为人梯,乐于奉献;要对教育工作有高度的责任感和强烈的使命感。

自尊自律是教师职业的内在要求。教师要树立正确的世界观、人生观、价值观,尊重自己的人格,注重道德修养,严于律己,言行一致,表里如一;要品清行洁,廉洁从教。

当代教师职业道德规范四个方面的内容是相互联系的有机整体,其中,关爱学生是教师特有的职业情感,严谨笃学是教师职业的基本特征,淡泊名利是教师职业的崇高美德,自尊自律是教师职业的内在要求。

【相关链接】

习近平在北京师范大学考察时强调,百年大计,教育为本;教育大计,教师为本。国家繁荣、民族振兴、教育发展,需要我们大力培养造就一支师德高尚、业务精湛、结构合理、充满活力的高素质专业化教师队伍,需要涌现一大批好老师。全国

---

① 国家中长期教育改革和发展规划纲要(2010—2020年)[N].人民日报,2010-07-30.

② 胡锦涛在庆祝清华大学建校100周年大会上的讲话[N].人民日报,2011-04-25.

广大教师要做有理想信念、有道德情操、有扎实知识、有仁爱之心的好老师,为发展具有中国特色、世界水平的现代教育,培养社会主义事业建设者和接班人作出更大贡献。各级党委和政府要坚持把教育放在优先发展的战略位置,继续大力推动教育改革发展,使我国的教育越办越好、越办越强。[①]

四、以教育教学实践为基本途径

教师职业道德形成的途径很多,但最基本的途径是教育教学实践。教育教学活动是教师职业的主要活动。教学永远具有教育性。以教书育人为己任的教师职业本身就是一种道德性极强的教育实践活动。离开教育教学实践,师德不仅难以养成,而且更无从体现。师德建设显然也就成了无源之水、无本之木。我们强调师德的重要性,强调要加强师德建设,其根本目的在于育人。教育是面向未来的事业。不管世事如何变迁,也不管时代如何变化,通过传道、授业、解惑进而帮助学生成长,是教育不变的永恒主题。但无论传道、授业还是解惑,都是在教育教学活动过程中进行的,离开了教育教学活动这个最基本的载体,要想完成教师的职责是难以想象的。教学相长、品德共进,不仅是教育学的重要原则,更是教育教学活动所应追求的理想境界。作为以教书育人为己任的教师,理应为之乐此不疲,奋斗终生。教师的社会角色决定了我们有责任、更有义务为青少年学生的健康成长创造良好的环境和条件。实践证明,一方面,教师良好的职业道德只有在教育教学活动过程中通过言传身教才能产生积极作用,取得良好效果;另一方面,教师提升职业道德最基本的途径还是在教育教学实践本身。

五、以立德树人、教书育人为根本目标

培养什么人、怎样培养人、为谁培养人是教育的根本问题。培养什么人?党的十九大报告提出:“培养担当民族复兴大任的时代新人。”习近平总书记在全国教育大会上强调指出,培养什么人,是教育的首要问题。我国是中国共产党领导的社会主义国家,这就决定了我们的教育必须把培养社会主义建设者和接班人作为根本任务,培养

---

① 彭波.习近平在北京师范大学考察:号召全国广大教师做党和人民满意的好老师[N].人民日报,2014-09-10.

一代又一代拥护中国共产党领导和我国社会主义制度、立志为中国特色社会主义奋斗终生的有用人才。这是教育工作的根本任务，也是教育现代化的方向目标。

怎样培养人？习近平总书记在全国教育大会上强调，要在坚定理想信念、厚植爱国主义情怀、加强品德修养、增长知识见识、培养奋斗精神、增强综合素质上下功夫。要树立健康第一的教育理念，开齐开足体育课，帮助学生在体育锻炼中享受乐趣、增强体质、健全人格、锤炼意志。要全面加强和改进学校美育，坚持以美育人、以文化人，提高学生审美和人文素养。要在学生中弘扬劳动精神，教育引导学生崇尚劳动、尊重劳动，懂得劳动最光荣、劳动最崇高、劳动最伟大、劳动最美丽的道理，长大后能够辛勤劳动、诚实劳动、创造性劳动。

为谁培养人？2016 年 12 月 7 日，习近平总书记在全国高校思想政治工作会议上强调：坚持教育为人民服务、为中国共产党治国理政服务、为巩固和发展中国特色社会主义制度服务、为改革开放和社会主义现代化服务。"四个服务"揭示了我国教育的社会主义性质和方向。

师德是教师职业的灵魂，教书是教师职业的主要表征，育人是教师职业的根本目的。作为教师，教书不仅是其谋生的重要手段，更是其实现人生价值的主要载体。教书与育人，犹如一枚硬币的正反面，二者应是有机统一、不可分割的整体，缺一不可。知识要靠知识来传授，人格需要人格来熏陶，道德要由道德来养成。为人必须立德，这是人之为人的根本。教师尤须立德，这是由教师不仅是科学知识的传播者和创造者、教育改革创新的倡导者和实践者、良好社会风气的引领者和带动者，更是学生健康成长的指导者和引路者这个特殊的社会角色所决定的。正因如此，全社会对教师群体的职业道德寄予非常高的期望是正常的，也是完全可以理解的。应该说，教师队伍的整体道德素养是高的，但教师队伍中出现的一些有悖于教师职业道德的现象也说明，教师队伍的整体素质离党和人民的期望还有一定的差距，还有很大的提升空间。立德既是教师自身完善的客观需要，更是青少年健康成长的必然要求。立德树人是师德建设的根本目标。立德的根本目的在于树人。教师要不忘立德树人初心，牢记为党育人、为国育才的使命。

2018 年 11 月，教育部关于印发《新时代高校教师职业行为十项准则》《新时代中小学教师职业行为十项准则》《新时代幼儿园教师职业行为十项准则》的通知(教师〔2018〕16 号)表明，教师职业行为十项准则是师德的底线要求，违反了这些规则就要受到相应的处罚。对应的处罚措施可参考教育部印发的《关于高校教师师德失范行为处理的指导意见》(教师〔2018〕17 号)、《中小学教师违反职业道德行为处理办法(2018 年修订)》(教师〔2018〕18 号)、《幼儿园教师违反职业道德行为处理办法》(教师〔2018〕19号)。准则结合高校、中小学、幼儿园教师队伍的不同特点，分别提出十条针对性的要求，包括坚定政治方向、自觉爱国守法、传播优秀文化、爱岗敬业、关爱学生、诚实守信、廉洁自律等方面，每一条既提出正面倡导，又划定师德底线。其中，坚定政治方向、自觉爱国守法、传播优秀文化等是共性要求，爱岗敬业、关爱学生、诚实守信、廉洁自律等几个方面，结合高校、中小学、幼儿园教师中的不同表现、存在的问题及在不同阶段教师队伍的差异性，提出不同要求，更贴合实际、更具针对性。准则不仅规范教师职业道德行为，还对教师提高政治素质、传播优秀文化、积极奉献社会等方面提出要求，广大教师要全面理解和准确把握，深刻认识教师岗位承担的职责使命，结合教书育人实践，增强行动自觉，时刻自重、自省、自警、自励，做以德立身、以德立学、以德施教、以德育德的楷模。

【相关链接】

《新时代中小学教师职业行为十项准则》

教师是人类灵魂的工程师，是人类文明的传承者。长期以来，广大教师贯彻党的教育方针，教书育人，呕心沥血，默默奉献，为国家发展和民族振兴作出了重大贡献。新时代对广大教师落实立德树人根本任务提出新的更高要求，为进一步增强教师的责任感、使命感、荣誉感，规范职业行为，明确师德底线，引导广大教师努力成为有理想信念、有道德情操、有扎实学识、有仁爱之心的好老师，着力培养德智体美劳全面发展的社会主义建设者和接班人，特制定以下准则。

一、坚定政治方向。坚持以习近平新时代中国特色社会主义思想为指导，拥护中国共产党的领导，贯彻党的教育方针；不得在教育教学活动中及其他场合有损害党中央权威、违背党的路线方针政策的言行。

二、自觉爱国守法。忠于祖国，忠于人民，恪守宪法原则，遵守法律法规，依法履行教师职责；不得损害国家利益、社会公共利益，或违背社会公序良俗。

三、传播优秀文化。带头践行社会主义核心价值观，弘扬真善美，传递正能量；不得通过课堂、论坛、讲座、信息网络及其他渠道发表、转发错误观点，或编造散布虚假信息、不良信息。

四、潜心教书育人。落实立德树人根本任务，遵循教育规律和学生成长规律，因材施教，教学相长；不得违反教学纪律，敷衍教学，或擅自从事影响教育教学本职工作的兼职兼薪行为。

五、关心爱护学生。严慈相济，诲人不倦，真心关爱学生，严格要求学生，做学生良师益友;不得歧视、侮辱学生,严禁虐待、伤害学生。

六、加强安全防范。增强安全意识,加强安全教育,保护学生安全,防范事故风险;不得在教育教学活动中遇突发事件、面临危险时,不顾学生安危,擅离职守,自行逃离。

七、坚持言行雅正。为人师表,以身作则,举止文明,作风正派,自重自爱;不得与学生发生任何不正当关系,严禁任何形式的猥亵、性骚扰行为。

八、秉持公平诚信。坚持原则,处事公道,光明磊落,为人正直;不得在招生、考试、推优、保送及绩效考核、岗位聘用、职称评聘、评优评奖等工作中徇私舞弊、弄虚作假。

九、坚守廉洁自律。严于律己,清廉从教;不得索要、收受学生及家长财物或参加由学生及家长付费的宴请、旅游、娱乐休闲等活动,不得向学生推销图书报刊、教辅材料、社会保险或利用家长资源谋取私利。

十、规范从教行为。勤勉敬业,乐于奉献,自觉抵制不良风气;不得组织、参与有偿补课,或为校外培训机构和他人介绍生源、提供相关信息。

思考与练习

一、思考探究

1. 立德树人关乎党的事业后继有人,关乎国家前途命运,习近平总书记强调,立德树人是教育的根本任务。请结合班主任工作实际,谈谈你的认识。

2. 有人认为,教师职业道德只是一种底线道德,主张关注教师职业道德的普适性和低调性,认为教师职业道德只需要起码的规范要求来确保教师教育行为的道德性。你是如何看待师德崇高性与底线道德的?

二、情境问答

1. 师生关系是一种很特殊的关系,它融合了父子情、母子情、朋友情。师生沟通是否良好,直接影响学生学习的兴趣、个性品质的发展,关系到教育教学工作能否顺利开展、教育目标能否达到。因此,构建和谐的师生关系,不仅有助于调动学生学习的积极性,而且有利于学生健康人格的塑造。

(1) 怎样的师生关系才是和谐的?

(2) 如何构建和谐的师生关系?

2. 家庭是孩子成长中必不可少的一部分,家庭环境对孩子有着巨大的影响。你们班里的某一学生由于家庭变故,对学习一点兴趣都没有,上课要么扰乱他人学习，要么情绪低落；上课迟到，不做作业，上课睡觉更是家常便饭，各门功课单元测试不及格。她打过架，翻过围墙，谈过恋爱，无论是苦口婆心的教育还是声色俱厉的批评皆无济于事，更引起各科任课老师的不满与抱怨。

（1）你是如何看待家庭对学生的影响的？

（2）对于这样的学生，你能采取何种办法来解决问题？

3. 邹平高中生“谈话死”案开庭：邹平一中高二（1）班班主任柴某，晚自习期间，在与学生鹏飞谈话过程中，击打班内学生鹏飞胸部，并踹了其一脚，鹏飞摇晃两秒后倒地昏迷，随后经抢救无效死亡。无棣县人民法院作出判决：柴某犯过失致人死亡罪，判处有期徒刑6年零6个月。

（1）你如何看待上述事件？

（2）作为一名班主任，面对“难以教育”的学生你会怎么处理？

4. 高中“问题学生”不少，甲叛逆，经常与老师作对；乙爱幻想，以逃学、逃课发泄内心的痛苦；丙懒惰而散漫……由此带来了班主任的工作困惑：与他们“斗法”十分痛苦，苦口婆心做思想工作，他们听不进去，今天写了检查，明天就会忘记。一个班有那么几个“问题学生”就会把班主任搞得筋疲力尽。

（1）你如何看待上述现象？

（2）面对这样的学生，你会怎么做？

延伸阅读

1. 教育部，等.关于加强和改进新时代师德师风建设的意见，2019－11－15.

2. 檀传宝.走向新师德：师德现状与教师专业道德建设研究[M].北京：北京师范大学出版社，2009.

3. 钱焕琦.教师职业道德[M].上海：华东师范大学出版社，2002.

4. 唐凯麟，刘铁芳.教师成长与师德修养[M].北京：教育科学出版社，2007.

第三章 礼仪修养

班主任感言

教师礼仪，是一种教书育人的特质，是一种需要修炼的气质。

——周云燕（上海市第一师范附属小学）

我国是具有悠久历史的文明古国和礼仪之邦，礼仪文化源远流长。礼仪是精神文明建设的基础层次，是中华民族的传统美德。各行各业都有各自的礼仪，在一个文明程度较高的社会，教师总是被当作其他社会成员的楷模。教师的礼仪水平、文明程度和品德修养不仅关系亿万青少年学生的健康成长，而且关系学校的声誉和整个社会的文明水准。因此，了解和掌握教师礼仪的内容、特点及其作用，对于加强班主任职业道德修养、立德树人、教书育人具有十分重要的意义。

第一节　礼仪的作用与原则

礼仪是人类社会特有的现象，是调整人与人之间关系的一种行为规范，是一种社会道德，也是一个人道德修养的外在表现。中国的传统美德强调，“礼”应该反映“德”，做到礼德相济，礼德相融，以礼为美，以仪引德。“诚于中则行于外。”

一、礼仪的含义

礼仪是在一定的社会关系基础上，在人类的相互交往中逐步产生和发展起来的。“礼”的内涵非常丰富，从最早的祭祀活动，到宗族制度中的行为规则，又发展为区分尊卑贵贱、亲疏等级的严格的礼法，并进一步由宗族内部扩展到政治生活中，形成了尊尊亲亲一整套严密的礼制，成为确立维护统治秩序的有力工具。因此，“礼”既是一种政治制度，同时在治理社会中又具有法律规范、道德规范的意义和功能。除此之外，那些为准确体现“礼”的内容而制定的烦琐仪式，以及在日常坐卧行止中区别尊卑等级、和谐人际关系的礼节规则，也都容纳在“礼”的内涵之中。

在中国古代，礼仪所涉及的范围十分广泛，几乎渗透于社会生活的各个方面，礼仪的种类和形式繁多琐细。随着时代的不断进步，礼仪也在发展变化。近代以后，礼仪的范围逐渐缩小，礼仪与政治体制、法律典章等基本分离。在现代，礼仪是指一个国家和民族为了维系社会生产方式和社会交往而约定俗成的最基础的行为规范模式，也是一个国家和民族道德风貌、文明程度的反映。“礼”的本义是指敬神，引申为尊敬。孟子说：“尊敬之心，礼也。”仪，容也，引申为形式。把人的内心对他人、工作、事业、社会、自然、民族、国家的尊敬之心、热爱之情、援助之意通过礼貌、礼节、仪表、仪式表达出来，就是礼仪。

礼貌是指在人际交往中，语言、动作方面相互表示谦虚、敬重和友善的行为规范；礼节是指在人际交往中，相互表示尊敬、祝颂、慰问或哀悼等方面的惯用形式，如鞠躬、握手、献花、献哈达、献花圈等；仪表是指人的美好外表和良好风度，它包括容貌、服饰、姿态和个人卫生等；仪式是指在较大的场合举行的，具有专门规定的程式化活动应遵循的行为规范，如开学典礼、颁奖仪式、升旗仪式、成人仪式、新员工入职仪式等。

由此可见，礼仪的具体体现和表现形式是一个有机的系统，礼貌、礼节、仪表、仪式之间存在着既相互区别，又相互渗透、相互影响的关系。对礼仪的概念，我们可以从三个层次来理解：首先，礼仪是一种修养，是道德的外在表现形式，它体现了一个人的内涵、人格，它帮助每个人修身养性、完善自我；其次，礼仪是一种秩序，是社会确定的人们应共同遵守的行为规范，它帮助每个人约束自我，尊重他人，互相关心，互相理解，互相合作，互相帮助，自觉地认识和处理个人与他人以及与社会的关系，自然地表现出良好的社会公德和职业道德，从而创造出和谐温馨的人际关系和社会环境；再次，礼仪是一种润滑剂，它帮助人们艺术地、巧妙地处理各种复杂的关系，减少冲突，避免摩擦，求得共识，加强合作，从而提高学习、工作的效率和质量，促进社会的和谐稳定和国家的繁荣昌盛。

礼仪是与本国的社会制度、社会体制、民族的风俗习惯、公民的文化素质以及社会的物质文明、精神文明、生态文明的程度等密切相关的。因此，随着时迁世异，物换星移，人们的思想观念不断更新，礼仪的内容和形式也产生了变化和发展，以更有效地规范和约束人们的言行，使之向着符合社会道德和社会行为规范的方向发展，一些能够表达人的真实情感并被人们领悟和接受的约定俗成的行为准则，就可能成为新的礼仪内容和形式。

二、礼仪的作用

礼仪是人的思想品德、文化修养和气质等内在因素的外部表现，是社会主义精神文明建设的重要组成部分。讲究礼仪既能折射出人的素质，也是现代文明社会的标志。2019 年 10 月，中共中央、国务院印发的《新时代公民道德建设实施纲要》指出：要"充分发挥礼仪礼节的教化作用。礼仪礼节是道德素养的体现，也是道德实践的载体。要制定国家礼仪规程，完善党和国家功勋荣誉表彰制度，规范开展升国旗、奏唱国歌、入党入团入队等仪式，强化仪式感、参与感、现代感，增强人们对党和国家、对组织集体的认同感和归属感"；2019 年 11 月，中共中央、国务院印发的《新时代爱国主义教育实施纲要》要求"注重运用仪式礼仪。认真贯彻执行国旗法、国徽法、国歌法，学习宣传基本知识和国旗升挂、国徽使用、国歌奏唱礼仪"。由此可见，礼仪在现代社会人际交往、公民道德建设和爱国主义教育中都具有十分重要的作用和不可估量的意义。

（一）礼仪是道德的示范

道德是调整人们相互关系的行为规范的总和。礼仪是道德规范体系的重要组成部分，是道德调整最明显的方式和最直接的手段。在现代文明社会，人与人之间的交往都以礼仪为规则，礼仪渗透到人们社会生活的各个方面，指导着人们的交往行为。比如在家庭成员之间，少尊长、长爱幼、夫妻相敬、亲族和睦，这是礼仪的道德观念所形成的天伦之乐。在公共场合，待人以礼，与人为善，时时事事不忘礼节，用礼仪调节社会生活，和谐人际关系。因此，礼仪是社会确定的人们共同遵守的行为规范，是人们道德修养的外在表现。

（二）礼仪是行为的准则

礼仪是人们交往中的行为规范和准则，它通过评价、劝阻、示范等教育形式纠正人们不正确的行为习惯，倡导人们按礼仪规范的要求去协调人与人之间的关系，维护社会的正常生活。礼仪从属于道德，当一个人注意用良好的道德标准来要求自己时，他也就懂得了约束自己行为的重要性和必要性，从而一言一行都用礼仪来规范和检验。在社会交往中，观察一个人的行为就可知道这个人的基本道德品质，因为举手投足是人的道德修养的表达。因此，我们应尽可能多地熟悉和掌握礼仪知识，严格用礼仪规范约束自己的行为，使自己在交往对象的心目中保持优雅的形象，赢得良好的信誉。

（三）礼仪是交往的枢纽

礼仪是人际交往的润滑剂，是沟通和发展人际关系的必要条件。社会交往是人们相互接触、加深了解、沟通意见的一种最普遍、最常见的行为方式。人与人进行交往，双方第一个见面礼一般是握手问好，面带温和笑容，彼此从眼神传递中流露出诚意，这是构成人际交往的首要的礼仪条件。正是通过讲究礼仪这一枢纽，达到促进情感交流、改善和保持良好人际关系的目的。在社会交往中，"礼多人不怪"，朋友之间不能失却礼仪；在家庭关系中，"礼到人融洽"，夫妻、长幼之间不能忽视礼仪；在工作联系中，"礼尽人舒畅"，同事、上下级之间不能没有礼仪。因此，礼仪是人际交往的枢纽，尽管人们之间的矛盾冲突不可能都通过礼仪来消除，但它帮助人们艺术地处理各种复杂的关系，减少冲突和摩擦，促进社会的和谐、稳定和发展。

（四）礼仪是文明的标志

礼仪是社会文明程度的重要标志，在一些特定的场合和环境下，礼仪可以反映国格，是衡量一个国家文明程度的标准之一；同样，在日常的社会生活中，礼仪可以反映人格，是衡量一个人道德水准高低和有无教养的尺度之一。人们在社会交往中施行礼仪，以对他人的尊重为前提，以自尊、自重、自强、自律为基础，以满足交流知识与信息、寻求友谊和理解的需要为目的。因此，我们必须重视礼仪，讲究文明，培养严于律己、宽以待人的风范，养成举止得体、谈吐优雅的仪态，使文明智慧的气息和伦理道德的氛围得到强化，促进良好社会风尚的形成，推动社会主义精神文明建设。

【相关链接】

江苏首推文明礼仪养成教育①

——1 700 万未成年人学习"八礼四仪"

从今年春季学期开始，江苏在全省未成年人中开展文明礼仪养成教育，这在全国尚属首次。1 700 万未成年人，将在"八礼四仪"的学习和体验中，从小做一个文

① 王晓映.江苏首推文明礼仪养成教育[N].新华日报，2014-02-14.

明有德之人。省教育厅将在本学期全面推开的基础上，在每个县（市、区）选择小学、初中、高中各2所共600所作为重点，进行文明礼仪养成教育。2月13日，省文明委召开新闻发布会宣布了上述消息。

省委宣传部副部长、省文明办主任杨志纯介绍，省文明委前不久制定下发了《关于在全省开展未成年人文明礼仪养成教育的意见》（以下简称《意见》）和《江苏省未成年人基本文明礼仪规范（试行）》。《意见》强调要突出抓好未成年人的“八礼四仪”。“八礼”主要包括仪表之礼、餐饮之礼、言谈之礼、待人之礼、行走之礼、观赏之礼、游览之礼、仪式之礼，从生活细节入手，让未成年人易懂、易学、易做。

仪表之礼，教育引导未成年人面容整洁、衣着得体、发型自然、仪态大方。餐饮之礼，教育引导未成年人讲究卫生、爱惜粮食、节俭用餐、食相文雅。言谈之礼，教育引导孩子用语文明、心平气和、耐心倾听、诚恳友善。待人之礼，教育引导未成年人尊敬师长、友爱伙伴、宽容礼让、诚信待人。行走之礼，教育引导未成年人遵守交规、礼让三先、扶老助弱、主动让座。观赏之礼，教育引导未成年人在观看文艺表演和体育比赛等场合，遵守秩序、爱护环境、专心欣赏、礼貌喝彩。游览之礼，教育引导未成年人善待景观、爱护文物、尊重民俗、恪守公德。仪式之礼，教育引导未成年人讲究文明礼仪，做到按规行礼、心存敬畏、严肃庄重、尊重礼俗。

“四仪”主要是以7岁、10岁、14岁、18岁为重要节点，分别组织举行寓意深刻、庄重简朴的入学仪式、成长仪式、青春仪式、成人仪式，以此教育引导未成年人强化文明礼仪素养。

三、礼仪的原则

在现代社会，礼仪可以有效地展现施礼者和还礼者的教养、风度与魅力，它体现着一个人对他人和社会的认识水平、尊重程度，是一个人的学识、修养和价值的外在表现。因此，我们在礼仪实施过程中应遵循一些基本的原则。

（一）尊重原则

尊重对方是礼仪规范的灵魂。尊重客人是一种常识，尊重对手是一种风度，尊重所有人是一种教养。尊重能使人产生信任感和亲切感，缩短人际交往中的心理距离，为进一步交往打下情感基础。

人作为社会成员，都有要求社会和他人尊重自己的心理需要，同时，“爱人者，人恒爱之；敬人者，人恒敬之”，在礼仪交往中你发自内心地表示对人尊重，也一定会得到别人的尊重。如果轻慢对方，就很难期望对方会尊重自己。

在人际交往中尊重别人就是要尊重他人的人格，人的社会地位有高低，职务有区别，但在人格上都是平等的。尊重别人就是要尊重他人的劳动，尊重他人为社会作出的贡献。在人际交往中最忌对别人表示轻蔑，这是对对方感情最大的伤害。礼仪的本义就是表达对他人的尊敬。

（二）适度原则

人际交往是一门艺术，既有一定的规则，又因时间、地点、对象不同而有微妙的差别，其中最关键的一点就是如何掌握交往中的适度原则。在人际交往中，要仪表大方，服饰得体，言语行为不卑不亢；要气度高雅，但是不能骄傲自负；要亲切和气，但不能虚情假意；要坚定，但不能固执己见；要谦虚，但不能言过其实；要招人欢喜，但不能举止轻浮。这里的高雅与自负、亲切与虚假、坚定与固执、谦虚与言不符实、招人好感与举止轻浮都是指在人际交往中要注意“适度”。“适度”的反面就是“失态”或“出格”。

【相关链接】

李肇星谈待客之道：恰到好处[①]

中国人常说：礼多人不怪。但李肇星积半生从事外交工作的经验，认为这句话说得不对，正确的待客之道是恰到好处。礼数不够不行，也不是越多越好，多得不是地方更不行。他在《说不尽的外交：我的快乐记忆》（中信出版社出版）中举了两个例子。

一个例子是，2004 年，法国总统希拉克访华，当时的国宴标准是四菜一汤，吃完第二道菜，总统夫人跟李肇星说，她已经吃饱了。李肇星劝她不用客气，不想吃可以不吃。总统夫人说，她很为难，不吃的话，对主人不尊重；吃的话，自己难受。到上第四道菜时，她说：“感谢上帝！”意思是终于“解放”了。宴会后，李肇星就找礼宾司商量，将国宴改成了三菜一汤。

还有一个例子是，克林顿总统访问上海后，私下告诉李肇星，上海的礼宾接待水平比中国其他几个城市大概先进一二十年。李肇星问，其他城市包括北京吗？克林顿笑而不答。李肇星自己琢磨，他可能是指上海的陪同人员少、劝酒少、菜剩

---

① 何典.李肇星谈待客之道：恰到好处[N].南方周末，2014－03－07.

得少，让客人有宾至如归之感。

（三）真诚原则

中国有句古语：礼至情至。但礼到情到要有一个条件，就是其中要渗透“真诚”，有礼而不真诚，就达不到“情”至的效果。海伦·凯勒曾写道：“我接触到的手虽然无言，却极富表现性。有的人握手能拒人千里。我握着他们冷冰冰的指尖就像和凛冽的北风握手一样。也有人的手充满阳光，他们握住你的手，使你感到温暖。”同样是握手，但海伦却真切地感到其中有着天壤之别，原因就是这两种人的手是否灌注着人间的真诚。

我国古代伟大的思想家、教育家孔子在几千年前就深刻地论述了要做到对人真诚，必须“老吾老以及人之老，幼吾幼以及人之幼”。这就是说，人要有仁爱之心，心理换位，推己及人，这样才能在人际交往中坦诚相见，礼到心到，见礼知心，才能使对方在交往时犹如沐浴在温暖的阳光之中。

（四）自律原则

礼仪是一种规范，要靠人们的自身信念、习惯去维系。伟大的人民教育家陶行知说：“慧眼观他人长处，正心慎我独时。”陶行知先生在这里指出了道德修养的一个重要特点，就是要提高自己的德行水平必须做到慎独。个人的礼仪规范水平实际上反映了自己的社会化程度。一个人要按照礼仪规范行动，既要排除社会不良风气的影响，又要排除自己内心不良动机的干扰，这就必须靠自身的意志力去约束自己。从一个人的道德水平的发展趋势看，总是从他律向自律过渡的，即从“要我做”到“我要做”。在某种意义上说，没有人的自律，就没有真正的礼仪规范。

第二节　教师礼仪的特点与意义

我国历来重视教师礼仪，中国古代教育家荀子认为：“礼者，所以正身也；师者，所以正礼也。无礼，何以正身？无师，吾安知礼之为是也？”教师不仅是文化知识的传播者，而且是学生思想道德的教育者。教师在传播知识的同时，以自己的言行举止、文明礼貌对学生产生潜移默化的影响，对学生的健康成长具有重要意义。

一、教师礼仪的特点

教师礼仪是礼仪的一种形式，是教师职业道德的组成部分，是教师处理和调节教育活动中人与人之间关系的行为规范和准则。它与教育活动紧密相连，与其他行业人员的礼仪有着不同的特点。

（一）教师礼仪要求的先进性

教师职业的最大特点是培养、塑造新的一代，是做人的工作。因此，教师不仅要用自己的丰富学识教人，而且更重要的是要用自己的品格育人；不仅要通过语言传授知识，而且要以自己的品格去"传授"品格，即以自己的良好德行和礼仪习惯去影响学生的心灵，使之成为健康、聪明、活泼的新一代。正是基于这个特点，人们把教师称为"人类灵魂的工程师"，因而社会对教师的礼仪要求比较高——灵魂必须纯洁，道德必须高尚，礼仪必须规范。

（二）教师礼仪行为的示范性

教师职业的特点和性质决定了教师要做"人之楷模"。青少年学生正处在德、智、体、美、劳等方面的成长过程中，在这个个性初步形成和发展时期，他们模仿性强，可塑性大，易受成人和外界环境的影响。这不仅要求教师的师德要具有较高的水准，而且还要求教师具有完善的品格和良好的礼仪，成为学生心目中的典范。如果教师对待学生彬彬有礼、温文尔雅，使学生感到教师和蔼可亲、平易近人，就能建立融洽的师生关系；同时也能让学生从教师的礼貌行为中受到良好熏陶，有利于学生礼仪习惯的培养。英国教育家洛克说："做导师的人自己应当具有良好的教养，随人、随时、随地都有适当的举止与礼貌。"

（三）教师礼仪内容的整体性

教师礼仪的内容十分丰富，包括言谈举止、待人接物、步态手势、面部表情、衣着仪容等方面，但它们是统一的有机整体，共同反映和体现着教师的道德意识和伦理思想，而且彼此之间也是相互制约和相互作用的。师德高尚的教师必然是一个语言文明、仪表端庄、举止稳重、遵纪守法的人，绝不会有道德品质很好而礼仪行为很差的"优秀教师"，也不会有纪律松散、法制意识淡漠而仍能为人师表的"模范教师"。一言以蔽之，只有诚于中，方能形于外。

（四）教师礼仪影响的深远性

教师礼仪是教师个人道德情操的外在表现，它不仅是对教师个人行为的规范要求，而且也是教育学生的重要手段，起着“以身立教”的作用。教师良好的礼仪行为是学生仿效的对象，有助于学生克服自己长期形成的仪容不整、姿态随便等不良习惯。青少年学生自制力差，养成一种好的行为习惯固然不容易，克服一种不良的行为习惯则更困难。这不仅需要教师一而再，再而三地教育引导，更需要教师的身体力行。教师良好的礼仪行为不仅能深刻地作用于学生的心灵，塑造学生的品质，而且通过学生还作用于家庭和社会；不仅影响着学生在校期间的成长，还影响着学生的一生。

二、教师礼仪的意义

教师礼仪是一种强有力的教育因素，它不仅关系教师个人的形象和教育威信，而且直接关系整个教育事业的发展和学生的健康成长，在教育工作中起着十分重要的作用。

（一）教师礼仪有助于学生思想品德的培养

教师是学生的知识、思想和行为的指导者、示范者，教师的礼仪行为常常被学生模仿。从教师的衣着发型、举止姿态、语言特点、谈吐风格，一直到教师的待人接物、人际交往等，学生都会暗自效仿。教师礼仪对学生是一种“无言之教”。如果一个教师不修边幅、邋里邋遢、精神沮丧，只能给学生一种萎靡不振、放荡不羁的感觉。当一个举止端庄、仪表大方、风度优雅的教师出现在学生面前或站在讲台前时，学生会产生一种敬意，产生一种喜欢老师、愿意与老师交往的情感，师生关系就更容易趋向和谐融洽，学生也会以一种相敬相容的心理和态度接受老师的言教。因此，教师礼仪对学生思想品德的教育和培养有直接的影响。

（二）教师礼仪有助于课堂教学效果的提高

课堂教学是一门综合性很强的艺术，它不仅要求教师具备渊博的知识、科学的方法，而且要求教师具有与其职业相符合的仪表、举止和风度。教师礼仪具有较强的外显性和感染性。教师一走进教室，他的仪表、举止就已经向学生“说了话”。教师如果不注重仪表、举止，讲课时只顾侃侃而谈，唾沫四溅，就会引起学生的反感，影响教学效果；教师如果举止端庄，衣着大方，姿态动作严谨稳重，从容敏捷，表现出一种适度的美，给学生一种心情舒畅、踏实可靠的感觉，教学就会取得更佳的效果。

（三）教师礼仪有助于优良校风的形成

学校是教育和培养学生的地方，因此，人们总是把学校看成书声琅琅的知识殿堂，新秀云集的人才摇篮，贤师林立的文明学府。这就要求学校的校风必须和它肩负的神圣使命相吻合。优良校风要靠全体师生员工的共同努力才能形成，其中起重要作用的是教师。因为校风好坏的关键看学生，学生的教育培养靠教师。如果我们的教师都能“甘为春蚕吐丝尽，愿化红烛照人寰”，就能成为严谨治学、孜孜以求、诲人不倦、无私奉献的群体。教师群体风貌的优化会通过校内外各项活动对其他成员潜移默化地产生深刻、持久的吸引和趋同作用，从而促进优良校风的形成。

（四）教师礼仪有助于社会主义精神文明的建设

礼仪属于社会公德，是每个社会成员应共同遵循的最基本的公共生活准则。礼仪教育是社会主义精神文明建设的基础工程。学校是社会主义精神文明的发祥地，而学校精神文明建设的关键在于教师。教师的职责决定了首先要教育好自己，要言传身教，为人师表，然后才有可能用自己高尚的情操、文明的礼仪、优雅的风度去净化学生心灵，使之养成良好的礼仪习惯，再通过一批又一批的学生去净化社会风气，从而增强公德意识，提高民族素质，这对于培育和践行社会主义核心价值观，促进社会和谐、人际友善具有重要意义。

【相关链接】

教师应当礼待学生①

“师者，所以传道授业解惑也。”教师理应在讲文明、懂礼貌、守礼仪方面为学生作出表率，起到楷模作用，然而，在现实生活中，部分教师却忽视甚至完全忽略了某些方面的礼貌礼仪。笔者特举几例，以引起教师同行的密切关注与自我反思。

镜头一：早上，某中学的几位教师驾私家车上班，汽车进入校门时，值周学生纷纷向车内教师问好或行队礼。然而，令人遗憾的是，值周学生所得到的回应全部是

---

① 王水成.教师应当礼待学生[N].中国教育报，2013-05-01.

冷若冰霜或漠然的脸色。

镜头二:3月5日,某学校发动学生参加“学雷锋、做好事”活动,学生积极响应,一些学生想到了平时辛苦工作的教师,就主动把一些教师的自行车、电动车擦得干干净净。可令人遗憾的是,没有教师向学生表示真诚的谢意。

镜头三:某年轻教师在本学科教学中还算“出类拔萃”,然而,每每有学生从其身边走过或向他打招呼时,这位教师从不“还礼”,甚至连一丝笑容都不曾露出。

教师“不重礼节”“不讲究回礼”现象的存在,说明部分教师不注意体察学生的感受。他们这种不闻不问学生“痛痒”的失礼表现,主要有如下原因。

一是部分教师自身缺乏必要的礼仪修养。一些教师,特别是一些年轻教师礼仪修养缺失。由于受应试教育的影响,他们自己在求学时一心追求优异的学习成绩,只在意自己的分数,却连基本的礼仪要求都不知道,再加上从小家长缺乏对他们进行必要的礼仪教育,最终,这些教师面对自己的学生时,也就变得“麻木不仁”了。

二是学校方面缺乏对教师应有的礼貌礼仪教育。如今,一些学校的校长,对于教师的业务提升、教学质量等方面的“智力因素”可谓抓得紧而又紧,而对于教师礼貌礼仪等方面的“非智力因素”多是较为忽略的,甚至有的校长视之为“小事”,久而久之,一些教师也就忽视了礼貌礼仪方面的“小节”。

三是某些教师自恃清高。一些教师往往在学生面前表现得高人一等,自以为学历高、学识丰、资历深,总是认为学生还不懂事,把学生视作小孩子,基于此,一些教师在学生面前也就目空一切了。

教师的一言一行、一举一动都对学生起着重要的示范作用,有潜移默化的影响。教师在学生的心目中可谓至高无上。很多学生家长都有这样的感受,即孩子对于家长的话不一定能全听,对于老师的话却是言听计从,甚至有的孩子会把老师的话奉为“圣旨”。如果教师在礼貌礼仪方面也尽可能做到位,为学生起到表率作用,久而久之,学生就会从老师那里学到更多懂礼貌、讲礼仪的良好习惯。

第三节　教师礼仪的基本要求

教师礼仪是教师在与他人交往时应当遵循的行为规范和准则。综观各级各类学校教师的职业活动,尽管学校类型不同,教师的性别、年龄、文化层次各异,但从教育和教学的任务及特点出发，可以将教师礼仪的主要内容和基本要求分为个人礼仪、教学礼仪、集会礼仪和交往礼仪四个方面，其中，个人礼仪是最重要、最基本的，是教学礼仪、集会礼仪和交往礼仪的前提和基础。

一、个人礼仪

《中小学教师职业道德规范》(2008 年)中要求教师做到“衣着得体，语言规范，举止文明”。因此，教师个人礼仪可归纳为：谈吐文明，准确优美；举止从容，风度优雅；仪态端庄，稳重大方；衣着朴素，整洁得体。

(一) 谈吐文明，准确优美

教师的语言是表达思想、传授知识，塑造学生心灵的基本载体，也是衡量教师能力的重要依据。教育工作是神圣的事业，要塑造学生美好的心灵，使其健康成长，教师就应像音乐家选择音符谱写出催人奋进的健康乐章一样，选择美好纯洁的语言，拨动学生的心弦，滋润学生的心田，使他们茁壮成长。因此，教师的语言要文明纯洁，切忌粗鲁污秽，要在自己文明的语言中表现出高尚的道德品质。

教师的主要任务是传授文化科学知识，教师语言的准确规范，是学生正确理解教学内容的前提，也是一个教师成功地做好教学工作应该具备的基本功。具体而言，教师的语言规范必须做到：一是掌握与用好普通话。二是能够依据教育内容的不同，熟练运用教育语言技巧。三是形成自己独特的语言风格。或字斟句酌，字字千金；或出口成诵，富有文采；或丝丝入扣，符合逻辑；或谈笑风生，直抒胸臆；或激情四射，动之以情；或幽默风趣，巧譬善喻。

教师的语言在做到规范准确的基础上，还必须进一步做到优美生动。特级教师于漪说过：“教学语言要做到优美生动，除了知识素养、语言技巧之外，还必须倾注充沛、真挚的感情。情动于中而言溢于表，只有对所教学科、所教对象倾注满腔热情，教学语言才能充分显示其生命力，熠熠放光彩，打动学生心，使学生产生强烈的共鸣，受到强烈的感染。”因此，教师的语言必须是有感情的，不仅要做到情美动人，意美感人，同时应做到悦耳动听。语言激情饱满和动人形象是一个优秀教师的重要标志之一。

(二) 举止从容，风度优雅

风度是人的精神气质在举止方面的外在表现。从容的举止，优雅的风度，是教师礼仪的动态特点，它要求教师做到：文质彬彬、温文尔雅、举止得体、庄重潇洒、不卑不亢、落落大方。

培根说："相貌的美高于色泽的美，而秀雅合适的动作的美，又高于相貌的美，这是美的精华。"教师从容的举止，优雅的风度包括以下四个方面。

一是谈笑有节制。不管是课上还是课下，教师的言谈都要适度，做到既达意抒情，又不使学生厌烦。笑是人类生活的"润滑剂"，但无论如何教师的笑都要有分寸，要会笑。那种旁若无人的纵情大笑，表里不一的做作之笑，只会引起学生的反感。

二是举止要从容。举止从容是自信心和自尊心的一种表现。"教师的职业是一种责任最重大、最光辉的职业。"因此，每个教师的言谈举止都应从容坦荡。举止做作或过于随便，也是不受学生欢迎的。

三是动作要得体。准确、有力而得体的动作，如同画龙点睛，会使师生间的交流顿时生辉。如果动作太少则显得死板，缺少生气和感染力；太多则显得琐碎零乱，使得动作与内容脱节，也有失稳重；太奇则显喧宾夺主，分散学生的注意力。

四是正确运用"体态语言"。所谓"体态语言"，就是用人体某一部分形态变化来表露某种心情或思想的方式。比如皱眉表示厌烦，微笑表示欣喜，扬眉表示吃惊，摇头表示不以为然等。教师恰当地使用"体态语言"，有意识地让自己的"体态语言"为教学服务，会起到意想不到的效果。

（三）仪态端庄，稳重大方

仪态是指一个人的仪容和姿态。仪态端庄，稳重大方是指教师的仪容和姿态要端正、庄重，自然而又不失分寸。具体要求如下：

一是发型。女教师的发型应以端庄、持重、自然为主，以含蓄、优雅为好，不宜云鬓高卷或长发飘拂。具体来说，每个教师可以根据实际情况如性格和学科特点等来选择发型。男教师可根据自己发质与脸面的黑白对比及自己的脸型来选择发型，但不宜烫发和留长发。

二是眼睛。黑格尔指出：眼珠的活跃是精神活跃的一种表示。目光是最能流露灵魂的器官。教师的目光应该明亮有神，充满着挚爱和期待，而不应该黯然无色，不应该含有厌恶和敌意。教师的目光不仅可以显示出自己个性的某些方面，而且也把自己对学生的态度、感情传递给了他们，学生从中或是体验到温暖、鼓舞，或是感受到冷漠、厌弃。

三是姿态。我国自古就很重视人的姿态美，所谓“站如松，坐如钟，行如风，卧如弓”，就是古人对姿态美的要求。端庄、稳重、大方的姿态，敏捷准确的动作，不仅本身就是一种美，而且可以弥补形体上的某些缺陷，也有助于身体健康。就教师而言，优美的姿态还对学生产生很大的影响。

【相关链接】

教师坐姿“五忌”

1.忌争先，在落座时不能抢在外宾、长辈、女士之前入座；2.忌满座，坐在椅子上，切不可将整个椅面坐满，也不要仰在椅背上；3.忌叉腿，女教师可以双腿并拢或交叉斜向一侧，男教师则可以平踏在地上，双膝稍微分开；4.忌乱伸，坐定之后，不要让脚四处乱伸，或是乱抖不止；5.忌先走，离座时，应当合礼而有序。如辞行之时，当先则先；送客之时，该后则后。①

（四）衣着朴素，整洁得体

衣着是指人的服饰，除了服装，还包括手表、眼镜、首饰等。所谓朴素，主要是指衣服的颜色或式样不浓艳、不华丽。整洁是指衣服要整齐清洁，不能尘埃遍布，马虎邋遢。得体是指穿的衣服要得当、合体。

教师是知识和教养的化身，穿着得体，使内在的学识修养与外在的衣着打扮和谐统一，不但可以对人的形体、容貌、仪态、风度起衬托作用，而且会使学生觉得教师容光焕发，富有学识和教养，感到亲切明快，听起课来自然会提高情绪，学有成效。

按照整洁、朴素、得体的标准去要求，教师的衣着应做到“三个适合”：一是适合自身的体型、个性、年龄、教学风格等。二是适合教学内容。例如，讲授《十里长街送总理》，需要教师配纯洁、素雅、庄重、肃穆，能催人泪下的衣着。三是适合学生。如，幼儿园教师的衣着要简洁明快、赏心悦目、富有童趣、活泼可爱。切忌标新立异、穿着奇装异服，以免有辱斯文，有失体统。因此，教师的穿着打扮要符合教师的职业特点、道德要求和审美标准。

---

① 摘自《扬子晚报》2010年9月15日。

【相关链接】

教师着装“六忌”①

1. 忌脏。即不宜懒于换洗衣服而使衣服皱皱巴巴。

2. 忌露。即不宜身穿露胸、露肩、露背、露腰以及露大腿的服装。

3. 忌透。即外穿的衣服不能过于单薄透明，不外穿吊带衫。

4. 忌短。即不能穿着过于短小的服装，不应将肌体部位暴露出来。

5. 忌紧。即不宜穿着紧紧地包裹身体的服装。

6. 忌异。即不宜着装过分怪异、色彩过于艳丽。另外，教师不能浓妆艳抹，不佩戴夸张的耳环、项链等饰物，不能染指甲和头发。

二、教学礼仪

教学是学校的中心工作，课堂是教师工作的主要场所。课堂教学是一门艺术，要上一堂成功的课，取得理想的教学效果，教师除了要遵循教学规律、坚持各项教学原则、优化教学方法外，教师的礼仪在其中也起着不可缺少的作用。

（一）组织教学礼仪

组织教学是课堂的重要环节。教师组织教学，其目的是使课堂保持安静、有序，使学生在物质上和心理上都做好准备，为教学的顺利进行创造良好的课堂气氛。

上课开始，教师迈着从容的步伐走上讲台，教师和学生相互问好或相互行礼，这是相互尊重、讲礼貌礼节的表现，也是教师组织教学的必要环节，有助于学生做好心理准备，有愉快的学习情绪。

教师组织教学不仅仅是在上、下课的那几分钟，而是贯穿于教学的全过程。在课堂上，可能会有部分学生出现各种不同程度的违纪行为，扰乱课堂教学秩序，影响教学活动的正常开展。教师既不能放任不管，也不能体罚或变相体罚学生。为了不影响正常教学活动，教师在组织教学时，可以用言语信号处理违纪行为，也可以用目光、手势、表情、姿态等非言语信号处理违纪行为。

下课时，教师要与学生礼貌告别，保持愉快的心境。有的教师在学生施礼的时

① 郝莎.南京教师礼仪15条：着装六忌坐姿五忌涵盖多方面[N].扬子晚报，2010-09-15.

候，根本不看学生，只是埋头收拾自己的东西；有的急着出教室，学生还站在那里，教师已出了教室门；有的教师刚宣布下课，学生一阵忙乱，教师也不管，由着学生去。这既不符合教学要求，也不符合礼仪要求。

（二）课堂语言礼仪

语言是一种传递信息的符号系统，是社交活动的重要工具。教师的语言是教书育人最基本、最重要的工具。教学语言不同于一般的语言，它是一种在规范性、科学性的基础上形成的富有情感和生动形象的审美化语言。教师课堂语言不仅影响到知识的科学性，而且还直接影响到教育学生的效果。高尔基说："作为一种感人的力量，语言的真正美，产生于言辞的准确、明晰和动听。"

课堂语言方面的礼仪要求是和气、谦逊、文雅，不说粗话、脏话，不强词夺理、恶语伤人。在课堂教学中，提问是教师经常使用的一种教学手段。教师怎样对待提问、如何提问，集中反映了教师的课堂语言是否符合礼仪规范。在提问时，教师要做到：多用敬语，不叫绰号，中途不打断学生发言，不侮辱学生人格。

语调、语气方面的礼仪要求是教师的语调应该抑扬顿挫、平和温柔、亲切感人。不能对学生使用蔑视、憎恶、讨厌之类的语气，不要对学生粗暴地大喊大叫。有时候，教师并未体罚学生，也没骂学生，但所使用的语气、语调，一样地伤害了学生。

三、集会礼仪

（一）升降国旗礼仪

国旗是一个国家的标志，爱护国旗就是维护祖国的尊严。升（降）国旗制度已成为学校的一项基本制度。根据教育部《关于施行〈中华人民共和国国旗法〉严格中小学升降国旗制度的通知》精神，我国中小学校除假期、双休日外，一般在每周星期一早上，或是在国家的重大节日和纪念日时，举行全校师生参加的升旗仪式，每天下午放学离校时降旗。其他时间可按照学校安排由各班或由学校干部轮流进行升降旗仪式。这是对师生进行爱国主义教育的最形象、生动的有效途径和方法。教师严肃认真地对待升（降）国旗仪式，无疑对学生是一种无声的教育。

教师在参加升（降）国旗礼仪时，应严肃认真，精神饱满，不能谈笑风生、自由走动、东张西望；还应带头唱好国歌，并以自己的激情来感染学生，不能有神情不严肃和忘记歌词的现象发生。即使在寒冷的冬天，也应该脱帽，不能把手插在口袋里。

如果升(降)国旗不举行仪式,凡经过现场的教师都应带头面向国旗,自觉肃立,待升(降)旗完毕,方可离开。

(二)典礼礼仪

典礼是按一定的规范和程序而举行的庆贺性的礼仪活动。学校举行的典礼的种类很多,为庆贺一件事情或一项活动的开始而举行的典礼,如开学典礼、奠基典礼等;为庆祝一件事情或一项活动胜利完成而举行的典礼,如毕业典礼、庆功表彰典礼、竣工典礼等。教师参加的主要是开学典礼和毕业典礼。

教师参加开学典礼和毕业典礼时应注意以下礼仪:一是着装整洁,按时到会。开学典礼和毕业典礼是学校较为隆重的大型集会。教师应注意自己的着装,既要显得庄重,又要带有喜庆色彩,不可太随便。同时,出席这样的活动,不能迟到,一定要按规定时间到会。二是态度诚挚,积极发言。刚入校的新同学希望从老师那里听到关于学校的介绍,希望从老师的言谈举止中消除对新环境的陌生感。毕业班的学生已与老师建立起比较深厚的感情,他们希望从老师那里感受到师生之间的情谊,希望再一次聆听老师的谆谆教诲,受到鼓舞,获得力量。因此,教师在与学生的交流中要满腔热忱,踊跃发言,而不能采取置之不理、无所谓的态度。

(三)节庆礼仪

节日庆祝活动是我国历史文化的组成部分。随着社会的发展,传统的节日增加了新的内容,被赋予了新的含义。同时又出现了许多富于时代特征的新的节日,如教师节、植树节、老人节、气象日等。各种节日为学校组织丰富多彩的活动提供了有利的机会。因此,节庆活动越来越受到学校师生的重视和欢迎。我国各地各民族的节日很多,一般可分为三种类型:传统节日、法定节日、重要纪念日。如果按人们的情绪来分,又可以分为喜庆的节日和怀念的纪念日。

我国在漫长的历史发展过程中,形成了独特的礼仪文化。有一些传统的喜庆节日,如春节、元宵节、中秋节等。教师参加这些传统喜庆节日的庆祝活动,要遵循以下礼仪:要根据自己的实际情况,做到隆重、喜庆、大方、节俭,不铺张浪费,不大吃大喝,更不能用公款吃喝。参加各类庆贺活动,要穿色彩鲜艳的服装,人的容貌也要精心修饰,精神愉悦,洋溢着节日的欢乐,烘托节日气氛。言语礼貌,举止端庄。注重与亲朋好友联络感情,适时适当地赠送礼物。礼品不在价格的高低,而在能真正表示自己的心意。

我国有一些节日带有一些悲伤的色彩,怀念的心情,如清明节、端午节、重阳节等。扫墓是清明节的一项重要习俗。清明时节,学校组织学生祭扫烈士墓,以表达对先烈的哀悼和怀念,进行缅怀先烈事迹的思想教育活动。祭扫和缅怀活动要庄严肃穆,主要仪式有献花圈、读祭文、行鞠躬礼或植树、栽花等。教师参加这些节庆活动,应注意神情肃穆,表情严肃,着装凝重,绝不能穿花里胡哨的衣服、化浓妆、涂颜色鲜红的口红等。

(四)会议礼仪

召开会议是学校的一项重要工作,要使一次会议取得较好的效果,固然要看会议本身的内容,但也还要适当讲究会议的程式,即礼仪。

召开会议的礼仪。召开会议的单位和个人首先要明确开会的目的,不开无目的的会,不然解决不了问题,浪费别人的时间。同时要安排好会场,使会议有秩序地进行,还要掌握好开会的时间,尽量不开长会,以免耽误别人做其他的工作。

参加会议的礼仪。一是遵守会议纪律,做到准时、有序;二是尊重报告人;三是在会议上发言时应注意观点明确、论据充分、以理服人。

四、交往礼仪

教师的社交礼仪,主要体现为教师的日常行为礼仪和人际交往活动的方式。主要表现为与学生交往、与同事交往、与学生家长交往的礼仪。

(一)与学生交往的礼仪

师生关系是在教育过程中,为实现一定的教育目标而结成的一种最基本、最重要的人际关系。良好的师生关系既是保证教育活动顺利进行的前提条件,又作为一种无形的、潜在的教育因素,制约着学生接受教育的程度,影响着教育过程并在很大程度上决定着教育的质量和效果。教师礼仪可以克服师生沟通的心理障碍,使得教师的影响具有很大的相融性。

师生在校园里朝夕相处,相互间如能做到礼仪周到,将会增进师生之间的感情,促进学校工作的顺利开展。与学生谈话时的礼仪:一是要选择好地点和场合;二是要做到师生平等;三是要讲究礼节。当学生应命来到时,教师要热情予以招呼;谈话前,可请学生坐下;谈话后,教师也应送学生离开。

(二)与同事交往的礼仪

教师劳动是个体劳动,同时又是集体劳动,教师在从事教育活动的过程中,除了要处理好与学生这种最基本的人际关系之外，还必须处理好与同事的关系。教师与教师之间，由于彼此在性别、年龄、性格、专业、工作经验、工作成绩以及工作分工等方面的不同，因此必然会结成各种不同类型的关系。

教师之间的关系是平等的。教师与同事在交往中，应该体现平等的精神，互敬互爱，互帮互助，这不仅是教师职业道德的要求，也是教师礼仪的规范。教师讲究与同事交往的礼仪，不仅能减少同事之间的摩擦和误会，创造和谐的工作环境，还能使自己心情愉快，提高工作效率。教师与同事交往的礼仪要做到以下几个方面：一是以礼相待；二是尊重同事；三是注重办公室礼仪。

（三）与学生家长交往的礼仪

教师与学生家长的关系是人际关系中的一种特殊关系，在交往过程中，教师作为经过专业培训的教育者，要对家庭教育进行帮助和指导，争取家长对学校教育的理解、支持与配合，形成教育合力，教师必须以理服人，同时也要以“礼”服人。在教师与家长交往中，家长会和家访是最主要的形式。

召开家长座谈会的礼仪。一是服饰庄重，举止文雅；二是尊重家长，语言礼貌；三是珍惜时间，讲究效率。

进行家访的礼仪。一是选好时机，预约前往；二是衣帽整洁，庄重大方；三是用语合理，避免责难；四是举止稳重，温文尔雅。

迎访礼仪。一是收拾门庭，作好准备；二是热情待客，礼貌周到；三是微笑送客，心境愉快。

需要说明的是，在现代信息社会，教师与家长联系和交往的方式是多方面的，在教师家访中，除了登门家访外，还有电话家访、信函家访等形式，也都分别有基本的礼仪要求，限于篇幅，这里不再赘述。需要强调的是，只要教师遵循尊重、适度、真诚、自律等基本原则和要求，就能应对自如，以不变应万变。

【相关链接】

给南京市中小学教师的15条礼仪建议（摘要）①

南京市教育局

1. 着装的礼仪：教师无论是在教育教学活动，还是在公共场合，着装都要体现

---

① 郝莎.南京教师礼仪15条：着装六忌坐姿五忌涵盖多方面[N].扬子晚报，2010-09-15.

职业特点，即美观大方，有时代感，受学生欢迎，符合教师身份。

2. 仪容的礼仪：教师仪容要端正、庄重、斯文、雅气，不浓妆艳抹；不佩戴款式夸张的耳环、项链等；不染彩色指甲；不将头发染成怪异颜色。

3. 举止的礼仪：坐姿须端庄，站姿应挺拔，行姿宜稳健。

4. 社交的礼仪：尊重他人，礼貌待人；约束自己，自律自重。

5. 参加聚会的礼仪：教师出席正式晚会时，男教师应着深色中山装套装、西服套装，女教师应着旗袍、连衣裙或西服套裙；参加沙龙交流时，话题不要离题万里，浪费众人的宝贵时间。

6. 网络的礼仪：教师在通过网络、短信等方式与他人交往时，应牢记教师身份；在使用网络语言时，要尊重他人；要对自己在留言板上发表的言论负责。

7. 进出校门的礼仪：进入校门时主动向人问好；自行车（电瓶车）推行，摩托车、汽车慢行至指定存放处，整齐排放，离开校园时主动道“再见”。

8. 课堂的礼仪：进教室前准备好上课教材、教具，不携带通信工具进课堂；讲课不坐着、不靠着，也不过多来回走动；多用敬语“请”字和尊敬手势；目光关注每一个学生；不讽刺挖苦学生。

9. 办公室的礼仪：举止规范，谈吐文雅，遵守公德，文明办公。不上网聊天，不玩游戏，不下载娱乐影视片。

10. 打电话的礼仪：上班时间不“煲电话粥”，接电话宜内容简洁，声音适度。

11. 与学生交往的礼仪：微笑交谈，平等沟通。

12. 与家长交往的礼仪：接待家长做到来有迎声、问有答声、去有送声。

13. 家访的礼仪：家访前应写便条或打电话预约，把家访内容告诉家长，切忌“登门告状”。

14. 升旗的礼仪：脱帽、摘墨镜，规范立正。

15. 会场的礼仪：手机置静音或关闭，不接听手机，不发送和阅读短信。

思考与练习

一、思考探究

1. 战国时期，荀子指出“人无礼则不生，事无礼则不成，国无礼则不宁”，请你谈谈对这句话的理解。

2. 洛克认为，教育应当注重绅士的四种基本品质，即德行（美德）、智慧、礼仪和学问的培养。在他看来，美德是精神上的一种宝藏，但是使它们生出光彩的则是良好的礼仪。请结合自身实际，谈谈对教师礼仪的认识。

二、情境问答

1. 据媒体报道，汉阳一中学作出规定，即女教师上班要严格做到“四不”，不化浓妆、不喷浓香水、不戴耳环、不着透肤装，做到举止优雅。化妆可以，但是一定要“淡”；喷香水也行，但是不能过于“浓烈”；戴耳环以简洁的耳钉最佳，夸张的吊饰让人感到“浮夸”；透肤装绝不可穿，在工作日不穿那些看似带有诱惑力的“黑丝袜”。①

(1) 教师打扮新潮是否会对学生产生不良影响？

(2) 根据教师职业特点，对教师的衣着打扮发表自己的看法。

2. 2010 年 7 月 3 日，郴州市九中举行暑假典礼。政务处主任何海滨在将一名未穿校服的学生拖到办公室时引发肢体冲突。随后，家长赶到学校后当着上千人的面把何海滨从升旗台拖下。7 月 27 日，在调解纠纷会上，家长拒绝道歉，何海滨用刀愤而自伤。②

(1) 这起学生管理事件折射出当代学生管理的哪些困境？

(2) 你如何看待“现在老师碰见比较难管的学生，一般先考虑的是能不能管，而不是该不该管”的现象？

延伸阅读

1. 教育部.中小学文明礼仪教育指导纲要，2010－12－30.
2. 金正昆.教师礼仪概论[M].北京：北京大学出版社，2007.
3. 李兴国，田亚丽.教师礼仪[M].上海：华东师范大学出版社，2006.
4. 吕艳芝.教师礼仪的 99 个细节[M].上海：华东师范大学出版社，2010.

① 杨静雅.武汉一中学禁女教师穿黑丝袜[N].武汉晨报，2013－03－24.

② 鄢光哲，洪克非.郴州一教师挥刀自伤折射困惑的师道尊严[N].中国青年报，2010－08－12.

第二编

班主任专业知识

班主任专业知识在班主任专业化体系中属于应知、应会的部分，是班主任专业化的核心内容。班华教授在《发展性班级教育系统》一书中构建了班主任专业化的内容体系。“班级教育系统”是以促进学生发展为目标的班级教育体系，是以班主任为主导的，由相互联系着的班级教学、班级目标、班级集体、班级文化、班级管理、班级教育合力、学生发展评价等各子系统有机构成的班级教育整体。本编从班级教育系统的整体出发，联系当前班主任工作中的重点、难点问题，进而为班主任提供一个完整的工作内容框架。

本编内容包括班主任工作的基本规范、班级管理、班级德育和班级文化四个部分。第四章为班主任工作的基本规范，概要介绍班主任的职责要求和工作内容，以及班主任的工作原则；第五章为班级管理，重点介绍班级常规管理与学生行为规范养成教育、优秀班集体的创建、面向全体学生的发展性评价；第六章为班级德育，重点介绍学校德育的功能定位、班级常规德育工作的开展、学生身心健康教育指导、网络德育的新探索；第七章为班级文化，重点介绍班级文化的构成及影响因素、班级物质文化的优化、班级制度文化的建设、班级精神文化的塑造。

第四章 班主任工作的基本规范

班主任感言

魏书生老师的一段话，一直让我感同身受——做教师而不做班主任，是教师的一大遗憾。我想，教师干的是塑造灵魂的工作，其职责不仅仅在于传授知识，更核心的职责使命是育人。

——袁海英（江苏省射阳县第四中学）

《中共中央国务院关于进一步加强和改进未成年人思想道德建设的若干意见》（以下简称《若干意见》）明确规定："要完善学校的班主任制度，高度重视班主任工作，选派思想素质好、业务水平高、奉献精神强的优秀教师担任班主任。"为了贯彻落实《若干意见》的精神，2006 年 6 月出台的《教育部关于进一步加强中小学班主任工作的意见》（以下简称《意见》），《意见》指出："中小学班主任是中小学教师队伍的重要组成部分，是班级工作的组织者、班集体建设的指导者、中小学生健康成长的引领者，是中小学思想道德教育的骨干，是沟通家长和社区的桥梁，是实施素质教育的重要力量。中小学班主任工作是学校教育中极其重要的育人工作，既是一门科学，也是一门艺术。"

2009 年，教育部印发了《中小学班主任工作规定》（教基一〔2009〕12 号）（以下简称《规定》），《规定》明确提出："班主任是中小学日常思想道德教育和学生管理工作的主要实施者，是中小学生健康成长的引领者，班主任要努力成为中小学生的人生导师。班主任是中小学的重要岗位，从事班主任工作是中小学教师的重要职责。教师担任班主任期间应将班主任工作作为主业。"《规定》强调了班主任在学校中的重要地位，为做好班主任工作提供了多方面强有力的保障。

上述文件突出强调了班主任在学校教育工作中的重要地位和作用，同时，明确规定了班主任的工作职责、工作内容和基本规范，是做好班主任工作的重要指导性文件。

第一节　班主任的职责要求和工作内容

一、班主任的职责要求

班主任的职责要求可从学校教育工作和工作对象两个方面加以理解。

（一）从学校教育工作出发的职责要求

从学校教育工作出发的班主任工作职责包括：对学生进行思想道德教育，教育学生完成学习任务，教育指导学生完成学校规定的各项活动，关心学生的课外生活，进行班级日常管理，组织班级任课教师开展班级教育活动，做好学生思想品德评定与奖惩工作，联系家庭和社会力量做好学生教育工作等。具体内容如下。

1. 教育引导工作

班主任工作的重要职责是认真落实学校德育工作的要求，积极主动地与其他任课教师配合，利用各种机会对青少年进行思想道德教育，引导学生明辨是非、善恶、美丑，从身边的小事做起，逐步树立社会主义荣辱观，确立远大志向，增强爱国情感，明确学习目的，端正生活态度，养成良好的行为习惯。

2. 班级管理工作

加强班级日常管理，维护和建立班级良好的教育教学秩序，是班主任的核心工作。应坚持以正面教育为主，对学生的点滴进步及时给予表扬鼓励，对有缺点错误的学生晓之以理、动之以情，进行耐心诚恳的批评教育。做好学生的综合素质评价工作，科学公正地评价学生的操行，并向学校提出奖惩建议。努力营造互助友爱、民主和谐、健康向上的集体氛围，形成有特色的、充满活力的班级文化。加强安全教育，增强学生的自我保护意识和能力。

3. 组织开展班级活动

组织开展丰富多彩的班级活动，是增强班级凝聚力，进行到集体建设的重要载体。除此之外，班主任要承担指导班委会、少先队中队、团支部开展工作，担任少先队中队辅导员，组织开展丰富多彩的团队活动、社会实践活动、课外兴趣小组活动、社团活动和各种文体活动等工作职责；通过发挥学生的积极性和主动性，培养学生的组织纪律观念和集体荣誉感，促进青少年的社会性发展。

4. 关注学生全面发展

班主任作为中小学生健康成长的引领者，应关注学生的全面发展。教育学生明确学习目的，端正学习态度，掌握正确的学习方法，养成良好的学习习惯，增强创新意识和学习能力。了解和熟悉每一位学生的特点和潜能，善于分析和把握每一位学生的思想、学习、身体、心理的发展状况，科学、全面地看待学生的发展，及时发现并妥善处理可能产生不良后果的问题。注意倾听学生的声音，关心他们的烦恼，满足他们的合理需求，有针对性地进行教育和引导，为每一位学生创造公平的发展机会与条件。

5. 组织、协调工作

班主任是学校教育第一线的骨干力量，是学校教育工作最基层的组织者和协调者。履行好班主任的职责，必须树立正确的教育理念，遵循中小学生身心发展的规律，运用科学的教育方法，善于利用各种教育资源。不仅要努力协调好各任课教师，做好班级的管理和建设工作、学生的教育和引导工作，积极支持少先队、共青团、班委会开展班级活动，还应成为沟通学校、家庭、社区的纽带，及时了解学生在家庭和社区的表现，引导家长和社区配合学校共同做好学生的教育工作。

除了上述常规工作外，还要应对学校临时安排的各种活动以及学生的各类突发性事件。这就需要班主任统筹安排，分清主次和轻重缓急，有条不紊地开展各项工作。

（二）从工作对象出发的职责要求

班主任作为学生全面发展的引领者，其工作职责在于促进班级全体学生成为富有个性的素质全面的人。从班主任的工作对象出发，班主任的工作职责可划分为两个方面：一是学生个体发展指导，二是学生集体教育工作。

班主任的工作对象既是一群人，又是这群人中的个别人，班级教育工作是个别教育与集体教育的结合。无论是着眼于个体发展的工作职责，还是从集体教育出发的工作职责，根本的着眼点是“人”。人既是个别的，也是集体的。班主任开展集体教育的根本目的是造就富有个性的素质全面的人，即适应社会发展需要的人，而具有良好社会适应性的人只有在集体中才能培养起来。

1. 学生个体发展指导

以个别学生为对象的教育工作称为个体发展指导。具体包括以下内容：① 思想品德发展指导；② 个性心理健康发展指导；③ 学习指导；④ 闲暇生活指导；⑤ 不同类型学生的个别指导。

2. 学生集体教育工作

以学生集体为对象的教育工作称为集体教育工作，具体包括以下内容：① 班集体建设；② 班级活动；③ 班级日常管理；④ 班级评价工作；⑤ 班主任工作研究，包括提高班主任工作的科学性与艺术性、班主任的自我修养与专业发展等。

【相关链接】

初中班主任的工作职责①

以初中班主任工作为例，由于初中班主任的工作对象——初中生的自主性发展还处于一个逐渐成熟阶段，其身心状态的剧变、内心世界的发现、自我意识的突出、独立精神的加强等总体性特征直接影响着班主任的教育工作。因此，初中班主任必须从初中生的实际出发，履行自己的工作职责，实施有效的教育。

一、个体发展指导

在思想品德发展方面，要摒弃过去那种“我说你听”的“说教”模式，代之以全方位班级工作中思想品德教育的有机渗透。

在心理健康指导方面，要针对初中生以“自我发现”为主要特征的心理变化，帮助他们正确认识并适应新的初中学习生活，同时，指导他们主动、顺利的人际交往，以创设其健康成长的重要条件与良好氛围。

在学习指导方面，针对学习任务的艰巨性（跟小学相比）和自我学习渐进性的矛盾，指导学生逐步学会学习，掌握适合自己特点的而又有效的学习方法。

① 李学农，陈震.初中班主任[M].南京：南京师范大学出版社，2007：10－12.

在闲暇生活指导方面，要注意引导学生不仅能够正确健康地利用闲暇时间，而且开始认识闲暇的意义，发展其自主利用闲暇生活的知识、技能等品质。

在不同类型学生的个别指导方面，初中生的发展水平处于“易于转变”的状态，无论是“先进”“中间”还是“后进”，都只具有相对意义，因为初中生的身心正处在剧烈的变化之中。牢牢树立在初中生个别教育中的发展变化观点，对于班主任较好地完成自己的工作职责具有十分重要的意义。

二、集体教育工作

在初中班集体的建设过程中，班主任需要注意的是，初中生的独立自主意识与小学相比，有了明显的增强。初中生开始从个人与集体的关系上来认识自己的班集体生活，创建一个以每一位学生的自主性、积极性为基础的，比之小学阶段具有更高水平，既有利于每一位学生的个性发展，又有利于形成健康向上的班集体，是初中班主任的首要任务。在班级活动方面，班主任应依据初中生自主能力显著增强的特点，从班主任主导逐渐过渡到学生“自主”地开展班级活动。

在班级管理方面，初中生不仅能够比小学生更好地进行自我管理，还应该作为一个集体生活的管理者参与班级集体生活的管理。

在班级评价方面，班级评价是班级管理工作的一个方面，也是教育工作的一个方面。初中生的自我意识的发展，使得他们既有自我评价的要求，同时又在自我评价能力方面有所发展。在这一阶段，初中生参与班级工作的评价，包括对于自身的评价，成为初中班级评价的一个特点。

从班主任工作对象出发的工作职责，必须建立在以下基础之上：关注新形势下初中生的身心特点；关注初中生三年发展中不同年级、不同班级的不同情况；既注意班主任工作任务的历史继承性、现实性，又把握适应未来的超前性、理想性，尤其是落实到一个特定班级之后，班主任需要做好具体的分解和重组，以适应班级的具体情况。

二、班主任的工作内容

中小学班主任工作是一项关乎学生健康发展，需要付出爱心、耐心和责任心的复杂而又细致的教育工作，这就要求班主任具有良好的思想道德品质、较高的教育理论素养和专业知识水平，身心健康、富有人格魅力，善于做学生的思想教育工作。

班主任要适应新时代教育工作中出现的新情况、新问题，及时改进工作方式方法，在学校育人工作中发挥更大的作用。新时代班主任的工作内容主要包括以下三个方面。

（一）目标导向

坚持育人为本、德育为先的目标导向，把学校教育目标落实到班级日常管理工作中，切实把德育放在首位，注重学生正确的世界观、人生观、价值观和社会主义荣辱观的培养，培育学生健全、独立的人格，激发学生学习兴趣，树立正确的学习目标，促使学生全面协调健康的成长。

（二）教育理念

（1）公平公正，面向全体。班主任要关心每一个学生，了解他们的内心世界，根据每个学生的特点精心设计教育方案，引导、帮助每个学生健康成长，要特别关注学生中的弱势群体和边缘人群，为每个学生的终身发展奠定基础。

（2）以人为本，全面关心。班主任应坚持以人为本，以学生的全面发展为班主任工作的出发点，不仅要关心他们的学习，更要关心他们的思想道德、身体、心理、人格等方面的发展状况。培养学生各方面的能力，提高学生的全面素质，发挥学生的个性特长，充分发掘学生的潜能。

（3）尊重学生，平等互信。班主任要平等对待学生，建立和谐的、朋友式的师生关系。尊重学生，注重与学生交流沟通的方式，做学生人生路上的良师益友。尊重学生的年龄特点和身心发展规律，相信每一个学生都有自己的优点，都有成才的强烈愿望，帮助每个学生建立不断提高的发展目标，善于发现和激励学生的每一点进步，让学生在成功的喜悦中提高自己、发展自己。

（三）工作要点

（1）建立、完善班级管理制度。通过建立科学合理的班级日常管理规范，促进学生良好习惯的养成。从小事、细微处着手，积极开展行为规范教育。加强学生自主管理，增进学生民主意识，培养学生独立处理问题的能力。

（2）开展班级文化建设。指导班级开展班会、团队会、各种主题教育活动和丰富多彩的文体活动，丰富学生的生活，弘扬爱国主义、集体主义和民族精神，形成健康向上、积极进取的班风和有特色的班级文化，营造良好的育人环境。

（3）指导学生参加社会实践活动。充分开发社区、学校和班级的各种教育资源，组织学生积极参加有益于身心发展和道德养成的社会实践活动，增强学生的道德体验，培养学生正确的劳动观念和劳动习惯。

(4) 整合各种教育力量。积极主动地与其他任课教师、少先队、团委、政教处等进行沟通，步调一致、形成合力，充分发挥集体教育的作用。加强与家长的沟通交流，积极建立与家长沟通和交流的有效渠道，实现学校教育和家庭教育的有机结合。加强与社会的联系，利用各种资源让学生了解社会、参与社会、适应社会、服务社会，也让全社会都来了解教育、关心教育、支持教育，营造良好的社会育人环境。

(5) 实施发展性教育评价。认真做好学生的综合素质评价工作，建立、完善学生成长档案，积极探索建立适合学生身心发展特点的动态管理模式和综合考评制度，充分发挥评价的教育引导作用。

三、班主任履行工作职责的途径

(一) 从大局出发，配合学校工作整体安排

班主任工作作为学校教育工作的重要组成部分，首先应该服从学校工作的总体安排，树立学校工作“一盘棋”的观念，从学校教育工作大局出发，按照学校教育培养目标，针对班级学生身心发展特点，有计划、有目的、有组织地安排好班级的各项工作。树立学校教育工作的整体观、系统观，处理好教育发展共性与班级发展个性的关系。

(二) 协调各方教育力量，形成班级教育合力

班主任专业化在强化班主任专业素养的同时，更加突出班主任作为班级教育工作的组织者、协调者的角色。应强化和树立班级教育团队的意识，班主任不是孤军奋战，而是要带动任课教师、家长以及社区的教育力量，共同做好学生的教育工作。

(三) 加强制度建设，建立班主任工作的学校支持系统[①]

随着班主任专业化的推进以及中小学教师绩效工资的实行，班主任的工作

---

① 齐学红.班主任社会支持系统的建构[J].班主任，2014(10).

量将纳入考核内容。班主任一人负责制和班主任津贴制的实施，在提高和调动班主任工作积极性的同时，也容易造成普通任课教师对班级教育工作的忽视，一定程度上导致出现任课教师只教书不育人、班主任在班级教育工作中孤立无援的现象。

在此背景下，加强班主任制度建设，建立班主任工作的学校支持系统显得尤为重要。具体做法有：建立班主任职称制度和评价制度，为班主任专业化发展搭建平台，如南京市建邺区实行星级班主任评价制度，将对班主任的评价与班集体建设的评价结合起来；大胆创新班主任制度建设，采用副班主任制或班级教育小组集体负责制等形式，将任课教师吸纳到班级教育工作中来，通过分工合作，使其承担一定的班级管理事务，达到全面育人、全员育人的教育目的。

班主任工作的学校支持系统包括：校园安全的预警系统、突发事件的应急处理系统、学生心理健康教育系统、班主任心理健康教育系统等，这些支持系统为班主任创设了一个可支持、可信赖的学校教育环境，有利于班主任工作积极性的发挥和学生的全面健康发展。

第二节　班主任的工作原则

班主任的工作原则是班主任对班集体、对学生进行教育时必须遵循的基本准则和要求。它是根据班主任的工作任务和工作特点制定的，是处理班主任在工作过程中出现的一些矛盾和关系的基本准则，是广大班主任实践经验的概括和总结。

一、调查研究、全面了解

班主任的工作原则之一是调查研究、全面了解学生，从学生的特点和思想实际出发开展工作和教育活动，讲究思想教育工作的科学性、针对性、实效性。

班主任的工作对象是有思维、有个性、有丰富内心情感的活生生的人，这就决定了班主任工作既有生成性，又有复杂性，还有创造性；同时也决定了任何成功的经验都不可能简单模仿或复制。

苏霍姆林斯基说：“没有也不可能有抽象的学生。”每个学生都是具体生动而又充满变化的，有待班主任不断去了解、去发现。那么，班主任应从哪些方面了解学生、发现学生呢？一般说来，班主任对学生的了解主要包括对学生个体的了解和对学生群体的了解两个方面。

对学生个体的了解包括：了解学生的姓名、家庭情况、生活习惯、个性特点、同伴群体等相关信息，进而深入了解学生的行为方式、思维方法、兴趣爱好、情感需要、人生目标等。班主任对学生的了解越全面，越容易走进学生的心灵深处，进而取得更好的教育效果。

对学生群体的了解就是对整个班级的了解，包括：了解班级的基本构成情况、班级的班风状况与舆论倾向、学生班干部构成情况、非正式群体等几个方面。

所谓非正式群体，是指班级中没有经过班主任及学校其他组织任命的，学生间根据兴趣、爱好、情感等因素自发形成的群体。它是相对于班委、团队、学习小组等正式群体而言的。

非正式群体大多具有两面性，当班级正式群体凝聚力强、有威信、发挥积极主导作用时，他们自然会被吸引过来，帮助班级完成一些有益的工作，甚至能起到班主任、班干部不能起到的特殊作用；反之，则会削弱正式群体的凝聚力，影响甚至破坏班级正常工作的开展。非正式群体“核心”人物的言行，可能会左右班级舆论，甚至会造成群体成员心理和行为的整体偏离，给班级工作的开展增加难度。尤其是当非正式群体与正式群体的利益发生冲突时，二者间摩擦产生的内耗对班级整体工作的破坏尤为明显。为此，班主任需要深入了解非正式群体的成因，有针对性地加以教育引导。对非正式群体的了解包括：非正式群体的数量与具体组成情况，非正式群体的活动方式以及形成原因等。

对于各类非正式群体，班主任应做到：① 引导并发挥非正式群体成员间的感情作用，增进同学间的友谊，增强班集体的凝聚力；② 借助非正式群体成员间畅通的信息管道，了解学生的思想动态和对班级管理的意见和建议；③ 培养非正式群体的领导者，形成强有力的班干部队伍。

对于处在青春期的中学生而言，同辈群体的作用与影响往往胜过家长和教师的影响，为此，班主任应重视发挥同辈群体的教育力量，激发学生自我教育、自主发展的潜能；正视非正式群体的存在，通过正确引导，使其向着有利于班集体和谐健康的方向发展。

【相关链接】

与学生第一次见面

与学生第一次见面应该做些什么？班主任可参考下表提前做准备。

第一次见面前的准备工作		
资料准备	记住每个人的姓名	在你第一眼看到他时就能准确认出来
	了解每个人的学习成绩	对班级学生的大致状态做到心中有数
	了解每个人的特点	便于发现人才，组成临时班委会
	了解每个人的身高状况	提前安排好教室座位
	了解每个人的家庭住址与父母单位	最好有针对性地提前家访，了解家庭背景与教育情况
环境准备	把班级卫生打扫好	让学生一进门就对班级有个好印象
	写上新集体的欢迎词	营造温馨的班集体氛围
	把学生座位表提前写在黑板上	让学生走进教室即找到自己的位置
	美化教室	充分发挥创造力
心理准备	提前准备好第一次发言提纲	主要对学生进入学校提出希望
	对学生提出新集体的要求	事先可以先写在黑板上或用多媒体投影在屏幕上
	提前到校	第一个到班，用微笑迎接每个新生的到来
	准备好相机	把第一天的生活记录下来，对学生和自己都是最美的回忆
	形象与服装	装扮得体大方，不要浓妆艳抹，不要戴过多饰品
	备忘录	把重要的事及时记录下来，以免忙中出错

了解学生的方法——写作简历

写个人简历是迅速、直接了解学生的好方法，在和班主任接触时，大多数学生还是愿意向班主任介绍自己的。因此，班主任可以通过让学生书写个人简历的办法来了解学生。简历可以是没有任何要求地让学生自己写，也可以给学生设定一个相对固定的格式与项目，让学生按照自己的情况来填写。下面就是一种预设了项目与格式的学生简历。

<table>
<tr><td colspan="5">个人情况简介</td></tr>
<tr><td colspan="2">姓名：</td><td>性别：</td><td>毕业学校：</td><td rowspan="3">照片</td></tr>
<tr><td colspan="2">生日：</td><td>民族：</td><td>电话：</td></tr>
<tr><td colspan="2">家庭住址：</td><td>E-mail：</td><td></td></tr>
<tr><td>称谓</td><td>姓名</td><td>工作单位</td><td>职务</td><td>联系方式</td></tr>
<tr><td>父亲</td><td></td><td></td><td></td><td></td></tr>
<tr><td>母亲</td><td></td><td></td><td></td><td></td></tr>
<tr><td colspan="5">自我描述</td></tr>
<tr><td colspan="5"></td></tr>
</table>

表格的上半部分是供学生填写个人情况的，这些内容对以后开展工作大有裨益。下半部分的“自我描述”，学生可根据情况进行填写，给他们自我展示、自我表达的机会。通过这样一个表格，班主任不仅能够迅速对班级学生有一个相对全面的认识，而且能够发现学生的特长，这对以后开展班级工作是大有帮助的。

二、正面教育、积极引导

班主任的工作原则之二是正面教育、积极引导学生，寓教育于活动和管理之中，善于发挥榜样的示范引领作用。针对学生的思想认识问题，不要简单批评压制，而要循循善诱、以理服人，引导学生进行自我教育，发扬学生的主动精神和创造精神。

如何才能做到正面教育、积极引导呢？应坚持以理服人，启发自觉，引导自我教育；应树立先进典型，产生动机；在教育评价中，以表扬、鼓励为主，以批评、处分为辅，保护学生的自尊心，培养学生的上进心；建立健全班级规章制度，定期检查监督，养成遵章守纪的良好习惯。

三、热爱学生、尊重学生

班主任的工作原则之三是热爱学生、尊重学生，对学生严格要求、耐心帮助、热情关怀；要努力做好“后进”生的转化工作；工作中发挥民主作风，严禁体罚、变相体罚和侮辱学生人格；注意发挥集体的教育作用，在进行集体教育的同时注意培养学生良好的个性品质。

热爱学生、尊重学生是做好班主任工作的前提条件。对学生的一腔爱心是所有优秀教师的共同经验。爱孩子才能培育孩子的爱心；爱孩子才能无微不至地关心、关注他们成长中的每一个细节，才能为他们的每一点微小进步而衷心喜悦，才能感知他们的苦恼和困惑，并且为解决这些问题而尽心尽力。

热爱学生意味着班主任要有四心：爱心、真心、公心、慧心。教育的艺术即尊重的艺术，尊重具体体现在对学生人格的尊重、对学生内心世界的理解、对学生特殊需要的关注以及对学生有足够的耐心。

【相关链接】

我的素质教育观①

素质教育是民主、科学、个性的教育：把学生当成有灵性的人，而非“学习机器”，发自肺腑地爱每一个学生，而不仅仅是少数“尖子生”；教师把自己视为与学生在人格、尊严和情感上平等的朋友和在探求真理道路上志同道合的同志。它是“科学”的教育：严格遵循教育自身的规律，而不是硬套经济规律，以致把学校办成工厂，把学生当成商品；同时要更符合学生心理的实际和他们的认识发展规律，把教育学生的过程还原为学生自我教育的过程。它是“个性”的教育：尊重学生在性格、情感、思想等方面的独特性，特别应尊重学生的精神世界；要求教育者摒弃“应试教育”中的“一刀切”，真正做到“一把钥匙开一把锁”；尊重学生的个性，还意味着不用以升学与否来衡量学生是否成才，而是尊重学生未来的发展，坚信每一个学生都会在今后的社会生活中找到自己的位置。

---

① 李镇西.爱心与教育：素质教育探索手记[M].成都：四川少年儿童出版社，1998：18.

四、以身作则、言传身教

班主任的工作原则之四是以身作则、言传身教，在思想、道德、文明行为等方面成为学生的表率。

把“以身作则、言传身教”作为班主任的工作原则，主要基于教师职业的特殊性以及班主任工作的特殊性。班主任工作是学校教育工作中最为艰巨，同时也是最富于挑战性的工作。对于青少年这个年龄阶段的学生而言，他们大多“亲其师、信其道”，而那些能成为他们榜样的教师往往更值得他们亲近与信任。

正如苏霍姆林斯基所说，“教师成为学生道德上的引路人，并不在于他时时刻刻都在讲大道理，而在于他对人的态度（对学生、对未来的公民的态度），能为人表率，在于他有高度的道德水平。谁能唤起学生做人的尊严感，能启发他们去思考活在世上是为着什么，谁就能在他们的心灵中留下最深刻的痕迹。年轻人特别是少年，总是信赖这样的教师：他坚定地朝着提高自己的学识修养和道德修养的目标前进；他的精神面貌在学生眼里是日新月异地变化着，今天比昨天更好，而明天更胜于今天”。①

【相关链接】

学生喜欢什么样的班主任②

一、能使学生体验快乐的班主任

苏霍姆林斯基曾说过：“一个孩子如果从未品尝过学习劳动的快乐……这是他的不幸。”快乐是学生求知、求善、求创新的“开路先锋”，是学生全面发展最直接、最具体的原动力。因此说，学生的健康成长应该与快乐同行。那么，班主任应如何让学生“学习并快乐着”？

首先，班主任要做快乐的倡导者。班主任要以学生的发展为本，尊重学生求乐、求趣的愿望；要像叶圣陶先生那样，从当教师的第一天起，就把“我要做学生的朋友，我要学生做我的朋友”看作当好教师的起码条件。

如果班主任以朋友身份平视学生，那么你一定能“走近孩子的世界”；一定能理

---

① [苏联]苏霍姆林斯基.和青年校长的谈话[M].赵玮，等译.上海：上海教育出版社，1983：171.

② 来源：https://wenda.so.com/9/1378645606069490.

解学生，尊重学生，宽容学生，鼓励学生；一定能使学生快乐学习，快乐生活，享受快乐，体验快乐。

其次，班主任要做快乐的制造者。班主任要使教育过程始终洋溢着欢乐之情，就要用心、用爱为学生营造一个快乐成长的乐园，为学生创设一个能充分表露情感和释放激情的宽松环境，为学生搭建一个自主、自动、自信的舞台。

教师一个灿烂的笑容、一次赞赏的眼神、一句鼓励的话语，都会使学生欣喜若狂；一个游戏、一次远足、一场联欢，能使学生终生难忘。

再次，班主任要做快乐的保护者。“让学生每天都有个好心情，让学生在快乐中成长”，应该是每一位班主任不懈的追求。在实际的教育教学过程中，班主任一定要避免由于我们的不良教育言行，有意或者无意地伤害学生，造成学生的心理和学习障碍。

作为班主任，我们要做学生的精神关怀者，不做精神摧残者，要让学生每天在充满希望、体验愉悦的状态下去学习和生活。

二、能使学生充满自信的班主任

“自信决定成败”，如何才能让学生学会自信、拥有自信？

首先，要重发现。班主任要善于发现每个学生的不同之处，并把学生的个性转化为向上的动力。有的学生之所以缺乏自信，就是感觉自己一无是处；有的学生的自信心往往被不恰当的教育方式和环境在瞬间摧毁，但凡这样的学生往往表现为心情不快、精神不振、思维不畅、行为不良，缺乏应有的进取精神和学习激情。

作为班主任，面对这样的学生，就要学会赏识，用慧眼去捕捉学生表现出来的优势或未表现出来的潜能，让学生在一个被欣赏、被尊重、被肯定的环境里找到自我、找回自信，扬其所长、避其所短，充满信心，勇往直前。

其次，要重关怀。让学生在关怀的环境中忘掉孤独、烦恼，甚至是恐惧。没有自信的学生是最难教育的学生，也是不难教育的学生。说难教育，是因为他们都经历过不同的挫折和伤害，每个学生心中都有不愿说出的烦恼或心理上存在着不同程度的障碍；说不难教育，是因为他们都有共同的需求，那就是真正的关怀。

因此，班主任只要“以爱动其心”，尊重每个学生的个性，平等地对待每个学生，用心呵护每个学生，那么，即使是再不上进的学生也会重燃希望、重树信心。

再次，要重激励。一个学生在充满鼓励的环境下成长，他将学会自信。学生需要激励，缺乏自信的学生更需要激励，作为班主任要从不同角度、不同方面去看待学生，千万不要吝惜鼓励之词、激励之语，要让学生始终在一个受关注、受鼓舞的状态下学习和生活。

三、能使学生获得成功的班主任

成功是人生价值的体现,每个人都渴望成功。班主任是学生成长道路上的重要指导者和保护者,理应使每个学生走向成功的彼岸,获得成功的欢乐。

首先,创建目标适宜、评价多元的班集体是学生迈向成功的前提。有了目标,学生才有行动,才能成功。

班主任一定要认真收集并分析学生的性格、成绩、能力、爱好等方面的具体情况,与学生一起,共同讨论,加以提炼,制定出针对性强,体现自己特色,体现发展性要求的班级教育目标,让每个学生在班级目标中找到自我、找到自信、找到成功。

如何评价学生也是引导、激励、促进学生发展的最重要的手段之一,班主任要按照"只有差异,没有差生"的观念来评价学生,要用发展的眼光根据不同的情境、不同的学生,运用多种方式来进行评价,只有采取多元化的评价方法,学生才能人人成功、个个成才。

其次,养成好习惯是学生迈向成功的保障。叶圣陶先生曾说:"什么是教育?简单地说就是养成习惯。"班主任要把学生的习惯养成作为重要工作来抓,只要学生能够养成良好的求知、处事、做人的习惯,那学生就会终身受益,成功就会水到渠成。

再次,心理健康是学生迈向成功的关键。联合国世界卫生组织提出:"健康的一半是心理健康。"因此说,一个人如果没有健康的心理,那他肯定就没有健康的人生、健康的未来。

面对目前中小学生心理疾病日趋增多的现象,班主任应主动去了解学生的内心世界,关注学生的烦恼困惑;主动反思,改变不良的教育方法,优化学生的成长环境,为学生创造一个更安全、更自由、更和谐、更富创造性的发展空间,让每个学生都能以健康的心态去面对学习和生活。

班主任工作千头万绪,学生成长需求多种多样,如果班主任能使你的学生体验快乐、拥有自信、获得成功,那你就能成为学生喜爱的班主任。

"美丽班主任"测试①

来做一次"美丽班主任"测试,看看你能得几分。

如果你抱定"严师出高徒"的信念,认定对学生必须严厉,而且必须采取必要的体罚才能让学生记住并且吸取教训,轻则罚站,重则耳光,并且不准回家吃饭,那

① 梁伟贞."美丽班主任"测试[J].班主任,2008(12).

么，你这个班主任的得分是负值。

如果你给学生创设了严肃的学习环境，以“班主任兵法”与学生斗智斗勇，以严格的班规将孩子训练得谨小慎微、循规蹈矩，不滋事生非，但对孩子缺乏足够的爱心、耐心、微笑和沟通，那么，你这个班主任大概只能得 20 分。

如果你不仅让学生在秩序井然的班集体中成长，还肯弯下腰和他们交流、沟通，成为他们最忠实、最贴心、最温柔的朋友，那么，你这个班主任可以得 40 分。虽说朋友式的老师能赢得学生的好感，但学生更渴望你是一个能帮助他们快快成长的良师兼益友。

如果你不仅是学生的良师益友，而且还通晓青少年心理，对学生有足够的爱、尊重、理解和信任，管理严宽有度……或许这样可以得 100 分了吧？不，在“美丽班主任”测试中，这样慈爱、细心、“完美”的班主任，也只能拿 60 分。

为什么？因为这样的班主任就像一只辛勤的雌鸟，在枝叶深处努力筑巢、喂哺，却丝毫没有察觉到它栖息的大树正遭受着蛀虫的侵蚀，随时有折断的危险。看看我们学生的生活：从六七岁到十七八岁，他们的心智、身体还没有发育完全，但沉重的书包几乎让他们直不起腰；因为科目太多，学业太重，压力太大，他们的视力过早地衰退，睡眠严重不足，体质逐年下降。身处学习高压下的他们，失去了梦想与快乐。

在这样的大环境下，关起门来做一个细心的“高级保姆”、爱心充盈的“好”班主任，够吗？

解决问题要从根本开始，如果真爱学生，就要为学生的未来着想，真正的教育应该是“生存、生活、生命”的教育。我们应该好好想想，我们为学生的明天，为他们的将来，做了什么？我们是否唤醒了学生的善念，培养了他们的自制、自律；我们是否充实了学生的知识殿堂，开阔了他们的视野；我们是否为学生强身健体提供了条件和帮助？当学生们苦闷彷徨的时候，我们是否能为他们插上一双翱翔的翅膀，让他们在这个纷扰的世界找到自己的精神家园，诗意地栖居？只有把这些事情做好，你才能获得余下的 40 分，成为一名 100 分的美丽班主任。

思考与练习

一、思考探究

1. 苏霍姆林斯基有这样一个论断：“只有教师关心人的尊严感，才能使学生通过学习而受到教育。教育的核心就其本质而言，就在于让儿童始终体验到自己的尊严感。”结合工作实际,谈谈你对这句话的理解。

2. 这是一位年轻班主任的“博文”:自从当上班主任,我的幸福指数直线下降。每天都有那么多事让我苦恼,让我烦心,让我不快乐,处理各种矛盾,联系家长,教育学生,还时刻提心吊胆,怕学生出事,怕家长告状,怕成绩落后……如果可以,我绝不做班主任。

请你分析导致班主任幸福指数下降的原因。结合你的工作经历,谈谈如何提升班主任的职业幸福感。

3. 作为班主任,你想成为一个怎样的老师?你的自我设计和规划是什么?

二、情境问答

1. 班上有“四大金刚”:一个班干部,三个课代表。有的同学反映,他们四个很团结,个个都很牛,谁给他们提意见,不仅听不进去,而且还很凶。

(1) 作为班主任,你认为该怎么做?

(2) 班主任应如何看待班级中的“非正式群体”?

2. 下面是一位老师在开学初的自我介绍:“我的耳朵很灵,眼睛特别尖,你们的一举一动,说过的每句话,我都知道得非常清楚。所以,你们最好老实点,别想耍花样。我教了这么多年书,你们的心理我早摸透了,甭给我玩什么猫腻。我治人的方法有的是,一招比一招损,有不怕死的就试试。”

(1) 这位老师为什么会这样说?

(2) 你认为应怎样树立班主任的权威?

3. 班主任李老师为加强对学生行为规范的管理,制定了班规,其中对随地吐痰做了明确要求:在教室吐一口痰,罚款 1 元,作为班费。请对李老师的做法给予评价。

4. 王同学在学校多次违反校纪,班主任苦口婆心地对他进行批评教育,收效甚微,于是对他直言,如果依旧晚到早退,就让他的爸爸把他领回家,先养成良好的作息习惯,再回到学校继续学习。听完之后,王同学义正词严地回答:“你们剥夺我的读书权,我就告你们,小学老师就被我告得扣发奖金,我是很懂法律的。”

如果你是班主任,面对这样的学生,你会怎么办?你如何看待今天学生的“维权”意识?

5. 事情发生在 2008 年 6 月 12 日上午 10 点多钟,杨老师在吴店中学七(2)班上课 10 分钟左右,同桌的陈康和杨涛因为座位问题引起纷争,并趁杨老师背过身去写板书的时候相互推打并抱在一起,时间大约 1 分钟,后由两位同学把他们拉开。杨老师发现后批评道:“你们要是有劲,下课到操场上去。”随后,杨涛开始坐立不稳，三位同学发现后，就赶紧把杨涛送到了附近的吴店卫生院，也有同学立即通知了班主任董朝虎。后来，杨涛被转送到双墩医院和合肥市第一人民医院抢救，但最终未能挽回他的生命。

(1) 谈谈你对这个事件性质的看法。

(2) 你认为教师应负的责任是什么？

三、方案设计

1. 世界越来越精彩，但同时潜伏在我们身边的危险也越来越多。近几年来，由于学生缺乏相应的自我保护意识和方法造成无法挽回的事件时有发生。请以"小小雏鹰学自护"为题，设计一节提高自我保护意识和应变能力的主题班会课。

2. 随着人们生活水平的不断提高，许多家长为中学生配备了手机。手机在为人们提供了交往的便利的同时，也给学生管理工作带来了挑战，许多学校出台了"严禁带手机到学校"的管理规定，但是效果不佳，很难得到学生和家长的普遍认同。请以"手机能否进校园"为题，设计一节班会课。

延伸阅读

1. 李学农，陈震.初中班主任[M].南京：南京师范大学出版社，2007.

2. 齐学红.今天，我们怎样做班主任：优秀班主任成长之路[M].上海：华东师范大学出版社，2006.

第五章 班级管理

班主任感言

把班级管理当作一个系统工程，接班之初就努力建设班集体，充分发挥集体对于每个个体的教育引导作用，久而久之，就会成为学生的一种习惯和意识。这样，班主任就能被大大地解放出来。

——孙好武（河南省实验中学高级教师）

《教育部关于进一步加强中小学班主任工作的意见》要求，班主任"要做好班级的管理工作。加强班级的日常管理、维护班级良好的教学和生活秩序"，并对做好班级管理工作提出了具体要求。班级管理工作是班级一切工作的前提和基础，也是保证良好教育教学秩序的需要。班级常规管理是班主任最基础的工作，也是班主任的一项重要基本功。

第一节　班级常规管理与学生行为规范养成教育

班主任对学生的管理首先从班级日常管理开始，与同学的交流、对同学的了解主要在班级常规管理中进行，对学生的教育主要落实在班级常规管理中。《中小学生守则》和《中学生日常行为规范》是对中小学生日常行为的基本要求，也是班主任开展班级日常管理的主要依据。班级管理应加强对学生行为规范的养成教育，使学生养成良好的行为习惯，学会正确处理个人与他人、个人与集体、个人与社会的关系，学会如何健康快乐地生活。

一、班级常规管理的内容与实施

班级常规管理涉及学生班级生活的方方面面，班级日常工作主要包括学习活动、日常纪律、环境卫生、班务档案等。班级常规管理主要就是针对这些日常性的工作开展的。

（一）班级常规管理的内容

班级常规管理的内容主要包括教学常规管理、行为常规管理、安全教育、偶发事件的处理等。

1. 教学常规管理

教学常规管理主要包括维持正常的教学秩序、学生座位的安排、自习课纪律、考试纪律等。班主任对建立稳定、正常的教学秩序负有主要责任，应加强班级日常管理，把抓好学生学习作为工作的中心任务，对学生进行学习目的性教育；通过开展生动活泼的活动，激发学生的学习热情；教给学生正确的学习方法，制订适合学生自己的学习计划；建立良好的课堂纪律，活跃课堂双边活动；发挥班干部的带头作用，开展学生学习互助，提高班级所有成员的学习成绩；上好自习课，提高学生自学能力，正确地应对考试。

【工作案例】

第一次给学生排座位①

李镇西

几乎每次新接手一个班主任，都会有新生家长给我打电话，说希望能够在安排座位的时候予以“照顾”，而家长们所说的“照顾”的原因，无非是“孩子个儿小”“孩子眼睛不好”等等。当然不可能每一个人都照顾到，但照顾谁不照顾谁，这真让班主任犯难。所以我曾经略为夸张地说过，安排座位这件小事，对班主任来说，有时候其难度完全可以当成科研课题来攻克。

多年的班主任实践，使我对给学生编排座位有一套比较成熟的做法。我排座

① 李镇西.做最好的班主任[M].桂林：漓江出版社，2014：64.

位的原则是：尊重学生，有利学习，小组固定，每周轮换。所谓“尊重学生”，就是尽可能满足学生的愿望，甚至让学生在一定条件下自己确定座位，当然也不是任意想坐哪里就坐那里。所谓“利于学习”，就是排座位要考虑成绩搭配，让不同基础的学生坐在一起。所谓“小组固定”，意思是前后四人或六人就是一个整体，小组内部可以互相调整。所谓“每周轮换”，是说每个星期全班都要以小组为单位变化一次座位，让每一个同学在一学期之内几乎都能把教室的每个方位坐遍。

具体操作分两个步骤，开学第一天排一次，一个月以后排一次。开学第一天排座位，主要是让学生自己安排，老师只和他们讨论安排座位的原则。以高2007级三班为例——

学生集中于教室后，我谈了谈其他的事情，然后开始说编座位的事儿。我说：“现在同学们是随意坐的，但我每次接手新班都是和同学们商量着编方位。绝对尊重同学们！我们只确定一个原则：不影响他人，不影响自己；有利于学习，有利于团结。只要这个原则大家同意，那么，你们想怎么坐就怎么坐，以后我们每周都轮换一次座位，让每一个同学都能在教室里的每一个地方坐一周。好不好！”

大家都说：“好！”

因为是随意坐的，因此，教室里面男生女生坐的比例不太合理，阵线分明。于是，我和大家商量着略作了调整，使男女同学能够混合地坐在一起。最后，我问了问哪些需要照顾的同学，并把一位视力特别不好的女生安排在了最前排，然后对她说：“我和同学们也只能照顾你一周，请理解！因为我们每周都要轮换座位。”

我知道，编方位对许多班主任来说是一件很棘手的事，但我就这么简单地完成了——只要尊重学生，什么事儿都好办！

有的老师质疑道：第一次编座位就这么简单？太随意了吧？太迁就学生了吧？如果接下来的事实证明，有不适合坐在一起的学生却坐在了一起，岂不是误了学生？

且慢质疑，因为这只是第一个步骤，一个月后还有第二步骤呢！

第二个月后，师生之间学生之间比较熟悉了，同时，第一次安排的座位是否合适，大家也比较清楚了，于是这时便进行调整。这次的调整，不但是根据任课老师的意见和同学们的反映，将不合适的同桌分开，而且还要确立学习小组。我班的学习小组是四至六人，刚好前后左右相邻。学习小组一旦编定，原则上便三年不变，这样便于组与组之间竞赛。

我还要详细说说教室里的课桌布局（不知我能否说清楚）。教师站在讲台上，一般来说，下面是八列小纵队，其中每两列靠得比较紧密，于是形成四列大纵队；同时，又是七横排（刚好五十六个学生）或八横排（刚好六十四个学生）。从每个大纵队中间截开，便是前后两个小组。这样，全班就有八个小组，每个小组四至六人。每周轮换座位的时候，是小组整体搬迁移动，而且是一轮朝右斜上方（从站在讲台的视角看），教室最右上角那个小组则移动到最左前方的角落，教室最右边最靠前那个小组则朝左边后方移动。在小组整体搬迁移动的同时，小组内部也进行前后左右的循环调整。

因为不便于图示，所以我仅仅用文字可能不一定表述得很清楚。但有一点可以明确地说，这样每周循环的好处是，第一，保持了小组的整体性，有利于课堂学习的交流讨论和小组之间的学习竞赛；第二，任何一个学生都有机会坐教室里任何一个位置，对每个学生来说都显得十分公平。这样一来，所有照顾都不存在了——我对凡是需要照顾的同学说："不要紧，你只是暂时坐这里，下周就会交换座位的！"学生能够接受，家长也无话可说。当班主任二十多年来，我基本上都是这样安排座位的，班上从来都相安无事。

当然，每个班的情况不同，每个老师的管理理念也不尽相同，我并不是要所有班主任都像我这样编排座位，我只是提供我的做法而已。我相信，只要班主任肯动脑筋，多琢磨多研究，一定还会有更好的排座位的方法。

2. 行为常规管理

行为常规管理具体包括：考勤、请假制度、升旗、校服、课间良好行为、广播操、自行车的摆放、爱护公物、学生交通管理、学生值周、教室文化建设、卫生保健、住校生的日常管理、假期生活管理、班级总结评比等。

（1）考勤、请假制度。

班级要对学生的出勤情况进行统计，这是加强班级管理、督促学生自觉遵守纪律的重要措施。考勤有全勤、病假、事假、旷课、迟到、早退等。上课考勤由任课教师或班干部负责；自习课，早、晚自习由班长或其他班干部负责；广播（课间）操、课外体育活动由体育委员或体育锻炼小组负责。每天由班长或值日班长将缺课、旷课情况汇报给班主任。一个学期结束时，要对每个学生全学期的考勤情况进行统计，并将统计结果填写在学生学籍卡和成绩报告单上。

《中学生守则》规定，学生要"按时到校，不迟到，不早退，不无故旷课"。这是维护学校正常教学秩序、建立良好校风的需要。学生因病、因事必须请假者，应事先办好请假手续。请假时应有家长或医疗单位证明，详细填写学生请假卡，写明请假时间、请假事由，并按时间长短分别经班主任或学校规定的相关部门审批。事前不能请假者，事后必须补假，否则作无故旷课处理。对无故迟到、早退或旷课者，要给予批评教育或纪律处分。

(2) 学生值周制度。

根据各校的具体情况确定值周任务，一般是对全校学生的部分常规情况进行检查。如：① 出勤检查：代表全班同学向老师问好，检查迟到情况；② 校服检查：对班级穿校服情况进行检查；③ 广播操、升旗出勤人数检查：登记未上操和未参加升旗仪式的人数，对没有假条无故滞留的同学要登记姓名，对请假同学收取假条；④ 中午纪律检查：对学校操场、教学楼、教室进行检查，要求同学们在教室里午休或自习；⑤ 其他情况检查：课间在主干道进行巡查，对骑车、踢球等不良现象进行检查，发现后及时制止，有严重的违纪现象立即向学生处汇报；⑥ 食堂纪律检查：就餐时间对食堂进行巡查，要求同学们排队就餐，按要求处理吃剩的饭菜及杂物。所有的检查应有记录，并能及时将检查情况反馈给班主任(最好当天反馈)。

对值周学生的要求是：第一，以身作则，严于律己，发挥值周班长的榜样作用。第二，准时到岗，认真负责，坚守岗位，公正合理。第三，爱护值周学生牌，工作时正确佩戴。班主任应重视学生值周工作，把值周作为班级日常管理与学生自我教育相结合的过程。

3. 安全教育

安全教育包括：家庭安全、学校安全、户外安全、心理健康及人身安全等。以学校安全为例，具体包括：学校用电安全问题，体育运动中的安全问题，劳动安全问题，春游、秋游中的安全问题等。

班主任对学生进行安全教育时，要提高学生的安全意识，普及安全常识，但不可因噎废食，以为学生安全考虑为借口，放弃开展必要的户外社会实践活动的机会。

4. 偶发事件的处理

偶发事件是指在教育过程中遇到的事先难预料、出现频率较低，但必须迅速作出反应，加以特殊处理的事件。偶发事件的主要成因有天灾人祸、外来干扰、人际关系冲突、恶作剧、违法行为、感情障碍、性格异常等。

偶发事件的主要特点有：

(1) 偶然性。往往出乎人们的意料，出现频率要比常规管理中遇到的问题低得多。

(2) 突发性。这是一种特殊的遭遇，常常和社会上的重大事件、学生家庭的重大变故或学生本人的意外遭遇联系在一起，在教师缺乏足够思想准备的情况下突然发生。

(3) 爆炸性。一旦发生,就会在班集体和学生个体中造成爆炸性效应。

(4) 紧迫性。偶发事件发生后,需要及时加以处理,一旦延误时机,可能造成无法挽回的损失或影响。

偶发事件的发生不是偶然的,一位善于观察的班主任往往可以发现一些问题发生的迹象,要具有一定的预警性,做到防患于未然。偶发事件发生后,要求班主任当机立断,抓住时机,妥善解决。偶发事件因其特殊性,往往不能依靠常规方法解决,需要班主任运用高度的教育机智加以特殊处理,并善于引导学生做事后反思,将事件处理的过程作为一种教育资源,使全班同学从中受到教育。

处理偶发事件的方法有:

(1) 控制感情,沉着冷静。偶发事件一般是在学生情绪波动、失去控制的情况下发生的,班主任在处理问题时必须控制感情,做到沉着冷静。

(2) 了解情况,掌握分寸。在事件发生后,班主任要注意调查研究,了解事件发生的原因,审时度势,采取灵活的教育方式。

(3) 依靠集体,尊重学生。班主任要善于依靠集体的力量,在处理偶发事件时发挥集体舆论的导向作用;班主任要充分信任学生,尊重他们的人格,站在教育的立场上圆满地处理好偶发事件。

处理偶发事件,对班主任的工作能力是个考验。工作策略可以分为"当前"和"事后"两个阶段。"当前",即事件刚刚发生,老师赶往现场或就在现场,一般来说,需要班主任冷静而果断。首先要"淡定",控制自己的情绪,然后"灭火",解决问题。这时候,一般不适宜"深入细致",往往只要"平息事件,控制事态","留以后解决"。"事后",即指正式处理事件、双方作出回应和交代的时候。这时强调调查研究,弄清事件真相,然后根据事件性质和情节的轻重,对当事人作出处理。

(二) 班级常规管理的实施

班级常规管理是学校管理的一部分,学校总体目标的实现、学校规划和规章制度的实施都要通过班级管理来实现。班主任在班级常规管理过程中,首先是班级教育教学活动的组织者和领导者,应明确班级管理目标,以教育方针为指导,以学校办学目标为导向,采取科学的管理方法,与学生建立良好的师生互动关系;其次是学校管理工作的助手,必须服从领导决策,积极贯彻学校工作思路,创造性地开展工作;再次是联系各任课教师的纽带,应协调好与任课教师的关系,主动向任课教师反馈学生的意见与要求,听取任课教师对班级管理的意见和建议,形成班级教育合力;最后是沟通社会教育、家庭教育的桥梁,应主动争取家长和社会等有关方面的配合与支持,整合各种教育力量和资源,对学生进行有效的教育与引导。

1. 班级常规管理的特点

班级常规管理渗透在班级各项日常活动的组织与管理中,班级常规管理具有如下特点。

(1) 教育性。班级管理的过程是对学生进行行为规范和价值引领的教育过程,因而具有教育性。

(2) 广泛性。班级管理涉及面广。在某种意义上,班级是社会的缩影,班级管理是学校管理的一个缩影,在内容上具有广泛性和全面性。

(3) 细致性。班级管理是微观管理,学校各项工作都要通过班级,在班级中实施和落实。班级常规管理头绪多,在工作性质和方法上具有细致性。

(4) 多样性。班级管理的对象是未成年的中小学生,班主任在管理方式方法上应做到寓教于乐,针对不同的教育内容和任务,根据不同年龄段学生的特点,选择和采用多种生动活泼的方式方法,才能收到好的教育效果。

2. 班级常规管理的实施

(1) 加强班级规章制度建设。班级常规管理因其日常化、经常性、反复性而显得非常琐碎,同时,班主任还会接到来自学校、上级主管部门以及学校外部相关部门下发的各种临时性工作安排,经常陷入疲于应付的被动状态。为此,班主任应提高班级管理的科学化水平,加强班级的规章制度建设,通过制度建设将自己从琐碎的事务性工作中解放出来,但应避免形式主义,有章不依;避免以班主任个人意志代替规章制度;避免规章制度空泛不实,缺乏可行性,难以考察评估。

(2) 培养学生自主管理能力。在班级常规管理中,班主任应尊重学生主体地位,发挥学生主体作用;应树立学生是班级常规管理的主人意识,班级管理追求的不是他治而是自治,不是他律而是自律;应通过创设机会、提供岗位等形式,让学生学会自我管理,真正成为班级常规管理的主人。

【工作案例】

班级"软管理"引导学生自主管理[①]

初为班主任时,我天天"长"在班里,可效果依然不理想,只要我稍一懈怠,班级

① 张兵.班级"软管理"引导学生自主管理[N].现代教育报,2010-04-22.

考核的成绩就让我不愿意看到。如何让学生由被动管理变为自主管理呢？当学生进入四年级后，我尝试着实行班级“软管理”，通过多种手段调动学生的积极性和能动性，让他们自我教育、自我管理，由“要我做”变成“我要做”。

一、“值日班长”实现人人参与管理

全班52名学生按学号依次担任值日班长，这样人人都可当，人人都能当，让每一名学生都有机会当一天“管理者”。值日班长的工作分为常规工作和创新工作两类。常规工作是指从早晨的开门、值日到课间的班主任工作，以及两操的纪律、班级的卫生等，事无巨细，全是值日班长的工作范围。而创新工作则是每名值日班长根据自身的特长及爱好，自我创新出的特色工作，例如，有设计特长的学生可以在这一天设计一份新的板报，有音乐特长的学生可以在下午的“班班唱”时展示一下自己的才艺等。我并没有给值日班长的工作划定什么范围，我希望能给学生更多自由发挥的空间。

通过一学期的实施，效果很明显，学生们通过角色的转变实现自我、展现自我、提高自我，真正成为自我教育的主人。尤其是那些从没有当过班干部的学生，更是珍惜这个得来不易的机会：他们很早就到校开教室门，帮值日生打扫卫生。家长也对此表示了极大的赞同，觉得给每个孩子提供了平等锻炼、平等发展的好机会。

二、“小组合作”实现学生组团管理

苏霍姆林斯基曾经说过：只有激发学生进行自我教育的教育才是真正的教育。随着教育观念不断更新，我在课堂上引入了“小组合作”这一学习方式。

对于小组的组建，我尽量做到公平，做到“组间同质，组内异质”，让学生在课堂上合作学习、合作交流。在课下，我充分发挥组长的带头作用，让小组内的成员互相帮助、取长补短，养成良好的行为习惯，学生在组内真诚合作，组间公平竞争，在合作与竞争过程中逐步完善人格，养成良好的心理素质。合作也让学生增强了交往，掌握了初步的交往能力。

三、“星级评价”实现学生动态管理

在平时的班级管理中，我采用了星级评价擂台。该擂台设在班级的墙壁上，由学生绘制。星级评价实施动态管理，每天一汇总，所有任课教师及全体学生均参与其中。大到国家级的各种比赛，小到每天的习惯养成，只要是获得奖励的学生，都可以得到一颗星，让每位学生的每一点进步都明明白白地展示在大家面前。

在星级评价中，我重奖励轻惩罚。扣星会让学生在班级里处处小心谨慎，与教师形成抵触情绪，长此以往，学生就会失去活力与生机，班级氛围就会死气沉沉。用加星的方式就可以鼓励更多的学生参与到班级管理中，在加星的同时，我也会注意用言语鼓励学生。每当一学期末，我会给星星多的学生写下“星星喜报”，让家长与学生一起分享这份喜悦。

现在，“软管理”让我的班主任工作轻松了许多，更重要的是，学生们学会了自我管理。

二、学生日常行为规范养成教育

基础教育阶段是青少年良好道德品质形成的关键期，也是道德品质和文明习惯养成的最佳年龄阶段。对学生进行日常行为规范的养成教育，是学生综合素质培养的基础工程，应渗透在学校教育教学工作的全过程中。

（一）学生日常行为规范养成教育的内容

学生日常行为规范是国家和社会对学生道德素质和文明行为的基本要求。班主任日常管理工作的重要内容是使学生遵守这些行为规范并成为自觉的行为。日常行为规范养成教育，是指教育者（特别是班主任）根据《中小学德育纲要》《中小学生守则》和《中小学生日常行为规范》等的基本要求，遵循学生身心发展的基本规律，给学生提供道德行为的范例，用正面的道德榜样感染、教育学生，使学生自觉遵守行为规范，逐步养成文明、道德的行为习惯，为良好思想道德品质的形成打下坚实基础。

以教育部颁布的《中学生日常行为规范》(2016)为例，对中学生所要遵循的日常行为规范进行了全面、准确的概括，包括五大项四十条，内容分别涉及学生对自己品德、仪表、生活方式的要求，人际交往的要求，学校学习和集体生活的要求，家庭生活要求，公共场所和社会生活的行为要求等各个方面，是对中学生进行日常行为规范教育的主要蓝本。在此基础上，北京市对中小学生日常行为规范作出了更加明确的规定。

【相关链接】

北京市中小学生日常行为规范

（2016 年修订）

1. 爱党爱国爱人民。了解党史国情，珍视国家荣誉，崇敬英雄模范。热爱祖国，热爱人民，热爱中国共产党。尊敬国旗、国徽。升降国旗脱帽、肃立，行注目礼，少先队员行队礼。会唱国歌，声音洪亮。传承中华优秀传统文化，理解民族传统节日的含义。

2. 勤奋学习。学习态度端正，有适合的学习方法，专心听讲，学会独立思考，乐于科学探索。有良好的阅读习惯，在文艺、体育、科技等方面培养自己的兴趣、爱好。

3. 健康身心。培养运动兴趣，养成锻炼习惯。按时作息，合理饮食，讲究卫生。读、写、坐、立、行姿势正确。乐观向上，了解自我，有学习、生活目标。善于和他人沟通合作，遇到困难和挫折积极面对。

4. 勤俭自立。热爱劳动，珍惜劳动成果，生活不攀比。自己事情自己做，学会管理个人生活，掌握基本的劳动、生活技能。

5. 珍爱生命。热爱生活，懂得生命的宝贵。掌握基本的自护自救方法。未经父母或监护人同意，不在外边留宿。不接受陌生人赠予的物品。拒绝烟酒，远离毒品。

6. 遵纪守法。遵守校规校纪，了解个人成长、社会生活必需的法律法规，依法规范自身行为。明辨是非，有正义感，学会运用法律方式维护自己的权益。

7. 孝敬父母。体谅父母辛劳，关心父母健康，积极承担力所能及的家务劳动。听从父母的教导，主动与父母交流，礼貌回答问话。外出和回到家时主动与家人打招呼。

8. 尊敬老师。见到老师行礼，主动问好。回答老师问题要起立，进入办公室要经过老师同意。接受老师的帮助和教育，正确对待老师的批评和建议，知错就改。

9. 团结同学。热爱集体，关爱同学。同学之间相互尊重，互相帮助。善于发现、乐于学习同伴的长处和优点，分享彼此的成长进步。发生矛盾时多做自我批评。

10. 诚实守信。真诚待人，信守诺言。不说谎，不作弊。答应别人的事努力做好，借别人的东西按期归还，拾到他人的财物及时交还。

11. 举止有礼。衣着得体，行为端庄。自觉使用礼貌用语及体态语。尊重他人隐私，不妨碍他人的工作、学习和休息。尊重不同民族风俗习惯。尊重世界各地文化差异，在国际交往中真诚友好，大方自信。

12. 遵守规则。认识并遵守交通标志、标线和信号灯。乘坐公交车、地铁及购物时自觉排队，主动给老幼病残孕人士让座，公共场所靠右行走。观看演出或比赛时，遵守场馆要求。在图书馆阅览或博物馆参观时保持安静。

13. 爱护环境。热爱大自然，保护动植物。出行尽量选择步行、骑车和公共交通工具。节约资源，水龙头随手关紧，不用灯时随手熄灭，用餐不剩饭和菜。爱护公共财物，维护环境卫生，自觉进行垃圾分类。

14. 热心公益。乐于奉献，有社会责任感。关心和帮助有困难的人。主动进行实名志愿者注册，积极参加校内外公益活动和志愿服务。

15. 文明上网。合理使用网络，浏览健康内容。利用网络资源提高学习与生活质量。以规范、文明语言发表网络言论，传播正能量。

（二）学生日常行为规范养成教育的途径与方法

1. 说理教育法

学生日常行为规范是青少年社会性发展的必然要求，也是培养有着健全人格和良好品德的现代公民的客观需要。因此，从道理上阐明中小学生日常行为规范的意义与要求，消除学生头脑中的模糊想法，克服道德行为方面的心理障碍，帮助学生形成正确认识，这是实现品格养成由知到行、由被动到主动践行的重要前提。为此，应充分尊重和信任学生，坚持知、情、意、行的统一，以及需要、动机、行为、效果的统一；帮助学生认识到为什么要这么做，应该怎么做，启发他们自觉选择良好的行为模式。说理教育法是对学生进行日常行为规范教育时常常使用的方法，其典型形式包括对有关内容的课堂讲解、报告、讲座、演讲、讨论等。

2. 活动强化法

（1）专项训练法。中小学生日常行为规范都是具体的、可操作的，因而可以有目的、有计划、有组织地对有关行为举止逐一进行专门训练，通过不断地模仿、重复、纠正错误行为，使日常行为规范化、自动化、习惯化。这一方法的典型形式有日常行为专题训练，日常行为展示活动，观看有关日常行为规范的资料、影视片等。

在训练过程中，既要遵循学生的身心发展规律，又要符合教育科学原理。班主任要注意对学生进行指导，在指导中训练，还要注意督促，总结经验，及时表扬与批评，鼓励同学们克服困难，形成良好的行为习惯。行为规范的养成是一个循序渐进的过程，需要长期反复训练，切不可操之过急，也不可“三天打鱼，两天晒网”。

（2）榜样示范法。为学生提供学习的榜样，以良好典型去感染学生，影响其行为。在进行行为训练时，可以先培养部分“基础”较好的同学，发挥其行为示范作用；评选遵守日常行为规范的先进个人和集体，并予以表扬，或给予适当奖励，以激发同学们遵守日常行为规范的积极性，利用学生爱模仿、争上进的特点，促使他们在学习榜样、争做榜样的过程中使日常行为日趋规范化。另外，中小学生的模仿性、可塑性极强，教师的思想、行为都会受到学生的关注，因此，班主任要严于律己，模范执行师德规范，不断提高师德修养，用自己的模范行动影响和教育学生。

(3) 班级活动教育法。通过组织和指导学生参加一系列丰富多彩的教育实践活动，在活动中磨炼意志，增长才干，培养道德感情并使之升华为道德行动。可以利用班会、团队活动以及其他教育活动对学生进行行为规范养成教育。

3. 评价激励法

班主任可根据中小学生行为规范的要求，对中小学生的行为习惯进行考核，并将其纳入品德考核。通常的做法是：把行为规范归纳为几大项，分为基本分、奖励分、惩罚分；使学生进一步熟悉规范的要求，对于应该做什么、怎么做有比较明确的认识。考核可以小组为单位定期进行，组与组之间还可开展竞争，增强学生的集体荣誉感，使学生的个人行为受到集体舆论的制约。考核结果可作为学生操行评定和班主任撰写评语的主要依据。

4. 环境陶冶法

环境陶冶法是指有目的、有计划地创设有利于日常行为规范化的教育环境，对学生进行潜移默化、耳濡目染的熏陶和感化。一方面，尽可能使校园整洁、美观、舒适，使学生身临其境，久而久之，形成爱护美、欣赏美、创造美的习惯，可称为“硬环境”的优化；另一方面，还要注意“软环境”的优化，即在班级内建立良好的人际关系，形成优良的学习风气和道德舆论，形成优良班风，营造一种人人讲文明、守规范的氛围，进而成为一种无形的力量，引导学生养成良好的行为习惯。

5. 教学渗透法

学生大部分时间是在课堂中度过的，学科教学内容中也包含了很多行为规范的教育内容，班主任要善于调动任课教师的积极性，同任课教师一道结合教学内容渗透行为规范教育，对课堂中出现的不良行为习惯及时批评，对好的行为及时表扬。

6. “三位一体”法

行为规范的养成和训练可联合学校、家庭、社会的力量，形成教育合力。充分利用社会的力量，组织学生参观、参加社会实践活动，开展职业体验，和先进人物、精英人物对话；加强与家长的联系，利用家长会、一线通、电话、家长走访学校的机会，让家长了解学校对学生的要求，取得家长的配合与支持，争取更好的教育效果。

总之，行为规范养成教育是一项基础文明建设工程，要时时抓、处处抓，使之成为班级长期一贯的工作。为此，必须有目的、有计划地建立行为规范养成教育的有关制度，创造性地开展各种活动，例如系列主题班会、社会实践活动、公益活动等，依靠检查、督促、评比、表彰等多样化的手段，保证行为规范养成教育长期有效地进行。

第二节　优秀班集体的创建

班级是学校教育、教学的基本单位，是学生学习、生活、发展的直接环境，是青少年社会化的重要场所。班集体是由整个班级成员组成的，以完成学校教育教学目标为共同目标，有一定组织结构和规章制度的师生共同体。一个优秀班集体对学生发展具有极其重要的影响作用。班主任作为班级的组织者、领导者和管理者，在创建班集体的过程中担负着重要责任。在学校教育中，只有让学生生活在优良的班集体中，学生的各方面素质才能得到全面发展。因此，如何创建班集体，是班主任面临的重要实践问题，也是班主任开展班级工作的中心环节。

班集体不是学生的简单集合，班集体的形成应具备以下条件：有集体成员认同的共同目标；有坚强的领导核心；有正确的舆论和良好的班风；有健全的规章制度。班主任需按班集体形成的条件，通过各种途径和方法，促进班级从松散阶段、散聚阶段到形成阶段，再到成熟阶段，这样逐级发展，使其成为一个良好的集体。[①]

一、确定班集体建设的目标

目标是人们的行动所要达到的目的，或是某项工作想要达到的境地或标准。确立集体共同目标就是使班级全体同学有共同的努力方向，并为实现这一方向而组织统一的行动。班集体的形成和巩固是以共同目标为前提的。

---

① 涂光辉，刘铁芳，文冬毛，等.班主任工作技能[M].长沙：湖南师范大学出版社，1996：21.

班主任开始接新班的时候，要着手给全班确立一个共同的目标，让班级的每个成员有共同努力的方向。一个良好的班集体有集体认同的奋斗目标，在实现目标过程中会产生激励效应，进而形成强大的班级凝聚力。每一个集体目标的实现，都是全体成员共同努力的结果，在实现目标的过程中他们能够分享集体的欢乐和幸福，从而形成集体荣誉感和责任感。

从时间上来划分，可以把班集体的目标分为长期目标、中期目标、近期目标。

（一）长期目标

长期目标具有概括性、全局性、根本性的特征。通过长期建设，使班集体具有健全的组织系统、严格的规章制度与纪律、强有力的领导核心、正确的舆论和优良的传统，发挥其整体功能。通过有计划地开展各种教育活动，使集体成员不断提高自我、完善自我和发展自我。以中学为例，长期目标可以理解为贯穿初中、高中三个学年的奋斗目标和发展方向。

（二）中期目标

中期目标是相对于长期目标和近期目标而言的，可以是一学年的，也可以是一学期的。中期目标可以包含在班级学年或学期工作计划中，如把班集体建设成为学习型班集体、常规管理先进班集体等。在个人道德行为方面，包括养成良好的行为习惯、有较强的生活自理能力等。在智力培养方面，包括形成正确的学习态度、科学的学习方法、良好的学习习惯，形成求实探索、团结进取的学风等。

（三）近期目标

近期目标可以理解为班集体建设的每一阶段所要达到的目的，如抓好课堂纪律、搞好卫生、做好课前准备等，还应体现在每次精心设计组织的教育活动之中。近期目标具有具体性和可操作性的特征。

在制定班集体建设目标时，要注意把握班级教育的契机，不断提出具体的目标，引导学生共同为集体进步而努力。确立切合实际，经过努力可以达到的目标，成为吸引学生团结进步的凝聚力量。每一个具体目标的实现，都会使班级在前进的道路上发生小的量变，若干小的量变就会引起班级发生根本性的变化，实现团结友爱、奋发向上的班集体总目标。

另外，在制定目标时，不要忽略学生的意见，相反，要注意发挥每个学生的积极性，特别是那些平时很少有表现机会的学生，班主任要了解他们的特点，为他们创造积极参与班级活动的条件，使全班同学都行动起来，为班集体建设出谋划策，在为班集体贡献中增强对集体的认同感和责任心，在班级中形成“我为人人、人人为我”的良好风气。

班集体建设目标的确定，不应是班主任个人意愿的表达，而在于全班同学的认可、理解和接受，在全班同学心中树立起较强的“目标意识”，为此，班主任要做大量的工作：首先目标制定应建立在全员发动、取得全班学生认同的基础上，通过各种形式和任课教师、学校领导以及团委、学生会取得联系，得到他们的配合和指导，同时要取得家长的支持和帮助；其次要制订实施计划，建立规章制度，以保证目标的实施；再次要培养骨干，树立榜样，发挥典型示范作用；最后还要不断检查督促，及时总结经验，提出改进措施，保证班级目标得以实现。

二、选拔和培养班干部

一个纪律严明、健康向上的优秀班集体，不仅要有一位称职的班主任，更要有一支素质良好、能独立工作的班干部队伍。班干部是班级的骨干和领导核心，是班主任的得力助手，是班级工作顺利开展的保证。有了良好的班干部队伍，班级才有活力，才有发展。另外，班集体建设主要是学生自己的事，应当充分发挥学生的主体作用，选拔和培养班干部是班集体建设的组织保证，也是建设优良学生集体的重要力量。

（一）民主选拔班干部

班干部的选拔是优化班级管理、加强班集体建设的关键。民主选拔班干部，既有利于充实和完善班干部队伍，又有利于培养学生的民主思想、主体意识，调动全班学生参与班级活动的积极性。由于班干部是经过学生民主选举产生的，能得到学生的信赖和支持，有利于他们创造性地开展班级活动，也利于增强班集体的凝聚力。

【工作案例】

民主选举班委①

新一班的班委是民主竞争上岗的。我班还规定，班委正常任期为一个学期，期

---

① 相关资料由南京市第三中学陈宇老师提供。

满后只可以竞选连任，但连任不得超过两届，也就是说一年以后，班委即使威信很高、能力再强，也不得继续连任。此举一来可以充分调动同学们对班级事务的参与度，让更多的同学能有担任班干部的经历；二来也倡导了一种民主班级管理的风气。另外，高中班级在高一结束时会重新选科分班，所以，一年期班委任职制是比较科学的。

如何把改选班委工作做好是一门学问。就我的观察和了解，班主任在选择班干部以及改选班干部中遇到的烦恼不少，有些老师为了避免麻烦，干脆回避这项工作或者简单处理一下。简单处理不外乎直接任命或全班海选投票，但是前者毫无民主可言；后者看似民主，实则为假民主，二者皆不可取。近来有不少关于选举班干部的报道，有的班级为了“民主”，强调学生的参与意识，照顾孩子的积极性，全班大部分人甚至每个人都有一官半职，这种做法也有不妥之处。

民主选举班干部，是大家公认的比较好的方法，但是，具体如何选举，却是仁者见仁，智者见智。就高中生而言，民主意识只是萌芽，且由于学习压力和社会大环境等原因，很多学生并不热心班级事务，认为班委就是老师指定的那几个人，与自己无关。我在带班中也遭遇了同样的问题。如何比较科学地解决这些问题，既让班委改选顺利进行，又能选出大家公认的比较正直、能力比较强、关心集体的班干部？经过反复考量，询问同事，集思广益，我最终制定了如下的班委改选办法及程序。

一、现任班委述职与评议

1. 现任班委述职，每人 3 分钟。述职顺序(略)。

2. 全班同学和班主任对现任班委投信任票，选项只有胜任和不能胜任两个。

3. 公开唱票，票数公示。

4. 现任班委在换届选举中有三种选择：

(1) 争取连任现有职位。

(2) 放弃现有职位，不参加本次竞选。

(3) 作为普通同学参与竞选其他职位。

二、新一届班委产生办法

1. 所有自荐参与本次竞选的候选人都要发表竞选演讲，每人 3 分钟。

2. 现任班委争取连任原职，并且没有竞争对手，同时获得 2/3 以上信任票，自然连任。

3. 如果某个职位有两个及以上竞争者的，该职位的新班委将由投票选出。具体方法如下：

(1) 如果竞争者为两人，由全班同学对其投票，票数高者当选。

(2) 如果竞争者超过两人,则由全班同学进行两轮投票,第一轮票数最高的两人入围。入围的两人分别有 3 分钟时间陈述自己的想法和计划,全班同学对入围的两人进行再次投票,票数高者当选。

(3) 班主任也参加投票,票数计入总票数中。

4. 如果现任班委放弃现有职位,该职位又有其他同学报名参与竞选,则按以下程序操作:

(1) 只有一位候选人,则按本办法第 2 条对其投信任票,获得 2/3 及以上信任票,当选为该职位新班委。

(2) 只有一位候选人,但未获得 2/3 及以上信任票,仍然不能当选,该职位候选人视为空缺。

(3) 超过一位候选人,按本办法第 3 条中的(2)操作。

5. 现任班委放弃现有职位,也没有同学报名参与竞选,则该职位候选人空缺。出现候选人空缺,新班委按下列方法产生:

(1) 由已产生的班委开会讨论,提名。

(2) 如果新一届班委会提名一个以上的候选人,则由班委投票产生该职务新班委提名,如果参与投票的人数为偶数,则班主任参与投票。

(3) 获得提名的同学向全班公示一周,如无异议,该同学当选。公示期间,该职位负责的工作仍然由原班委完成直至公示期满,新班委上任。

(4) 如果获得提名的同学不愿意担任班委,则由班主任做该同学的动员工作,如果仍然不能说服该同学,则按上述流程再次产生新班委。

(5) 如果新班委公示期间有同学表示异议,则需以书面和口头方式向班主任提出,由班主任根据具体情况做工作,如果有必要,可以召集班委开会,按本办法第 5 条的程序操作。

把小事当作大事来做,小中见大是学校教育的特点。班委改选,对于整个社会的教育工程来说,是一件小而不能再小的事,但是,对于一个班级来说,就是大事,对于学生的成长来说,无论参与还是不参与,都是一件意义深远的事件。很多学生反映,从小到大都未曾经历过这样正式的班委改选活动,这次活动带给他们前所未有的体验。

(二) 积极培养班干部

班干部选拔产生以后,班主任的大量工作是如何培养、指导和提高他们独立工作的能力，既要防止包办代替、不敢放手，又要防止只使用、不教育提高。对班干部既要交付任务，又要教授方法；既要热情鼓励，又要严格要求；既要在培养中使用，又要在使用中培养。支持、鼓励并发挥学生特长是使用班干部的主要方法。

【工作案例】

班干部轮换制的实施

班级各项工作能否顺利开展，进而形成良好的班风、学风，在很大程度上取决于班级的班干部是否得力，是否能认真开展好工作或创造性地开展工作。由此可见，班干部对一个班级是何等重要。越来越多的学校实行班干部定期轮换制，而不是一经选出，一干到底。如何在班级定期轮换班干部，选出合适的班委并使他们始终处于饱满的工作状态，创造性地开展班级工作，是班主任的一项重要工作。

本学期在我们班面临班干部轮换前，我鼓励全班同学要善于发现自己的长处和潜能，激发学生竞选班干部的积极性。轮换前，首先，让参加竞选的同学进行"竞选演讲"，阐述自己的"施政纲领"，阐明自己想做什么，自己有什么才能，一旦被选为班委后怎么做等，给他们充分展示自己的机会。结果，每个职位都有很多学生竞选，气氛很活跃。其次，进行不记名投票，按照自己的意愿选出他们信得过的人担任班干部。通过这种做法，很多学生在平等竞争的气氛中充分展示自己，得到了一次平等竞争的机会，学生的自信心和对班级管理的参与意识得到了加强，一些有能力、责任心强的同学走上了班干部岗位。

实行班干部轮换制能极大地调动学生自我管理的积极性，使学生不断地检查、控制、激励、完善和提高自己，树立为班级服务的意识，使更多的同学投入班级管理，切实担负起班级主人的责任，并在班级中得到全面发展的机会，这样有助于形成一个充满活力、朝气蓬勃、积极向上的班集体，使大家在一个和谐温暖的环境中共同学习和进步，在德、智、体、美、劳等方面得到全面发展。班干部轮换制的实施增强了全班同学对班级事务的参与意识和参与能力，让更多同学得到了锻炼，是培养班干部的一种有效方法。

三、形成集体规范和舆论氛围

不以规矩，不成方圆。一个集体团结友爱、积极向上的班级必须有步调一致的行为准则和恰当稳定的判断标准，这就是集体规范。中小学生对自己言行的控制能力和辨别是非能力相对较弱，这就需要外部规章制度的约束和规范。学生的任务不仅是学习科学知识，还要学习如何做人，要树立正确的人生观、世界观、价值观。对于中小学生而言，仅靠说服教育是不够的，还必须有科学的管理，为此，需要制定一系列切合本班实际、全体同学认同的集体规范。集体规范的制定必须体现集体成员的主体地位，学生既是接受管理的客体，又是进行管理的主体，只有当学生积极参与班级管理、自觉执行集体规范时，才能达到班级管理的最佳效果。

（一）以科学的班级规范管理人

所谓班规，是指班级中经常进行的相对稳定的工作内容和工作制度，它不因教师、班级领导机构和班级学生的更换而变动，是一种对班级起管理作用、师生共同自觉遵守的班级制度。[①] 如，班级的工作常规有：学期初要制订计划，学期中要检查，学期末要进行工作总结评比，这些工作要制度化和规范化。学生生活常规有：遵守课堂纪律，考试不作弊，遵守学校纪律，爱护公共财物。体育卫生常规有：每天的“三操两自习”制度，每天下午一定时间的课外体育活动，每月一次的文艺活动等。

在中学阶段，学生比较关心与自己切身有关的事务，参与意愿较高，集体规范可由教师和学生共同拟定。下面是适合中学生的班规制作程序。

1. 班主任先有腹案

班主任在开学前要厘清对学生行为表现的期望，依据中小学生守规和中小学生日常行为规范的要求确定学生的哪些行为是可以接受的，哪些是不被允许的。因为学校活动极为复杂，所涉及的学生行为极为烦琐。一般而言，可分别从整洁、秩序、礼节、安全、课业、公物使用、学校规定等方面提出对学生的期望。并非全部的期望、规范在第一天就与学生沟通，有的可以在日后适当的时机再提出。中学生的班规一般分为两部分：全班学生遵守的一般性行为规范归为“生活公约”，通常以具体的文字书写，张贴在教室的角落；例行性工作的做法和步骤归为“规定事项”，由于规定事项较为烦琐，通常由教师先拟好，开学时向全班解说、示范。

2. 让学生表达期望

除了老师的期望，学生对班级也有自己的期望，班主任可以通过一定方式，让

---

① 张建文，李从玉.班级教育管理论[M].昆明：云南大学出版社，2002：82.

学生表达自己对班级的期望，以便于班级规范的制定。如利用作文簿或周记，让学生以“我们的班级”“如何使班级更好”等为题，写下对班级的期望。班主任将每个人的期望整理一下，作为制定班规时的参考。另外，也可以利用小组讨论的形式，首先将班上的学生分组，观察同学的生活习惯，找出大家在上下课等活动时秩序或整洁上的偏差行为。每组自行利用课余时间，先讨论观察后的心得，再做成笔记。老师尽可能地对小组的讨论提供协助、建议。在下次班会时，各小组选派一名组员，报告该组所提出的“班规”内容及其奖惩细则。

3. 将期望转化为具体班规

教师和学生的期望只有转化为明确、清晰的班规，学生才有遵循的依据。在班规制定时，应注意以下原则。

（1）内容简洁。班规的条文要简明扼要，并且要明确、合理，才能在学校日常生活中被学生贯彻实施。不要使用抽象的词语，让学生茫然不知所措。班规条文的词句宜切合学生生活经验，使学生易于了解、乐于遵循。

（2）数目要少。条文数目不宜过多，5—10 条最为恰当，以免多而不精，学生也记不住。当学生学会一些规则后，再逐渐增加。班规好比目标，一次定得太多等于没有班规。

（3）正面措辞。班规的内容用词宜具正面意义，因为正面的鼓励往往比负面的禁止有效。要告诉学生“该如何做”，而不是告诉他们“不可以做什么”。例如，以“对人要尊重”取代“不能吵架、打架”，以“对公物要爱惜”取代“不可以破坏公物”等。

（4）掌握先机。学期一开始就要制定班规，以后可以利用班会时间加以增加或修改。若是需要用到小组讨论的方式或是征询学生对班级期望时，可能需要花一周的时间做“民意调查”，但是要把握住学期开始这一教育时机。

【工作案例】

班级公约的正面表达

某班级的“生活公约”如下[①]：① 不要破坏公物；② 扫地时要自动把椅子搬上桌子；③ 上学不要迟到；④ 上午要安静；⑤ 上课不睡觉；⑥ 上体育课时要尽快到操

① 张新仁.班级经营：教室百宝箱[M].南京：南京师范大学出版社，2005：12.

场集合；⑦ 下课时要把门窗、电灯、电扇关上；⑧ 中午扫完地回教室要安静；⑨ 作业要按时交齐；⑩ 费用应定期交纳。

依据上述班规制定书写原则，可将上述“生活公约”修改如下：① 爱护公物（正面措辞、较积极）；② 准时到校（正面措辞、较积极）；③ 上课要迅速就位、专心听讲；④ 按时交作业及规定款项；⑤ 注意门户、节省能源；⑥ 维护教室宁静。

（二）以正确的集体舆论引导人

集体舆论是指在集体中占优势的、为多数人赞同的言论和意见，它以议论或褒贬等形式肯定或否定集体的动向或集体成员的言行，成为监督个人或集体发展的一种力量。积极的、正确的集体舆论能起到明辨是非、祛邪扶正、凝聚人心、催人奋进的正向作用。集体舆论对学生的影响，往往比班主任个人的力量有效得多。很多犯错误的学生并不怕班主任的批评，却最怕集体舆论的谴责。培养正确的集体舆论，坚持正确的集体舆论导向，班主任工作就会取得主动，就会事半功倍；反之，会给班主任工作造成极大的困难。因此，坚持正确的集体舆论导向是培养良好班风的一个重要步骤。集体舆论持久地发生作用，就会形成一个班的班风。班风是一种无形的力量，可以潜移默化地影响全班同学的思想和行为。班主任在培养集体舆论过程中至少要注意以下两点。

1. 善于运用奖励和惩罚

奖励和惩罚是一种强化，可以对人的行为起到反馈作用。奖励可以起到正强化的作用，它对人的某种行为给予肯定，使社会期望的行为得到巩固和保持，能使学生在心理上产生一种积极向上、愉快的情绪体验。奖励的形式有奖赏、表扬和赞许等。相反，对于某种行为给予否定或惩罚，就会使社会反对的行为减弱并慢慢消失，这叫负强化。它能使学生认识到自己的错误和缺点，并吸取教训，去克服自己的不良行为习惯。班主任在运用奖励和惩罚时，一定要在“善于”两字上下功夫。

（1）奖惩要从实际出发。奖励要留有余地，不能过头；惩罚要从教育的愿望出发，不能对学生已具有的长处和优点采取一概否定的态度，还要考虑学生的年龄、性别、个性差异，针对不同情况采取不同的惩罚措施。

（2）奖惩要适度。奖励作为一种教育手段，不宜滥用。而惩罚更要慎用，如果用得过多，就会损害学生的自尊心和进取心，从而失去教育意义。

（3）面向集体开展教育实施奖惩要注意全班同学的情绪，尽可能取得集体的了解和支持。班主任对学生的评价,只有与大多数同学的评价基本吻合,并取得集体舆论的支持,才会起到既教育个人又教育集体的作用。

【工作案例】

巧妙运用惩罚

俗话说,不以规矩,不成方圆。学生违反纪律,犯了错误,应该对其实施一定程度的惩罚措施,然而一般的惩罚多少会给学生心灵蒙上一层阴影,特别是当众对学生进行惩罚,更是雪上加霜,学生自尊心会受到伤害,有时运用不当,还会产生负作用,达不到教育的目的。如何让学生心悦诚服地接受惩罚呢?最好就是让他像接受奖赏一般愉快地接受老师的批评,把惩罚换成另一种奖励的方式,这是一种最高明的惩罚,陶行知先生惩罚学生"四颗糖"的故事,就是一种变惩罚为奖励的惩罚方式:攻心为上,让学生从内心感到愧疚不安、又感激又羞愧,心悦诚服地接受老师的批评,而且能认识到自己的错误行为带来的后果并立即改正。这样的惩罚手段才可谓高明。

2. 发挥正确的集体舆论导向

发挥正确的集体舆论导向作用,要做到:

(1) 注意舆论倾向,正确加以引导。班主任要注意班级学生的舆论倾向,通过对学生思想和行为的肯定或否定评价,把舆论引导到正确的方向上来。以此培养学生积极向上的进取精神,对是非、善恶、美丑等有较强的识别判断能力,如班级涌现出来的好人好事,不论是大是小,是"先进"学生还是"后进"学生做的,都应及时予以表扬,这样才有助于形成人人想做好事、争做好事的风气。

(2) 有目的、有意识地组织和吸引学生参加各种集体活动,在活动中培养正确的集体舆论。正确的集体舆论只有在集体活动中才能形成。班主任可通过文艺活动、体育竞赛、社会实践、公益活动等形式,培养学生对集体的荣誉感和责任感,以及为集体增光添彩的良好习惯。

(3) 充分运用舆论阵地,诸如班会、团队活动、墙报、黑板报、思想评论专栏等形式。黑板报和专栏应形式多样,内容丰富,既要有对好人好事的赞扬,也要有对不良倾向的批评;支持先进,维护正气,抵制歪风邪气,不断提高学生判断是非的能力。

【工作案例】

我接手过一个初二的班级，班内学风很浓，凝聚力强，学生都有较远大的理想，可是“傲”气很重，都看重“大事”，不注重自己身边发生的小事，不屑于做小事。如放学后窗户没关就走了，白天灯管全开着却不以为然等。针对这种情况，我组织开展了“勿以善小而不为，勿以恶小而为之”的主题班会，对小事该不该管进行了辩论，列举同学身边发生的小事造成的危害，最后得出结论，“千里之行，始于足下；千里之堤，溃于蚁穴”，“一屋不扫，何以扫天下”。同学们还在班会上倡议成立一个志愿团，定期为学校、社会做好事，产生了好的效果。有了正确的舆论和良好的班风，就会在无形中支持集体成员的行为和集体生活，成为一种潜移默化的教育力量。

(4) 把握学生自我教育的时机。学生的日常生活中蕴含着丰富的教育资源，班主任要善于观察和主动引导，将日常生活作为学生自我教育的契机。例如，一位课代表认真负责，每次都会把不交作业和抄写别人作业的学生名单汇报给老师，引起班上一些同学的反感，背地里叫他“叛徒”。班主任没有直接批评学生，而是在班上讨论了三个问题：老师究竟是哪边人；如果你是这个课代表，你会怎么做；认真负责、坚持原则到底好不好。讨论取得了令人满意的效果。这种方法有利于集体舆论的形成，而且也强化了学生的自我教育意识。

(5) 用榜样的力量感召人。班主任可以用榜样人物的思想、精神、行为和成就去影响学生的言行，引导学生积极向上。班主任作为班集体的直接教育者、组织者、管理者和指导者，应该发挥表率作用。良好的班风、班貌首先来自班主任的自身形象，班主任的人格魅力具有潜移默化的教育力量，其自身形象越是趋于完善，越能吸引学生，具有感召力。所以，班风建设的首要问题是教师的师德师风建设。

【工作案例】

班主任如何进行优良班级建设？①

其一，班主任做榜样。中学生对班主任的模仿心理是很强的，班主任在各方面都要有意识地为学生树立良好榜样，做好学生的表率，我们不妨细心地观察班干部的办事作风，便会发现，他们或多或少带有班主任的风格……建设优良班风，班主

① 辜伟节.中学班集体建设与活动[M].南京：南京师范大学出版社，1999：196－198.

任是榜样，要做全班的带头人。学生带着“有样学样”的眼光观察班主任的一举一动。例如：学校组织的早锻炼，是锻炼学生身体和意志的活动，也是显示班主任模范作用的好机会。我坚持每天准时到操场上集合参加锻炼，结果全班同学都能准时参加早锻炼……

其二，抓两头，带中间，重点突出。班主任必须抓好学风这个纲，才能使工作卓有成效。抓好学风办法很多，这里只讲一点做法。成绩较好的学生需要鼓励，更需要严格督促，因为他们是孩子，缺乏较高的自觉性。对全班前15名的学生，每天检查他们在家学习的情况，由家长督促检查……对学生形成一种有益的压力，因为学生知道老师天天在“关注”他，他们学习的自觉性更强，带动了全班学生，使班级的学习热情蔚然成风。对全班后15名同学，则进行各科成绩分阶段跟踪，并及时与家长联系……其自觉性明显加强。同时对有进步的学生及时表扬，对退步的同学及时提醒……通过一段时间的努力，后进面缩小，班风有了根本的好转。

总之，健康的集体舆论是班集体建设的重要组成部分，它不会自发形成，需经历一个复杂的渐进过程，需要班主任在班级教育理论的指导下，用科学的方法积极引导，并开展创造性的劳动，使学生在班集体的良好氛围里积极进取，全面发展。

第三节　面向全体学生的发展性评价

评价作为促进学生发展的一种有效机制，在学生成长过程中起着举足轻重的作用。评价作为一项导向性工作，对学生的品德修养、学业成就及行为习惯等各方面都有指导性意义。班主任作为学生的“重要他人”，在对学生实施评价时的认识观念、策略方法等都直接影响着学生的自我认识，制约着学生发展的空间及成长的轨迹。因此，班主任应树立正确的教育评价观，并在此基础上建立科学合理的班级教育评价机制。

一、确立全面发展的评价理念

班级是由一个个活生生的生命体组成的，也是存在着个体差异的学生集合体，这就给班级管理带来一定的难度。以怎样的眼光评价与看待学生是班主任工作成功与否的基础,也是影响班级可持续发展的前提条件。确立全面发展的评价理念可以使班主任多角度、多层次地认识学生,将智力因素与非智力因素结合起来,关注学生的整体性而非片面性,调动全班每位同学的积极性,进而形成合力,促进班级的可持续发展。另外,处于青少年期的中小学生在自我认识、自我调控及自我意识上缺乏一定的自主能力,一般都以他人的观点与意见来勾勒自己,在这种情况下,教师的评价很可能直接决定着学生看待自己的方式及人生轨迹的选择。班主任作为学生的"重要他人",更是以强大的力量影响着学生。评价本身具有导向、诊断与教育等重要功能,所以运用好评价这一教育手段,彰显评价的意义显得尤为重要。确立全面的评价理念就是要以宽容与广阔的视角审视学生,以足够的耐心等待其成长,最大限度地促进学生全面和谐的发展,这才是评价的意义所在。全面发展的评价理念具体体现在以下三个方面。

(一)评价内容的全面性

随着教育改革的不断深入,全面多元的教育观念不断渗透到教育教学过程中,对评价内容的要求也越来越高。学业成绩评价作为学生受教育过程中的一项重要内容固然重要,但不能忽视学业成绩以外的包括对学生发展状况、学习态度、知识掌握、身心健康、品德修养、意志情感等非学业方面的关注。班主任应通过各种途径全面了解学生,深入了解学生家庭、学生个性特点等,把偶然发现和长期观察、书面资料和现实表现综合起来,经过"去粗取精、去伪存真,由此及彼、由表及里"的分析,将学业评价与非学业评价相结合形成对学生的全面评价。

(二)评价形式的多样化

班主任应在评价内容全面性的基础上寻求评价形式的多样化,使其成为辅助评价的催化剂,科学而全面地对学生进行评价。在评价形式上可以采用等级制与分数制、特长评价与评语评价相结合等形式,改变书面测试作为单一评价方法的状况,既要有形成性评价,在工作中随时发现问题,随时纠正;又要有总结性评价,工作一阶段结束后加以总结;既要有分析性评价,又要有综合性评价;既要有考查评价,又要有调查评价;既要注重对学生的定量分析,又要注重对学生的定性分析等。通过档案袋评定、素质报告单反馈、情境化测试、综合能力测查和日常行为观察等多种定性评价形式,关注学生的个体差异,并有针对性地实施评价。只有从总体上全面把握各项评价指标,形成开放多元的评价体系,才能科学、全面地评价学生,促进学生的最优发展。

（三）评价主体的多元化

班主任作为班级教育教学活动的组织者和协调者，客观上决定了其成为对学生实施评价的主体，但是完全由班主任一人评价也存在一定的局限性，即便关注到了全体学生，也难以顾及学生的各个方面。为此，班主任应充分利用身边的各种资源，整合多方力量，形成评价的多元主体，使家长、任课教师、学生参与其中，听取各方面的意见、评价与看法，给学生一个准确、客观、恰如其分的评价，尽量使评价全面、多维、立体化。

其中，任课教师是班主任在评价中的一个重要意见渠道，他们几乎每天都与学生接触，虽然只负责教学，并不涉及班级管理，但对学生的了解也是较多的，容易站在教师的立场上审视学生，具有相对的客观性与教育性，他们的意见可以成为班主任实施评价的重要依据。

家长对学生的评价，可以帮助班主任更深入地了解学生在学校之外的生活情况。让家长参与评价，不仅可以畅通学校与家庭之间的信息渠道，还能增进彼此间的理解与合作，从而形成教育合力。通过评价，家长与老师更了解学生，对学生所实施的教育影响也更深刻，评价的力量也得以彰显出来。

除教师评价、家长参评外，学生自评也被列入重要环节。自我评价是学生自我认识与自我反省的有效途径。学生对自身的评价不仅在于获得自我认识，更重要的是不断反省自身，这也是学生自我成长的一项重要内容。自我评价有利于学生对自己的学习、纪律和行为习惯进行反思，有助于培养学生的独立性、自主性、自我发展和自我成长能力。同时，班主任也应鼓励同学之间互评，通过对比，发现优势，找出差距，更清楚地认识自己，也在审视他人的基础上发展自我。当然，学生在自评与互评过程中会遇到这样或那样的问题，班主任应扮演指导者的角色，不断创设机会让学生对他人和自己进行评价。例如，学生在面对评价时，容易产生思维定式，以学习成绩为唯一标准，为此，班主任应指导学生多角度、全方位地挖掘自身优势，发现他人的长处，这也是学生成长的必修课。

【工作案例】

南京外国语学校仙林分校中学生综合素质多元评价

中学生综合素质多元评价体系分为六个维度：道德品质、公民素养、学习品质、交流合作、运动健康、审美表现，各维度二级指标如下。

<table>
<tr><th rowspan="2">维度</th><th rowspan="2">内容</th><th rowspan="2">评价标准</th><th rowspan="2">自评</th><th rowspan="2">组评</th><th colspan="3">终评</th></tr>
<tr><th>组级</th><th>校级综合</th><th>校级单项</th></tr>
<tr><td rowspan="5">道德品质</td><td>爱国学子</td><td>① 热爱祖国，关心国家大事，严肃认真地参加升旗仪式，仪表端庄、唱国歌时声音洪亮。
② 自觉维护祖国的尊严，敢于并善于向恶意攻击国家的言行做斗争。不做有损国家形象的事，不说不利于民族利益的话，一切从祖国的荣誉和利益出发。
③ 在出国交流、求学及旅游等外事活动中，自觉遵守所在国的法规，尊重所在国的风情民俗，没有有损于国家的言行。</td><td></td><td></td><td></td><td></td><td></td></tr>
<tr><td>浩然学子</td><td>① 有正义感，坚持原则而又不苛求他人。
② 发现有不正当行为能及时制止，做事光明磊落。
③ 积极向上，不断进取。</td><td></td><td></td><td></td><td></td><td></td></tr>
<tr><td>勤俭学子</td><td>① 珍惜他人的劳动成果，不浪费，不攀比。
② 自觉节约水电等公共资源并能带动他人，注重能源、学习用品的再利用，爱护公共财物。</td><td></td><td></td><td></td><td></td><td></td></tr>
<tr><td>孝敬学子</td><td>① 在家庭，体贴父母，能与长辈多沟通交流。
② 在学校，尊重老师，虚心听取意见，主动问好。
③ 在社会，尊重并能主动帮助年老体弱的长辈。</td><td></td><td></td><td></td><td></td><td></td></tr>
<tr><td>诚信学子</td><td>① 重情重义，诚实守信，敢于承担责任，不欺骗他人。
② 表里如一，言行一致。
③ 拾金不昧，在同学中有较高的诚信度和影响力。</td><td></td><td></td><td></td><td></td><td></td></tr>
<tr><td>公民素养</td><td>“三自”学子</td><td>① 自觉遵守校内外的各项法规制度，自我约束力强。
② 善于独立思考，有较强的上进心，对自己的成长有目标、有规划、有行动。
③ 能科学自主安排时间，做事讲究效率。
④ 有较强的民主意识，能够依法维护自身权益。
⑤ 生活充实，学习高效，乐观自信。</td><td></td><td></td><td></td><td></td><td></td></tr>
</table>

续表

维度	内容	评价标准	自评	组评	终评		
					组级	校级综合	校级单项
公民素养	“三自”学子	① 自觉遵守校内外的各项法规制度，自我约束力强。 ② 善于独立思考，有较强的上进心，对自己的成长有目标、有规划、有行动。 ③ 能科学自主安排时间，做事讲究效率。 ④ 有较强的民主意识，能够依法维护自身权益。 ⑤ 生活充实，学习高效，乐观自信。					
	儒雅学子	① 具有较高的文明素养，谈吐优雅，在与他人的交往中，能做到尊重、宽容。 ② 言行规范得体，有较深的文化内涵和人格魅力。					
	爱心学子	① 对人友善，爱父母，爱老师，爱同学，爱护小动物，爱护花草。 ② 热心公益活动，表现突出。					
	环保学子	① 环保意识强，能积极参加环保公益活动，注重节约。 ② 认真做好值日工作和保洁工作。					
学习品质	善学学子	① 有良好的学习习惯和方法，勤学好问，善于总结学习经验，与同学分享学习成果。 ② 学习成绩优秀。 ③ 在全国、省、市或区组织的各项竞赛中成绩优异者。					
	勤奋学子	① 学习态度认真，有毅力，不怕挫折。 ② 学习成绩有进步。					
	创新学子	① 善于打破常规思维，有创新意识与勇气。 ② 不迷权威，具有批判意识，在学习上不拘泥于书本知识，学习方法独特，在活动中有创意。					

续表

维度	内容	评价标准	自评	组评	终评		
					组级	校级综合	校级单项
学习品质	雄辩学子	① 积极参与相关活动，善于演说，敢于陈述自己的观点，与他人论辩时有理有据，以理服人。 ② 在阐述自己的观点时冷静理性，善于控制自己的情绪。思维清晰敏捷、尊重对方。					
交流合作	合作学子	① 积极参与活动，在活动中有团队意识。 ② 具有较强的协调组织能力，能尊重并悦纳与自己意见不同、性格不同的人。					
	实践学子	① 积极参与学校组织的各项活动。 ② 在活动中动手能力强，在实践中善于体验、探究、总结经验。					
	领袖学子	① 有一定的号召力、影响力和组织能力，在工作中善于说服他人，有主见。 ② 工作目标明确，有感召力，能以身作则，起带头作用。 ③ 处处以团队利益为重，有全局观念。					
运动健康	阳光学子	① 身心健康，积极参加锻炼。 ② 认真上好体育课，做操认真，动作规范。					
	“五环”学子	① 有一定的竞技技巧，积极参加校内外各项体育活动。 ② 在各类体育比赛中有突出的成绩。					
审美表现	艺术学子	① 有一定的艺术特长，较高的艺术素养。 ② 在各项艺术活动中，积极参与，表现突出。					
自报项目							

“班主任主评＋家长、任课教师参评＋学生自评、互评”的多主体评价模式在形式上保证了评价的全面性与多样性，能够从不同角度为学生提供有关自己学习、生活、情感、精神状态及发展状况等信息，有助于学生更全面地认识自我、发展自我从而实现自我。

总之，应确立全面发展的评价理念，始终坚持以学生为本，既关注学生的当前发展，又关注学生的未来发展，遵循全面性和发展性原则，坚持一个“变”字：即变单一的评价要素为综合的评价要素；变单一试卷考核为多种方法的综合考核；变单一的百分制为百分制与等级制并用、定量评定与定性描述相结合；变单一的终结性评价为以形成性评价为主的综合评价；变单一的教师评价为多方评价；变单一角色评价为多种角色评价，充分发挥评价的导向、诊断和教育功能。

二、中小学常用的评价方法

（一）“成长记录袋”

“成长记录袋”是从国外引进的一种新兴评价方式，英文为 portfolio，原意为文件夹、公文包。在国外，成长记录袋评价已有十多年的历史，其做法相对成熟。在中国，随着新课改带来的学生评价方式的改革，成长记录袋的评价方式逐渐被移植到基础教育评价领域，目前尚未形成统一定义。对于成长记录袋评价的性质与特征，国内学者认为，成长记录袋的基本成分是学生作品，作品收集是有目的而不是随机的；学生是成长记录袋评价的主体，教师是评价的参与者；成长记录袋应关注学生学习与发展的过程，尊重学生的个体差异。

【工作案例】

加拿大小学的成长记录袋

加拿大小学的成绩册内容丰富，每个人都是厚厚的一本，老师会在成绩册中填写很多东西。成绩册的最前面是权利和义务，如“我有受教育的权利”“我有被人尊重的权利”“我有尊重别人的义务”等等。紧接着是成长记录，里面记录了对于孩子成长的一些鼓励性评语。比如对一个学生的评语：“Lee 来到我们班里，能很快地融入班集体中。他很尊重别人，也很自尊。他的工作很有秩序，能克服困难，非常自信。我为 Lee 感到自豪！Lee，希望你继续努力！”对于每一门功课，老师都有描述性的评价语言，定性和定量相结合。比如对数学：“本学期，我们学习了收集、整理、表达数据，认识万以内的数，用不同方式表达分数和小数。Lee 能收集数据，但不能用语言文字表达。他刚来，已经尽了最大的努力。Lee 会求平均值，认识了多位数，了解了统计图的结构，但有语言障碍，表达这些数据有困难。Lee 有很好的数的概念,能掌握估算的方法。在加减法单元测验中,他得了全班最好的成绩。继续努力,Lee!”

但是,我国在实施“成长记录袋”评价方法时遇到了这样或那样的问题。下面是一位班主任在实施“成长记录袋”过程中存在的一些问题。

【工作案例】

我国成长记录袋的实施困惑①

过去,我们一直使用的是学生成绩单,成绩单被当作评价学生的唯一手段。现在,我们为每位学生配置一份成长记录册和一个记录袋。成长记录册平时由老师保管,逢期中、期末考试结束,学生带回成长记录册,以便家长能了解孩子在校的学习情况。成长记录册上的各学科成绩采用等级制方式;班主任评语以“汉堡包式”(以表扬开始,以鼓励结束,中间指出问题)呈现给学生和家长,主要目的是发挥评价的后续激励作用和发展性功能。成长记录袋起初是让学生自己保管,目的是便于学生随时随地收集自己的作品,进而成为学生自我反思、自我教育、自我发展的过程。成长记录袋采用一段时间后,我们很快发现了其中的问题:第一,有些学生根本就不爱护记录袋,没到半个学期记录袋就被“蹂躏”成破袋、烂袋了,弄得老师很是恼火;第二,学生之间存在着“谁先把袋子装满”的攀比之风,因此袋子里的东西乱七八糟,有些学生竟然把各学科的作业本全装进去了,所以,后来干脆让班主任代管记录袋;第三,班主任管理学生成长记录袋,加大了班主任的工作量,导致班主任疲于应付。

以上案例反映的问题是有一定的代表性。对于班主任而言怎样将“成长记录袋”的作用更好地发挥出来,需要在实践中进一步探索。

(二) 素质报告单

素质报告单是学生评价的又一个重要载体。新课改以来,素质报告单也在发生着变化,以往的报告单只是填满考试分数的一张纸,现在却是关注到学生的方方面面、内容丰富多彩的一本小册子。这种形式使学生兴致盎然,在班主任与学生之

---

① 胡平,周琴.对话:新课程改革中的学生评价[J].云南教育(基础教育版),2005(12).

间架起了一座有效沟通的桥梁。下面介绍的是在南京市小学使用的素质报告单中的一种，即“我的成长脚印”。

【工作案例】

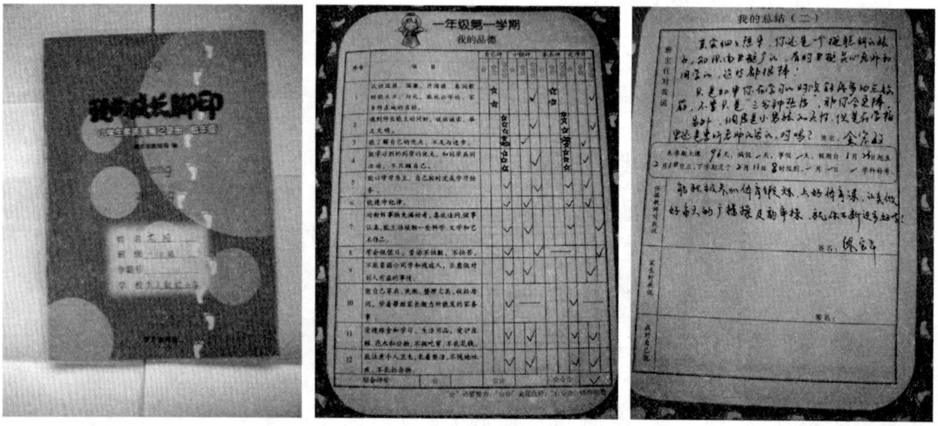

素质报告单

图中所示的素质报告单包括了“我的档案”“我的品德”“我的健康”“我的学习”“我的实践”及“我的总结”六个部分，而“我的档案”分成学生基本信息、学生喜欢的人及理想等；“我的品德”涉及爱国主义、珍惜粮食、虚心求教、文明礼貌等诸多方面的内容；“我的健康”亦分为两块内容，一是学生基本的健康状况，例如身高、体重，二是健康的心理，包括与人相处等；“我的学习”关注学生学习习惯及各课程基本状况；“我的实践”记录学生的课内外实践活动；“我的总结”包含学生的自我总结、班主任及任课教师对学生的评价。

素质报告单内容生动充实，学生生活学习的细节基本都照顾到了，作为班主任实施评价的一个有效工具，对促进学生发展、增强其自信心很有益处。

（三）学生操行评语

学生操行评语是班主任对学生实施评价的一种重要手段，是定性评价的具体体现。学生操行评语不仅要善于发现学生的闪光点，也应该注意针对性，讲究措辞的合理性与可接受性，将科学性与艺术性结合起来，使评语体现教师对人性的解读、对生命的真爱、对生活的感情和对教育真谛的诗情守望。班主任通过温馨而诗意的评语打动学生、感化学生，使评语成为师生进行感情交流、达成相互理解的渠道。学生操行评语的撰写应注意以下三点。

1. 温馨化

温馨评语就是用真实的、贴近学生生活的话语评价现实生活中的学生，这种植根于现实生活中的温馨评语成为一种教育力量，引导学生珍视现实生活。这种评语使学生感到自己生活中的点滴变化都受到教师的关注，感受生活中的每一次付出、每一次感动都是值得珍惜的，从而使学生感到生活的美好，理解生活的意义和真谛，进而对生活充满希望和理想。

【工作案例】

张同学：你有礼貌，能和同学们友好相处。上课时，你总是认真听讲，积极举手回答问题；运动场上，你矫健的身姿、拼搏的精神、夺冠的斗志，感染着班级的每一位同学；劳动时，重活、累活，你总是抢着去干。而真正的强者不仅要有健壮的体魄，还应该有丰富的知识。相信你会把运动场上的拼搏精神用在学习上，给我们一个又一个的惊喜！

李同学：你虽然不爱说话，但你的内心世界丰富多彩！我从你的作文中看到了你的才华。如能大方地口头表达你的思想，那就更好了，你将会做得更出色！试试你就知道了。

温馨评语用一种符合和尊重生命的语言，去揭示生命的可爱、可贵和可敬，指出生命成长、发展过程中存在的问题，鼓励和引导学生勇敢地面对生命的挫折、压力和不尽如人意，勇敢地面对生活的挑战。教师只有尊重生命，尊重学生的人格，才能使学生树立起自尊心和自信心。

2. 细节化

细节化的评价要求班主任时刻关注学生，真正从细微处挖掘学生的潜质。班主任在一个学期要对四五十名学生进行评语鉴定，繁重的工作量容易让人产生倦怠感，许多评语也大同小异，既没有针对性，又缺乏细节描述，很难获得学生的体认，在学生发展与成长中往往收效甚微。而只有班主任的细致入微才能感动学生，让学生感到真正地受到关注，这种情感上的沟通与共鸣是教育效果得以实现的重要条件。

【工作案例】

教师的评价：你是一个很有思想的学生，但愿我们能成为真正的好朋友。元旦前的一次长谈使我深受启发，在此，我真诚地说一声："谢谢！"你的学习一直不错，但不知为什么总是不太冒尖。我们最好共同探讨一下，争取找出障碍并加以解决。另外，你的体质不太好，要加强锻炼，寒假里别忘了坚持锻炼，知道吗？

足球场上你飞一样的速度和一脚凌空射门真让人欢呼不已，晚会上你浑厚的声线又引来雷鸣般的掌声。把足球场上的风采、晚会上的热情也放在学习上吧，老师相信你同样很棒。

学生的反馈：原来我也被关爱？——我们班这学期换了班主任，这半学期，我们班有了很大进步，与以前比真是天壤之别，这都是老师的功劳。可我总觉得我与老师之间隔着什么，老师对我好像有些冷淡，因此对于素质报告单上的评语，我有很多猜想，老师会怎样写我呢？是平平淡淡地说两句，还是……原来老师并不像我想的那样草草了事，连我的发言次数多了这样小小的变化都知道得如此详细，您在一个我并不知道的角落里，这样仔细地观察我的一举一动，真是……

3. 个性化

每个学生都有自己的个性特点，正如美国教育家古德莱德所说："学生各不相同，其不同的程度远远超过了我们至今所能认识到的……学生是很难把握的。他们不会同样地成长起来。"个性化的评语应充分体现每个学生的个性，个性化的评语具有很强的针对性、感染力，这要求班主任针对每个学生的性格特点、兴趣爱好和气质特征等，采用富有感情的语言，肯定学生取得的点滴进步和成就，并委婉、真挚地指出学生有待改进的问题，让学生感受到自己的独特和与众不同，感受到老师对自己的期望。通过对学生闪光点的挖掘和鼓励，使学生树立对学习、生活的信心和勇气。针对不同学生班主任应采用不同的方式，不以成绩作为唯一的评价标准，而是关注学生的个性特点及心理的健康成长等方面。

班主任在写个性化评语时，可以根据学生不同的个性特点和教育实际的需要加以点拨，或鼓励，或希望，或委婉批评。一句平常话，一件平凡事，一个令人难忘的眼神，一个特别的举动，一次成败的经历等，都可以作为评语的切入点。

【工作案例】

你说："我生活在郁闷的空气里。"但是，我从你的文章里，读出来的是你冲天的才气。你不是挺喜欢那首《真心英雄》吗？不经历风雨，怎能见彩虹？人生处处都会有失败，关键在于失败后能否鼓起自信的风帆。只要你肯走出郁闷的天空，什么困难都会被你踩在脚下，“乘风破浪会有时，直挂云帆济沧海”。

对学生进行评价是班主任工作的重要内容。正确评价学生可以帮助学生正确认识自己，看清自己的长处和短处，激励他们扬长避短、建立自信、发挥潜能、不断进步；还可以帮助家长了解孩子的在校情况，有利于调动家长的积极性，配合班主任共同搞好学生的教育工作。所以，班主任应确立全面发展的评价理念，掌握科学有效的评价方法，更好地发挥评价的教育作用，从而培养出有思想、有个性、有创新精神的一代新人。

思考与练习

一、思考探究

1. 班干部是班集体的中坚力量，是班集体建设的核心，是老师的得力助手。班级建设得好不好，与班干部在班集体建设中的作用发挥大小直接相关，因此，选好班干部十分重要。有的老师认为，班干部不能靠选，直接任命最听话的学生，效果最好；有的老师认为，班干部必须由学生自己选出来才最有说服力。请问：

(1) 你如何确定班干部的人选？

(2) 你是如何发挥班干部在班集体建设中的作用的？

2. 随着社会发展的日新月异，知识更新速度的不断提升，仅靠教师原有的知识、才能、智慧已无法适应社会发展的需要。有位班主任大胆放权给学生，给学生以很大的自由空间，很多事主动向学生学习，向学生征求意见，这个班级班风活跃，学生积极主动，班主任也深得学生的喜爱。

(1) 你怎么看待班主任向学生借智慧？这样做会让班主任低学生一等吗？

(2) 你有过向学生借智慧的例子吗？

二、情境问答

1. 有一位老师正在上课，发现一位女同学正在看小说。于是悄悄走向她的座位，迅速把她的小说收了过来。

请你预测一下，学生可能会有什么反应？并评析这位老师的做法。如果你是那位老师，会如何处理这件事？

2. 班长是个重要角色。选谁当班长呢？最后我把目光停留在小华身上，小华的品性、威信……都合适。我向小华讲了我的想法，她默默无语，直到最后，也没有回答我。当天晚上，我又接到小华妈妈的电话，小华妈妈说了许多理由，拒绝了我。

如果是你，接下来你会怎么做？说一说你是如何建立班委会的。

3. 早晨我来到教室，听见里面吵吵闹闹，推门一看，只见两个女生正在吵架，大有兵戎相见之势。我当时非常生气，本想冲过去严厉批评她们一顿，但理智告诉我，这时她们正在气头上，万一弄不好，她们同我顶上了，那可下不了台。于是，我咳了一声，同学们见了我都乖乖地坐到了座位上。我装作不知道发生了什么事，笑吟吟地指着窗外的稻秧道："稻花香里说丰年。"这一大家都熟悉的句子，一下子把学生的注意力吸引过来，他们情不自禁地"蛙声一片"。

请评价该班主任的做法。你是如何处理类似事件的？

三、方案设计

1. 学生是班级生活的主人，班级管理应以充分调动学生的参与意识和自我管理能力作为最高目标，而不是班主任搞"一言堂"。请以"争做班级小主人"为题，设计一节提高学生自我管理意识和能力的主题班会课。

2. 在高中阶段，面对激烈的学习竞争压力，许多学生尤其是中等及偏下的学生对自己渐渐失去了信心，班级人际关系及氛围也变得日渐紧张起来。如何给学生营造一个积极、健康、向上的班级人际氛围，是班集体建设的重要内容之一。请以"自我、他人与集体"为题，设计一节主题班会课。

延伸阅读

1. 齐学红.新编班主任工作技能训练[M].修订版.上海：华东师范大学出版社，2012.

2. 金一鸣，刘世清.基础教育评价研究[M].上海：华东师范大学出版社，2012.

3. 齐学红.班级管理[M].北京：北京师范大学出版社，2015.

第六章 班级德育

班主任感言

有位教育家曾说过:“教育不能没有情感,没有爱;没有情感,没有爱,就如同池塘里没有水一样。”爱是教书育人的灵魂。

爱是一个永恒的话题,教师对学生的爱更是一种把全部心灵和才智献给孩子的真诚。没有爱就没有教育。爱是教育永恒的主题。

——黄丽莉(福建泉州六中)

《教育部关于进一步加强中小学班主任工作的意见》对班主任工作职责的第一项规定是:“要做好中小学生的教育引导工作。认真落实学校德育工作的要求,积极主动地与其他任课教师一道,利用各种机会开展思想道德教育。”班主任的工作职责要求班主任在诸多工作中一定要把德育放在首位。《中小学班主任工作规定》第二条进一步提出,“班主任是中小学日常思想道德教育和学生管理工作的主要实施者,是中小学生健康成长的引领者,班主任要努力成为中小学生的人生导师”,进一步明确了班主任在学校德育工作以及中小学生生命成长中的重要地位。班主任作为班级工作的组织者、班集体建设的指导者、中小学生健康成长的引领者,其自身素质与修养、人格特质、行为方式等都会对学生产生潜移默化的影响。班主任在班级德育工作中的引领示范作用显得尤为重要,班主任能否正确、深刻而全面地认识自身的使命、职责、要求和作用,对班级工作的成败有着重要意义。

第一节　学校德育的功能定位

2014 年教育部印发了《关于培育和践行社会主义核心价值观,进一步加强中小学德育工作的意见》(以下简称《意见》),提出把立德树人作为教育的根本任务,培育和践行社会主义核心价值观,增强中小学德育的时代性、规律性和实效性。《意见》的颁布为学校德育的功能定位指明了方向。

【相关链接】

教育部关于培育和践行社会主义核心价值观
进一步加强中小学德育工作的意见(节选)

教基一〔2014〕4号

社会主义核心价值观是中国特色社会主义的本质体现。培育和践行社会主义核心价值观、加强中小学德育是推进中国特色社会主义事业的必然要求,是深化教育领域综合改革、促进学生健康成长的现实选择。为贯彻党的十八大和十八届二中、三中全会精神,落实《中共中央办公厅关于培育和践行社会主义核心价值观的意见》(中办发〔2013〕24号),切实把立德树人作为教育的根本任务,针对当前的新形势新要求,现就培育和践行社会主义核心价值观,进一步增强中小学德育的时代性、规律性、实效性,提出如下意见。

一、充分体现时代性,加强中小学德育的薄弱环节

1. 加强中华优秀传统文化教育。各级教育部门和中小学校要深入开展中华优秀传统文化教育,弘扬以爱国主义为核心的民族精神和以改革创新为核心的时代精神,引导学生增强民族文化自信和价值观自信。

2. 加强公民意识教育。各级教育部门和中小学校要大力开展公民意识教育,培养公民美德,发扬社会公德,增强国家认同,引导广大学生了解公民的基本权利与义务。

3. 加强生态文明教育。各级教育部门和中小学校要普遍开展生态文明教育,以节约资源和保护环境为主要内容,引导学生养成勤俭节约、低碳环保的行为习惯,形成健康文明的生活方式。

4. 加强心理健康教育。各级教育部门和中小学校要认真落实《中小学心理健康教育指导纲要(2012年修订)》,全面推进心理健康教育。

5. 加强网络环境下的德育工作。各级教育部门和中小学校要不断探索网络环境下德育工作的有效途径,引导学生正确对待网络虚拟世界,合理使用互联网、手机以及微博、微信等新媒体。

二、准确把握规律性,改进中小学德育的关键载体

6. 改进课程育人。各级教育部门和中小学校要充分发挥课程的德育功能,将社会主义核心价值观的内容和要求细化落实到各学科课程的德育目标之中。

7. 改进实践育人。各级教育部门和中小学校要广泛开展社会实践活动，充分体现“德育在行动”，要将社会主义核心价值观细化为贴近学生的具体要求，转化为实实在在的行动。

8. 改进文化育人。各级教育部门和中小学校要挖掘地域历史文化传统，因地制宜开展校园文化建设，将社会主义核心价值观融入校园物质文化、精神文化、制度文化、行为文化之中。

9. 改进管理育人。各级教育部门和中小学校要积极推进学校治理现代化，将社会主义核心价值观的要求贯穿于学校管理制度的每一个细节之中。学生的行为规范管理、班级民主管理和各种面向学生制定的规章制度，都要充分体现友善、平等、和谐。

三、大力增强实效性，夯实中小学德育的基本保障

10. 改进方式方法。各级教育部门和中小学校要加强德育规律研究，从中小学生的身心特点和思想实际出发，注重循序渐进、注重因材施教，润物细无声，真正把德育工作做到学生心坎上。

11. 加强组织领导。各级教育部门和中小学校要将德育工作纳入教育发展规划和学校工作计划，确立年度德育工作目标和任务，明确相关责任主体。保障德育工作经费，纳入教育经费年度预算，满足学校德育工作需求。

12. 强化协同配合。各级教育部门和中小学校要主动联系综治、公安、民政、共青团、妇联、关工委等相关部门，切实加强对进城务工人员随迁子女、农村留守儿童的关爱和教育。

13. 完善督导评价。各级教育督导部门要加强对中小学德育工作的督导检查，将其纳入教育综合督导的重要内容及责任区督学的工作范畴，使之制度化、规范化。

【相关链接】

漫谈学校德育的功能定位①

当下学校教育处于升学主义的超负荷运转之下，学校、教师和学生面临过重的

---

① 齐学红.漫谈学校德育的功能定位[J].现代教学，2016(20).

负担和压力，这给青少年的身心发展带来诸多不利影响，如：青少年的身体素质、心理素质普遍下降，人际交往能力缺失，等等。这些问题折射出当下学校教育的价值缺位，即仅仅以知识为中心，而忽视了青少年身心发展的需要以及社会对人的综合素养的要求。在学校价值整体缺位的背景下，课堂教学的主阵地演变为单纯的知识传授，学校德育被赋予知识教学之外的全部功能，如学生行为习惯的养成教育、政治教育、思想教育，以及社会赋予学校的其他要求。学科教学与学校德育的人为分离，导致学科教学丧失其应有的教育性，学校德育在流于形式的同时，也难以落到实处。解决当下学校教育中普遍存在的学科教学与德育工作两张皮的现状，唯有从学校教育的价值取向和整体设计出发，而不是就德育谈德育。

一、从学科立场转向教育立场

当下学校教育在价值取向上体现为学科知识本位的倾向，学校一切工作都围绕升学考试转，升学率成为评价一所学校的唯一指标。学校教育在应对社会对学校的考量以及就业市场对人才标准的片面理解时，往往采取一种被动适应和妥协的态度，并没有发挥学校教育应有的价值导向和引领作用。为此，学校教育在价值导向上应实现从学科立场向教育立场的转变，树立“以人为本”的教育观和全面发展的人才观，基础教育阶段尤其要把做人的教育放在首位，重视青少年世界观、人生观和价值观的养成教育。

二、树立学校教育的整体观

在面对当下学校教育诸多现实问题时，很多人会表现出一种无能为力感，似乎只能坐等学校内外部环境的改变。其实，每个人都构成当下教育现实的一部分，只有通过个人的改变才能带动周围人的改变。为此，我们需要树立整体观念和全局意识，克服因角色分工带来的思维惯性和文化惰性。每个人都要从自己的职责出发，从当下出发，做好自己的本职工作，关注每一个教育细节，把与学生的每一次相处当作一次教育历程，而不是例行公事。作为学校管理者尤其要注重发挥学校的价值引领作用，在学校内部管理体制改革中有所作为。遵循教育规律和学生身心发展规律，克服官本位的思想以及仅仅对上负责的意识，改变学校教育中的管理主义取向，树立学校一切工作都要服务于学生和教师的意识，善于整合利用各种教育资源，营造全员育人的教育环境和氛围。

三、强化学校德育的主体意识

学校德育工作长期处于为教学服务以及完成上级教育主管部门下达的各种临时性、指令性任务，表现出“说起来重要、忙起来不要”的可有可无状态，同时，德育工作又承担着学生身心健康与生命安全的重任，使得学校德育工作处于一票否决制的境地。学校德育主体地位的丧失，导致学校育人功能的减弱。为此，需要从全面育人的整体设计角度，重新定位学校德育的功能，努力克服学科教学和学校德育两张皮甚至多张皮的现状，整合学校德育资源，进行班级管理体制改革，实现学科教学与学校德育工作的有机整合，充分发挥学校德育的价值引领作用。

总之，当下学校德育存在的问题并非学校德育自身的问题，而是整个学校教育问题、社会教育问题的集中体现。因此，应树立学校教育的整体观，立足当下教育现实，发挥每位教育者的主体作用，努力营造一个有利于学生全面健康发展的育人环境和氛围，发挥学校教育应有的价值引领作用。

一、学校德育的现实境遇

当应试教育成为一种普遍存在的社会现象和社会问题时，学校德育自然而然地沦为附庸或从属地位，一切围绕考试转，德育服务于、服从于教学工作，德育工作为教学工作让步，成为学校德育实践的不变法则，随之而来的是大家对此法则不容置疑地执行，渐渐地不再追问：学校教育的目的究竟是什么？学校德育应有的功能定位是什么？学校德育究竟应该如何抓起？德育工作与人才培养的重要性，社会对学校的高期望值，与德育在学校工作中的现实处境之间存在着诸多矛盾与冲突。

二、学校德育的创新实践

学校德育工作者应本着以人为本、以学生为本的原则，从学生发展的需要出发，不断创新德育工作的思路和方法手段，努力为学生身心的全面发展营造一个和谐的环境与氛围。学校德育创新实践体现在如下两个方面。

（一）学校德育的创新思路

1. 重视行为习惯的养成教育

教育是为了促进学生的成长，德育重在习惯的培养、品格的形成、思想的熏陶，关键是师生间心灵的感受、回应。教师应有意识地把德育融于一切活动之中。课堂学习、课间活动、卫生保洁、师生交往等，时时处处都有德育存在，如给学生一个微笑、师生共同制定一项活动规则、就餐后将桌椅归位、及时做好保洁工作……当学生出现不良品行时，教师的强制纠正可能起到暂时的效果，但是也会伤害学生的情感，引起学生的抵触情绪，影响师生关系。最好的方法就是教育和感化学生，在学生心田播撒关爱、温情和感恩的种子，用优秀的品行引导学生，教给学生终身受用的美德，如责任感、宽容、诚信、尊重等。总之，德育就隐含在学生日常的学习与生活中。学校德育工作的着重点体现为如下三个方面。

(1) 将德育目标的神圣化与德育工作的日常化、趣味化相结合，避免"假大空"的说教式教育。

(2) 关注育人细节，从大处着眼，从小处做起。追求"德育无痕"的境界，实现师生间心灵的碰撞与交流。

(3) 追求德育的生活化，变说教式德育为体验式德育，在丰富多彩的活动中践行美德，让学生过有道德的生活。

2. 重视理想教育，用理想点亮学生的人生

学校教育的本质功能在于优化和完善人的素质，既铸才又铸魂。而理想教育是对青少年进行世界观、价值观、人生观教育的重要内容，是思想品德教育的核心，是学校全面实施素质教育的基石。理想教育的目的在于唤醒青少年的自我意识，培养青少年的主体精神，引导青少年确立志向，树立自信，自定目标，规划人生，指导行为，使青少年由不自主、不主动、不自觉的生命状态进入自主、自觉、积极能动的生命状态，为进一步激发自身潜能，提高自身综合素质，实现可持续发展和生命的价值奠定基础。

【相关链接】

南京外国语学校仙林分校中学部

理想教育纲要(试行)(节选)

一、主要理念

1. 坚信一切学生都有追求成功的愿望。

2. 坚信一切学生都有生命潜能，并且都可以造就。

3. 坚信一切学生都渴望被尊重、被理解、被赏识、被信赖。

4. 坚信人的智力无显著的高下之分，但却有多元智力类别之分。

5. 坚信人是一个整体，人的内在素质之间存在着相互关联、相辅相成的整合效能。

6. 坚信人是一个多维度的矛盾统一体。"尺有所短，寸有所长"，必须坚持"扬

长避短，长善救失”的教育原则和多元价值评价标准。

7. 坚信每一个人都是一个有灵性的生命主体，如同宇宙中有生机的万物一样，需要适时、适度的阳光、空气和水分，教育的使命在于创设促使人生长发育的环境、条件和机制。

8. 坚信教育是伴随着每一生命个体发育、成熟的过程。教育以人为本，人以生命为本。在学生由自然人成长为社会人的过程中，理想教育应因势利导，引领和帮助学生逐步确定珍爱生命、尊重生命、让生命闪光的人生信条，并指导学生学会人生自我规划，促使每一阶段的目标不断实现。理想教育是学生对生命价值的理解与提升的过程，是学生培养主体精神，实现生命和谐发展的过程。为此，学校必须努力构建以培养主体精神为主轴的理想教育体系。

二、实施途径

理想教育是学校德育工作的核心，实施理想教育要充分激活校内教育资源，在此基础上，创造性地开发校外优质教育资源，使学生在潜移默化中感受到有目标、有追求的生活乐趣，从而更自觉地在追求理想的过程中提升生活的质量。为此，根据学生实际，学校力求从八个方面开掘与建构理想教育实施途径。

（一）目标引领系列

1. 起始年级每位学生在教师指导下制定远、中、近期目标（期中考试后一周），之后每学期初，在原有基础上加以补充、修改和完善（初、高中段，各修订5次）。

2. 每位学生制订实施目标的具体计划。

3. 每学期自查、互查目标实现情况，并填入成长档案袋。

4. 阶段性目标达成以后，要给予适当的肯定和奖励。

（二）班会系列

将理想教育融于校本生活指导课程之中，并以学校生活指导课程为蓝本，以班、队会和公寓主题活动为载体，每学期根据学生思想实际，以理想教育为专题，开展4次理想教育主题班会，初、高中段六年共48次。

（三）影视系列

1. 每周一次，利用周日晚8:30—9:30，播放追求理想、激励人生的经典电影。如条件成熟，按年级播放，各年级每学期播放16次，专人负责。

2. 中央电视台每晚7:00的《新闻联播》，组织学生收看。

（四）阅读系列

1. 利用课外时间，按年级组织学生到阅览室、图书馆看书读报，年级组负责安排专人指导。

2. 初、高中段，学生每学年从学校推荐的名著中选1本读，中学六年，要求每位学生读6本名著。

3. 撰写阅读笔记，鼓励学生摘抄。

（五）报告、访谈系列

1. 请学者、知名人士、成功人士，包括优秀家长、教师及学生定期做报告，每学期4次大型报告会。学期前安排好时间、地点、报告主题。

2. 组织学生采访社会上有影响力的人物，即每学期做大型访谈4次。

（1）提倡各班级利用访谈形式组织班级活动，开展理想教育。

（2）活动后，学生要写感受，在班级互动交流。

（六）实践体验系列

1. 组织学生走出校园，关注社会弱势群体，体验生活，感悟人生，激发斗志。初一年级：省际牵手活动；初二年级：民工子弟学校和盲人学校帮扶活动；高一、高二年级：贫困大学生帮扶活动，作为常规接力。

2. 军训活动：起始年级学生入学军事训练，吃苦磨炼。

3. 校园服务实践活动。

4. 春游、秋游活动：以年级为单位，春游远足，秋游每学年定一个校外活动地点（雨花台、大屠杀纪念馆、科技中心、博物馆、植物园、紫金山、明城墙等）。

5. 每学年观赏一次大型文化艺术演出活动。

（七）重大事件教育系列

1. 民族传统节日：如中秋节、春节、“五四”青年节、国庆节等。

2. 国际性节日：如艾滋病日、地球环境日、“五一”劳动节等。

3. 社会热点及国家大事：抓住时机，利用夕会、班会、晨会等开展具有震撼性的生动活泼的活动加以教育。

（八）学科教育系列

课堂教学是实施理想教育的主要渠道，教师必须确立在课堂教学中对学生进行理想教育的自觉意识，并结合本学科性质特点和教学内容，从显性与隐性两方面充分开发学科中理想教育潜能。

（二）学校德育创新的方法

1. 开发和利用德育资源

德育活动是实现德育目标的重要途径。作为学校教育工作者，首先，应树立德育资源意识，从广泛的社会生活中挖掘学校德育的有效资源，集聚事件型资源的时代意义，培育学生的社会意识；集聚经验型资源的时代意义，优化学生的教育过程；集聚人力型资源的示范意义，树立学生的正确价值观；集聚地域型资源的实践意义，丰富学生的体验时空；集聚综合型资源的辐射意义，提升学生的整体素养。其次，精心设计德育活动，在活动前细致地摸透学情，确切地把握学生实际，使教育引导符合客观现实，做到有的放矢。最后，德育形式尽可能做到生动、活泼，同学生成长紧密相连的德育活动才有意义和价值，才能产生“化一般为神奇”的教育效果。

2. 开发德育校本课程

德育校本课程的开发大致经历有如下过程：① 分析校情、确定课程尝试点；② 尝试积累整理；③ 不断反思改善；④ 有了一定基础后的整体思考；⑤ 形成相对有效、有序实施的学校课程方案等。校本课程开发是一个系统工程，要基于对校情、学情的理性分析与思考，形成对学校德育工作的整体规划与思考。

【工作案例】

北师大附中《初一新生入学适应心理辅导》校本课程纲要

一、课程名称

初一新生入学适应心理辅导

二、学情分析

经历了六年小学生活的洗礼，孩子们进入了初中，从此迈上了人生发展的新阶段。对于刚刚进入初中的新生来说，面临一些新的挑战。

首先，新的学校环境、新的班集体、新的同学、新的老师，甚至对于某些孩子来说特区这个新的城市，都或多或少地让他们感到陌生。这在一定程度上束缚了孩子们的主动性和积极性，不利于他们充分利用周围资源进行学习，不利于他们施展自己的才能。

其次，与小学相比，初中的学习任务和学习环境都发生了很大的变化。比如，与小学阶段的学习相比，中学课程门类增多，学习容量加大、难度加深；而中学教师的教学方式不会像小学教师那样“扶”得那么多，在课堂上也不会像小学教师那样反复讲解。面对学习任务和学习环境的这些变化，要求初一新生的学习形式也要发生相应的变化；一方面，要求学生在学习方面要有更强的独立性、积极性和主动性;另一方面,中学的学习也对学生的学习能力(比如记忆能力、注意能力等)提出了更高的要求。然而,刚刚进入初一的孩子,往往意识不到这些变化,很多学生不会主动去寻求并尝试新的学习方式来适应初中的学习任务和学习环境。虽然有些学生在艰难的自我摸索中逐步适应,但走过了一个相当的曲折过程;同时也有很多学生因不适应而导致考试与学业失败,影响学习信心,甚至有的学生由于未能很好地转折过渡而影响后续的发展。因此,对刚刚进入初中的学生进行中小衔接的学习适应方面的心理辅导是非常有必要的。

三、授课年级

初一年级,上学期。课时安排:每班每两周一次课,总计 11 次课。

四、课程目录

第一课时:有缘相聚

第二课时:我的学校,我的家

第三课时:一切从"心"开始

第四、五课时:请让我来了解你——了解各学科的特点及相应的学习方法

第六课时:做一个善于倾听的人

第七课时:探索记忆的规律

第八课时:注意力训练

第九课时:我的时间,我做主

第十课时:神秘的大脑

第十一课时:走好初中第一步——制定学习目标

(杜春丽　北师大附中)

目前,一些学校在德育课程校本化方面做了许多有益的思考与探索,形成了学校独特的德育特色,如体现在理想教育、养成教育方面。养成教育的成功在于使学生对德性获得切身的感悟,在心灵深处产生共鸣。学校要努力提炼德性文化的内涵,高品位德性文化的形成在于找准"切入点",用正确的思想去引导,用严格的训练去规范,用良好的环境去陶冶。

第二节　班级常规德育工作的开展

班级德育作为学校德育工作的组成部分，在班主任工作中居于重要位置。班级德育的核心内容是引导学生学会如何做人。如何做人的教育具体体现在班级常规德育工作中，并渗透在班级生活的方方面面。班级德育更多的是作为一种潜在课程，对学生产生潜移默化的影响。班主任应以国家教育方针、政策为依据，从学生身心发展需要以及班级实际情况出发，因时因地、科学艺术地开展好班级常规德育工作。

一、制定班级德育的目标

（一）以教育方针、政策为依据

我国的教育方针是培养德、智、体、美、劳等全面发展的社会主义事业的建设者和接班人。学生在学校必须打好思想品德、能力、身体、心理等方面的素质基础。《中共中央国务院关于进一步加强和改进未成年人思想道德建设的若干意见》（以下简称《若干意见》）对未成年人思想道德建设的主要任务作了如下规定：

（1）从增强爱国情感做起，弘扬和培育以爱国主义为核心的伟大民族精神。

（2）从确立远大志向做起，树立和培育正确的理想信念。

（3）从规范行为习惯做起，培养良好道德品质和文明行为。

（4）从提高基本素质做起，促进未成年人的全面发展。

根据上述规定要求，许多学校从本校实际出发，挖掘学校德育资源，开发了主题化、系列化的学校德育校本课程。在此基础上，班主任结合本班实际，确定主题化、系列化的主题班会安排，将随意性、随机性的班会活动纳入德育系统，进而取得整体的教育效果。

【工作案例】

酒仙桥中心小学德育系列活动(三、四年级)

		三、四年级(上)	三、四年级(下)
班主任工作	礼仪教育系列	1. 放手锻炼小主持人,指导设计晨会。 2. 开展文明礼仪知识竞赛活动。 3. 上好“待人接物有礼貌”德育活动课,组织学生参与设计,保证人人参与。 4. 进行学期评价,评选“礼仪小使者”。	1. 引导学生观察身边的礼仪现象。 2. 上好“讲究礼节”“做正当游戏”德育活动课,指导学生设计活动课,并参与到活动过程中,在过程中受到教育。 3. 进行学期评价,评选“纪律小标兵”。 4. 参与学校组织的课间活动。
	环境教育系列	1. 利用晨会、德育活动课组织学生进行环境问题专题讨论。培养小主持人。 2. 主题教育活动:“热爱大自然”“游野生动物园”“珍贵动物”“做环保小卫士”“废品分类回收”“自然界水的循环”“节约用水方法多”“森林——绿色水库”“用蚯蚓清除垃圾”。	1. 利用晨会、德育活动课组织学生进行环境问题专题讨论。培养小主持人,使他们能够结合班级实际情况设计主题活动。 2. 主题教育活动:“小河的哭诉”“爱护公共设施”“珍贵的动植物”“噪音的危害”“生活用品要爱惜”“植树常识”。
	心理教育系列	将设计晨会的主动权交给学生,教师对学生进行恰当的指导。主题内容: 1. 与家人和睦相处,学会沟通与理解;主动关心身边的人。 2. 爱自己的同学,愿意为同学付出,营造爱的氛围,把快乐带给同学,有烦恼向同学诉说。 指导学生参与主题活动课的设计: 1. “寸草当报三春晖”。 2. “和爸爸妈妈谈心活动”。 3. “亲手制作节日贺卡”。	将设计晨会的主动权交给学生,教师对学生进行恰当的指导。主题内容: 1. 爱自己的同学,愿意为同学付出,营造爱的氛围,把快乐带给同学,有烦恼向同学诉说。 2. 理解老师的辛苦,尊重老师的劳动。 3. 了解学校的基本情况、历史;知道校训,会唱校歌;积极参加学校组织的各项活动;关心班集体。 指导学生参与主题活动课的设计: 1. “讲身边‘爱’的故事”。 2. “寻找身边的模范和英雄”。 3. “帮助残疾人”。

(二)从学生的发展需要出发

在制定班级德育目标时,应通过多种方式了解、研究学生成长的需求,将学生思想道德的闪光点、困惑点和薄弱点作为制定班级德育目标的出发点,不断发现和创生德育的契机,通过营造良好的班级文化氛围,让学生在宽松、和谐的班级文化生活中受到熏陶，在生活中践行美德，进而过有道德的生活。为此，班主任要把深入了解学生、研究学生作为开展班级德育的前提，不断创生德育资源，丰富德育的途径方法，进而取得良好的育人效果。

【工作案例】

小纸条——班主任的法宝

一、不好说的话，就写个纸条吧

一个人在特别生气的时候，口气是很冲的，如果选择写纸条，就可以避免当场大声训斥，同时也给学生一个反思的机会。因为我们所面对的孩子都是十五六岁，正处于最叛逆的青春期，自尊心强，直接的批评换回来的可能是思想的叛逆。我自己是学文科的，所以我就常用写纸条的方法与学生交流。纸条可用于表扬，因为好孩子都是夸出来的；纸条既可以是对学生委婉的批评、善意的提醒、有益的忠告，也可以是对学生改正错误的真诚鼓励和肯定。尤其是当遇到老师盛怒的情况时，纸条往往能取得四两拨千斤的效果。

二、悄悄塞给你，这是我们的秘密

我是很注意保密的。每次传纸条，我都是偷偷地塞进学生的手中，这是很私密的。这样容易让学生产生一种亲近感，因为我们共同拥有一个秘密，我们的距离是最近的。

这些秘密是一种隐私。高中的孩子自尊心很强，如果找他说事，没开口他浑身的“刺”就竖起来了，总以为老师找上门就一定不是好事。其实有时候并没有什么事，可是一看学生的态度不好，难免也会来气。纸条使双方处于一种“密友”的关系中，学生更容易说真心话，也比较肯接受对方的观点。

三、写下的东西，比“说”印象更深

上课时放幻灯片不如板书给人印象深，是因为视觉效果比听觉效果好。纸条是要阅读的，同样这几句话如果讲给学生听，多半是一听就过了。文字相对来说比声音更具有震撼力，一是比较直观；二是给孩子留个面子；三是具有私密性，孩子容易接受。

写下的东西，通常都会比口头交流时更多，因为写东西的时候，总会经过一番思考的。特别是对性格内向的孩子来说，写比说要有效果得多。

（范傅获　开封二十五中）

二、重视学生道德行为习惯的养成

养成教育即教育者通过有目的、有计划、有组织的教育训练活动使受教育者的日常行为习惯规范化、自觉化，使其道德品质不断提升的教育过程。在学生道德行为习惯养成教育中应注意以下三点。

（一）关注道德行为习惯养成的过程

帮助中小学生形成良好道德习惯是道德教育的重要内容，良好行为习惯是奠定良好道德习惯的基石。培养学生良好道德行为习惯可从以下五个方面着手。

（1）找准教育的着眼点。联合国教科文组织于1986年提出教育的四大专栏即四大目标：21世纪教育的使命是帮助全体社会成员学会求知、学会做事、学会共处、学会做人。会做人、会做事是良好品德的内在要求，因此，培养良好思想品德可从教育学生学会做人、学会做事入手。

（2）建立基本的行为要求框架。拥有良好品德的人除了具有内省的能力外，还要懂得如何对待他人、对待社会。班主任可从尊重自己、尊重他人和尊重环境三个层次入手，帮助学生学会求知、学会做事、学会共处、学会做人。

（3）确立行为习惯坐标点。将四个“学会”落实到学校生活的具体场合中，如教室、走廊或大厅、图书馆或机房、学校操场、水房或餐厅等，将它们作为行为习惯的训练点，培养学生良好的道德行为习惯。

（4）活动育人，寓教于乐。为使道德行为习惯的养成真正落到实处，班主任可通过寓教于乐的多种方式，组织一系列丰富多彩的教育活动，使学生在实践中、体验中、合作中、辩论中、思考中获得品德的磨砺、心智的启迪、情感的升华。

（5）螺旋上升，表彰激励。根据整体设计、逐项推进、螺旋上升原则，把学生分成若干小组开展行为习惯训练，并建立激励机制，帮助学生养成好习惯、好品质。

（二）制定细则，落实道德行为习惯

《中小学生守则》《小学生日常行为规范（修订）》《中学生日常行为规范（修订）》集中体现了对中小学生思想品德和日常行为的基本要求，对学生树立正确的理想信念、养成良好的行为习惯、促进身心健康发展起着重要作用。班主任可根据学生实际，将守则和规范的一些具体要求作进一步的诠释，制定具体实施细则；还可邀请任课教师、学生、家长等不同层面的人员参与讨论，最终形成教师、学生、家长共

同认同并遵守的行为细则，如《在校一日常规》《道德习惯二十项修炼》等。制定班级细则的过程也是学生接受教育的过程。

（三）运用多种方法培养道德行为习惯

1. 明理激情法

明理激情法即教育学生知晓养成好习惯的道理，激发学生内在的思想情感动机，使学生在认知和情感层面得到提升。北京景山学校开展了“争做文明礼仪小标兵”活动，要求学生在活动中展现自己的文明行为，发现身边的文明人、文明事，并向好的行为习惯学习，取得了良好的教育效果。

2. 自我教育法

自我教育法可以让学生依照相关细则自我对照，自我约束，扬长避短，提升自我发展的内驱力。

良好道德行为习惯的养成往往要经历四个阶段：他律阶段；他律、互律阶段；他律、互律、自律相结合阶段；自律、进入自由境界阶段——“随心所欲不逾矩”。使学生由他律阶段过渡到自律阶段是反复实践磨砺的结果。因此，在进行自我教育的同时，还要发挥班级集体的教育力量，指导学生进行班级自我检查和评比，以期收到更好的效果。

3. 榜样激励法

榜样的力量是无穷的尤其是学生身边的榜样，它能够对学生产生巨大的激励作用。因此，评选优秀、树立榜样，既可以让进步的学生体验到成功的快乐，激励他们再上一层楼，又可以为其他同学树立学习典范。班主任可以让获奖同学将自己的成长故事做成 PPT，组织榜样人物的演讲会、故事会等。这些活动能锻炼和陶冶学生身心，激发学生自我发展的内在动力，促进学生主动发展。

4. 环境熏陶法

校园环境、班级环境对于学生道德行为习惯的养成具有熏陶、感染作用。在绿树成荫、鸟语花香的校园环境里，学生会潜移默化地受到美的熏陶，放飞美好心情；在班级有限的空间里，用智慧拓展无限的心灵空间。

班主任可通过建立班级文化墙，营造良好的班级文化环境；建设清新教室，营造干净整洁的卫生环境；建章立制，营造维护集体利益的舆论氛围。学生生活在良好的道德文化氛围中，耳濡目染，熏陶浸润，容易形成良好的道德行为习惯。班主任应以学生为主体，使之获得主动的发展，由此才能形成自觉、自律、自强、进取的优良班风，使学生在积累知识的同时挖掘潜能，全方位提高自身素质。

三、发挥学生自我教育的作用

自我教育是指在认识和改造世界的过程中，将自己作为教育的对象，按照社会的要求和自身发展的需要，积极发展和完善自我，创造性地开展主体教育实践活动。

学生自我教育是指学生以自己已经形成的思想品德为基础，给自己提出一定的道德修养目标，并以实际行动努力完善自己人格品质的过程。

在人的成长过程中，随着年龄的增长，他人教育力量的作用由强渐弱，自我教育力量的作用由弱渐强。一般情况下，小学三年级已开始萌发自我教育力量，四年级处于自我教育力量开始增强的第一个转折期；中学生处在自我教育力量逐渐增强、他人教育力量逐渐减弱的关键转折期。因此，班主任应抓住这一关键期，开发学生自我教育的潜能，在发挥自我激励、自我认识、自我调控、自我实践四个教育作用上下功夫。

四、引导学生参加社会实践

班主任要善于利用社区教育资源，充分发挥社区各类社会实践活动基地的育人功能，通过开展参观、访问、服务等形式的教育活动，使学生学会关注社会、关心身边的事情，进一步增强社会公德意识，增强对社会的责任感，传承中华民族的传统美德。丰富多彩的社区活动能让学生融入生活，形成健康、进取的生活态度，增强公民意识，激发学生对他人、对社会的爱心和责任感。

新时期借助网络平台对学生进行教育既是学生思想道德建设的新途径，也是班主任与学生、家长沟通交流的一种全新方式。目前许多地区都建立了德育网、网上家长学校等，班主任可以利用这些平台，开展班级思想道德教育活动，如召开网络班会、开展德育论坛、网上荐书、读书评书等，还可以建立网络教育活动日，召开网络家长会，引导和调动家长和学生利用网络平台开展学习、实践活动的积极性。

第三节　学生身心健康教育指导

青少年的身心健康状况一直受到党和国家的高度重视,《中共中央国务院关于加强青少年体育,增强青少年体质的意见》中明确指出,广大青少年身心健康、体魄强健、意志坚强、充满活力,是一个民族旺盛生命力的体现,是社会文明进步的标志,是国家综合实力的重要方面。《教育部关于进一步加强中小学班主任工作的意见》中规定,班主任应"善于分析和把握每一个学生的……心理发展状况,科学、综合地看待学生的全面发展,及时发现并妥善处理可能出现不良后果的问题。注意倾听学生的声音,关注他们的烦恼,满足他们的合理要求,有针对性地进行教育和引导"。班主任作为班级教育教学工作的组织者协调者,在促进学生身心健康成长方面具有不可替代的作用。

一、关注学生身心健康

2019 年,教育部关于全国学生体质与健康调研结果显示:我国学生视力不良检出率继续上升并出现低龄化倾向。超重与肥胖检出率继续增加,已严重影响学生体质健康;学生的爆发力、力量、耐力等身体素质水平继续呈现缓慢下降。中小学生身体健康状况令人担忧,但在科学考试的压力下仍有很多地方或学校对此视而不见,为了学校、班级的考试名次随意挤占学生的体育课、课间与课外活动时间。尽管教育部、国家体育总局、共青团中央出台了《关于开展全国亿万学生阳光体育运动的通知》(教体艺〔2006〕6 号),但具体落实情况并不乐观。片面关注学业成绩、忽视学生身体健康的状况应引起全社会的关注,并通过切实有效的措施加以落实。

如果该健全的体魄是生命存在之根基,那么健康的心理就是精彩人生的居所。心理健康是一个人创造并享受精彩人生的基础。对于中小学生而言,如果在交友、学习、品行、情绪、自我意识等任何一个方面出现问题,都将不可避免地给日常生活带来烦恼,使生活失去色彩。

【相关链接】

中小学心理健康教育指导纲要(2012年修订)

中小学心理健康教育,是提高中小学生心理素质、促进其身心健康和谐发展的教育,是进一步加强和改进中小学德育工作、全面推进素质教育的重要组成部分。中小学生正处在身心发展的重要时期,随着生理、心理的发育和发展、社会阅历的扩展及思维方式的变化,特别是面对社会竞争的压力,他们在学习、生活、自我意识、情绪调适、人际交往和升学就业等方面,会遇到各种各样的心理困扰或问题。因此,在中小学开展心理健康教育,是学生身心健康成长的需要,是全面推进素质教育的必然要求。为深入贯彻党的十八大精神,落实《中共中央国务院关于进一步加强和改进未成年人思想道德建设的若干意见》和《国家中长期教育改革和发展规划纲要(2010—2020年)》要求,进一步科学地指导和规范中小学心理健康教育工作,在认真总结近些年来全国各地心理健康教育工作经验的基础上,制定本纲要。

一、心理健康教育的指导思想和基本原则

1. 开展中小学心理健康教育工作,必须高举中国特色社会主义伟大旗帜,以邓小平理论、"三个代表"重要思想和科学发展观为指导,学习践行社会主义核心价值体系,贯彻党的教育方针,坚持立德树人、育人为本,注重学生心理和谐健康,加强人文关怀和心理疏导,根据中小学生生理、心理发展特点和规律,把握不同年龄阶段学生的心理发展任务,运用心理健康教育的知识理论和方法技能,培养中小学生良好的心理素质,促进其身心全面和谐发展。

2. 开展中小学心理健康教育,要以学生发展为根本,遵循学生身心发展规律,必须坚持以下基本原则:——坚持科学性与实效性相结合。要根据学生身心发展的规律和特点及心理健康教育的规律,科学开展心理健康教育,注重心理健康教育的实践性与实效性,切实提高学生心理素质和心理健康水平。——坚持发展、预防和危机干预相结合。要立足教育和发展,培养学生积极心理品质,挖掘他们的心理潜能,注重预防和解决发展过程中的心理行为问题,在应急和突发事件中及时进行危机干预。——坚持面向全体学生和关注个别差异相结合。全体教师都要树立心理健康教育意识,尊重学生,平等对待学生,注重教育方式方法,关注个别差异,根据不同学生的特点和需要开展心理健康教育和辅导。——坚持教师的主导性与学生的主体性相结合。要在教师的教育指导下,充分发挥和调动学生的主体性,引导学生积极主动关注自身心理健康,培养学生自主自助维护自身心理健康的意识和能力。

二、心理健康教育的目标与任务

3. 心理健康教育的总目标是:提高全体学生的心理素质,培养他们积极乐观、健康向上的心理品质,充分开发他们的心理潜能,促进学生身心和谐可持续发展,为他们健康成长和幸福生活奠定基础。

心理健康教育的具体目标是:使学生学会学习和生活,正确认识自我,提高自主自助和自我教育能力,增强调控情绪、承受挫折、适应环境的能力,培养学生健全的人格和良好的个性心理品质;对有心理困扰或心理问题的学生,进行科学有效的心理辅导,及时给予必要的危机干预,提高其心理健康水平。

4. 心理健康教育的主要任务是:全面推进素质教育,增强学校德育工作的针对性、实效性和吸引力,开发学生的心理潜能,提高学生的心理健康水平,促进学生形成健康的心理素质,减少和避免各种不利因素对学生心理健康的影响,培养身心健康、具有社会责任感、创新精神和实践能力的德智体美全面发展的社会主义建设者和接班人。

按照"全面推进、突出重点、分类指导、协调发展"的工作方针,不同地区应根据本地实际情况,积极做好心理健康教育工作。

全面推进。要普及、巩固和深化中小学心理健康教育,加快制度建设、课程建设、心理辅导室建设和师资队伍建设,积极拓展心理健康教育渠道,建立学校、家庭和社区心理健康教育网络和协作机制,全面推进中小学心理健康教育科学发展,在学校普遍建立起规范的心理健康教育服务体系,全面提高全体学生的心理素质。

突出重点。地方教育行政部门和学校要利用地方课程或学校课程科学系统地开展心理健康教育;要加强心理辅导室建设,切实发挥心理辅导室在预防和解决学生心理行为问题中的重要作用;加强心理健康教育师资队伍建设,建立一支科学化、专业化的稳定的中小学心理健康教育教师队伍。

分类指导。大中城市和经济发达地区,要在普遍开展心理健康教育工作的基础上,继续推进和深化心理健康教育工作,努力提高质量和成效,率先建立成熟的心理健康教育服务体系;其他地区,要尽快完善心理健康教育工作机制,建立心理健康教育辅导室和稳定的心理健康专业教师队伍,普遍开展心理健康教育工作。

协调发展。坚持公共教育资源和优质教育资源向农村、中西部地区倾斜,逐步缩小东西部、城乡和区域之间中小学心理健康教育的发展差距,以中西部地区和农村地区发展为重点,推动中小学心理健康教育全面、协调发展。按照"城乡结合,以城带乡"的原则,加强城乡中小学心理健康教育的交流与合作,实现心理健康教育全覆盖和城乡均衡化发展。同时,着力提高中小学心理健康教育质量和成效,促进学生的心理素质和德智体美全面协调发展。

三、心理健康教育的主要内容

5. 心理健康教育的主要内容包括：普及心理健康知识，树立心理健康意识，了解心理调节方法，认识心理异常现象，掌握心理保健常识和技能。其重点是认识自我、学会学习、人际交往、情绪调适、升学择业以及生活和社会适应等方面的内容。

6. 心理健康教育应从不同地区的实际和不同年龄阶段学生的身心发展特点出发，做到循序渐进，设置分阶段的具体教育内容。

小学低年级主要包括：帮助学生认识班级、学校、日常学习生活环境和基本规则；初步感受学习知识的乐趣，重点是学习习惯的培养与训练；培养学生礼貌友好的交往品质，乐于与老师、同学交往，在谦让、友善的交往中感受友情；使学生有安全感和归属感，初步学会自我控制；帮助学生适应新环境、新集体和新的学习生活，树立纪律意识、时间意识和规则意识。

小学中年级主要包括：帮助学生了解自我，认识自我；初步培养学生的学习能力，激发学习兴趣和探究精神，树立自信，乐于学习；树立集体意识，善于与同学、老师交往，培养自主参与各种活动的能力，以及开朗、合群、自立的健康人格；引导学生在学习生活中感受解决困难的快乐，学会体验情绪并表达自己的情绪；帮助学生建立正确的角色意识，培养学生对不同社会角色的适应；增强时间管理意识，帮助学生正确处理学习与兴趣、娱乐之间的矛盾。

小学高年级主要包括：帮助学生正确认识自己的优缺点和兴趣爱好，在各种活动中悦纳自己；着力培养学生的学习兴趣和学习能力，端正学习动机，调整学习心态，正确对待成绩，体验学习成功的乐趣；开展初步的青春期教育，引导学生进行恰当的异性交往，建立和维持良好的异性同伴关系，扩大人际交往的范围；帮助学生克服学习困难，正确面对厌学等负面情绪，学会恰当地、正确地体验情绪和表达情绪；积极促进学生的亲社会行为，逐步认识自己与社会、国家和世界的关系；培养学生分析问题和解决问题的能力，为初中阶段学习生活做好准备。

初中年级主要包括：帮助学生加强自我认识，客观地评价自己，认识青春期的生理特征和心理特征；适应中学阶段的学习环境和学习要求，培养正确的学习观念，发展学习能力，改善学习方法，提高学习效率；积极与老师及父母进行沟通，把握与异性交往的尺度，建立良好的人际关系；鼓励学生进行积极的情绪体验与表达，并对自己的情绪进行有效管理，正确处理厌学心理，抑制冲动行为；把握升学选择的方向，培养职业规划意识，树立早期职业发展目标；逐步适应生活和社会的各种变化，着重培养应对失败和挫折的能力。

高中年级主要包括：帮助学生确立正确的自我意识，树立人生理想和信念，形成正确的世界观、人生观和价值观；培养创新精神和创新能力，掌握学习策略，开发学习潜能，提高学习效率，积极应对考试压力，克服考试焦虑；正确认识自己的人际关系状况，培养人际沟通能力，促进人际间的积极情感反应和体验，正确对待和异性同伴的交往，知道友谊和爱情的界限；帮助学生进一步提高承受失败和应对挫折的能力，形成良好的意志品质；在充分了解自己的兴趣、能力、性格、特长和社会需要的基础上，确立自己的职业志向，培养职业道德意识，进行升学就业的选择和准备，培养担当意识和社会责任感。

四、心理健康教育的途径和方法

7. 学校应将心理健康教育始终贯穿于教育教学全过程。全体教师都应自觉地在各学科教学中遵循心理健康教育的规律，将适合学生特点的心理健康教育内容有机渗透到日常教育教学活动中。要注重发挥教师人格魅力和为人师表的作用，建立起民主、平等、相互尊重的师生关系。要将心理健康教育与班主任工作、班团队活动、校园文体活动、社会实践活动等有机结合，充分利用网络等现代信息技术手段，多种途径开展心理健康教育。

8. 开展心理健康专题教育。专题教育可利用地方课程或学校课程开设心理健康教育课。心理健康教育课应以活动为主，可以采取多种形式，包括团体辅导、心理训练、问题辨析、情境设计、角色扮演、游戏辅导、心理情景剧、专题讲座等。心理健康教育要防止学科化的倾向，避免将其作为心理学知识的普及和心理学理论的教育，要注重引导学生心理、人格积极健康发展，最大限度地预防学生发展过程中可能出现的心理行为问题。

9. 建立心理辅导室。心理辅导室是心理健康教育教师开展个别辅导和团体辅导，指导帮助学生解决在学习、生活和成长中出现的问题，排解心理困扰的专门场所，是学校开展心理健康教育的重要阵地。在心理辅导过程中，教师要树立危机干预意识，对个别有严重心理疾病的学生，能够及时识别并转介到相关心理诊治部门。教育部将对心理辅导室建设的基本标准和规范作出统一规定。

心理辅导是一项科学性、专业性很强的工作，心理健康教育教师应遵循心理发展和教育规律，向学生提供发展性心理辅导和帮助。开展心理辅导必须遵守职业伦理规范，在学生知情自愿的基础上进行，严格遵循保密原则，保护学生隐私，谨慎使用心理测试量表或其他测试手段，不能强迫学生接受心理测试，禁止使用可能损害学生心理健康的仪器，要防止心理健康教育医学化的倾向。

10. 密切联系家长共同实施心理健康教育。学校要帮助家长树立正确的教育观念，了解和掌握孩子成长的特点、规律以及心理健康教育的方法，加强亲子沟通，注重自身良好心理素质的养成，以积极健康和谐的家庭环境影响孩子。同时，学校要为家长提供促进孩子发展的指导意见，协助他们共同解决孩子在发展过程中的心理行为问题。

11. 充分利用校外教育资源开展心理健康教育。学校要加强与基层群众性自治组织、企事业单位、社会团体、公共文化机构、街道社区以及青少年校外活动场所等的联系和合作，组织开展各种有益于中小学生身心健康的文体娱乐活动和心理素质拓展活动，拓宽心理健康教育的途径。

五、心理健康教育的组织实施

12. 加强对中小学心理健康教育工作的领导和管理。各级教育行政部门要切实加强对心理健康教育工作的领导，制定规章制度，明确责任部门和负责人，支持和指导中小学开展心理健康教育工作。各地和学校要通过多种途径和方式，结合教育教学实际，保证心理健康教育时间，课时可在地方课程或学校课程中安排。各级教育行政部门要将心理健康教育工作列入年度工作计划，纳入学校督导评估指标体系之中，教育督导部门应定期开展心理健康教育专项督导检查。教育部将适时开展中小学心理健康教育示范校创建活动。

13. 加强心理健康教育教师队伍建设。心理健康教育是一项专业性很强的工作，必须大力加强专业教师队伍建设。各地各校要制订规划，逐步配齐心理健康教育专职教师，专职教师原则上须具备心理学或相关专业本科学历。每所学校至少配备一名专职或兼职心理健康教育教师，并逐步增大专职人员配比，其编制从学校总编制中统筹解决。地方教育行政部门要健全中小学心理健康教育教师职务(职称)评聘办法，制订相应的专业技术职务(职称)评价标准，落实好心理健康教育教师职务(职称)评聘工作。心理健康教育教师享受班主任同等待遇。

14. 大力开展心理健康教育教师培训。教育部将组织专家制订教师培训课程标准，分期分批对中小学心理健康教育教研员和骨干教师进行国家级培训。各省级教育行政部门要将心理健康教育教师培训纳入教师培训计划，分期分批对区域内心理健康教育教师进行轮训，切实提高专、兼职心理健康教育教师的基本理论、专业知识和操作技能水平。要在中小学校长、班主任和其他学科教师等各类培训中增加心理健康教育的培训内容，建立分层分类的培训体系。

15. 要重视教师的心理健康教育工作。各级教育行政部门和学校要关心教师的工作、学习和生活，从实际出发，采取切实可行的措施，减轻教师的精神紧张和心理压力。要把教师心理健康教育作为教师教育和教师专业发展的重要方面，为教师学习心理健康教育知识提供必要的条件，使他们学会心理调适，增强应对能力，有效地提高其心理健康水平和开展心理健康教育的能力。

16. 加强心理健康教育材料的管理。各种有关心理健康教育的教育材料的编写、审查和选用要根据本指导纲要的统一要求进行。自 2013 年春季开学起，凡进入中小学的心理健康教育材料必须经省级以上教育行政部门组织专家审定后方可使用。

17. 加强心理健康教育的科学研究。各级教育行政部门要加强指导，增加经费投入，将心理健康教育纳入教育科学研究规划，积极组织相关课题申报和优秀成果评选。要积极引导高等学校、科研机构的研究人员开展相关研究，为心理健康教育实践提供理论基础和科学依据。要建立中小学心理健康教育教研制度，各级教研机构应配备心理健康教育教研员。要坚持理论与实践相结合，组织专家学者、教研人员、一线教师和学校管理人员结合实际情况积极开展心理健康教育教学研究，在实践中丰富完善心理健康教育理论，不断提高心理健康教育科学化水平。

二、开展班级心理健康教育

教育部印发的《中小学心理健康教育指导纲要(2012 年修订)》中提出："学校应将心理健康教育始终贯穿于教育教学全过程。全体教师都应自觉地在各学科教学中遵循心理健康教育的规律，将适合学生特点的心理健康教育内容有机渗透到日常教育教学活动中。要注重发挥教师人格魅力和为人师表的作用，建立起民主、平等、相互尊重的新型师生关系，要将心理健康教育与班主任工作、班团队活动、校园文体活动、社会实践活动等有机结合，充分利用网络等现代信息技术手段，多种途径开展心理健康教育。"

学生心理健康教育并不是心理教师一个人的事情，班主任作为学生生命中的"重要他人"，与学生接触最多，对学生的了解也最深。在当前应试教育背景下，班主任更多地担任了为学生身心健康发展保驾护航的角色，更应关注学生的身心健康发展。

优秀班主任关注的绝不仅仅是自己所教学科的教学成绩以及自己班级在年级、学校的排名，更应该护佑孩子的幸福人生。魏书生曾把他的教学和管理经验简单归结为"两大点一小点"，其中"·小点"指的就是带领学生锻炼身体。他的学生每天坚持围着操场跑十几圈，做 100 多个俯卧撑，风雨无阻、雷打不动。通过锻炼，学生增强了体质、磨炼了意志，培养了吃苦精神，并从中体会到战胜自我的快乐。

可见，促进学生身心健康和谐发展不仅是班主任工作的重要职责，也是必须遵守的基本准则。优秀班主任育人的成功之处就在于他们对学生身心发展规律的深刻理解与科学引导。

团体生活是青少年形成健康心理的必要环节，青少年对团体的依赖感是其叛逆期归属感的一种转移，即由家庭向同辈群体的转移。团体心理健康教育成为学生喜闻乐见的一种方式，不仅可以达到对学生一般性心理健康问题的辅导，还可以促进班级凝聚力的增强。

班级团体心理辅导是指班主任以班级为对象开展的，以实现群体心理健康为目标的心理健康教育，其目的主要是通过对整个班集体实施教育来实现群体内部个体心理的改观和发展，其最终目的是要实现个体成员的心理健康和心理发展。①

班级团体心理健康教育需要班主任充分利用各种教育资源开展丰富多彩的活动。心理辅导不同于课程教育，它不是以传授心理学知识为主，而是主要以活动的方式开展，让学生在活动中学会认识自我、接纳自我、发展自我和提高自身心理素质。

（一）班级团体心理辅导的内容

1. 学习辅导

在中学阶段，影响青少年心理健康的重要因素是学业成绩的优劣，同时升学压力也会给学生的情绪带来一定的影响，由于学生认知水平与其所处身心发展阶段有一定差距，所以，需要在学生的学习动机、学习策略上给予必要的帮助和指导。面对升学考试的压力，班主任可以利用班会或课外活动时间，采取不同方式，如利用多媒体设备播放音乐等形式来缓解学生学习过程中的压力。

2. 人格辅导

人格的健康发展主要包括健康的自我意识、品德和行为等方面。在中学生团体心理辅导中，除了针对以上两方面问题外，青春期的性教育也很重要，在进行人格辅导过程中，做好家校合作是关键。

（1）自我意识的辅导。让学生正确客观地认识自我，克服自卑和自负的心理

① 冯观富.辅导原理与实务[M].台北：心理出版社，1997：186.

障碍，学会用理性思维去认识自己和周围的事物，班主任可以通过开展主题班会等方式实现学生自我认识以及同学之间的互相交流，帮助学生学会恰当地处理人际关系。

（2）性心理的辅导。一项对高中生的抽样调查发现，87％的同学认为自己对性知识了解不多，76％的同学认为进行性教育很有必要。青少年对性知识非常渴望，但目前学校无法满足他们的需求。性健康教育的内容包括性意识的觉醒、性伦理的确立、异性交往行为的引导和性心理问题的纠正。

其中，异性交往对处于青春期的中学生显得尤为重要，班主任应加强对于男女同学之间正常交往的指导，通过丰富多彩的集体活动，营造宽松和谐的人际交往氛围，促使学生身心获得积极健康的发展。

【工作案例】

异性交往的距离

一天，有老师向班主任宋老师反映，女生小马下午上学的时候坐在男生小徐的自行车前面，这个现象比较反常，是不是早恋了？放学后，宋老师把小马叫到了办公室。刚要开口问，小马就冲动地说："肯定是某老师告诉你的吧？"原来，她是步行上学的，那天下午出来晚了，急急忙忙往学校赶，就在这时候，小徐骑车路过，便要带她去学校。可是，自行车后面又没有书包架，小徐爽快地指着自行车的前面说："就坐这里。"就这样在去学校的路上被老师看见了。宋老师问小马当时坐在车上感觉如何，她说："难受死了。后来又给老师看到了就更难受了。"宋老师问她是否知道为什么难受，她说不知道。宋老师告诉她，人际交往有四种距离，其中一种是亲密距离，这种距离一般出现在恋人或者孩子和父母之间。如果不是这种关系而处于这种距离，必然会在心理上造成不愉快。今天的这个举动为什么会给自己造成尴尬，给老师造成误解，原因就在于此。小马不仅得到了老师的信任，还知道了原因，顿时感觉释然了。①

学生主动对教师倾诉，证明学生已经对教师有了充分的信任感，班主任应创设并利用这样一个熟悉而宽松的氛围，开展与同学间的平等对话，对于学生不成熟的观点和看法要保持宽容的态度，同时给予正确的交往方法的指导。

---

① 王宁.今天，我们怎样做班主任：中学卷[M].上海：华东师范大学出版社，2006：192.

3. 生活辅导

通过对中外中学生生活的比较发现：中国学生在升学考试的压力下，大多只会学习，不会生活，几乎没有休闲时间，即使有，大多数也不会安排。中学生的生活质量需要引起全社会的关注。青少年在沉重的学习压力下，很少有自主的休闲时间，随着网络的发展，大部分学生将仅有的休闲时间花费在手机和网络上，不仅影响了身体健康，同时还影响了正常人际关系的建立。为此，学校、家庭和社会需共同努力，加强对中小学生健康生活方式的引导。

4. 职业辅导

职业辅导不是毕业前的辅导，而是在学生自我认知能力提高的同时给以职业的概念，并促使其形成正确的职业观念和职业选择倾向。通过了解职业特点来确定自己的职业兴趣和职业个性，为作出正确的职业选择提供帮助。职业生涯规划作为理想教育的重要组成部分，应贯穿学校教育的全过程。

（二）班级团体心理辅导的方法

班级团体心理辅导的方法有很多，一般包括：讨论法、情景角色法、行为训练法、认知行为改变法等。班级中开展的团体心理辅导活动包括：团体讨论、脑力激荡术、故事接龙、辩论赛、家庭树、抢答赛、角色扮演、哑剧、游戏、优点轰炸、赠送礼物、行为训练、自由联想、放松体操、信件会串、镜中人、自画像、涂色、制作卡片、制订计划等，其中主要有讨论法、情景剧法和总动员法。

1. 讨论法

讨论法可分为以下三种可操作的方式：

（1）嗡嗡法。又名六六讨论法，每组 6 个人，每人发言 1 分钟，共发言 6 分钟，每个人发言之前先静思 1 分钟，最后由主持人归纳总结。此法对于初步的意见交换和特别冷漠的群体效果较好。

（2）脑力激荡法。这是一种集思广益的方法，先有一个开放式的问题，再由每个人给出答案，然后制定标准，审核答案，不符合标准的要淘汰。在实施时要注意，不立刻评判，多多益善，自由献意，同时注意合作和改进。

（3）分组角色法。将班级分为若干小组，最好是 4 人一组。在统一的问题下，收集各组的意见，将组内成员的角色进行区分，如小组长（负责维持小组纪律）、发言者(代表小组成员进行总结发言)、记录者(负责记录组内成员的意见)、副组长(主要是参与讨论,协调三方面的关系)。为了协调内部成员的分工,使每个学生都得到锻炼,在角色固定的前提下,人员进行重新安置。

2. 情景剧法

情景剧法因类似于情景剧而得名,是在教师的倡议下,抽取自愿的学生来扮演不同的角色,比如家长、教师和学生。它可分为即兴表演和剧本表演,有表演者和观察者,同时还要安排主要的评论人员,负责引起话题、提出问题以及活跃气氛。为了避免以少数学生为中心,在表演之前可给学生安排观察任务,可采取书面形式进行"影评",促进学生进一步领会剧情。

3. 总动员法

总动员法是指根据目标,综合多种方法来实施的团体心理辅导方法。设定一个可以让全班同学都有参与机会的活动,调动全体成员的积极性,可以采取礼物赠送、抢答赛的方式。

【相关链接】

一节团体心理辅导课——相信自己

课题引入:默契度小测试

上课前我们先来做个小测试,看看我们同学之间有没有默契。两个问题,当我问完,请立刻将你的第一反应大声讲出来。

问题1:9月,我们班级最重要的事是什么?

简单回顾(展示6张班级工作海报和8张年级兴趣小组海报)。

问题2:这些海报背后的最大功臣是谁?

做个现场采访:在接到任务时,你是怎么想的?你觉得自己能很出色地完成这个任务吗?

从同学的回答中,我们可以看到她非常自信。这份自信既来源于她对绘画的热爱,又来源于她历年来坚持不懈地学习,当然还来源于她对我们同学的了解和信任。掌声再次送给该同学和所有为班级作出贡献的同学。

一、你自信吗?——发现自己的长处,是自信的基础

是不是我们所有同学都像她一样,非常自信呢?

在开学时，我们进行了自我介绍。同学们通过一幅幅充满个性的画来表现自己某些方面的特质，我们已经做过分享。今天，我们还要来分享一些同学当时列出的若干特点(PPT 中的学生姓名隐去)。

(1) 为人开朗、幽默；做事认真、有责任心；集体荣誉感强；学习认真；乐意倾听；待人友善。

(2) 尊老爱幼；谦虚；比较宽容；守时；爱护环境、爱护公物；在公交车上主动让座。

(3) 脾气不大；还算有耐心；理科比较好；艺术细胞极差；上课喜欢发言；做事并不果断。

(4) 比较幽默，善于与人相处；乐于助人；诚实。

(5) 找不出优点；太多缺点。

其实在成长的过程中，我们每个人对自我的认识都在不断地调整。曾经，我们也许觉得自己是最完美的，也许觉得自己是最糟糕的，但经历过一些事情后，认识就会有所改变。

开学已经一个月了，你对现在的自己又有怎样的认识呢？

环节一：说说我自己

请每个同学在纸上列举自己 5 个或 5 个以上的优点。

环节二：说说你我他

请同伴分别在彩色自粘纸上列举你所体会到的本组成员的 1 个优点。

环节三：对号入座

请一位同学(自愿)将自己列举的优点以及同伴列举的优点，与全班同学分享(通过实物投影展示)。若同伴列举出的优点与本人一致，则粘贴到一起。着重关注同伴列出而本人未列出的项目。

询问本人是否有此项优点。若得到肯定回答，则进一步询问当时自己为何没有写出，鼓励其对了解自己的同伴握手致谢或拥抱；若得到否定回答，则请写此优点的同伴举例说明，最终获得本人的认可。

仿照示例，请同学在小组里交流：① 我有哪些优点；② 同伴给我怎样的评价；③ 我对哪个评价持怀疑态度，再请写这一评价的同伴举例说明。(重点交流自己未认可的项目，举例要简明扼要，防止时间过长)

分享时光：一个小故事

小泽征尔是世界著名的交响乐指挥家。在一次世界优秀指挥家大赛的决赛中，他按照评委会设定的乐谱指挥演奏时，敏锐地发现了不和谐的声音。起初，他以为是乐队演奏出了错误,就停下来重新演奏,但还是不对。他觉得是乐谱有问题。这时,在场的作曲家和评委会的权威人士坚持说乐谱绝对没有问题,是他错了。面对一大批音乐大师和权威人士,他思考再三,最后斩钉截铁地大声说:“不,一定是乐谱错了!”话音刚落,评委席上的评委们立即站起来,报以热烈的掌声,祝贺他夺魁。

原来,这是评委们精心设计的“圈套”,以此来检验指挥家在发现乐谱错误并遭到权威人士“否定”的情况下,能否坚持自己的正确主张。前两位参加决赛的指挥家虽然也发现了错误,但最终因随声附和权威们的意见而被淘汰。小泽征尔却因为充满自信而摘取了世界指挥家大赛的桂冠。

问:你们觉得现在的自己有这样的自信吗? 为什么?

总结:自己列举了5个优点,再加上同伴帮你挖掘出的,总共是:5个? 6个? 8个? 10个? 把你的每一个优点充分发挥出来,你就是最优秀的!

二、我很自信!——实力是撑起信心的重要支柱

我们的自信又能让我们完成哪些看似不可执行的任务呢?

游戏一:连九点

1. 能否一笔用四条直线将如下排列的九个点连起来?

2. 能否一笔用三条直线将如下排列的九个点连起来?

3. 能否用一条直线将如下排列的九个点连起来?

学生谈感想。

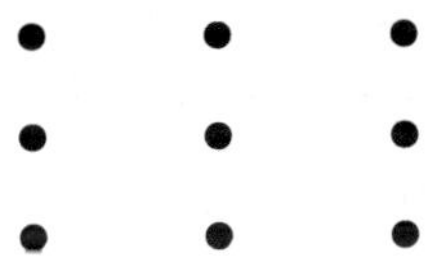

游戏二:手指的力量(背景音乐:*Summer*)

一个手指有多大的力量? 我们要用手指抬起一位同学,你们觉得可能实现吗?

1. 请一位同学躺在桌子上。(垫海绵垫)

2. 让几位同学各伸出一个手指(一般用食指)分别平放在平躺同学的头部、肩部、腰部、臀部、大腿和小腿等处,把平躺的同学抬起来。

3. 学生在实践中摸索。(第一次可能失败,总结经验,重新操作)

学生(被抬者、抬人者、旁观者)谈感受。

三、结束语

美国道尔顿学校要求每个学生都必须背诵、终身用好这样一首诗:“如果你认为自己会被打败，不错，你一定会被打败；如果你认为自己不会被打败，你就不会失败。生活中的战斗并不一定是强壮或速度快的人获胜。但最后获胜的，一定是自信必然胜利的人。”

希望我们所有的同学都是那“自信必然胜利的人”！

最后，请取下自画像，在图画的任意位置写上一句你觉得最能增加你自信的话。它将能陪伴着你，更好地走过高中的三年。（用故事讲道理，做活动教方法，读小诗立主题，让学生学会自信地生活，做最好的自己）

（黄睿　苏州第十中学　苏州市首届“十佳班主任”）

三、个体心理辅导

学生个体的差异性是开展个体心理辅导的前提和出发点，不同的年龄、性别、家庭背景、个人经历等都会造成不同的心理状态，同时也给班级心理健康教育提出了不同的要求。个体心理教育与针对群体问题的团体心理辅导教育相辅相成，是班主任开展心理健康教育的重要内容。

个体心理辅导又称个案辅导（case study），是指通过鉴别、诊断、分析和干预，解决个别学生心理困惑的一种辅导形式。[①] 个体心理辅导是针对有特殊问题和特殊需要的学生实施的。在班级内部开展的个体辅导，是针对班级内部有特殊行为的个体展开的，其主要特点是针对性强、效果明显，但耗时。值得注意的是，学校的心理辅导一般是不包括病理性心理障碍的。个体心理辅导的对象主要包括：受学业成绩困扰的学生，生理有缺陷的学生，人际适应不良的学生，家庭处境不利的学生，品德行为不良的学生，等等。班主任的心理健康教育与专业的心理辅导不同，这种教育是与日常的班级管理工作密切联系的。对此类学生的个别辅导，在维护班集体的凝聚力和形成稳定而良好的学习氛围方面有着积极的作用。

随着时代的不断变化，青少年的心理复杂程度也在不断提高，新的心理问题也会层出不穷，所以心理辅导需要长期坚持并不断适应新变化。班主任掌握心理辅导的技术，是顺利开展班级工作、建设良好班风和进行有效教学的必要前提。班主任在开展学生心理辅导的过程中，应认真调查分析学生心理问题的成因，积极争取

① 吴增强.学校心理辅导通论：原理·方法·实务[M].上海：上海科技教育出版社，2004：240.

学校心理健康教师、任课教师和家长的配合，发挥班集体和学生同辈群体的教育力量，共同做好学生的心理健康教育工作，为青少年的健康成长营造一个良好的环境氛围。

第四节　网络德育的新探索

网络改变了人们的生活与交往方式，手机、电脑、网络已成为人们生活的必需品，网络在给我们带来感官享受的同时，也引起了学校、家长和社会相关人士的担忧，由此引发的问题也备受关注。如何应对网络时代对于学校教育尤其是学校德育提出的许多新问题和新挑战，成为每个有责任的教育工作者必须思考的时代话题，也成为新时期班主任开展班级德育工作的创生点。

一、网络时代的新特点

【相关链接】

当教育进入网络时代[①]

“知之为知之，不知百度之”的戏语，道出了学生上网找答案的便利，却也挑战着老师的知识权威。正像不少人说的，现在的孩子活在现实空间和网络空间两个维度里，而传统教育未必跟得上，老师、家长常感觉跟他们对不上话，常焦虑如何对接并融进学生的网络生活。

面对这些“搜一代”“微一代”的孩子，老师和家长的“教育焦虑”该怎么破解？当网络步入课堂、当上网进入生活，教育该如何“应时而动”？我们摘编了几篇来稿，希望能一起分享感悟、激荡思考。

一、走进学生朋友圈

今年，我们学校开通了各年级的微信公众账号，并借此开展“微爱行动”。公众号会不定期发布学习资料、校园动态、高考咨询等信息，家长和同学们关注后，可共享教育资源、发起话题问答，师生互动的反响很好。

---

① 赵光霞，宋心蕊.当教育进入网络时代[N].人民日报，2015－11－18.

毋庸置疑，教育已进入网络时代，甚至进入了自媒体时代。学生在虚拟空间里交友、学习，有些学生可能还发挥自身专长，创办带有个人风格的微信公众号等自媒体平台，分享所知所思。有的老师和家长可能落后了，有的则能紧跟时代脚步。既然无法阻挡网络进入教育领域，不如主动进入同学们的朋友圈。

在互联网时代，老师不能延续灌输式的手法。网络世界开启了教育领域的无数可能性，老师和家长也不能失去对新鲜事物的热情。怎样平等与学生交流、如何针对性地发掘学生潜力，引导学习比强迫学习更重要，开放教育比封闭讲授更有用。同在一个“圈”里，教学、教育才不脱轨。

二、老课堂要新表达

前段时间，一则老师发红包鼓励学生的新闻惹人关注。认真上课、考试进步，都会收到老师的红包，师生关系也融洽，传统课堂正在丢失的活力，似乎被红包搅动了。这种“新招”未必能推广，但说明适合学生特点的师生互动方式对教学有帮助。

以往，老师们总在讲台上一板一眼地讲课，规规矩矩地板书。在网络时代，忽视了表达方式，就意味着失去了学生的关注，更无法做到教学相长。由此可见，互联网衍生的创新手段，未必是件坏事，在某种程度上能激发老师和家长随之创新。老课堂要与时俱进，更需要赋予新的时代表达。

不丢教育本真，充满时代活力，应是老课堂新表达的根本。一方面，教育工作者要认识到，课堂应赋予更新的色彩，弥合对话鸿沟；另一方面，教育工作者主动纳新，架起传统课堂与网络空间之间的桥梁。

三、主动融入天地宽

“如今，教师不好当啊!”高中同学在一所乡镇中学任教，最近向我大吐苦水。他教三个班，半数以上学生是“手机党”。他在台上讲得唇焦口燥，学生在台下却暗流涌动，或发微信，或打游戏。有时作文布置下去，学生上网一搜，交上来的文章都大同小异。

信息社会，传统教育正遭遇前所未有的挑战。如今按照老办法，孩子就越来越难教，因为知识很容易获得，学习、生活、娱乐的空间也大大扩展。既然传统教育的围墙已经不在，与其在困惑中阻拦，不如在适应中融入。相应地，学校不妨进行必要的教改和课改，从传统的以老师为中心，转变为以学生为中心，借助网络顺势延伸现代教育的空间。

有的地方积极建设网络校园，打造新的教育空间，借助云计算和大数据来推动知识共享。像“班班通”“校校通”“电子书包”这样的创新应用，操作好并推广好，也能与时俱进地奏响教书育人“双重奏”。此时主动把教育融入网络，老师才能当好学生的贴心人、引导者，这是趋势也是规律。

网络时代孩子怎样长大①

过去常说，人生天地间；如今却是，人活网络里。利用网络、依赖网络、享受网络已成为人们的一种生活方式。但是，网络是把双刃剑，特别是对于骨骼和心智正在发育的孩子们，网络有时就像伤害白雪公主的毒苹果。网络时代，孩子该怎样长大？对此，大人们该怎样回答？

事件回放：近日，文化部官员表示，我国将清理和规范动漫产业基地和动漫会展活动。目前，我国动漫基地和会展过多过滥、一哄而上、重复建设、资源浪费等问题比较突出，妨碍了动漫产业健康发展。

事件回放：近日，一位焦急的母亲在网上发帖求助，困惑和担忧的是时下正在“90后”女孩中很流行的一款“后宫游戏”。读初二的女儿不时会问她一些古代文学问题，并尝试写一些小诗，妈妈以为这是女儿潜心学习古典文学的良好表现，原来女儿是为了在游戏中从“贵人”升级为“妃子”！

中国青少年研究中心日前公布的“中日韩美四国高中生学习意识与状况比较研究”结果显示，中国学生在学习中对电脑的使用率远低于其他三国。学生阶段疏远网络、回避网络，缺乏对网络信息处理能力的培养，可能导致我们的孩子在未来的国际竞争中落伍。怎样让网络成为孩子成长的助力而非阻力？这的确令人深思。

二、网络时代班主任工作的创新艺术

（一）用影像记录学生成长

随着数字时代的到来，让每一个日子永远留在记忆中变得可能。自从有了数码相机，班主任的眼睛便学会了发现。每周班会上的内容也不再是枯燥的说教，而是镜头回放、情景再现，学生们对这种方式都表示欢迎。

第一类镜头：细节再现——用镜头把学生平时忽略的小细节呈现出来，让学生

---

① 袁新文.网络时代孩子怎样长大[N].人民日报，2010－04－23.

自己感受。

教室里，学生带来的鲜花开得正艳，但墙角那几盆枯死的花草似乎早已被人遗忘；班主任告诉学生，养花也是对生命的负责，既然是你养的花，你就要时刻关心它，让它的生命如你一样灿烂。

班主任从讲台处取景可以看到，教室的桌椅摆放得整齐划一，地面一尘不染，洁净光亮；而换个角度拍摄可以看到，在学生的抽屉里，有凌乱的书籍、各种废纸，还有美味的零食。这下，学生坐不住了，纷纷把手伸进自己的抽屉。班主任说："下周，我还会把大家的抽屉拍下来。"一周后，学生的抽屉里便再也找不到一张废纸了。

做操时，总有几个学生会偷懒，动作不到位，夹杂在队伍里显得很突出。班主任也请学生看看自己做操时的形象，真是百闻不如一见，在下次做操时，学生的腰杆挺直了许多。

第二类镜头：精彩再现——用镜头把学生真实生活的每个过程呈现出来，让家长一同分享。

学生的生活是真实的，学校的生活是快乐的，而家长对自己孩子了解最多的是分数，似乎看到分数就能了解孩子成长的一切。新年到来的时候，如果家长能参加这样一个家长会，将会有何感想：走进教室，班主任把孩子劳动时的认真、运动时的拼搏、春游时的疯狂、读书时的宁静、思考时的专注、获奖时的喜悦都一一用图片呈现出来，让家长与孩子一同分享校园生活的丰富多彩，每张图片上还有老师对孩子的祝愿。这样的家长会一定是令人难忘的。

第三类镜头：打开窗户——用镜头把教师眼中的世界呈现出来，让师生一同分享。

除了拍摄学生熟悉的校园生活，每次外出听课、参观、学习、交流时，班主任还可以拍很多照片带回来与大家分享。这样就为学生打开了一扇通向外面世界的窗口，让学生可以站得更高，看得更远。班主任也可以把自己的生活照片与学生分享，让学生领略老师的人生经历，师生之间的关系自然更加和谐亲密。

（二）创建班级网络管理平台

当代中小学生大多是在网络环境下成长起来的，对学生而言，网络是一种全新的学习、沟通和娱乐方式，网络的开放性、隐蔽性迎合了当代中小学生的心理需求，极大地开阔了学生的视野，拉近了教师与学生、学校与家庭之间的距离。班主任通过创设丰富多彩的网络环境，为学生营造了一个开放、民主的网上家园，进而拓展教育的时空范围；用网络搭建新的家校交流平台，以大家喜闻乐见的形式与学生交流、与家长沟通，为学生成长开辟一个全新的空间。

如果每个班级都能有一个网上家园，一定会给所有人带来全新的感受。每天打开“班级之窗”，可以看到班上的最新消息；在“空中课堂”，可以浏览当天各门学科的课程重难点、记录作业并提出疑问请老师解答；点击论坛，可以与同学或老师对话；走进师生博客，可以自由抒发自己的所思所想；进入信箱，可以对老师畅所欲言；在“教子有方”平台，可以随时获取家长对学校、对老师最真实的评价与反馈意见。由此，班级便搭建了一个开放、民主、立体的教育平台。

（三）媒介素养教育

在网络时代，如何指导学生正确使用各种媒介，对学生进行媒介素养教育，如网络安全教育、媒介道德教育，提高学生的道德选择与判断能力等。不断创新道德教育的途径和方法，是新时代班主任工作的重要话题。

【相关链接】

媒介素养教育的含义

媒介素养教育就是培养公众对各种媒介信息的解读、批评能力以及使用媒介信息为个人生活、社会发展服务的能力的过程。其最终目的是造就出具有较强批判能力、能独立思考媒介信息的优质公民。

媒介素养可以概括成四层递进关系的能力体系。

(1) 了解基本的媒介知识，具备一定的媒介使用能力；

(2) 具备一定的辨识和鉴赏力，能够判断媒介信息的意义和价值；

(3) 具备一定的创作和传播媒介信息所需的知识和技巧；

(4) 能够有效地利用媒介信息达到发展自我的目的。

一是增加对媒介的了解，学会以批评的意识接触、辨别媒介的信息；二是掌握与媒介交往的常识，懂得合理地运用媒介完善自我、发展自我。前者是媒介素养教育的基础，尽可能地减少媒介信息的负面影响；后者是媒介素养教育的提升，以进一步提高利用媒介的水平并使其从中获益。

【工作案例】

借助QQ签名解读学生心灵密码①

时下,QQ个性签名成了学生中的一种时尚,并且更新很快,几乎可以看作学生心理变化的晴雨表。他们的喜悦、郁闷等心理变化,喜好、理想和世界观等都会通过这个平台有意无意地展现出来。如果善加利用,班主任就可以从这里找到心理健康教育的突破口。

一个月前,班里有个学生提醒我看看某个学生最近的QQ签名,可我始终也没看明白:"离网闭关出家。""离网"是什么意思?"闭关"难道是指心理问题?"出家"是说他要离开家还是离开班级?带着这些疑问,我在学生中找答案,大家说他平常就不怎么和同学交流,有时也出去上网。给他家里打电话,已停机,我只好找他来面谈。这个学生平时不善言谈,各方面表现也不错,我怕直奔主题会令他避而不谈,决定先从QQ说起。我说:"同学们要求我更新QQ个性签名,你帮我想想怎么更新吧。"他说:"那太简单了,您把最近的心情状况写上不就行了?""就这么简单?"我的疑问把他逗笑了。我借机问他最近的状态,他迟疑了一会儿,最后还是告诉我了。原来,他觉得上网使成绩下滑,要远离网络;恨自己不成器,闭关思过;他说父亲在他初三时就去世了,母亲为供他上学而再婚,他认为母亲对自己的关心越来越少,想离开家出去打工。

我和他聊了很长时间,他告诉我自己上高中以来换了几个QQ个性签名——"前程是美好的"(刚上高中时);"吃饭,睡觉"(高一上学期期中考试后);"我越来越不知道自己在做什么"(高一期末考试前);"离网闭关出家"(一个月前)。我结合自己了解的情况,给他一一做了分析,又给他梳理了心理变化过程:自信→迷惘→自卑→逃避。好险!我心想:他到了一个关键点,往前再走一步,就是学业上放弃追求,感情上伤害母亲;而若能回头面对现实,则学习上会奋起直追,并设法缓解家庭矛盾。必须让他回头。现在,他已认识到上网对学习的影响,也恨自己不上进,这都是今后学习进步的基础,只是他对母亲再婚还有想法,一定要帮他慢慢解开心结,只有他的认知变化了,行为才会变化。

我跟他说起自己在父母去世以后才真正理解"树欲静而风不止,子欲养而亲不待"的含义。我问他:"你经常与母亲交流吗?留意过母亲的难处吗?想过珍惜来之不易的学习机会吗?想过努力学习再迎头赶上吗?"他没有回答。"以后在学习

---

① 施泽玉.借助QQ签名解读学生心灵密码[J].班主任,2012(4).

上、生活上碰到问题或遇到困难就告诉我，我们共同找出解决的方法，好吗？哪怕是QQ个性签名的方式也行。”“嗯！谢谢老师。”几天后，他的QQ个性签名更新为“我要飞”。我默默关注他的变化，期盼着他能“飞”。

这件事之后，闲暇时间我就上线，从这个平台上关注班上学生个性签名的变化。时间长了，就读懂了不同的心理：自信、自强、自尊等健康心理，嫉妒、自卑、自私、自傲等不健康心理。我将全班学生的个性签名及其更新情况全部记录下来，将反常变化的用红笔标出预警记号，找适当的机会，通过不同的方式及时给予引导，矫正其不健康心理，纠正其不良行为。我也时常更新我的QQ个性签名，让我的学生们了解我，让师生在网络交流中共同成长。

思考与练习

一、思考探究

1. 苏霍姆林斯基认为：“必须让小孩子知道生活里有一个困难的字眼，这个字眼是跟劳动、流汗、手上磨出老茧分不开的，这样他们才能提高耐挫能力。”也就是说，很少遭受困难和挫折的人，长大后常常会因不适应激烈的竞争和复杂多变的社会而感到痛苦。挫折是一所学校，它能教人们学会生活。如今的初中生，绝大多数都是独生子女，从小就在爷爷奶奶、爸爸妈妈给他们泡下的“蜜水”中长大。因此，他们在遇到生活、学习中的挫折时，总是不能正确面对这些人生中不可避免的“风雨”，有的选择逃避，甚至沉沦颓废。

(1) 如何让中学生正确面对人生的“挫折”？

(2) 如何把握“挫折教育”的“度”？

2. 雷锋精神已成为全人类的精神财富。但是很多人认为，雷锋离现在中小学生的生活太远，“学雷锋”已经过时了。很多学校的“学雷锋”活动更多地流于形式。

你是如何看待“学雷锋”的？你认为今天这个时代是否需要“学雷锋”？你认为雷锋精神的实质和精髓是什么？

二、方案设计

1. 有人说，中国学校的德育是“倒金字塔”。对小学生进行抽象的道德教育，爱讲大道理；而对大学生则教育其“上门找人，必须先轻轻敲门，待人应允才进来；用完水要把水龙头关上；上厕所方便后要冲水；不要乱扔垃圾……”请以“从小事做起，从身边做起”为题组织一次集体活动。

2. 你班上有几个学生对自己性格上的弱点总是不能释怀，很不自信。尤其是小文，无论做什么事，只要有人说一句“你真笨”或“你真傻”，她立刻就会变得神情恍惚、手脚笨拙，甚至连最简单的事都做不好，这让小文感觉十分苦恼和沮丧。请你以此内容确定一个主题，设计一节主题班会课。

3. 根据给定材料设计一个心理辅导方案。

材料一：小雅学习很刻苦，一直以来各门功课都很优秀。她学习有个特点，新学习的内容无论记得多么熟悉，每天还要没完没了地捧着书本反复温习，家里人认为这是个好习惯，经常夸奖她。进入八年级，课程加深了，作业量加大了，小雅有些科目的考试成绩不是很理想，她学习更紧张了，每天吃了晚饭就开始做作业、复习，一直弄到晚上十一二点，但是成绩提高不快。她还把课间、中午休息等时间都用在看书和写作业上，但效果不大，成绩反而下降了。

通过对小雅行为的分析，制定一个辅导方案。

（提示：本文中的女孩子的行为属于强迫性的行为，可采用情感宣泄疗法和家校合作法来解决该生的行为和情绪问题）

材料二：张明告诉李杰，吴飞欺负他，李杰便打抱不平，去训斥吴飞。吴飞不服气，两人争论起来，后来还动手了。由于心理不够成熟，中小学生运用打架的形式来解决彼此间矛盾的情况较多，对于这种情况该如何处理？

（提示：本案例中的李杰的行为既不是为了报复，也不是为了利益，而是一种攻击性行为的表现，可采用角色扮演法和榜样学习法来进行教育。同时，文中涉及三个学生的不同情况，需要进行具体分析）

三、情境问答

1. 放学后我走在回家路上，途经一电子游戏室，无意中发现我们班三名学生和其他班的学生在打游戏。学校三令五申，学生不得进入营业性游戏室，这几个学生竟然当作耳旁风。我正准备上前把他们教育一番，看到横在店门口正冷眼打量我的店老板，想到“凡有学生进入游戏机室的班级当月取消文明班评比资格”的校规，我放慢了脚步，我该怎么办呢？

2. 你是一个五年级班级的班主任，那天你走进教室发现学生正在传看娱乐界的“艳照”新闻。你如何看待这件事情？如何应对？

3. 现实生活中经常发生各种安全事故，中小学生由于年龄比较小，在面对这些安全事故的时候，往往表现得手足无措，不知如何去做。因此，加强学生自救应对措施的教育是很有必要的。说说你会怎么做，为什么？

4. 初一女生小丽第一次来月经，因为没有准备也没有经验，裤子、椅子弄脏了，几个学生笑她，小丽急得哭了。你刚好进教室看见了这幕情景，你会怎样处理？

5. 一个女学生家境不好，相貌也很一般，虽然为人本分，学习也很刻苦，但成绩仍不突出，别人对她也是不冷不热。她感到这个世界对她太不公平：别人为什么那么有钱，那么漂亮，那么聪明？平时她总是特别沉默，从不与人交往。面对孤僻自卑的她，你是怎么做的？你这样做的理由是什么？你平时是如何做好学生的心理教育工作的？

延伸阅读

1. 吴增强.学校心理辅导通论：原理·方法·实务[M].上海：上海科技教育出版社，2004.
2. 莫雷.青少年心理健康教育[M]. 上海：华东师范大学出版社，2003.
3. 贾晓波，陈世平.学校心理辅导实用教程[M].天津：天津教育出版社，2002.
4. 吴武典.社会变迁与辅导[M].台北：心理出版社，1999.
5. 胡晓华.学生心理辅导案例精选[M].杭州：浙江教育出版社，2005.
7. 徐胜三.中学教育心理学[M].北京：人民教育出版社，1993.
8. 王宁.今天我们怎样做班主任：中学卷[M].上海：华东师范大学出版社，2006.
9. 刘电芝.中小学生心理辅导[M].北京：教育科学出版社，2004.

第七章 班级文化

班主任感言

作为一名班主任，如何能把几十个互不熟识、个性各异的学生个体联合成一个有机整体，并且产生强大的合力呢？靠的是真诚的爱心和富有班级特色的班级文化，它以其强大的凝聚力，把个体的思想、情感和目标聚合为集体共同的思想、情感和目标，从而强有力地支撑起班集体这座大厦。

——廖凯怡（广西梧州第一中学优秀班主任）

班级文化是一个班级的灵魂，是班主任、任课教师与学生共同营造的班级软环境，对师生的言行举止发生潜移默化的影响作用。先进的班级文化可以让生活于其中的每个学生都能获得最大的发展，使学生的心灵得到净化、心态得到改善、情操得到陶冶、视野得到拓宽。

班级文化建设是每一个班主任都需要思考的问题。建设班级文化，应以“文化”作为切入点，以文化教育人、感染人、熏陶人。班主任应从美化班级环境、健全班级规范、铸造班级精神三方面着手，将社会、学校对学生的要求和期望转化为班集体的规范、舆论和价值观，使班级的每一个角落、每一条规范、每一次活动都渗透着文化气息，充满着文化意蕴，为学生的学习和生活创造一个充满友爱、温馨、快乐和信任的环境。

班级文化建设的作用在于，一方面可以使学校各群体之间的价值与行为冲突得到缓解，尤其是师生间的价值、行为和意义体系的差距缩小，彼此产生共同的文化基础；另一方面为学生主体性的发挥提供更好的活动空间，以满足不同学生的归属和依存需要，提高班级凝聚力和学生文化质量。

第一节 班级文化的构成及影响因素

班级文化有广义和狭义两种理解。广义的班级文化，是指班级生活中的一切文化要素。狭义的班级文化，是指班级全体成员共同创造出来的独特文化，是班级成员在班主任引导下，朝着班级目标迈进过程中所创造的物质财富和精神财富的总和。班级文化主要包括物质文化、制度文化和精神文化三个层面。

班级文化具有无形的教育功能、激励功能和制约功能，这些功能一旦形成就会产生巨大的影响力量，促进班集体的建设与发展。加强班级文化建设，努力营造积极、健康向上的班级文化氛围，是班主任提高班级管理水平、促进学生发展的重要工作内容。

一、班级文化的构成及相互影响

（一）班级文化的构成要素

1. 青少年文化

青少年文化是一种现实存在的文化。中学生正处于青少年时期，随着他们主体意识的觉醒、信息渠道的通畅、社会价值观的多元化，他们开始有自己的见解，并创造出属于自己的文化，这种文化必然以某种方式表现出来，如选择自己喜爱的衣服、发型，对明星的追逐，对动漫的迷恋等。可以说，青少年文化是新一代人成为主体的最初尝试，否认青少年文化的必要性，也就是否认学生成长的可能性。

班级文化中必然包含青少年文化。班级中的青少年文化即学生文化，是学生价值观、思考方式、行为模式的总称，它反映了年轻一代特有的文化倾向，对学生的学习成绩、抱负水平、个性形成有很大影响。班级文化离开了青少年文化，就会了无生气，对学生的发展产生不利影响。班主任要积极、主动地去了解青少年文化，加强与学生的交流，在班级中为青少年文化的发展留有余地。尤其对于青少年文化中的消极因素，班主任不能简单打击或禁止，要抓住时机、积极引导，变不利为有利，变“盲目崇拜”为“榜样示范”。

2. 同辈文化

在班级中，我们常常看到有些学生经常在一起，他们三五成群，形影不离，这就是学生中的同辈群体。同辈群体是学生自发形成的非正式群体，是由于有相同或相似的爱好、兴趣、观念，空间距离的接近，性别关系等因素建立起来的。对于这个年龄阶段的中学生而言，同辈文化的影响居于重要地位，在同伴的共同追求中，在相互的交往中，学生的交往能力、合作能力、共同生活能力得到了发展。

同辈文化从教育价值上可以分为积极、中性和消极的同辈文化。在班级中，积极的同辈文化能够给学生以积极的价值参照，促进学生身心健康、全面发展，如班级中由优生和后进生组成的“学习小组”；中性的同辈文化是指没有价值判断的同辈文化，如各种兴趣小组；消极的同辈文化是指与社会主流文化相抵触的价值观和行为规范。班主任应对班级中的同辈文化加以调查，对于积极的同辈文化大力支持与鼓励，丰富班级文化的内容；对于消极的同辈文化细心调查，让积极的同辈群体吸纳这个群体的成员。

3. 教师文化

教师文化是指教师作为人类文化传递者所具有的价值观念和行为方式，由教师的教育思想、学科知识、文化教养、教育素质、个性、人格和教师集体的目标、人际关系等组成。教师文化代表了成人世界的经验，以及社会主流文化对青年一代的要求。教师文化既体现出人类文化传播者所具有的文化素养，又包括教师对于自己所从事职业的态度。

4. 教育文化

教育文化是依据一定的教育目的，对人类的文化遗产经过选择并传递给新生一代的文化及传递文化的活动，它反映了主流社会文化。教育文化包括一定的物质存在、教育者自身的文化素质、教育活动、教育制度。[1] 教育文化作为外在的、社会的、制度性的要求，不会自动地对学生的发展起作用，只有通过班级文化被学生自发地接受，成为班级成员内在的、主体的、实际占有并发挥作用的文化，成为班级文化的一部分，才能发挥它的积极作用。

---

① 李学农.中学班级文化建设：中学卷[M].南京：南京师范大学出版社，1999：68.

教育文化作为一种文化传递活动，对学生发展的价值是不言而喻的。家长把孩子送到学校学习，是为了让其接受教育文化，从教育文化中获得自己未来发展所需要的“养分”；班主任作为社会的代言人要把班级管理好，也是为了给学生创造一个更有利于教育文化发挥作用的温馨、富有吸引力的环境。在一个班级里，积极的教育文化是以良好的班级精神为前提的。班级为学生形成共同的价值追求创造了条件，学生也在班级中形成自己的价值观和行为规范。班主任要着眼于让班级每个成员获得最大可能的发展，建设具有特色的班级文化价值体系。

（二）班级文化构成要素间的相互影响

教育文化和教师文化依据制度的力量在班级文化中占据着优势地位，但青少年文化、学生同辈文化的作用也不容忽视。随着学生年龄的增长、年级的升高，学生文化对班级文化的影响和作用逐渐加强。青少年文化、同辈文化、教师文化、教育文化等在班级里发生冲突是一种正常现象，班主任要把握全局，抓住机会，促进各种文化的融合。当学生文化与教育文化发生冲突时，班主任要运用自己的教育智慧，充分发挥教育文化的价值引领作用。

【相关链接】

教师文化中教师团队的结构类型[①]

教师团队能否产生合力受到很多因素的影响，不同结构类型的教师团队会形成不同程度的教育合力。其中，比较常见的有两种：第一，竞争型教师团队；第二，合作型教师团队。班主任在开展班级文化建设时，需要认识这两种类型教师团队的内部结构及其特征。

一、竞争型教师团队

竞争型教师团队以教师之间的竞争为内部结构。在这种类型的教师团队中，每个教师都以自己个人的教育业绩而非所在的班集体作为开展工作的着眼点。他们关心的是自己在教学方面的成绩，教师团队中的其他教师不是教育学生的合作者，而是竞争者。

或许你会问：在一个班级中，每个教师关注自己的教育业绩为何会导致班级教师团队的内部竞争？这便是以班级为单位的分科教学模式的结果。在这种教学模

---

① 齐学红.班级管理[M].北京：北京师范大学出版社，2015：31.

式之下，不同学科的教师同时教一个班级的学生。然而，每一个学生的时间和精力都是固定不变的。每个教师都想在学生有限的时间和精力中攫取更多的时间和精力，用于自己学科的学习。这便成为其他学科教师教育业绩的潜在威胁。这就导致了班级教师团队内部的竞争。可见，在竞争型教师团队中，由于任课教师只关注自己学科的教学工作，以及学生在自己任教科目中的考试成绩，教师的“育人”职能被忽视了。当以考试成绩或分数为教学工作的指标时，不同科目的教师之间便会产生竞争关系。

二、合作型教师团队

当任课教师都不再以“教学”和“分数”作为自己工作的重心，而是以“育人”为重心时，不同科目的教师之间就不再是竞争关系，而是互补关系、合作关系。因为不同科目是从不同的方面对学生进行培养，而要实现学生的全面发展，当然需要不同科目教师之间的协作。因为他们都有相同的教育目标，即学生精神的成长。共同的教育观念是合作型教师团队产生的关键，每个任课老师都不再是学生时间和精力的攫取者，而是“育人”工作中相互补充、不可缺少的部分。

从班级教师团队中的每一个个体来看，他们都是独特的。首先，他们都有自己的专业知识领域，对自己任教的科目有专门的了解；其次，他们都有自己独特的性格、兴趣和特长等等。比如，年龄大的教师具有更为丰富的教学经验；年轻教师可能更富有创新性；女教师更细心，能够关注细节；有的教师在言辞方面比较突出；有的教师在组织活动方面有其专长；等等。总之，每一个教师都是独特的，与众不同的。

当他们都以“育人”为目标时，这些差异就不再是合作的障碍，而是成为合作的优势条件。育人是一项复杂的系统工程，团队中的每一个教师在精力和能力上都是有限的，单独一个人是无法完成育人工作的，单独一个科目的教学更是无法实现育人的目标的。因此，他们必须相互协作，才能实现其共同目标。这样，班级教师团队的内部结构就呈现出合作型的特征。每一科目的教师都会根据自己学科的特点渗透思想教育的内容，通过本科目的教学过程促发学生的精神世界。每一位教师都会利用自己的特长，运用自己能够掌控的方式关心学生的精神世界，引导学生的精神成长。在学生精神成长方面，每一个教师都是有限的，同时又是不可缺少的。

以上便是合作型教师团队的基本特征，“育人”是该团队共同的教育目标，每一个独特的教师都从不同的方面实施这一目标，他们相互合作、相互依赖，每个人都是该团队中不可缺少的一分子。

二、班级文化的影响源

（一）社会文化

班级是学校的基本教育教学单位，是社会组织的一部分，班级作为一个小的社会系统，社会文化会以各种方式渗透其中，折射出整个社会的状态，如社会的价值观念、行为方式、思想观点、人际关系等，都可以在班级中反映出来。

社会文化有主流文化和亚文化之分，主流文化往往通过教育文化存在于班级文化之中。社会主流文化进入班级具有一定的滞后性，班级文化可能不会反映社会主流文化的新发展；教师和学生各自所属群体的文化在一定程度上有亚文化的成分。因此，优化社会亚文化中的不利因素也是班级文化建设的重要工作。班主任作为班级文化的主要引领者，在营造班级文化氛围时要充分考虑社会文化的影响：班级文化应反映社会主流文化及其新发展，又要注意社会亚文化的多种影响，变不利为有利，克服其消极影响。

（二）家庭文化

苏霍姆林斯基说，家庭的文化气氛对于儿童的发展具有重大意义。儿童的一般发展、记忆在很大程度上取决于家庭的智力兴趣，如成年人读些什么、想些什么，以及他们给儿童的思想留下了哪些影响。家庭文化氛围对于培养青少年一代具有重要的影响。从某种意义上讲，家庭的文化氛围决定了孩子的未来。良好的家庭文化氛围为青少年发展奠定了坚实的基础，而不良的家庭文化氛围则会使孩子的身心健康受到严重损害。正如杜威所说，家庭中正常关系的失调，是以后产生精神和情绪的各种病态的肥沃土壤。

家庭文化是班级文化的影响源之一。每个学生进入学校、班级之前都带有自己的文化背景，带着自己独特的家庭背景参与到班级生活中，容易形成班级里多种价值观的冲突。根据对学生影响的不同，家庭文化可以分为积极的家庭文化、消极的家庭文化和中立的家庭文化三类。班主任在新接手一个班级时，应通过学生档案、学生卡片或者家访等形式，详细了解学生的家庭情况，如父母所从事的职业、家庭的经济状况、单亲家庭孩子的生活状况等。在了解学生的基础上，结合自己的工作目标开展工作，这样可以做到心中有数、防患于未然，避免简单、粗暴地解决问题。

（三）学校文化

学校文化是学校成员共有的态度、期望、信仰，包括学校的教育目标、校风、学风、学校制度和学校传统等，是一系列传统习惯、价值规范、思维方式和行为模式的综合。学校文化具有传承性、教育性、规范性，潜移默化地影响着学校的制度、环境、人际关系和校风、学风及教风。学校文化是一个学校在较长时期的积淀中形成的，它通过各种载体与活动一边影响着学校内的人员，一边丰富着学校文化的内容，并逐渐形成每个学校自己的学校文化特征。① 班级是学校组织中的一个基本组成单位，班级文化必然要反映学校文化并受到学校文化的制约。同时，班级文化又具有相对独立性，同一个学校的不同班级可以有自己的文化特色。班主任要在学校文化的大环境中，发掘本校的文化资源，并结合自己班级的特点，建设具有自己特色的班级文化。

总之，班级文化由青少年文化、同辈文化、教师文化和教育文化组成，同时又会受到社会文化、家庭文化和学校文化的影响。班级正是在这些文化的互动中逐渐形成自己的文化模式，这种文化模式无疑将成为影响每个学生个体发展和班级发展的重要因素。

第二节　班级物质文化的优化

优美的环境是一本立体、多彩、富有吸引力的书籍，有着春风化雨、润物无声的作用，它有利于陶冶情操、美化心灵、激发灵感、启迪智慧，对学生具有潜移默化的教育影响力和感染力。

一、班级环境对学生的影响

苏霍姆林斯基说，只有创造一个教育人的环境，教育才能收到预期的效果。教室布置是班级文化的重要组成部分。教室作为学生主要的学习生活场所，其文化环境是以学生为主体创造出来的；而文化环境反过来作用于学生，决定和影响他们

① 赵中建.学校文化[M].上海：华东师范大学出版社，2004：98，99.

的成长、发展。

在学校为班级提供良好教育设施的基础上，班主任要树立班级经营的理念，善于创造、经营人性化的教室环境；发挥自己的主导作用，既要从美化环境布置入手，对教室里各种设施的摆放提出明确的要求；又要突出学生的主体作用，以学生为本，关注学生的发展需要，把班级建设成学生温馨的家园。如一位毕业班的班主任在教室一角摆放着微波炉，为学困生补课后还为学生准备热乎乎的饭菜。在学生的毕业照上，微波炉成为一道亮丽的风景，也许它会和老师的爱一起永久地留存在学生的记忆中。

二、班级环境布置的原则

班级环境的布置是班级文化建设的基本内容，不仅体现了班级的精神面貌，而且直接影响学生的心理健康。因此，要利用好班级的每一个空间，精心布置，使其既温馨舒适，又催人进取。班级环境布置要体现以下四个原则。

（一）彰显班级个性

一项关于班级文化的调查发现：有73%的学生不能说出教室里的标语和名人名言，班级文化已流于形式。每个班级要设法使自己的教室具有特色。班级的个性不仅表现为外在的标志、文字等，更需要班主任发挥引领作用，发掘内涵，形成班级真正的个性。

（二）凸显班级文化主题

班级文化建设既要有主题也要有副题。在主题统领下，不同时期应该有不同的副题，即阶段性的目标，便于集中学生的注意力，使其逐步改正缺点，完善自身。不同阶段的目标和主题变化，不断使学生有新鲜感，增强班级的凝聚力，便于集中学生的专注力，完成当前阶段的主要任务。

（三）强化学生主体作用

学生是班级文化建设的主体，班级环境布置要彰显学生的主体性以及班级文化的独特性。黑板报作为班级文化建设的一项重要内容，在很多地方往往成为少数学生的“专利”。调查发现：许多班级出黑板报是为了应付学校的检查，而且只是少数同学的行为，大部分学生很少关注其内容，有51%的学生不能说出黑板报大致有哪几项内容。创建班级文化环境，传统的做法是老师和少数同学包办，但现在的中学生思维活跃，个性鲜明，民主意识增强，这就要求班主任充分正视学生的特点，从学生实际出发，激发学生的主动性和积极性，给学生提供创新的思维空间、实践的舞台、展示创造力的机会，使学生成为具有生命力和创造力的主体，真正实现“让墙壁说话、让环境育人”的目的。

【相关链接】

让后黑板成为班级的文化名片①

在一个学校里，即使一个最普通的班级，也应该有自己的长处。班主任在带班过程中需要仔细观察，发现班级中的人才和一个班级整体的强项，有意识地加以培养、放大，逐渐形成富有自己班级特色的“名片”。所谓的“班级名片”，就是在一个学校中，你的班级能被识别的特色，就是被别人所羡慕的过人之处，它是班级凝聚力的象征，是班级自信的源泉。

在“班级名片”的选择上，可选择“成绩名片”与“文化名片”。“文化名片”更能体现一个班级的风采，丰富学生的文化内涵，促进班级的和谐发展。

苏霍姆林斯基曾说过，要使教室的每一面墙壁都具有教育的作用。在现代学校教育中，前黑板主要承担了传授学生知识技能的功能，随着科技的发展，前黑板不断地发生变化，白板和现代化的投影屏幕不断地丰富着前黑板的教育效果，也影响着我们的教育观念。而后黑板几乎成为被遗忘的角落，除非学校检查需要，大多数班级的后黑板几乎没有变化。选择后黑板作为班级“文化名片”，我做了一些实践与思考。

一、后黑板的平台化，推动班级制度文化的变革

让后黑板变成学生实施民主管理的平台。班委选举，是学生票选，在后黑板上统计出结果，做到公开、公正。班级的各项常规制度也是由班委会制定出来，在后黑板上民主公示，按照学生票选过半的规定执行，未过半的修改后征求班级学生的意见，过半后执行。班级中的班风、学风、班级三级目标都由学生参与制定，在后黑板上公示，学生对此很感兴趣，甚至会引发学生观念上的碰撞。我们呼唤学生主体地位，强调培养学生的民主意识，只要解放思想，合理利用好后黑板这个平台，民主之风必然融入学生的心灵深处。

---

① 袁子意.让后黑板成为班级的文化名片[J].中国德育，2011(3).

我班改革了学生评价制度，由原来的三好学生的评选改为精彩学生、感动班级人物、班级突出贡献人物的评选。例如，在后黑板上写上大家推荐的各项精彩学生称号，“街舞先生”“人际关系大师”“电脑达人”“篮球先生”“足球先生”“最甜美笑容女生”“才艺女生”等，学生投票选举。当票选出来后，很多平时不被老师所看好的学生走到了讲台上，或幽默、或慷慨地发表了他们的获奖感言。在后黑板，在改变了的评价方式面前，他们找到了自信，不少学生也发生了令人欣喜的巨大转变。

二、后黑板的人文化，推进班级精神文化的发展

班级精神文化是班级文化的核心内容，包括班级精神、班级凝聚力、团队意识、班级文化活动等内容。我们通过系列解读让后黑板更具有人文性，更加直观地反映班级的精神文化。比如，我们利用后黑板，来解读青春、解读大学，让学生看到生命的多样性与自己的独特性，合理评价自己，形成正确的人生观与价值观。每次集体活动后，我让学生把活动的照片和奖状贴在后黑板上，做成班级荣誉墙，同时对为班级作出贡献的学生提出表扬。学生在后黑板上写上自己的感受与对班级的祝愿。学生都以能够登上班级的荣誉墙为荣。后黑板变成荣誉墙，让学生懂得每一个人都应为班集体出一分力，为班级获得的荣誉而自豪。

后黑板，原先所有学生每天进班时那一瞬间看到的地方，现在已经成为我班学生拍照留影的纪念地；原先没有人关注的地方，现在是我班学生最值得骄傲的地方；原先是被学生老师遗忘的角落，将来会是他们最值得留恋的地方。因为它是我班的“文化名片”。

（四）发挥激励作用

班级环境的布置，不仅要给学生美的感受，发挥潜移默化的熏陶作用，更要具有直接的激励作用。一位年轻班主任是这样激励学生的。

【工作案例】

现在班上推行的一个新玩意——学生海报，是我在看篮球赛时突发奇想的。

在篮球队里，每个球队主场上都挂着球员的巨幅画像，我想这何尝不能用在我们的班级里呢？当学生走进班级，看到墙上全是他们的画像，预示着这是他们的班级，他们是班级的主人，这是一件多么让他们自豪的事情啊！每天一进门就看到自己在对着自己微笑，一天也都有好心情，同时也时刻提醒自己可千万不能做什么错事，因为自己正时刻看着自己，监督着自己。初中三年是孩子巨大变化的三年，无

论是外貌还是内心。如果每年做一个这样的海报,到毕业后能清楚地看到自己的成长、自己的变化,这是一件多么有意义的事啊!

(史菁　南京市第二十四中学)

三、如何营造班级物质环境

马克思说,人创造环境,同时环境也创造人。幽雅的人文气息、厚重的教室文化环境具有潜移默化的教育影响,这种教育影响具有滴水穿石的力量。班主任应如何创建有利于学生发展的班级环境呢?

(一) 营造整洁、美观的环境

教室的净化是一个班级精神风貌的外在表现,是教室文化建设的基础,应该做到"五无",即地面无杂物、痰迹,墙面无污渍,桌椅无刻印,门窗无积尘,卫生无死角,要给人以干净、清爽的感觉。对教室里各种设施的摆放应提出明确的要求:小组桌椅的排列既要左右对称,又要前后等距;各小组课桌之间的通道,要横平竖直,保持通行的顺畅;平台上的电教用具、学生的作业本、学具等要摆放整齐,包括卫生柜、小黑板等都要摆放有序。针对上述要求,班主任可以设计若干岗位,让学生自主管理,既可以培养学生的责任意识和做事能力,又可以保障班级文化建设落到实处。

(二) 建立生物角,培养学生的责任意识

班级生物角既可以培养学生的爱心、耐心和恒心;又可以美化教室,使教室具有生活气息。

【工作案例】

柳暗花明又一春

冬去春来,万物复苏,走进教室,却发现似乎少了些什么。

原先点缀着教室的那些精致可人的小盆景要么不见了踪影,要么枝叶干瘪垂败地耷拉着,花盆里的泥土早已不知有了多少裂纹,几乎成了"粉饼",几盆顽强走过冬天的植物被随意堆放在教室角落,似乎已被孩子们遗弃,成为教室里不和谐的

饰物。

养花是为什么？为点缀教室，为完成任务，还是为写观察日记？

如果你是个细心的老师，你能否去调查一下，坚持到现在还能精心呵护自己花儿的学生有几个呢？养花不仅仅是一个任务，更是一个生命成长的过程，孩子在养花的过程中也在养心——善心、恒心、细心、耐心。

早上在巡课时，从小班的教室一间间走过，看到窗台上零散的几盆小花、枯草，心里不禁有些失望，但在路过四楼最后一个教室初一(3)班时，忽然眼前一亮——真是柳暗花明又一春！教室一角的生物角让我们感到春天的气息，几尾金鱼在鱼缸中自由摇曳，教室里顿时显得生机勃勃。听说坚持养花的孩子叫雨萱。

养花对于孩子来说不是难事，但是长期坚持下去，精心呵护这些生命却很不容易，把平凡的事做好就是不平凡，把简单的事做好就是不简单，希望我们的老师能从养花这件事中让学生明白这个并不深奥的道理。

（吴虹　南京市行知实验中学校长）

一个班级有了花、有了鱼，虽然可能会发生学生把花碰翻、把鱼缸打碎的情形，班主任要多处理很多事情，但这恰恰能够约束学生的行为，激发学生的责任感，培养学生的生活情趣。作为班主任，应使学生的生活更富有情趣，给学生提供更多感悟成长的方式，让学生学会关爱生命。

（三）建立图书角，营造书香氛围

高尔基说，我读的书越多，我对世界越加感到亲切，生活对我越加变得明亮和有意义。班主任应该引导学生多读书、读好书，师生共同读书来体会读书的快乐，为学生营造读书的氛围。通过发动学生从家里带书、师生捐款买书和订阅杂志等办法建立班级资料平台，由专门人员或学生轮流担任管理员，负责图书的编码和借阅；班主任安排读书时间，对学生的阅读进行指导；帮助学生制订读书计划，通过家校协作强化学生的读书习惯；让学生养成写读书笔记的习惯，好读书更求甚解；在班级内搞读书征文，让学生仔细体味读书的快乐。当师生走进书香弥漫的一方天地时，会油然升起对人类精神文明的敬畏感。

（四）墙面布置，凸显学生主体意识

班级墙面布置应尽量减少成人意志和规训意识，凸显班级文化特色，避免千篇一律。班级应成为学生身心舒展的精神家园，要充分发挥学生的主体作用，放手让

学生去设计、布置班级环境，让学生的心声得以倾诉。

【相关链接】

理想中的教室①

理想中的教室应该充满书香。教室里有一个丰富的图书角。图书角里的书应该有“学生阅读推荐书目”系列读物，能为学生提供良好的精神食粮；应该有优秀的少儿报纸、杂志，能让学生及时了解不同地区同龄人的生活与学习情况，促进其社会交往意识的形成。课余时间，学生可以在图书角这个广阔的知识海洋中遨游，使他们从小学会阅读，养成良好的阅读习惯，为终身学习、可持续发展奠定基础。

理想的教室是学生个性放飞的天地。教室里应该有一个学生作品的展示角。在这样的教室里，学生自己满意的作业、试卷，学生自己的美术、书法作品，学生自己喜欢的图片等，都可以得到展示。在这样的教室里，每一个学生的特长都能得到充分发挥，每一个学生的个性都能得到充分彰显，每一个学生都是成功者。

理想的教室应该充满生命活力。教室里开辟一个生物角。“生命诚可贵”，但生命又是脆弱的。据了解，近年来，意外伤害已成为影响学生生命安全、生活质量和身体健康的重要因素。之所以如此，与忽视对学生进行生命教育有关。我们可以在教室里的生物角种植一些室内花草，让学生感知植物春意盎然的生命张力；可以养一些小动物，让学生在饲养过程中感受生命的脆弱，感悟生命的可贵。福建省一位特级教师曾经指导学生开展过一场小白兔的特殊“葬礼”，效果甚好。在这场特殊的“葬礼”中，哀乐响起，有的学生检讨：是因为自己的粗心，对小白兔照顾不周而导致小白兔死亡；有的学生说：“小白兔，你给我们带来多大的欢乐呀！但愿你在天堂里过得快快乐乐”；有的学生说：“生命是脆弱的，我们一定会珍惜时间，珍惜生命，认真学习，长大后去开创美好的明天……”当学生眼泪汪汪地和这只小白兔告别时，他们感受到了生命的震撼！

理想的教室应该向世界延伸。教室里有一个网络角。在这样的教室里，有电视机、VCD机，学生可以看新闻、看动画片、看自己喜欢的节目、听自己喜欢的音乐；有多媒体展示平台，学生可以展示自己的习作、精美图片，可以运用多媒体课件突破学习难点，促使学生乐学；在这样的教室里，还应该有互联网通道，我所在学校的学生，就可以和清华附中的学生同步上课，交流学习情况，还可以和外国的学生

---

① 叶建云.理想中的教室[N].中国教育报，2007-03-27.

交流学习困惑与心得。这样，真正让教室向世界延伸，为学生成为未来合格的地球村村民打下坚实的基础。

当然，理想的教室还应该成为健康之园。在这样的教室里，学生口渴了，可以随时喝到纯净的水；学生生病了，有备用的应急药品可供使用……

第三节　班级制度文化的建设

班级规范是班级文化建设不可缺少的一部分，是协调、团结和组织好班级工作的保证。有了规范与制度，才能保证统一的严格纪律，使集体活动井然有序，使班级的目标顺利达成；有了规范与制度，才能使学生在一定要求下自觉约束自己的言行，朝着符合班级群体利益、符合教育目标的方向发展。班主任工作的任务在于，使学校制度和教育文化对学生的要求具体化为班级规范，让班规体现出班级特色和风格，并内化为学生的行为习惯。班级规范是班主任个人创造、学生集体创造与学校文化制度相结合、相统一的结果。

一、班级规范的内容

在班级里我们把那些以规章制度、公约、纪律等为内容，班级全体成员共同认可并自觉遵守的行为准则称为班级规范，简称班规。一份完整的班规，既有对学生思想、行为的正面引导，也有对教师的要求，涉及学习检查、纪律监督、体育锻炼、清洁卫生、物品维护等各个方面。班规以制度的形式存在，主要包括班级组织机构、承包责任制、奖惩制度和班级日常常规四个方面。

（一）班级组织机构

班级组织机构包括常任班干部和非常任班干部。班委会、团支部和学科代表是常任班干部。常任班干部的任期一般为一年，由班主任联合任课教师提名、学生自荐、推荐或竞选的形式选拔，任期结束后进行下一轮的选举。值周班长和值日班长是非常任班干部。值周班长，结合学校值周检查开展本周工作，确定一周主要目标，总结班级一周的优点、不足及提出改进的建议；值日班长，参照班级一日常规，负责班级一天管理，记录班级日志，以有效地保证学生遵守班级公约。

班主任在班级组织机构的建设中，应树立教育民主和学生自治的意识，提供更多机会，放手让更多同学参与班级民主生活的建设，避免班干部固化以及班干部与普通同学的分化，使班级组织机构的建设过程成为培养学生民主参与意识和参与能力、培养未来公民的社会化过程。例如，一位班主任在班级推行一日班长负责制，一个学期下来每个同学都做了至少四次值日班长，她发现学生都很期待当班长的那一天，班级的凝聚力明显增强了。很多学生也在周记或班级日报中记录了自己当值日班长的体会，在管理者和被管理者之间的角色转换中，学生学会了尊重、理解、克制和守纪。

（二）承包责任制

班级工作承包责任制是培养学生对集体的责任感、归属感的重要方式。如果说班级组织机构涉及的只是班级的少数同学，而承包责任制则可以吸纳全体同学参与。正如全国著名班主任魏书生老师提出的，让班级每个同学都有岗位，既体现了民主管理的教育理念，又激发了学生对班集体的热爱与责任心。

班级工作承包责任制可分为班级物品承包责任制和专项承包责任制。班级物品承包责任制是把班级日常用品和清扫区进行分工，保证人负其责、物有所属。承包人要做到：保持物品的清洁、完整、不受损坏，及时维修等；保证清扫区的整洁、卫生。如设立电教员，专门负责班级多媒体设备的管理；设立检修员，检查班级桌椅板凳的使用情况。专项承包责任制即由专门的学生负责班级各项具体任务。如设立班规记录员，遇到同学违反班规处罚不清时，可以咨询；设立专门监督员，针对学生中存在的久治不愈问题，专项治理；设立学习督导员，与学习困难学生结对子，互帮共进。

（三）奖惩制度

在班级制度建设中，通过奖励方式强化和促进良好行为习惯的养成比较容易做到，而恰当运用惩戒的方式对学生进行批评教育，则是非常棘手的问题，也是当前学校教育面临的一个现实问题。惩罚作为一种教育方式，是学校教育中不可缺少的一部分，既要以正面教育为主，又要进行适当和必要的惩罚；既要把惩罚作为手段，又要注意惩罚的力度和惩罚方式。一些学校在惩戒制度的建立与完善方面作了积极的探索与尝试。

【相关链接】

学生违纪惩戒条例①

一、总则

为了培养学生规则意识、责任意识，养成自觉守纪习惯，同时规范教师对学生的处罚行为，营造文明和谐校园，特制订本条例。

教师必须坚持正面教育，以赏识鼓励为主，同时对违纪学生进行适度处罚。对学生的处罚，应以爱护学生、尊重人格为前提，唤起受教育者的自知与觉悟，促进他们健康成长。处罚是教育手段，而不是目的。

学生必须严格遵守校规校纪，以校纪校规为自己的行为准则。一旦违纪，就应勇敢面对、积极反思、敢于担当、坚决改正，并为自己的错误行为承担相应后果。

二、惩戒原则

1. 公开公正原则：对待违纪学生必须公平公正，一视同仁。以“惩戒条例”为准绳，以违纪事实为依据，秉公处理，不感情用事，不私心偏袒，不因学生成绩优劣而区别对待。以维护校纪的严肃性、权威性、公平性。

2. 尊重事实原则：处罚违纪学生，必须事先调查了解，掌握真实情况。班级教育小组老师、年级组长要找当事学生个别谈话，弄清整个违纪情况的细节和全部经过，并让学生写出事实经过和对错误的认识。学生享有充分申辩的权利。

3. 有错必纠原则：校纪如同学校法律，师生都应维护其严肃性。学生的每一次违纪都是绝好的教育契机，我们应抓住教育机会，实施有效教育。应提高执行力，避免不作为。

4. 人文关怀原则：处罚违纪学生一定要做到“循循善诱，以理服人，惩前教育、罚后疏导”。班级教育小组老师要加强与学生的沟通交流，让学生明白接受校纪处罚也是对自己的一种帮助。帮助学生真正认识错误，乐于改正错误，树立继续前进的勇气，并告诉学生要用实际行动改正错误，力争尽快撤销处分。处罚过程中避免与学生形成对立情绪，避免在班级处罚学生。

5. 适度处罚原则：应根据学生所犯错误的性质、影响、危害及自我认识，对照处罚标准，做到“罚量”准确、惩处适度，同时应考虑学生个体差异及心理承受能力。避免处罚不当，不得侮辱学生人格，禁止体罚或变相体罚。

---

① 节选自南京外国语学校仙林分校的《中学生守则》。

6. 及时处罚原则：学生犯错，要及时教育处理，以终止错误行为，减少负面影响，避免造成更为严重的后果。严重违纪三天内解决，轻度违纪当天解决。

三、惩戒类型

对于违反校纪校规的学生，学校将视情节给予批评教育和纪律处分。惩戒的类型分为：

1. 班级公开批评，年级组训诫。

2. 教导处训诫或通报批评。

以上处罚不计入学校文书档案和学生档案。适用于一般违纪学生。

3. 警告，严重警告。记过，留校察看，劝退（初中）或开除学籍（高中）。

以上处罚决定等相关资料存入学校文书档案，并根据违纪学生的认错态度及造成的影响，决定是否张榜公布。适用于少数严重违反校纪校规的学生。

（四）班级日常常规

班级日常常规包括班级公约、一日常规、一周常规、一月常规等。

班级公约是全班共同信守的制度，包括文明礼仪、学习常规、考勤常规、基本规范、卫生值勤等多个方面，是班级学生活动的行动指南。班级公约具有权威性，是每一个人自我监督和规范的准则。班级公约可参照下面形式：① 早到卫生要做好，早读不要荒废掉；② 一日三操认真做，持之以恒健康保；③ 课前准备要充分，学习用品需备齐；④ 课堂争取高效率，复习预习不可少；⑤ 作业认真独立做，订正错误及时交；⑥ 各项活动爱参加，全面发展素质高；⑦ 见到师长要问好，对人对己有爱心；⑧ 诚实勇敢又耐挫，团结协作最重要。

一日常规是指根据中小学生日常行为规范、学校规定和本班具体情况制定的学生在学校生活的具体要求，具有可操作性、灵活性，包括学生早晨到校时间、早读安排、课间休息、午休安排、作业发放等具体规定。

一周常规是指根据学校值周检查评比要求，确定本周主要工作、一周中每天的班级活动。如周一开早会，周二下午开班会或者团会，周四下午开展体育或文娱活动等。

一月常规是指班委会月底进行班规量化综合个人评比活动，表扬先进，触动后进；学生根据本月的表现制订下月计划和目标；月底对班级卫生和个人承包情况进行检查，把评选结果记入学生个人学期总评。

二、班级规范的作用

（一）价值导向作用

班规融入了班主任特有的教育信念。班主任的教育理论素养、对教育问题的看法，会渗透到班级制度建设中。在同一所学校里，各个班级规范不同，因班主任的不同而形成不同的班风。班规的作用在于约束和规范学生人格发展的方向。依靠规范对学生行为的约束和对教育价值的倡导，可以使班规融进班风、舆论和习惯的培育过程中。班级要形成良好班风，一定要依靠一定的规则来调控和维持。在班级中订立制度性的规范，赋予班级特定的教育价值，能对学生的思想观念起到导向作用。

（二）规范约束作用

班规分为强制性规范和非强制性规范。强制性规范表现为班级规章制度是硬性的，需要全班一致遵守才能确保班级工作的顺利进行。非强制性规范表现在班级规章制度的内化上，即学生内在的价值观念和集体观念的统一。班级制度对学生行为的规范作用主要是规范学生的学习行为和生活行为。班规规范了学生的学习行为，不仅使学生能够在学习上走向自主和自觉，有学习的积极性和自主意识，而且使学生能够主动约束自己。班规还规范了学生的生活行为，使学生的日常生活行为符合规范，正确评析和规范自己的行为，养成终身受益的好习惯。学生内在的价值观念不可能硬性规定，主要靠内在的自主和自觉。因此，班级文化的制度建设不仅要体现其规范性的方面，依法依规治班；更要加强制度建设的人文性，以文化育人。

三、班级规范的制定与执行

（一）如何制定班级规范

1. 确立班主任的主导地位

制定班规不能忽视班主任的主导作用。班主任是学生成长的引路人，是学生健康和谐发展的直接责任人。班干部制度、班级日常管理等对学生影响很大,因此班主任要精心构思,既要实行民主,给学生充分的发展空间,调动学生参与班级事务的热情,培养学生的主人翁意识;又要有一定的集中,体现班主任的权威地位,行使决策权,不能大事、小事都让学生决定,尤其是低年级学生。有些班主任发挥了民主,充分尊重了学生意见,却忽视了教师在其中的作用,结果导致班级管理一团糟,无法收场。同时,发挥班主任的主导地位不等于班主任以自己的意志来代替班规。应将教师主导作用与学生主体作用有机结合起来。

2. 增强班级规范的针对性

在制定班规前,班主任要引导学生对以下问题进行深入讨论:班级的学生有什么特点?班级的长处是什么?不足是什么?班级氛围有什么特点?本班的未来目标是什么?本学期全体成员应该在哪些方面实现突破?具体到纪律、学习、文体活动方面,应该在哪些方面加强?分析班级现有状态,明晰班级未来的发展目标,结合实际制定出立足本班实际情况,符合教育规律和师生要求的规章制度。具体可行的规章制度,能代表师生的愿望和利益,有效地促进班级成员的和谐发展,促使班级整体朝着预定的方向发展。

3. 体现民主性、规范性、发展性

民主性首先体现在班规产生程序上,具体做法是,班主任指导班干部及学生代表拟出讨论稿,全班共同讨论后再定稿。让学生参与制定规范,是规范有效实施的保证。学生是具有主观能动性的人,外在的规范必须得到其内在思想的认同与接纳才会对他们具有约束力。其次体现在对于班主任权限的规定上。班规中写入与教师相关的条目是体现师生人格平等的一个重要方面。

规范性是指制定班规时要考虑能用具体实施细则以量化标准来考核学生的行为。只有规范切实可行、具体细化,学生才好操作,教师和学生才可以评估。通过规章制度,师生有章可循、有法可依,避免了管理要求的随意性、盲目性,也避免了学生行为表现的无规范状态。

发展性是指班规应随着班级学生年龄和心智的发展而发展变化。同一个班级在每一个时期、学期、学年的特点都可能不一样,班规中的个别部分也需要调整、补充和删减。同一所学校不同年级的班规应根据学生特点形成自己的规范体系,应该有不同的内容、不同的奖惩手段,立足于班级实际的班规也应该不断发展变化。

【工作案例】

班级管理："法治"代替"人治"[①]

从1987年9月乐山一中90级高(1)班学生进校开始，李镇西老师尝试一种崭新的班级管理模式——"法治"管理。他和学生们一起制定了《班规》，内容包括"学习纪律""寝室纪律""清洁卫生""体育锻炼""值日生""班干部""班主任""其他"共八个部分40条，每一部分中又有若干具体的细则，基本上覆盖了班级管理的各个方面、各个环节。《班规》还专门设了"班主任"一项，对班主任作了许多规定。《班规》的每一条都写明了执行者，对执"法"不严者也有明确的惩罚规定。

有一次，班级为参加学校歌咏比赛排练节目。担任领唱的张小琳同学不知何故不愿领唱了，李镇西老师反复耐心地给她做工作，可她仍然不愿领唱。

"你不唱就给我滚出去！"最后，李镇西老师还是忍不住了，话一出口，他便意识到自己过分了。

张小琳同学虽然满脸不高兴，但总算唱了起来。

事后，李镇西老师真诚地向学生道了歉，而张小琳同学也真诚地说："不，应该怪我当时使性子……"这件事也就算解决了。

谁料到，李镇西老师第二天早上走进教室，看见黑板上写着一行大字："李老师昨日发火，罚扫教室一天！"于是，作为班主任的李镇西只好认罚。他说："看来，面对班规，我想赖账也不行！今天放学后，由我扫教室，而且保证教室清洁分数达到10分，否则重扫！"

当天下午放学时，李镇西老师还在市里开会，但他提前匆匆赶回学校。当李镇西老师走进教室时，看见宁玮、赵琼等几个住校女生正准备打扫教室。他赶紧冲上去夺下她们手中的扫帚，说道："你们不能扫！今天该我一个人扫！"

李镇西老师在他的班级实行了"法治"治班、民主治班，而且班主任带头遵守班规，所以班级氛围和风气非常好。李镇西老师说，班级的日常工作基本上不需要我操心，一切都交给"制度"。当然，这只是他民主教育探索中的一个方面。

（二）如何执行班级规范

有些班级制定的规章制度如一纸空文：班主任不依据规范要求学生，学生也不

---

① 刘良华.教师成长[M].上海：华东师范大学出版社，2006：144－145.

按照规范的要求去做。这样的规章制度就失去了意义，学生视规章制度为形式。因此，班主任在班级常规管理中，要按照规章制度办事，既不能马虎，更不能有法不依。具体做法有以下四个方面。

1. 解读班级规范

理解班规是班规发挥作用的前提。班主任要和学生共同解读班规，提高学生对班规的认识：班规不是用来约束学生，而是为学生创造良好的学习和生活环境的需要。如果治理班级以规则压人，只会导致学生对规则的反感与淡漠，个性的丧失，因此要设法使之内化为学生的行为准则。班主任和学生对班规的认识取得共识后，班规才能发挥应有的价值导向作用。另外，学生对有些班规虽然能理解和接受，但在具体情境中，却不知道如何去做和如何举止得当。班主任要细心观察、多方收集资料，针对发现的问题开展形式多样的活动，例如以小品、故事、情景剧等形式让学生展开讨论，给学生以明确指导。

2. 重视检查和评比

检查和评比是班规发挥作用的关键。中小学生正处于身心发展的关键时期，个体行为具有不稳定性，检查和评比如同一面镜子，可以让学生更好地了解自己。通过检查和评比，班主任可以及时发现学生的优点，予以鼓励和表扬，以此来强化良好行为习惯的养成；也可以及时发现学生的不足，予以提示和批评，以此来纠正不良的行为习惯。良好习惯的形成要经历从认识向行为，从行为向习惯的转化。班规就是对学生的行为进行训练，这是形成良好习惯的中心环节，没有训练就没有习惯。常任班委、临时班委每周或每月要统计出学生考核情况，总结公布。检查和评比要以教育学生为目的，不能以规章制度代替教育，更不能认为有了规章制度就可以放松对学生的教育。

3. 运用奖励和惩罚

运用奖励和惩罚是班规发挥作用的手段。没有奖励的教育和没有惩罚的教育都是不完整的，班主任恰当地运用奖励和惩罚，有助于学生形成良好的学习与行为习惯。严厉不等同于惩罚，惩罚也不能代替管理。惩罚是基于教师对学生的关爱，惩罚的目的是给学生以良好习惯的引导，而非对学生身体和精神的摧残。班规应注意奖罚得当，以奖励为主、正面激励为主。例如有的班主任将学生基础分定为零分，只要学生没有违纪，按时完成了任务，就可加分。学生这样的努力看似平凡，却是值得鼓励和肯定的。

4. 协调班级教育环境

教师集体和家长的支持是班规发挥作用的动力。任课教师在教学过程中对班规的应用与支持，会影响到班级规范的贯彻与执行水平。因此，班主任要和其他教师协调好，让他们能够接受班级规范并自觉贯彻班级的各项要求，使班级规范能深入贯彻到班级生活中，体现在班级教育与教学活动中。有人说，五天的学校教育抵不过两天的周末，家长的支持和理解可以促进班规发挥其应有的作用。班主任要主动和家长取得联系，倾听家长的意见与建议，取得家长的支持与理解，争取家校教育影响的一致性。

【工作案例】

"你确实拍桌子了"

昨天下午课间时，沈同学跑到我面前说："老师，你今天不应该拍桌子。"(虽然被学生批评了，可心里真高兴：他比较内向，很少主动参与班级里的事，今天他能主动向老师提意见，可喜可贺)

"我没有拍桌子！"(我故意板着脸，想考验他)

"你确实拍桌子了！"他坚持着。(着急得涨红了脸)

"是吗？"

"我肯定，桌上明明写着请勿拍桌子，但你违反规定！"

"对不起！老师刚才确实做错了，我不应该违反班级的规定。非常感谢你对我的批评和帮助！"

见我如此表态，他终于憨憨地笑着跑开了。

("请勿拍桌子！我怕疼！"这是电教员主动做的温馨提示)

(黄蓉　南京市第二十四中学)

桌子上明明写着"不许拍桌子"，但老师们通常认为，规则仅仅是用来规范学生言行的，老师似乎就有特权。黄老师知错就改，"我不该违反班级的规定"，让学生明晰了在班规面前师生平等。身教胜于言传，教师的一举一动，学生看在眼里、记在心上、反映在自己的行为中。

第四节　班级精神文化的塑造

班级精神是班级文化的核心和灵魂，是全班学生的精神支柱和共同信奉的价值准则，具有强大的凝聚力。它包括群体意识、舆论风气、价值取向、审美观念等。培养班级精神是一项艰巨的任务，班主任作为班级教育的第一负责人，理应在班级精神的铸造上发挥主导作用。

一、班级精神对学生的影响

班级精神是班级文化的主导价值取向，是班级成员共同的行为准则。随着学生年龄的增长，教育文化发挥作用更要依赖于班级文化：积极的班级精神能对学生产生内在的激励作用，帮助学生最大限度地利用、占有教育资源，获得全面、和谐的发展，进而增强班集体的向心力和学生的归属感，形成健康向上的班级文化氛围；消极的班级精神使少数人的行为蔓延成一种群体意识，使班级的正常生活由有序到无序，使班集体处于一种混乱、失控的状态。学生是否热爱自己的班级，在很大程度上取决于班主任能否对班级文化有效把握，取决于一个班级在班主任带领下形成什么样的班级风气。

【工作案例】

入学以来，高一(4)班在班主任刘老师的带领下，井然有序，得到全校师生的一致好评。下学期因为某些原因，班主任换成了李老师。李老师上任后，学生对她有抵触情绪，事事和她作对，对她的要求熟视无睹，班级的正常教学变得难以进行。常常是老师在上面讲课，学生在下面睡觉、看故事书、说话，原来上课注意听讲的学生现在也常常心不在焉。李老师虽然作出很多努力，但依然不见效果。在痛苦的煎熬中过了几个月后，高二时实行文、理分科，这个班被打乱重分。在新的班级中，原来的调皮学生也开始学习了，原来那个令学校领导、老师头疼的班级仿佛一下子消失了，每个学生在新的班级里都变回了刚开学时勤奋学习、积极向上的状态。

二、塑造班级精神的途径与方法

班级精神是一种无形的力量，会对生活在其中的每个人产生潜移默化的影响。班级精神不是空洞无物的，它可以通过一些途径加以塑造。

（一）设计班级标志物

1. 班训

班训是班级个性、特色的高度概括和班级精神的标志，是班风、教风、学风的参照目标。班训主要是对学生的要求、训导、告诫和防范。班训可长可短，以简洁、流畅、特色鲜明、目标明确、有个性为宜。班训贵在践行、内化，要转变为学生的自觉观念和行为。

【工作案例】

一位初一班主任针对自己班级学生成绩相对落后等实际情况，提出班训：真心尊重每一个人，用心做好每一件事。这位班主任向学生解读班训：真心尊重每一个人，包括你们的父母、老师、同学等，你们不一定喜欢每一个人，你们可能会对父母、老师有意见，但你们必须学会尊重他人，通过合理的方式表达你的感受；用心做好每一件事，你们可能有很多事情做得没有他人出色，但记住，一定要尽自己全力去完成，这样你就是胜利者。

2. 班歌

音乐可以调节身心的紧张状态、舒缓疲劳、提高审美能力。一首好的班歌，旋律活泼、欢快奋进，可以激励学生刻苦努力、奋发向上，增强班级的凝聚力。在班级活动和学校活动中唱班歌，能增强集体的凝聚力，给人以集体的自豪感、信心和勇气，对全班同学来说是一种无形的精神力量和教育力量。

3. 班徽

作为班级的象征，班徽在班级宣传和培养学生的集体荣誉感方面有重要作用，是反映班级文化特征、班级精神的一种形象、物化的标志。下面是南京市第二十四中学初一(3)班的班徽设计。

徽章主体由"3"变形而成，是展翅飞舞的彩蝶造型，代表了朝气蓬勃的集体。彩蝶身上迸发的每一个光点，是一张张开心的笑脸、一份份涌动的活力。主要颜色是深蓝和明快的紫，体现沉稳中迸发出的热情和激情。

班徽寓意：希望(3)班每个学生都能破茧而出，变成美丽的蝴蝶，在人生道路上展翅高飞。记住，我们不一定是飞得最高的，但一定是飞得最漂亮的！

（二）榜样示范

榜样的力量是无穷的。在班级中评选"最佳值日班长""周好学生""月优秀学生干部""最佳寄宿生"等，树立典型，鼓舞士气；设立各种"进步奖"，放大"后进"生的点滴进步，增强他们不断进取的自信心，这样既可以给"后进"生以希望，也可以给优等生以压力，带动整个班级形成积极向上、奋发进取的风气。

榜样具有无形的鞭策力量，有利于促进学生身心的健康发展。榜样包括现实生活中的各种典型人物、历史人物以及学生周围的典型人物，其中，学生中的优秀生、班级中的先进同学更具有教育力量。这样的榜样是具体的、真切的，并且具有很强的感召力，可以促使学生在耳闻目睹的同时认真思考，在思考和比较中受到鼓励，在班级中既可以形成向好学生、好的行为学习的氛围，也可以形成正确的舆论，这是形成班集体的主要手段。

（三）开展集体活动

班级活动可以增进师生之间、学生之间的理解，增强学生的合作意识和班集体的凝聚力。心理学研究表明：一个集体若没有丰富的集体活动，必然死气沉沉，缺乏活力，这将有碍班集体的健康发展。要想让班集体充满生机和活力，最重要的是组织学生开展各项有益的活动，况且中学生有强烈的表现欲，他们希望通过自身的表现来展示自己的能力和才华，获得认可与成功。在活动中，学生可以得到更多的锻炼机会，在班级中孕育团结友爱的风气，培养学生良好的行为习惯，使健康向上的意识转化为学生的内在动力。在活动中，班主任不仅要扮演导演、倡导者和指导者的角色，更应充分相信学生、尊重学生、依靠学生，大胆地放手让学生去实践。同时，有经验的班主任应抓住学校开展活动的机会，带领全班同学积极参与、精心准备，在这个过程中学生和教师的心贴近了，班级的凝聚力增强了，班级才能焕发出勃勃生机。

（四）运用电子媒介

随着信息技术的发展，多媒体技术越来越多地走进学校、班级和学生的课堂生活中。鲜活的画面、优美的音乐、生动的案例、丰富的信息量在改变学生学习方式的同时，更带来视觉的冲击、美的享受和心灵的震撼。

【工作案例】

一位班主任在处理学生和教师之间的矛盾时，与学生谈了两个多小时，结果还是谈崩了，闹得不欢而散。他联想到自己在上课时把图片、文字配上音乐受到学生欢迎的情形，便连夜制作了一组幻灯片材料。在第二天的课堂上，他没有讲关于昨天的事情，只是把这些图片放给全班同学看。下课后，那位同学主动找到他，并写了几千字的心里话给这位班主任。经过这次事件，师生之间的感情又深了一步。

网络是一种全新的学习、沟通和娱乐方式，它为形成良好的班级精神拓展了空间。班级网站、微博、微信、QQ 等如同一个个精神园地，班主任可以利用这些平台不受时空限制、快捷、方便等优势增加师生的相互了解，拉近教师与学生、学生与学生、教师与教师、教师与家长、学校与家庭之间的距离。同时，要引导学生正确利用网络，为班级文化的发展争取更多资源。

（五）利用传统节日

利用各种传统节日开展各项专题活动，把专题教育与日常教育相结合，提高学生思想素质，培养学生良好的道德品质，既可以加深学生对中华民族传统文化和其他民族文化的了解，也可以对学生进行礼仪常识、人际交往等实践性知识的指导，引导学生学会做人、学会做事、学会学习、学会共处。

1. 教师节：开一个特别的班会，给任课老师一分惊喜、一分感动。表演“老师，我想对您说……”“特别的爱给特别的你”“大家一起来”等节目，让师生在交流中互相尊重、互相理解。良好的师生关系是教育教学顺利进行的前提。

2. 中秋节：让学生了解、交流关于中秋节的知识，给不在身边的亲人打个问候的电话，体会亲情、感受亲情。

3. 感恩节：让学生对帮助过自己的人、爱自己的人说一句感恩的话，做一件感恩的事情。让每个学生学会感谢，学会给予，拥有一颗感恩的心。

4.“三八”妇女节：建议学生为妈妈做一件小事，亲手制作一件小礼物，说一句爱的语言，来感受母爱的伟大。一位班主任建议学生在这天给妈妈一个深情的拥抱，事后很多学生都在自己的周记中讲述了那个激动的时刻，有了很多意外的收获。

（六）师生的情感交流

一份民意调查显示：大多数教师都说自己爱学生，但对学生进行调查时却得出了不同的答案——有相当比例的学生说没有感受到教师的爱。这是一个引人深思的问题。教师在对学生进行教育时，忽略了说出爱，忽略了把爱用学生能接受、能体会到的方式表达出来，很多冲突也因此爆发。礼物能传递爱，让学生知道老师对自己的关注和期待，让学生对教师更亲近和信任；礼物能传递爱，让学生学会表达爱，让学生学会爱，充满爱心地走入社会。

【工作案例】

意外的惊喜①

“老师，明天是我的生日，你可要记住哦！”一下课，小小的女孩就来到我的身边。

“那你要什么？”我故意问。

“我要和蓉一样。”

她说的蓉是上周六过生日的学生。蓉在上周就告诉我她的生日，她是想要得

① 齐学红.今天，我们怎样做班主任：优秀班主任成长之路[M].上海：华东师范大学出版社，2006：33.

到老师的祝福吧。那我送她什么呢？一张贺卡，一份小礼物还是什么，说实话，我已好长时间没有送学生什么礼物了。

周五的晚上，我有了决定。

第二天，一上课，我照例打开书本，好像要上课的样子，看得出蓉坐在下面有点失望。我打开电脑，放下屏幕，音乐响起，一个我精心挑选的 Flash 动画呈现出来，精美的画面上映出欢快的几个大字：蓉——祝你生日快乐！

学生们的眼光一下子投向了蓉。蓉分明有点意外，但很激动。小小的脸涨得通红。一下课，学生们都挤到了我的面前，叽叽喳喳，“老师，我的生日你怎么没有为我放 Flash”；“老师，我的生日很好记的”；“我的生日要是在明天就好了”。一下子，我成了孩子们的中心！

我也很意外。也曾想，学生们的生活中还缺少什么，作为老师还可以给他们什么。一个小小的生日祝福，就能给他们带来这么多的惊喜与期盼。真是未曾想过的。

（徐艳华　南京市第二十四中学）

学生在生活中并不缺少礼物，但是收到老师礼物的机会并不多见。一个精心挑选的 Flash 动画，普通却不平凡，包含着教师的一份良苦用心，倍显珍贵，在学生成长中成为难忘的回忆。亲其师、信其道，良好的师生关系是一切教育的润滑剂。有爱，教育才能充满生机；有爱，教育才能创造美好的生活。

三、在冲突与融合中铸造班级精神[①]

在班级文化建设中，班主任要给学生创造一个有利于教育文化发挥作用的积极向上的班级文化氛围，为学生形成共同的价值追求创造条件，同时，要从学生实际出发，着眼于让班级每个成员获得最大可能的积极发展，建设具有特色的班级文化价值体系。

班级精神并非自发形成，而是在冲突与融合的过程中逐渐形成的。班级是来自不同地域、不同阶层、不同社区的互不相识的学生组成的集合，每个学生都具有不同的价值观，要让班级中的学生在某些价值取向上逐步获得共识需要一个过程。班级精神是在班级生活中逐步形成的，它的形成与班级成员需要的满足有关。班

① 齐学红.在冲突与融合中建设现代班级文化[J].中国德育，2011(3).

级精神的最终形成，需要班级成员能够在某一价值取向上达成一致，这种达成一致的过程就是协商的过程。在班级中，教师与学生之间、学生与学生之间、教师与教师之间具有不同的价值观，经过一系列冲突、碰撞和融合，班级的价值观最后逐步形成。

积极的班级精神的形成，一方面取决于教育文化是否能满足学生发展的需要；另一方面取决于班主任的职业素养和个人人格。班主任固然可以利用自己的权威地位形成主导的价值取向，但是有时因为缺少与学生的交流、对话、沟通，班主任推崇的价值观不能够成为全体成员的一致追求，一个看似统一的班级，其实蕴含着危机。班主任应该在了解班级学生的基础上，依据教育文化的要求，提出班级的目标（主导价值取向），再根据学生的表现和反馈判断自己的目标是否适合学生、能否被学生所接受，并据此作出进一步的调整和判断。

总之，班主任作为班级的主任级教师，赋有协调、整合各种不同的文化要素，构建和谐统一的班级文化的重任，要认识到班级文化构成的复杂性，各种文化存在的合理性与必然性，在此基础上开展班级文化建设；面对班级客观存在的各种不同文化要素及其可能的矛盾冲突，要善于把握全局，发挥自己的教育智慧，促进不同文化之间的融合，进而形成班级和谐的文化生态。

思考与练习

一、思考探究

1. 对考第一的孩子奖励什么？

“包老师，我和你打赌，我能考到年级第一，你要给我奖品。”

“好，你能考到年级第一，我就给你奖品。”

这是几周前楼小洋和我的对话。刚开始我不以为然，这是孩子的撒娇，能考到第一当然好，为什么不给奖励？

考试结束了，楼小洋语文拿了91分，确实是年级第一。我准备掏钱包买奖品了。

“楼小洋，你想要什么奖品？”

“包老师，我早就想好要什么奖品了。老师，你奖励我去你家吧。”

出乎我意料的要求。我有些转不过弯来，这是什么奖励？能带孩子去我家吗？

周末，我的家中来了一位特殊的小客人……

你怎么看老师给学生礼物？礼物在师生交往中有何作用？

2. 在网络时代，网络语言流行。现在很多中学生在平时的口语交流和写作中，经常会使用网络语言，例如，某中学生在日记中这样写道："偶灰常稀饭周杰伦……"这样的语言，让人读起来实在费力，家长、老师也很无奈。

(1) 如何看待中学生中流行的网络语言？

(2) 作为班主任，可以如何利用网络语言与学生进行有效沟通与交流？

3. 在信息时代，手机使用非常普遍。中学生大都拥有自己的手机，但是真正用来作为通信工具的比较少，利用手机上网、聊天、玩游戏、互相抄作业等现象却比较普遍。对此，老师、家长可谓是苦口婆心，但是收效甚微。

(1) 你是如何看待中学生拥有并使用手机现象的？

(2) 如何引导学生正确使用手机？

二、情境问答

1. 中学生的攀比现象普遍：攀比名牌穿着、攀比高档用品、攀比家庭社会关系权势……为此，老师召开班会，找学生谈话，可收效甚微。

(1) 你认为产生这种现象的原因是什么？

(2) 针对这种现象，你有哪些行之有效的方法？

2. 中学生玩网络游戏、谈论网络游戏现象很普遍，没玩过网络游戏的同学仿佛就和其他同学无共同语言，没法交流。但玩游戏耽误学习、浪费时间，老师对此很头疼。

(1) 如何看待这种现象？

(2) 对于如何引导学生适度玩游戏和杜绝学生沉迷其中，你有哪些行之有效的方法？

3. 随着《中国好声音》等一系列选秀节目的兴起，加上媒体的各种广告宣传，唤起了许多中学生的"明星梦"，想当歌星、影星、体育明星，期望自己一夜成名。于是，很多人蠢蠢欲动，整天异想天开，行为举止追求"新、奇、怪"，对学习丧失兴趣，对老师的教育不屑一顾。有些家长也认为孩子成绩不好，借某方面的特长出类拔萃走捷径未尝不可。因为业余爱好而忽略学业的现象越来越多。

(1) 你如何看待学生的这种成才观？

(2) 怎样与家长一道帮助学生树立正确的成才观？

4. "剃头令"的实施

2006 年 10 月，苏州某中学颁布了一项"剃头令"：校内所有"不合格发型"的学生必须按照标准统一发型。该令发布后，学校邀请了校外的理发师，200 多名男生因此而修理了发型。在他们修剪的发型上，学校也做了统一要求。据该校校长表示，学校统一剪发是根据《中学生日常行为规范》来操作的，对留长发的学生，学校已三番五次地督促他们去剪发，可总不见效。“剃头令”是不得已而为之。

作为班主任，你是否认同上述做法？你们学校对中学生的衣着服饰有何要求？实施效果如何？

三、方案设计

1. 6月，小学生们即将离开生活了六年的母校。最近，班上悄然流行的一本本同学录，让我深深感受到孩子们对小学的不舍和对即将到来的初中生活的憧憬。小学毕业意味着孩子们度过了多彩的童年，走向如花的少年时代，具有里程碑式的意义。请设计一个以毕业教育为主题的班会活动。

2. 爱美之心人皆有之，对于中学生而言尤其如此，很多人着装、发型追求“新、奇、特”，过度关注自己的衣着和发型，并花费很多时间和金钱追求时尚。许多学生认为，穿什么衣服、留什么发型不会影响学习，更不会破坏中学生形象。针对这种现象，请自拟题目设计一节班会课，引导学生树立正确的审美观。

延伸阅读

1. 李学农.中学班级文化建设[M].南京：南京师范大学出版社，1999.
2. 赵中建.学校文化[M].上海：华东师范大学出版社，2004.
3. 魏书生.班主任工作漫谈[M].桂林：漓江人民出版社，1983.
4. 白铭欣.班级管理论[M].天津：天津教育出版社，2000.
5. 齐学红.班级管理[M].北京：北京师范大学出版社，2015.

第三编

班主任专业技能

第二编“班主任专业知识”在班主任专业化内容体系中属于“应知、应会”的部分，本编内容“班主任专业技能”则属于班主任专业化内容体系中的“应能”部分，是班主任在掌握一系列专业知识的基础上，创造性地开展班级教育教学的能力，是班主任专业知识、专业素养和专业技能的综合体现。主要内容包括：教育资源整合能力、主题班会设计与实施能力、人际沟通与交往能力以及班主任的专业自主发展能力四个部分。具体而言，班主任面对的不仅仅是一个班级的全体学生和班集体的建设与发展，班主任作为班级教育教学活动的组织者和协调者，还承担着协调和整合各种教育资源的功能；班级作为学校教育系统的一个组成部分，对于班主任而言，除了构建班级自身的教育系统外，还要协调学校、家庭和社区的教育资源，为学生的全面健康成长营造一个和谐的教育环境与氛围。为此，班主任必须树立学校教育的整体视野，站在全面育人的高度，从学校教育工作的整体和大局出发，开展班级教育工作。班主任在协调、面对一系列学生个体和班级集体的复杂的教育问题，构建和谐的班级教育氛围，创造性地开展班级教育活动的同时，其自身的专业能力、专业素养也得到不断提升，进而获得源源不断的专业发展动力和职业幸福感。

第八章 教育资源整合能力

名人名言

哪里教师没有结合成一个统一的整体，哪里也就不可能有统一的教育过程。

——马卡连柯

《教育部关于进一步加强中小学班主任工作的意见》中强调指出，“中小学班主任是班级工作的组织者、班集体建设的指导者、中小学生健康成长的引领者，是中小学思想道德教育的骨干，是沟通家长和社区的桥梁，是实施素质教育的重要力量”；“中小学班主任工作是学校教育中极其重要的育人工作”；班主任在学校教育中“责任更重，要求更高”；“加强中小学班主任工作，对于贯彻党的教育方针，全面推进素质教育，把加强和改进未成年人思想道德建设的各项任务落到实处，具有十分重要的意义”。这是党和国家在新的历史时期对班主任提出的新要求。然而，要完成这样的历史使命，仅仅依靠班主任一支队伍是远远不够的。学校教育工作的系统性，当代中小学生问题的复杂性决定了班主任要更好地发挥其引领作用，必须调动和依靠一切可以调动的教育力量，形成教育合力，才能为青少年的健康发展营造一个和谐的社会环境。为此，需要在全社会营造一个尊师重教的社会氛围，在学校创设一个全员育人的制度环境，建立班主任工作的社会支持系统①，为班主任更好地发挥示范引领作用提供环境和制度保障。

① 齐学红.班主任社会支持系统的建构[J].班主任，2014(10).

第一节　班级教育资源的整合

为了更好地开展班级教育工作，班主任应树立整合教育资源的意识，调动一切可以调动的力量，主动向学生、任课教师、家长和社区借力。班主任可利用的教育资源包括班级教育资源、家长教育资源、社会教育资源。具体而言，班级是学生受教育的主要场所，学生是在一种相对理想化的、经过教育设计的特殊环境中学习知识、发展能力、不断成长的。然而，这种环境毕竟不是学生生活的全部，他们还有大量的时间是在家庭、社会中度过的。班主任要全面关心学生成长，必然要关心学生在家庭、社会中的表现，要将学校中的教育力量与家庭和社会中的教育力量协调起来，形成教育合力，促进学生的全面发展。

一、整合校内教育力量

（一）学校内部的管理体制

学校内部的教育力量是在学校制度的统一安排下，在校长的统一领导下，共同承担培养学生的责任，只有树立“学校教育工作一盘棋”的观念，做到“教书育人、管理育人、服务育人”，才能完成学校教育的培养目标。班主任应充分依靠学校领导、各职能部门、全体任课教师、团队组织的力量，形成班级教育合力。而在现有的学校管理体制下，班主任在学校教育中仍然处于一种孤立无援的状态，学校尚未形成一个协调一致的有利于班主任开展工作的制度环境。要发挥班主任协调各方面力量的职责，学校必须要有相关制度的保障。如建立“班级备课组”制度，在班主任的领导和组织下，各科教师、年级组组长、教导主任和学校领导分工合作，共同研究解决班级及学生发展中的问题。

（二）学校各级领导和职能部门

班级是学校教育教学的基本单位，班级的成长和发展、班级工作的顺利开展，都离不开学校各级领导和相关部门的支持和配合，所以班主任要做学校领导的得力助手，服从并服务于学校教育教学大局。当班级工作与学校工作发生冲突时，要尽量服从学校统一安排，和学校各部门保持一致，共同承担起对学生的教育责任。

（三）任课教师

教师群体是班级教育力量的重要组成部分，是以班主任为核心发挥教育管理作用的集体。任课教师是授课班级的责任教师，对授课班级及每个学生负有教育培养的责任，是影响学生成长的重要因素。早在20世纪80年代，教育部就提出了“全员育人”的要求。事实上，不存在“没有德育的教学”，新课程改革的三维目标中明确提出课堂教学要进行“情感、态度、价值观”教育。由于岗位不同、分工不同，任课教师虽然不像班主任那样对班级负有专门的、全面的和首要的责任，但任课教师的教学思想和方法，教学过程中体现的教育智慧以及日常生活中的人格魅力给予学生的影响，丝毫不亚于班主任对学生的影响。任课教师必须和班主任一起，以相对统一的工作方法要求学生，密切合作，共同完成学校的各项教育任务。

【工作案例】

班级教育小组集体负责制

改革当前中小学班级管理体制的思路是：建立班级教育小组制度，以取代班主任负责制。由班主任个人负责制改变为由班级教育小组集体负责制。所谓集体负责，就是集体决策、集体行动、集体承担责任。南京外国语学校仙林分校着手建立的班级教育小组制度主要内容如下。

1. 班级教育小组成员：班主任、部分任课教师（生活教师）、学生干部代表、家长代表。其中，班主任任组长，部分任课教师（2—3人）为核心成员，生活教师（寄宿制学校）、班长、团支部书记（中队长）、班级家长委员会主任为重要成员。这样组成的班级教育小组成员包括教师、学生、家长三方代表。教师包括过去专管德育的班主任，分管教学工作的任课教师，承担生活管理工作的生活教师，学校所有教师、生活教师全部进入班级教育小组。

2. 办公形式：改变过去以教研组、备课组为单位的办公形式，实施以班级教育小组成员（主要指教师）集中办公的形式。同时，加强教研组、备课组活动，以保证学科教师的业务交流和研讨。

3. 决策过程：在班主任的主持下，由班级教育小组成员集体作出重要决策（如学期工作计划、班级各项重要工作和活动，学期工作总结等），班级日常工作决策主要由核心成员作出。

4. 议事方式：日碰头（核心成员每天用 5—10 分钟），周例会（核心成员或全体成员每周用 20 分钟左右时间），月诊断（每学期 3 次，每次 2 小时左右，全体班级任课老师参加）。

5. 行动方式：决策作出后，在班主任的领导下，由班级教育小组成员分工负责落实，所有任课教师既教书又育人。在对全班学生个体指导方案确定后，具体指导工作分包到每一位任课教师。

6. 评价制度：学校对教师的评价，既要看其在学科教学中的表现，同时也要看其在班级教育小组工作中的表现。评价制度与分配制度密切挂钩。

（钱铁锋　南京外国语学校仙林分校）

在班级教育小组集体负责制下，班级管理不再只是班主任一个人的事情，任课教师、学生代表、家长代表共同参与到班级管理过程中来。班级不再是班主任的"私人空间"，教师不再是只管教书，不负责育人，而是共同承担起全面育人的任务；教师成为学生的精神关怀者，班级成为班主任、任课教师、学生共同的精神家园，这样的教育愿景在班级管理体制改革的背景下正在从理想变为现实。班级教育小组的建立，充分整合了教师、学生和家长的资源，调动了各方教育力量的积极性，形成了家庭、学校、社会的教育合力，实现了学生的自主发展。

在这项改革中，班主任的角色也发生了重大转变，班主任作为班级教育小组的组长，班级教育活动的组织者、协调者角色得到了充分体现。其角色内涵发生了如下变化。

第一，班主任由班级的直接管理者转变为班级管理的领导者。在班级教育小组制度下，所有教师处在一个具有较强行政关系的体制内，工作有分工与合作，班主任带领任课教师、学生代表、家长代表共同管理班级，大家的积极性被调动起来，责任心随之提高。

第二，班主任由班级管理的微观操作者转变为班级管理的宏观决策者。班级教育小组制度营造了班级教育的整体氛围，将班主任从繁杂的事务中解放出来，任课教师、学生代表和家长代表替班主任分担了一部分重任，不仅为班主任减轻了工作上的负担，而且还减轻了精神上的负担。

第三，班主任由权力的主宰者转变为权力的授予者。在传统的班主任负责制下，班主任拥有绝对的权威，集教育、管理、服务多项职能于一身。班集体的民主意识得不到彰显，学生的主体地位也被削弱。班级教育小组的建立，客观上要求班主任把权力分别授予任课教师、学生代表和家长代表，促进了班级教育集体智慧和力量的形成，有利于班级教育教学工作的全面开展。

第四，教师由单纯的“教书匠”转变为班级管理的实施者和班级教育的责任人。班主任负责制导致了任课教师和班主任只是一种松散的合作关系，任课教师并没有形成开展班集体建设的“角色心理”与班级管理的角色意识。“事不关己”的状态让很多任课教师只知道如何教学，却不知道如何育人。由于对学生的不了解，缺乏与学生的沟通与交流，直接影响到学生的学习效果。班级教育小组制度赋予任课教师以班级教育管理的职责，并通过一系列的评价激励机制得以保障，进而构建了全员育人的班级文化生态，推进了教师的专业化发展，提升了全体教师的教育品质。班级教育小组制度作为班级管理体制改革的新生事物，具有强大的生命力和广阔的发展前景，代表了未来班级管理体制改革的发展方向。

【工作案例】

让爱通过第三方传递①

我们学校有一个传统：每个老师生日的时候我都会发一条手机短信——祝你生日愉快！后来我发现虽然这件事情做起来很有意义，但这只是我个人对他的关心，我要让它变成学生对老师的关心。

一次，快到我们学校一位老师的生日，早晨我去操场找他，想跟他说一句“生日快乐”。走到他的面前，我看到他正在和学生一起做操，于是我灵机一动，问道：“杨老师，你们班的班长是谁啊？”他说是某某，然后叫他站出来。结果我一看，出来一个小伙子，我想想不对，又问他：“你们班有没有女生班长啊？”他说有的，随后喊了一个女孩子出来。为什么要女孩呢？因为女孩子做事比较细心。我和这个女孩走到远离他们的地方，就问她：“杨老师对你们好不好啊？”她说“好”。我又问：“你爱不爱杨老师啊？”——“爱。”我接着又说：“你们要善于表达爱。”

这个女孩看着我，一副不理解的样子。

我说：“今天是你们杨老师的生日。”此前我听说这个班有些学生跟杨老师之间有点隔阂，我就对这个女孩说：“杨老师住得那么远，每天到学校真是不容易。今天是他生日……”

---

① 李镇西老师于2009年4月2日在南京师范大学班主任研究中心举办的“随园夜话”班主任沙龙“班主任与任课教师的沟通与合作”上的发言(根据录音整理)。

班长马上就明白了我的意思,说:"李老师,我知道该怎么办,您放心。"

我说:"你们不要隆重地给他庆祝,你们只要在他进教室的时候来一阵掌声,或者一起说'祝杨老师生日快乐',就会让他感动的。记住不要让杨老师知道我跟你说过这个。"

那天下午,杨老师到我办公室来,非常感动。原来,上课时,当杨老师一走进教室,学生们就给他送贺卡,那是学生中午回去时写的。

我就把这个故事讲给我们班主任听。我说,调节任课老师和班主任之间的关系,或者任课老师和学生之间的关系是有很多方法的,我这是从情感上去引领。这样一来,任课老师、班主任和学生之间的关系就会很融洽。

二、整合班级内部教育力量

(一) 学生

学生是教育的对象,也是教育的主体。学生不仅是班级这个学习组织中的管理对象、教育对象,也是管理的主体和教育的主体。学生个体可以进行自我管理和自我教育,进而形成班级教育合力中的学生力量。班主任能否充分发挥学生这一教育力量的作用,是衡量班主任工作水平的重要指标之一。

【工作案例】

一把椅子[①]

刚才听到有个老师提了个问题:班主任与任课老师的关系是领导与被领导的关系吗?

我不知道老师们是怎么想的。我想领导与被领导是从行政上讲的,实际上班主任很难成为实际上的行政人员,他既没有办法给任课老师排课,也没有办法控制任课老师的奖金,在这个意义上,他和任课老师是平等的。但是,我觉得班主任应该是这个班级的灵魂,起到引领的关系。但是从行政上讲,你又没有行政权力,又怎么引领呢? 我觉得是人格、情感、尊重、信任。

---

① 李镇西老师于2009年4月2日在南京师范大学班主任研究中心举办的"随园夜话"班主任沙龙"班主任与任课教师的沟通与合作"上的发言(根据录音整理)。

班主任应该是一个心胸宽阔的人，是一个很大度的人，而且是富有情感的。人和人之间是有差距的，我们的每个老师都是有差距的，不可能说把最强的老师都放在一个班，但是班主任就像要欣赏每个学生一样，要相信每个老师都可以把这个班教好的。这个风气是由班主任带起来的，如果班主任对任课老师都不信任，甚至互相说一些不太好的话，这种关系就很糟糕了。

另外一个很重要的问题就是学生和老师之间发生矛盾了，你站在学生一边，那个老师肯定会不高兴的，说你这个班主任怎么都护着学生。但是如果有的时候是老师的错，学生是对的，如果这时班主任护着老师，即使学生嘴上不说，但是心里肯定有想法。

有一年我教高三，当时我教理科班，是班主任，班上一个任课老师是另一个班的班主任，当时我比那个老师要年轻，我四十来岁，他已经五十多岁了，是个老教师，非常要强。有的同学跟我讲，这个老师偏心，在他们班上课的时候讲得非常细，在我们班就说这道题选 A 或选 B，其他就不讲了，然后就把试卷贴在墙上。我当时就不相信，让学生不要随便讲老师，认为是学生误解老师了。后来经我了解，的确是这样的，他们班的课时明显地就是比我们班多，而我的压力也是很大的。怎么办呢？我想我如果去找这个老师谈，他肯定不会承认的，而且他反而还会觉得我们班的学生讨厌，在老师面前说他的坏话，这不是激化矛盾吗？我觉得还是要通过情感，让我的学生去感动这个老师，这才是最关键的。

我管不了这个老师的行为，但是我可以利用我的学生，让他们表现得更好，我就寻找机会。有一次，这个老师生病了，他人比较胖，血压比较高，我听说后觉得机会来了，我就跟班长讲："你做三件事，第一，只要是何老师的课就放一把椅子在讲台上，我们都知道，老师上课一般是不允许坐的；第二，明天早晨你们用班费给何老师买点补品；第三，从今天开始何老师上课你们要特别关注他，要特别认真。最后不要让何老师知道是我让你们做的。"

当天晚上我不知道发生了什么事情，但是第二天早上，因为何老师和我是一个办公室，坐我后面，早上来的时候他就跟我说："李老师，你们班上的孩子真可爱。"我装作不知道，说："怎么了啊？"他说："我们班的学生就一个都没有想到给我抬一把椅子。"我说："我们班的孩子有这么懂事吗？"他说："是啊，今天还给我买了奶粉之类的，我很感动。"就这样，以后何老师就没有出现过厚此薄彼的事情了。当然，我举的这个例子不一定适合解决每一个难题，或者说不一定适合每一个老师，我想说的是，遇到问题不一定要和任课老师开会或者怎么样，而更多的是做学生的工作。这样，班上的老师就会凝聚在班主任的周围。老师的教学水平参差不齐，我总是尽量让学生去感动老师，让他们能全力以赴地投入教学。

（二）班级组织

1. 班委会

班委会是由班级学生干部组成的、为班级服务的机构。班委会成员是班主任开展班级工作的得力助手。班级很多工作是在班主任与班委会成员相互支持、齐抓共管的基础上进行的。在班主任领导下，班委会成员对班级各项工作分工负责，专人落实，促进了班级的自我发展。班委会是联系班级学生群体与班级任课教师的纽带，可以起到沟通师生思想和情感的作用。班委会是班级开展学生自治的核心力量，是班级学生进行自我教育的榜样。班委会是班主任可以利用的一支重要教育力量，通过对班委会成员有目的、有计划地培养和指导，可以使他们的能力得到锻炼和培养，进而更好地发挥班委的示范引领作用。

2. 少先队和共青团

少先队作为班级发展的教育力量，主要通过班级中队活动发挥作用。班级中队开展活动的过程就是全体学生接受教育的过程。作为中队辅导员的班主任，要善于利用少先队中队活动这一组织，指导学生进行自我教育，促进学生素质的全面提高。

共青团作为班级教育力量的重要组成部分，也是帮助班主任完成教育任务的助手，班主任应把开展班级团工作放在重要位置，发挥其在班级教育中的重要作用。

3. 非正式群体

非正式群体是学生个体成长中一个重要的影响因素，往往会成为青少年发展期的“重要他人”，对于学生个体和班集体的建设与发展具有积极或消极作用。对此，班主任应重视班级中的各种非正式群体，认真分析和研究，并给予正确的教育引导，使其成为班级发展过程中的一股正面教育力量。班主任要有意识地强化正式群体，把非正式群体纳入班级发展轨迹；对待不同的非正式群体，因势利导，扬长避短，发挥其正面作用，促进班级沿着健康的方向发展。

第二节　家庭教育资源的整合

《中共中央国务院关于进一步加强和改进未成年人思想道德建设的若干意见》中指出:"家庭教育在未成年人思想道德建设中具有特殊重要的作用……中小学校要切实担负起指导和推进家庭教育的责任。"班主任在开发家庭教育资源、指导家庭教育方面承担着重要责任。

家访和家长会是家校合作的主要形式,在此基础上,开发新的家校合作载体,成为新时期学校特别是班主任工作新的生长点。已出现的新的家校合作载体,包括:班级博客、家长学校、家长沙龙、家长委员会等。

一、家访

所谓家访,是指为了协调学校与家庭的教育步调,统一学校教育与家庭教育对学生的要求,促进学生德、智、体、美、劳全面发展,班主任代表学校对学生家庭所进行的具有教育性质的访问。

根据不同目的划分的家访类型包括:一般性家访、慰问性家访、表扬性家访、沟通性家访、防微杜渐性家访、纠正不良家庭教育的家访。家访一般分为以下六个步骤。

(1) 明确家访目的。班主任在进行每一次家访前都要问自己——我为什么要进行这次家访?这样可以避免家访时目的不明、没有重点,避免使家长感到你是来闲聊的,进而引起家长不满,不仅达不到家访的目的,反而会造成不良影响:一方面影响班主任在家长心目中的形象,造成家长对班主任工作的不配合;另一方面会间接地影响到学生,造成适得其反的后果。

(2) 分析家访对象。不同的家长由于文化程度、心理特点不同,对家访会有不同的态度,在明确目的之后就要分析家长的类型。对于通情达理的家长,班主任可以开门见山摆出问题,然后与家长进行探讨式的谈话,告诉家长你的解决方法,聆听家长的意见和建议,在了解彼此的想法后共同商讨对策;如果是对子女期望较高的家长,班主任对家长要持理解的态度,创造良好的谈话氛围;帮助家长分析子女的实际情况,包括优缺点,同时就这种观念与家长交换意见,尽可能帮助他们认识到这种观念的利与弊;对于娇惯宠爱子女的家长,班主任要立场坚定、态度中肯,在尊重家长的基础上帮他们分析严与爱的关系，在指出学生缺点的时候要以事实为依据；对待依赖学校教育的家长，班主任要了解家庭的实际情况，指出家长在学生成长过程中不可替代的作用，从而引起家长的重视，并帮助家长克服困难，共同为了学生的成长而努力。

(3) 预测可能遇到的问题并制定策略。家访不是班主任牵着家长的鼻子走，所以难免会出现意想不到的情况，比如与家长意见不一致、家长提出过分要求使自己无所适从等，班主任在家访前应该有心理准备，并根据预测制定相应的策略，也可以与其他老师交流自己的想法，听取他们的意见。

(4) 选择合适的家访时机。班主任在进行家访之前一定要询问学生家长是否有空，在初定时间后要事先通知家长并征得他们的同意，最好能告诉家长家访的目的，使其有所准备，以免无所适从。

(5) 建立"家访记录卡"。建立"家访记录卡"是为了了解学生家庭的基本情况、记录学生的表现和家长意见反馈等。

(6) 进行后期追踪。这是家访的关键一步，也是班主任容易忽视的一步，进行后期追踪是为了了解家访后学生的表现、家长的态度，以此来检测家访效果，并针对性地调整教育方式等。随着社会的发展变化，班主任与家长沟通的渠道日益多元化，如QQ、微信等，家访这一传统的沟通交流方式也受到了挑战。为此，需要研究家访这种方式出现的新情况、新问题，进而更好地发挥其作用。

二、家长会

家长会是一种传统的家校合作方式。通常情况下，班主任是家长会的主角，家长会一度"变质"为"告状会"，使得家长和学生都产生了恐惧感，没有发挥其应有的作用。随着课程改革的深入，班主任越来越认识到家庭教育的重要性，家长会开始出现了新的面貌。以下是两种形式新颖的家长会，也是新形势下家校合作的有益尝试。

【工作案例】

学生主持家长会①

学生可不可以主持家长会？我刚开始尝试的时候，就有老师笑我异想天开。

① 郑学志.班主任工作招招鲜[M].长沙：湖南师范大学出版社，2005：9－10.

他们还教训我说："家长会之所以叫家长会，就是老师召集家长开的会议。由学生来主持，那叫什么会啊？"

我就不相信学生不能够主持家长会。德国一些学校开家长会的时候，学生、家长一起参加，开家长会时并不是只讲学生学习成绩，还搞一些活动。只要有利于孩子成长，如亲子活动、游戏，他们什么都搞。我为什么就不能把家长会变一变呢？

主意打定之后，我就把班委找来。他们从来没有主持过家长会，一听说由他们主持家长会，个个都很兴奋。于是，我们一起商量家长会要做些什么。

首先是会议提纲。交给学生主持了，会议要做哪些事情，我还是要知道，因此，我要他们两天内把提纲给我。孩子们很快就把我要的东西拿来了，我一看，哟呵，真好！平时在开会之前，我要反复思考的问题，这上面什么都有！如这次开会的目的有哪些，该向家长汇报些什么情况，哪些事情适合在公开的场合说，哪些必须个别交谈，更重要的是他们还安排了文艺节目，他们说要给家长们一个意外的惊喜！多么精心细致的提纲啊！

我提了个意见，在向家长介绍情况时，能否做到既力求全面，又重点突出；既讲成绩，又谈不足；既有事例分析，又有理论阐述；既有鼓励，又有要求；既有商讨，又要指导。他们认真地接受了我的建议。

第二次来的时候，他们连会议程序都安排好了。会议程序的第一项：家长报到。由当天的值日班长王小诚负责做家长接待组组长，组员有 6 个，分别由杨蓝蓝和李雪飞负责家长签到，马立民和王开怀负责为家长引座，王小诚与另外两个同学负责茶水工作。其他还有家长陪同工作、家长参观工作等。

学生主持的家长会如期召开了。会议开始时，先由班长刘艳向家长汇报，介绍上一学期的学校要求、本班的情况，着重讲同学们中间涌现的好人好事；接着讲同学们中仍存在的不良倾向；最后提出今后打算、措施及对家长的希望与要求。小家伙讲得头头是道，家长们很欣赏。然后，根据他们事先的联系，安排两个学生代表讲话，请了四位家长代表介绍了家教经验，分发了调查表，征求家长对学校工作的意见和建议。最后一个程序是欣赏孩子们自编自演反映学生生活学习的文艺节目。我暗中调查了一下，基本上每个学生都参加了家长会议，人人都有事可做。会议还没有散，就有家长对我说，这样的家长会好，他们愿意参加。

会后，我安排了个别家长的谈话，是预约有事交谈和必须沟通情况的家长。整个家长会共用了 2 小时 12 分钟，效果出奇的好。看来，家长会也要让学生从后台走出来，才能够更好地发挥他们的作用。

这种让学生从后台走到前台的做法改变了传统家长会的格局，家长会成为家长和班主任双向互动和交流的形式，学生的加入拓宽了家长会的平台和参与主体，为彼此之间的交流搭建了桥梁，有利于调动家长、学生的积极性和主动性，也增强了家长会的实效性，是一种行之有效的家校合作方式。

【工作案例】

“三方”会谈①

这是南京外国语学校仙林分校探索出来的一种新型的家长会形式，这里的“三方”指的是学生、家长和老师。“三方”会谈之前可先进行家长与老师之间的“双方”会谈。“双方”会谈时，互通孩子在家、在校的表现，分析孩子的长处与不足，共商帮助孩子发展的措施。

“三方”会谈必须本着平等、友好、宽松的原则，开始时，先对孩子身上的优点、进步给予充分的肯定，然后给孩子提一些能接受的且能达到的建议。

“三方”会谈的独特之处在于：经过“三方”会谈，学生受到鼓励的同时，明确了自己下一步该怎么做；家长在不知不觉中提高了家教水平，明确了怎么与老师合作，如何具体地指导和督促孩子达成目标；老师进一步明确如何帮助孩子，以及如何进一步与家长密切合作。

“三方”会谈使得“三力”合一，发挥了整体的教育效果。“三方”会谈是立体建构全面育人目标的有益探索。在这一过程中，班主任成为拉近家长与子女之间距离的中间人，在一定程度上减少了自身工作的阻力，借助家长的力量更好地承担起共同育人的责任与使命。

家长会除了要改变形式之外，还要体现班主任与家长的平等对话关系，班主任对家长的尊重主要表现在精心制作邀请信、通知单、设计开场白以及营造和谐的氛围。以下是可供参考的邀请信、通知单格式。

---

① 赵和春.目标引领，立体建构，全面育人，让班级里的每一生命主动和谐发展：班级素质教育的研究与实践[C]//江苏省教育学会2006年年会.江苏省教育学会2006年年会论文集(综合二专辑)，2006.

尊敬的________家长：

我们期盼着您能在近期到校参加家长会，主题是“如何与孩子沟通”。谨请选出您最方便的到会日期和时间。

谢谢！

（班主任签名）________

______年______月______日

	下午 1:00—4:00	晚上 6:00—9:00
10月20日，星期二	________	________
10月21日，星期三	________	________
10月22日，星期四	________	________

图 8-1　家长会邀请信

尊敬的________家长：

谢谢您按我们的要求对会议时间作了回复。会议定在______月______日（星期______）______时在________教室举行。敬请莅临！

若上述时间不方便，请与我联系，我将为您另行安排。办公室电话__________。

祝一切顺利！

（班主任签名）________

______年______月______日

图 8-2　家长会通知单

三、班级博客

班级博客是教育博客的一种，是一个集学生思想交流、资源共享和互助互进的平台，由传统的校友录或同学录演变而来。班级博客和学校博客是校友录和同学录的升华，是建立在以互动交流为前提，以博客技术为基础，以教师、家长、学生三者沟通交流为原则，以家庭、学校、社会为主导的一种零技术障碍、零成本的新型网络应用模式。家长通过班级博客和学校博客，可以及时了解孩子在学校和班级的最新动态和相关问题，可以在线与孩子进行互动交流，以此来解决在现实生活中无法面对或解决的问题，更好地促进家庭教育的开展。

【工作案例】

“希望之班有约”的博客[①]

浙江博客网上有一个名叫“希望之班有约”的博客，这是一个特别的博客，因为它不代表一个人，而是代表了一群人。这群人是上虞中学高一(18)班的同学们，耕耘着这片土地的则是他们的班主任——高国荣老师。日前，该“博客”刚刚获得浙江在线官方网站评选的“闪亮博客”荣誉称号。

博客走进了教学，这是一种非常有前途的教学方式。高老师兴奋地对我说：“以前，家长们对班级的动态不了解，也不习惯经常给我打电话，但是没想到博客解决了这个问题。”从去年10月建立班级博客以来，点击率已达5万多次，成了“老师、学生、家长”之间的互动空间。这5万多次的点击率也许比起那些热门博客来说并不算高，但是一想到5个月中能和学生家长有超过5万次的互动交流，这个数字是令人欣慰的。

打开博客，一场在博客上的家长会跃然眼前，有文字、图片、声音甚至是视频。高老师说：“每次做完单元测试，我会将成绩放在上面，加上密码，然后把密码发给家长，让他们自己看。”高老师还有一个设想，在博客上建一个班级之星，把同学们的佳作、优秀事迹放上去。

现在，还只是高老师一个人在耕耘着这个博客，因为很多家长怕孩子分心，不让上网，但既然是班级博客就应交给同学们自己去管理。班级博客网是一个班级对外开放展示自己的一个窗口，特别是在目前强调家校合作的背景下建立班级博客网更具有特别重要的意义。家长通过博客可以在第一时间知道班级学生的信息，还可以给班主任直接提意见。

班级博客作为一种新的途径，拓宽了班主任与家长的交流平台，更重要的是这不仅是单向的交流，同时也有利于家长间的彼此沟通，这种透明化的形式有利于资源共享，互相借鉴，班主任也因此有了更多为班级工作、为学生成长出谋划策的助手。

四、家长学校

家长学校是组织学生家长进修学习的教育机构，家长通过对教育理论、教育学、心理学知识以及教育子女方法的学习，可以进一步协助学校和班级的教育工作，更好

---

① 资料来源于浙江博客网上的上虞中学的博客。

地配合班主任教育管理好班级，从而成为班级教育合力的一个重要组成部分。

在学校中举办家长学校，可以充分利用学校的师资和教学条件，使家庭教育知识得以普及并系统化。家长学校的主要力量可以是班主任，也可以是其他任课教师，他们与家长一起针对学生的年龄特点以及可能出现的问题，在家长学校这个平台上互相学习、互相商讨，从而使学校和家庭对处于青春期的青少年进行科学引导，保证教育的连贯性、一致性，从而提高教育效果，帮助青少年树立正确的人生观、价值观。以下是上海第五十四中学家长学校开展的系列活动之一。

【工作案例】

上海第五十四中学家长学校开展青春期健康教育①

2005 年 12 月 21 日晚，上海第五十四中学预初年级家长学校特邀了国际妇婴保健院的李天琼医师，给全年级的家长开展了题为“父母应该帮助青春期孩子在人生中寻找自我”的报告会。

青春期教育不是孤立的，而是未成年人在成长过程中不能回避的问题，理所应当被看作成长教育的一个有机组成部分，而在此过程中，家长扮演的角色尤为重要。孩子的青春期问题很大程度上根源在家长，因此，要想让孩子顺利地度过青春期，家长首先要补上青春期教育这一课。

李医师指出：渴望、徘徊、孤独、热情、活泼、敏捷等诸多特点的矛盾交织把青少年推向了人生的十字路口。对于孩子的青春期教育，很多家长要么抱着无师自通的态度——那些知识不讲也知道，要么采取鸵鸟政策——长大了自然就懂了，要么采取比较严厉的态度——发现苗头立即制止。凡是轻视孩子、不尊重孩子的所感所想，都会影响孩子的心理。家长关心孩子，需要在一个宽松而温和的环境下，相互倾诉、反思、互动。青春期教育不是简单的性教育，它是关于人生观的教育，富有立体性，正基于此，家长更要注意审慎、平等地与孩子沟通。

会上，李医师从注意坐、行、睡等姿势，早餐和晚餐的重要性，性格的培养，健康的身体，学会感恩、学会回报，接受挫折，生殖器官的保护，走近异性等几个方面，非常贴近生活地、实实在在地帮助家长们了解青春期孩子的生理和心理。

听了李医师的报告后，很多家长表示：“现在孩子正在悄悄地发生变化，特别是思想上，对很多事情的理解也与成年人有很大差距。我们家长又缺少沟通的方法，

---

① 资料来源于徐汇教育信息网。

所以学校组织这样的家长会我们家长很欢迎，说明学校对学生的关心是全面的、负责的。”有的家长表示：“这次家长会对我们教育孩子很有帮助，我记了很多的笔记，回去后我们要调整一下教育的方法。”

五、家长沙龙和家长委员会

家长沙龙是以家长为主体，以学生成长为中心，以教师及专家学者为咨询指导的，旨在提高家长教育素养、提升教育理念、转变传统教育观念，实现以家庭教育为突破口的家校通力合作，最终形成教育合力，以提高家庭教育和学校教育的效率，促进儿童的健康发展为目的的合作形式。

家长委员会是由关心学校、关心教育事业，具有教育子女经验的家长代表组成。家长委员会中最好有一定数量的领导、专家、社会知名人士，其主要职责是参与学校和班级的教育和管理，协助做好青少年教育工作；其教育职能是代表家长研究教育学生的内容和方法，为班主任当好参谋与顾问。

为了使上述家长教育工作机构有效开展工作，班主任要做到：

(1) 负责组织建立家长教育工作机构；

(2) 定期召开该机构的工作会议；

(3) 向该机构报告自己班级工作和学生表现；

(4) 听取该机构家长的意见和要求；

(5) 邀请家长协助班级工作；

(6) 了解学生在校外和家庭中的表现；

(7) 及时向该机构成员介绍有关学校教育工作的方针政策、教育改革新动向，以及个人对班级问题的思考。

第三节　社会教育资源的整合

《学习的革命》[①]一书指出，对于未来的学校而言，“整个社区教育应该是一种教育资源”，“如果没有社区参与其中，你不可能拥有一所优秀的学校”。由此可见，

---

① [美]珍妮特·沃斯，[新西兰]戈登·德莱顿.学习的革命——通向21世纪的个人护照[M].顾瑞荣，等译.上海：上海三联书店，1998.

整合社会教育资源，开展社区教育已成为新时期班主任工作新的生长点。以下是班主任整合社会教育资源的几种具体做法。

一、依托社区教育委员会

社区教育委员会是在当地政府领导下，由学校、家庭、社会团体、企事业单位、部队等单位组成，旨在发挥社会主义教育导向作用，整合社区教育力量，创设有利于青少年成长的社会环境。社区教育委员会的任务很多，包括宣传教育方针政策，共商办好社区学校事宜，坚持社区、学校双向服务，共创“两个文明”等。虽然社区教育委员会的工作并非指向某个班级，但是班主任可以主动参与其中，并邀请他们参加班级的教育活动。例如，邀请社区教育委员会中的学生家长代表或社会团体成员参加本班的教育活动，邀请专家、学者、先进工作者为学生做报告，或聘请他们为校外辅导员。以下是温岑二中引入社会力量开展班级活动的案例。

【工作案例】

为了开展社会适应性教育，我们邀请了中外合资企业的管理人员、外籍员工与学生见面、交流，以促使学生自我激励情绪的发展。被邀请的宾客往往在友好的、受尊敬的气氛中愉快地讲述他们的工作环境、生活方式、学习特点，外籍员工用英语夹杂着汉语与学生交谈，激起学生的兴趣，学生争相用英语并打着手势，向他们发问或解答问题。①

该活动打破了学校与社会的屏障，拉近了学生与社会的距离，通过与社会人士的接触，帮助学生认识社会，了解工作的艰辛，激发他们学习的热情和刻苦钻研的精神，一定程度上促进了学生的社会化。

二、建立校外教育基地

为了有效地发挥社会各单位的积极教育作用，使学生的校外生活健康而愉快，班主任可以主动协助学校和社区教育委员会，与有关社会单位共建校外教育基地。荆州市在这方面做了尝试，取得了良好的效果。

---

① 班华，陈家麟.中学班主任实施素质教育指南[M].南京：南京师范大学出版社，1999：263.

【工作案例】

荆州市第十三中学与社区内沙市港务局共建“关心下一代工作组”，由该局党委书记亲自任组长，以初二(5)班为社区教育联系点，班主任亲自挂帅，开展了丰富多彩的素质教育活动。如采取“一帮二交朋友”的方法，“五个一”的原则法(一学期订一次帮助提高计划，一学期一次“四心合一”座谈会，一月一次学校、家长、工作组成员联系会，一周最少和转化对象见面一次，一周朋友间互谈一次)等。后来，该工作组被评为教委社区教育先进单位，他们为中学生的素质培育立下了汗马功劳。实践证明，学校、社会共建校外教育基地，是学校素质教育的深化与强化。①

青少年校外活动场所是校外教育基地的重要组成部分，是促进青少年全面发展的实践课堂，是服务、凝聚、教育广大青少年的活动平台，是加强思想道德建设、推进素质教育、建设社会主义精神文明的重要阵地，对培养青少年的创新精神和实践能力、引导和服务青少年健康成长等方面具有重要作用。

浙江省早在“十一五”就制定了青少年学生校外活动场所建设与发展规划。其规划范围涉及三类公益性青少年学生校外活动场所：直接为青少年学生提供公共服务的青少年学生校外专门活动场所，包括青少年活动中心、少年宫(以下简称“青少年宫”)，独立建制运行的青少年学生校外素质教育(实践)基地等；综合利用现有场所为青少年学生提供就近就便教育服务的青少年学生校外日常活动场所，包括农村乡镇、城市街道的青少年宫、青少年之家(少年之家)等；利用场馆优势，在服务社会的同时，为青少年学生提供教育服务的青少年学生校外专项教育活动场所，包括爱国主义教育基地、博物馆、科技馆、青少年科技活动中心、妇女儿童活动中心以及利用景区资源开展公益性教育活动的红色旅游景区等。其规划重点是公益性青少年学生校外专门活动场所。

这一规划为班主任工作提供了新的生长点，如何使用这些社会资源对学生进行教育成为摆在班主任面前的新问题，班主任应制定相应的目标，选择性地使用这些校外活动场所，努力将生活教育理念贯穿到班主任工作中。

---

① 班华，陈家麟.中学班主任实施素质教育指南[M].南京：南京师范大学出版社，1999：261.

三、网络资源的开发与利用

如今,网络已成为现代人生活中不可或缺的组成部分,网络改变了人们的生活方式和交往方式。有效利用网络资源的意识,以及对于网络资源的获取能力,已经成为班主任专业成长和自我发展的必要条件。从20世纪90年代中期发展起来的网络技术作为一种全新的信息传输与交互技术,把互联网上分散的资源融为一体,实现了资源的共享和协作,使人们能够按需获取信息。一般而言,网络信息技术包括网络技术、数据库技术和多媒体技术。网络信息技术为人们提供的主要活动方式包括:电子邮件、文件传输(FTP)、远程登录、网络社区、实时通信(QQ、微信)等。

网络技术的发展不仅给人们的生活和工作带来了巨大的变化,也深刻地影响着现代学校教育和学生的学习方式。其教育教学功能表现为信息交流与互动功能、教学资源拓展与服务功能、师生学习与反馈功能、教育管理与评价功能。班主任有效利用微博或QQ等交流平台,不仅有助于增强师生间的相互了解与沟通,也增加了家长对班级和学校的了解,而且能促进班主任自身的专业成长。

班主任可资利用的网络信息技术方式有专门的资源网站、QQ、微信、微博等。具体内容如下。

专门的资源网站主要是与教育教学有关的教育类网站,如校园网、电子图书馆与电子期刊网、重要的门户网,有益于中小学生的学习资源网、家庭教育网等。这些网站大都拥有海量信息与教育资源,使学生能够较为便利地获得有关信息,拓宽学生的学习空间,有助于他们形成现代信息素养。

QQ和微信是师生交流互动的一个非常便捷的平台。QQ是老师们熟悉的网络交流方式,已经广为使用。微信是一款跨平台的通信工具,支持单人、多人参与,可通过手机网络发送语音、图片、视频和文字,已经成为现代生活的一种方式。微博是一种通常由个人管理、不定期发布新的动态消息的网站。一个典型的微博结合了文字、图像、其他微博或网站链接及与主题相关的媒体,能够让读者以互动的方式留下意见,它形式灵活、生动活泼,具有即时表达、及时传播等特点,因此广受一线教师喜爱。开设微博、撰写博文不仅成为班主任发布教育管理信息的平台,也成为班主任与学生、同事交流,进行记事、总结、反思并形成自己教育风格的表达方式。

班主任在有效利用网络交流平台、获得自我成长的同时,还承担着对青少年进行有效引导的责任。网络资源可谓良莠不齐、鱼龙混杂,对于青少年而言,既存在着极大的诱惑,也存在着极大的隐患。这是学校、家长极为担心的问题。班主任应利用各种机会和途径,对学生进行网络安全、网络道德和媒介素养的教育,提高学生对于不良信息的识别能力和道德判断能力,引导学生正确有效地利用网络资源。

思考与练习

一、思考探究

1. 网络在人们的现实生活中日益不可或缺,但是家长和学校普遍担心中小学生上网问题,尤其是网络成瘾问题。谈谈你对指导学生有效利用网络资源的看法和具体做法。

2. 以下是来自不同地区的两位教师关于城乡教育的对话。

乡村教师悲哀地感叹:“我很想引导学生们了解生活和社会,很希望他们有开阔的社会视野,想让他们明白人生可以有许多精彩的活法。可是,我能做什么呢?除了山就是水,连旁边的乡村里都只有老人和孩子,村镇的几条街道能给学生什么见识呢?”

城市教师充满羡慕地说:“哎呀!这才好呀!住在乡村生活确实不方便,但是对于教育学生来说,这确实是最好不过了,可以大大减少歪风邪气对他们的影响。城市里什么都有,社会问题也有很多,学生每天都接触这些乌烟瘴气的社会问题,能不学坏吗?”

(1) 请对两位教师的观点发表自己的看法。

(2) 谈谈你在自己的班主任工作中是怎样利用社会教育资源的。

二、情境问答

1. “王者荣耀”等游戏在学生中很流行。方红女士却因这个游戏愁容满面:她的孩子总是偷偷半夜爬起来玩游戏,第二天上课无精打采,而不少沉迷上网或游戏的学生甚至到了一天不玩就心痒的地步。

你如何看待这一现象?就此现象,谈谈在班级范围内可采取哪些有效措施对学生进行教育。

2. 班上不少家长只在乎孩子的学习成绩或是考试分数,对于孩子的能力培养认为是浪费时间。最近班级开展“公民教育”活动,要求孩子们利用周末时间进行小区公共政策问题调查,许多家长不支持,有的家长说孩子周末要上补习班,反对学生参加。

面对这样的问题,你如何解决?说出你这样做的理由。

3. 四月芳菲,春意盎然。可是,小李同学的家庭作业仍如冬天一样让人心寒。

放学后我和小李边走边聊，当得知我是要去他家家访时，他立即停住了脚步，说："老师，我保证每天写作业，你别去我家了！"

如果你是班主任该怎么办？谈谈你对家访的认识。

4. 针对成绩较差的学生，我召开了一次特殊的家长会，请家长们在一张表格中列出自己孩子的优点。家长们拿到表格，有的发呆，有的摇头苦笑。面对此情此景，我耐心地引导家长们："今天开会的目的就是转变观念，重新认识自己的孩子。要客观地评价自己孩子的优缺点。孩子身上有缺点并不可怕，可怕的是我们看不到孩子的优点。哪怕是'所谓的'优点。"在我的启发下，有的家长开了头，其他家长也热烈地讨论起来。第二天，学生把表交上来，家长会收到了很好的效果。一张小小的表格，一次特殊的家长会。

请对这次家长会进行评析。结合实际谈谈，你是如何利用家长资源解决班级教育问题的。

延伸阅读

1. 北京市教育委员会德育处.北京市中小学班主任工作指导手册[M].北京：北京出版社，2008.
2. 李家成，王培颖.家校合作指导手册[M].北京：北京大学出版社，2016.
3. [美]珍妮特・沃斯，[新西兰]戈登・德莱顿.学习的革命[M].上海：上海三联书店，1998.
4. [美]富勒，奥尔森.家庭与学校的联系：如何成功地与家长合作[M].谭军华，等译.北京：中国轻工业出版社，2003.

第九章 主题班会设计与实施能力

班主任感言

一首好歌，能催人奋进；一幅好画，能陶冶情操；一句名言，能净化人的心灵；同样，一次好的班会，能让学生受益匪浅。主题班会不仅是对学生进行思想品德教育的重要途径，也是提高学生思想品德素质的一大“法宝”。

——李学明(湖北枣阳市罗岗中学)

“主题班会”相对于“班会”而言是一个“子概念”，它的界定在本质上离不开“班会”的概念。班会是以班级为单位召开的会议或以班级为单位举行的集体活动。班会的类型最常见的有两种：固定班会(如周会、晨会等班级例会)、主题班会。主题班会不同于固定班会(或称常规班会)，其主要功能不是常规教育和一般的班级工作部署、安排与总结，而是围绕一个主题对学生进行思想品德教育。

一般来讲，主题班会是指围绕一个专题，在班主任的组织和指导下，根据学生的兴趣和身心发展特点，以班集体的智慧和力量为依托，以学生为主体，经过一系列精心设计、策划的班级教育活动。主题班会作为实施班级德育和开展班级活动的一种重要形式，被列入国家课程计划，作为与必修课同等重要的课程板块；主题班会的设计、组织和实施是班主任的一项日常工作内容，它既是班主任专业素养的综合反映，也是促进班主任专业发展的重要途径。

第一节 主题班会的设计

在与班主任工作相关的各种活动中，主题班会是重要的形式之一。主题班会是班主任综合素质和教育实践智慧的集中体现，从一位班主任提供的主题班会设计方案中，我们可以更具体地洞悉该班主任的教育理念和对班主任工作的理解。因此，主题班会也成为目前各种形式的班主任风采展示和班主任基本功大赛的必赛内容。班主任要了解主题班会的基本内容和要求，不断探索和创新主题班会的内容与形式，切实提高班级德育工作的针对性和实效性。

一、主题班会的功能

从功能上看，主题班会不同于一般的固定班会，它最主要的目的在于对学生进行思想品德教育，要实现的是德育功能。与一般的教育方式不同，主题班会的德育功能可以分解为以下几个方面：主题班会具有导向作用；主题班会是对学生进行自我教育的有效方式；主题班会具有情感感染的功能；主题班会可以增强班级的凝聚力；主题班会可以引领班级的集体舆论，形成良好的班风；主题班会可以激发学生的成就动机，促进学生全面发展。①

主题班会是学校开展德育工作的重要形式，是以“班级”为单位开展的。从班级角度来看，主题班会是班主任对学生进行思想政治教育的重要途径，也是培养学生能力、增强学生团结协作意识的重要阵地。一次卓有成效的主题班会，会让学生在心灵上受到很大的震撼，对学生的行为产生深远的影响，从而推动良好班风的形成，使班级成为一个优秀、文明、集体荣誉感极强的班集体。

主题班会是一种有效的自我教育方式，这种教育的功能不是以直接的方式来告诉学生“必须怎么做”，而是给学生体验的空间和自主选择的机会，让学生去体会“为什么要这样做”，它是一种潜移默化的影响。另外，主题班会通常采用体验的或讨论的活动形式，在这个过程中，学生通过切身的体验，常常能产生强烈的情感共鸣，从而激发道德动机，实现凝聚的功能。

在班级这一组织结构中，师生关系是教育活动中很重要的一个领域。主题班会的开展实际上反映了师生之间的默契配合度。通过交流，可以实现“师生间的信息互换”，“思想碰撞和情感交流”。通过师生交往，学生认识自己，认识自己与他人、与班级和社会的关系，学习与人相处，学习社会规范并形成一定的社会观念，这对构建和谐、平等的师生关系具有重要意义。

主题班会还有强烈的导向性，一切教育活动的最终目的都是为了学生的发展。

---

① 教育部师范教育司，基础教育司.班级活动设计与组织[M].北京：北京师范大学出版社，2008：36.

主题班会准备的每个环节，都体现了对学生发展的重视。主题班会的准备过程就是教育、锻炼和提高学生能力的过程。如果每个学生都能积极地投入准备活动，激发出上进的热情，发挥出自己的才智，那么不仅能把主题班会开好，而且将使学生的素质得到提高，最终激励学生进行自我教育。例如，以“我的青春我做主”为主题的班会，通过让学生主动了解青春期个体生理和心理发展的特点，可以在一定程度上帮助青少年学生正确地认识青春期自己所面临的人生发展课题，同时也可以激励青春期的学生珍惜时光努力学习，顽强拼搏，正确处理男女关系，自主解决青春期的烦恼。

从宏观的视角分析，主题班会更是建设班级文化的有效途径，内容新颖、形式活泼、为学生所喜爱的主题班会本身就是班级文化的一部分。①

二、主题班会的原则

主题班会的设计和实施一般要经过主题酝酿、组织实施和总结提升三个阶段，在设计和实施过程中应当坚持计划性、针对性、整合性、创新性原则。

（一）计划性

计划性是主题班会的首要原则。坚持计划性原则，要求班主任从课程计划的认识高度来设计和安排主题班会，要把主题班会设计过程纳入学校和班主任的全部日常工作中。一方面，要注意时间安排的计划性，主题班会不是可有可无的点缀品，也不是一个查缺补漏的附属物，它一定是整个学生教育管理工作中的重要组成部分，是班级学期计划和学年计划中的重要组成部分。正因为内容的丰富，我们同时要注意班会主题的计划性和系统性，班主任在做学期和学年工作计划时，必须把主题班会的具体计划和安排写入其中，防止随意性和零散性。另一方面，要注意主题班会内容的系统性设计。主题班会的主题设计要打破单一主题和一次性主题的设计模式，要根据学生发展的某一时期，从系统课程的角度设计一个学年段或年龄段的班会的系列主题，要使这些主题不仅切合学生的年龄特征和阶段性心理需求，而且也要使主题本身构成一个层层推进、螺旋上升的课程体系。

---

① 檀传宝.教师德育专业化读本[M].北京：教育科学出版社，2012：4.

（二）针对性

坚持针对性原则，要求班主任在主题班会的设计和实施过程中必须关照教育对象和现实问题，做到有的放矢。主题班会的针对性主要指两个方面：一是主题班会的主题确定必须针对班级中现实的教育问题，以解决具体问题为出发点，即坚持问题导向；二是主题班会的主题确定和具体实施方式的选择必须关注学生年龄的阶段性特征，以学生的认知发展和社会性的一般规律为依据设计主题班会的主题内容，选择适宜的实施方式。

（三）整合性

所谓整合性原则，就是在主题班会设计和实施过程中，对涉及的主客体关系与各种活动要素进行综合考量和协同运筹，做到发挥一方作用的同时，不偏废另一方的作用。在主题班会的实施过程中，整合的内容主要包括两个方面：一是教师的主导作用和学生的主体作用的整合；二是媒体演示和语言解说的整合。在主题班会设计和实施过程中，最重要的、起核心作用的是教师和学生，其中，教师是起主导作用的。在主题班会设计和实施过程中，教师永远都不要忘记自己的主导者角色。虽然我们要调动学生的兴趣，把班会的主动权交给学生，但是教师绝对不可以放任不管。

主题班会在实施过程中常常会因为活动过多而将主题淹没，因此，在主题班会临近尾声时，需要教师对班会进行必要的总结提升。主题班会的提升不是一般意义上的班主任讲话，而是在原有基础上对主题的进一步提炼和升华。主题班会的提升环节直接决定着主题班会的效果，也是对班主任教育素养和实践智慧的最集中的考验。

在媒体演示和语言解说的整合方面，目前，多数教师在主题班会中都借助多媒体手段，大量使用图片和视频资料，因此，教师对图片内容进行适时、恰当的解说，不仅可以调动学生关于图片的直接经验，而且也决定着学生对图片内容的理解方向和理解深度。

（四）创新性

创新性原则是指教师在设计和实施主题班会的过程中，根据学校德育外部环境的变化和学生的需求与兴趣，在主题班会的类型确定、内容选择和形式设计等方面进行大胆的创新，摒弃主题班会的老面孔和一成不变的模式。主题确立后，应着手设计方案。主题班会的构思要新颖，有艺术性、创造性。创造的本质就是出新，巧妙的构思能令活动焕发出新意，激发学生的兴趣，从而把枯燥的说教课变为生动活泼的思想课。只有在形式和内容上不断创新，与时俱进，主题班会才能对学生形成足够的吸引力，才能充分调动学生的兴趣，进而真正发挥学生的主体作用，达到预期的教育效果。①

【相关链接】

主题教育要破“两张皮”现象②

主题教育活动是学校和班主任进行德育工作的重要渠道，也是学生接受教育的主要方式，但是这两者之间却常常“游离”和“脱节”。如何解决主题教育活动与学生接受教育“两张皮”现象，在闵行区教育局最近主办的上海市瞿新忠班主任工作室展示研讨活动上，本市中学一线班主任和教育专家纷纷发表见解。他们认为，主题教育活动必须从学生思想实际出发，光“主题先行”还不够，必须“主题切合”。

一、主题要从学生中来

有一位长期从事德育的特级教师指出，长期以来，由于班主任对主题教育活动的功能不太明确，致使主题教育活动存在一些问题。如，重道德认知，轻价值引领；重活动形式，轻活动内涵；重面向全体，轻个性差异；重随机教育，轻系统教育等，致使活动的针对性和实效性差。

面对这些问题，瞿新忠班主任工作室在导师何康和贾永春的指导下，开展了系列研讨。通过学习、梳理和研究，大家逐渐认识到教育必须以学生为本，主题教育的主题要针对学生的成长困惑、满足学生的成长需求。

二、教育关注学生心理

“学生身上反映出来的问题，有的不是品质问题，而是心理问题”，执教《我的情绪我做主》一课的浦江一中洪耀伟老师，把心理学中的团体心理辅导技巧和方法渗透到主题教育活动中。他说：“我们会觉得这些学生的表现很怪异，但如果有一些心理学常识，就会知道这些都是学生在这个特殊时期的正常表现，只是需要我们教师去进行积极的引导和教育。”

莘松中学范亿老师也说：“几年前，在班主任工作中，对学生的主题教育内容一

① 檀传宝.教师德育专业化读本[M].北京：教育科学出版社，2012：10－12.

② 苏军.主题教育要破“两张皮”现象[N].文汇报，2013－05－09.

般都局限在习惯、行为规范、思想教育上，面对学生出现的很多问题，常常抱怨学生的不是。学习了国家二级心理咨询师课程后再来看学生，从青少年的心理特点角度来看，发现很多问题其实都不是真正的问题，而是学生在成长中必然的过程。”

三、选题决定了有效性

“七年级学生面临众多的矛盾与冲突，往往表现出叛逆、浮躁与游离；同时，他们又对外部世界表现出强烈的探寻与渴望，可是自身阅历、认知上的不足又使他们很难作出正确的信息采择，他们常常因找不到方向而感到迷茫。”莘松中学李伟老师在课前，让学生收集、了解有关“梦想”的名言或故事，制作梦想书签。通过课前活动，将学生在生活中的情感体验“搬”到课堂上，使课堂得到了延伸。他认为，主题教育活动的有效性首先取决于教育的选题，要能够从学生成长需要出发选择具有针对性、适切性与时代性的专题。

文来中学褚素苹认为，学生看不到教育的产生，却实实在在地影响着他们的心灵，帮助他们发挥了潜能，这才是天底下最好的教育。把主题教育课设计成系列化的教育活动，就会使德育的生命之树根植于学生的心灵，潜移默化为学生的行动。

三、主题班会的形式

主题班会的形式由内容来决定，内容要通过一定的形式才能表现出来，形式必须依托于一定的内容才有存在的价值。无论组织什么活动，都应该选择最为适合的活动形式，以达到最佳的教育效果。如，有的将主题班会分为模拟式、咨询式、报告式、展现式、辩论式、交流式、竞赛式等①；有的从活动的类型上将主题班会分为体验型、讨论型、表演型、叙事型和综合型几类；有的从主题类型来划分，可以把主题班会分为日常主题、政治主题、阶段性主题、节日性主题和偶发性主题。②

主题班会的形式多样，组织形式也很灵活。一般情况下，主题班会是在教室里召开，由班主任（或学生）组织、主持。但为了丰富主题班会的形式，增强主题班会的新鲜感，给学生以不同层次的感受与教育，在条件许可的情况下，主题班会也可以设计成联合举办的形式，如，可以与兄弟班级合办，也可以学生与家长、学生与教

---

① 华东师范大学教育学博士编写组.教育学博士写给中学班主任的信[M].南京：江苏教育出版社，2006：83-84.

② 教育部师范教育司，基础教育司.班级活动设计与组织[M].北京：北京师范大学出版社，2008：34-36.

师、学生与社区联合举办。

主题班会的形式有很多，每次班会也不是只能使用一种形式，关键是要根据活动的主题，体现它的教育性，然后根据主题选择一种或多种形式，以达到规范学生行为、锻炼学生能力、陶冶学生情操的目的。对主题班会的形式划分没有比较固定的说法，研究得也比较少，就目前来看，尚没有一个上位的指标体系来划分。

主题班会的设计方案既可以是简案，也可以是详案。但有一点是共同的，即主题班会设计的内容要实在，过程要清楚，结构要完整。主题班会的方案设计，一般应包括班会活动的主题、活动背景、活动目的、活动准备（活动时间、地点、参加人员、活动材料）、活动形式、活动过程、活动小结等方面。主题班会的设计方案与主题班会的实录是有区别的。下面呈现的是小学、初中、高中学段主题班会的设计方案，供学习借鉴。

【相关链接】

我也要做喜羊羊①

——“学会倾听”主题班会

一、设计背景

倾听是一种习惯、一种能力，更是一种美德。我校一直倡导和落实尊重教育理念，提倡三个“我会”，即我会倾听、我会质疑、我会实践。倾听他人发言，是尊重教育的具体体现。刚入学的小学生，年龄一般在6—7岁，年龄特点决定了他们的注意力维持时间大约在10—20分钟，不可能整堂课都认真听讲，必须有意识地进行训练和培养。我班学生在课堂听讲方面表现出以下现象：① 大约30%的学生注意力分散，后半节课表现尤为明显，他们的注意力容易离开教学内容，有的无所事事，有的做小动作。② 假性倾听。有的学生在课堂上看似坐得很端正，不讲话，不转头，一直盯着老师或者黑板，但其实并没有听讲，而是思维游离，在发呆。③ 还有的学生不善于听取同学的发言，而是急着发表自己的见解。针对班中学生表现出来的这些现象，除了运用各种教学手段激发学生兴趣，吸引学生注意力之外，我还想通过“学会倾听”主题班会让学生掌握倾听方法，培养良好倾听习惯。

---

① 姚洁.我也要做喜羊羊[J].班主任，2016(8).

二、教育目标

1. 让学生了解什么是倾听，感受到“听”的重要性，认识到“听”是获得信息的重要渠道。

2. 让学生了解并掌握基本的倾听方法。

3. 使学生养成上课专心听讲的好习惯，进而激发学生爱学习、乐学习的情感。

三、班会准备

1. 在班会前一周，每天随堂（重点在语文和数学课堂）观察学生上课的表现，并及时记录。

2. 制作慢羊羊、美羊羊、沸羊羊、暖羊羊、喜羊羊头饰。

四、班会过程

（一）情景导入，引出主题

创设动画片《喜羊羊》中羊村小学的活动情景。由班主任扮演慢羊羊（头戴慢羊羊头饰），全体学生扮演羊村中的小羊（头戴小羊头饰）。

慢羊羊：同学们好，欢迎大家来到羊村小学。我是慢羊羊老师，你们看，他是谁？（出示喜羊羊图片）快跟他打个招呼。

喜羊羊（录音）：同学们，大家好！告诉你们一个好消息，我被评为我们班的“学习小明星”啦！这都要归功于我这双会听的耳朵。有了它们，我能清楚地听到老师的讲课和同学们的发言，所以我的成绩一直非常优秀。大家可喜欢我了，我也感到很快乐。总之，耳朵就是我的好伙伴。我希望你们都能成为学习小明星，大家一起加油啊！

设计意图：整堂班会课，教师创设了一个羊村学校的情景，富于童趣，符合一年级学生的心理特点。喜羊羊的出现一下子吸引了学生的注意力，很自然地引出了班会主题。

（二）游戏激趣，感知倾听的重要性

倾听游戏：小羊跳

游戏介绍：学生所戴头饰分为三类：美羊羊、沸羊羊和暖羊羊。老师说“暖羊羊跳”时，头戴暖羊羊头饰的学生跳一下；老师说“沸羊羊跳”时，头戴沸羊羊头饰的学生跳一下；老师说“美羊羊跳”时，头戴美羊羊头饰的学生跳一下。老师还可以有意识地说出除这三种羊之外的其他人物，如“灰太狼跳”，目的是考察大家倾听是否认真。

这个游戏，全班学生几乎都能做对。

师：同学们说一说，为什么你们都能做对呢？

生：因为老师说的时候我们认真听了，所以做对了。

师：同学们说得太对了！做游戏的时候，认真听你就能取得胜利。那上课时，我们又该怎么做呢？

生1：上课不仅要认真听讲，眼睛还要看着老师。

生2：上课应该把手背在后面坐好，不乱动。

……

师：倾听就是用心听。在倾听方面，喜羊羊可是我们学习的榜样。可他的好朋友懒羊羊在这方面却遇到了烦心事，我们一起看看……

设计意图：倾听游戏激起了学生的兴趣，调动了学生参与的积极性，吸引学生凝神倾听，为后面的活动做好铺垫。

（三）情景表演，学会倾听的方法

小品《懒羊羊上学》，由学生表演。

小品内容：懒羊羊今年6岁，是羊村小学一年级(2)班的小学生。每天，懒羊羊和他的小助手们一起上学，懒羊羊的小助手有他的眼睛、耳朵、嘴巴、四肢和身体。晚上，懒羊羊召集助手们开会分工。他说："眼睛负责看，耳朵负责听，嘴巴负责说，四肢和身体负责动。"助手们各自领命，第二天一早随懒羊羊去上学。放学后回到家里，妈妈问懒羊羊："今天听老师讲了什么新知识？"懒羊羊挠挠头怎么也想不出来。妈妈又问："那你今天的作业是什么？"懒羊羊又挠挠头，还是不知道。妈妈说："你没带耳朵去上学啊？"懒羊羊说："带了带了。"他问两只耳朵："左耳朵、右耳朵，你们怎么搞的，为什么没听明白？"右耳朵委屈地说："懒羊羊哥哥，我是在听啊，可嘴巴不停地说，闹得我听不清。"左耳朵更委屈了，说："我也在听啊，可眼睛看了窗外又看天花板，手和脚也不停地动，结果我左耳朵好不容易听到的东西都从右耳朵跑出去了。"

师(小结)：听可不只是左耳朵、右耳朵的事，眼睛、嘴巴、四肢和身体，还有大脑都要一起行动起来！

师(一边给黑板上的懒羊羊贴眼睛，一边问)：你们觉得眼睛怎么听？

生：在倾听别人说话的时候，眼睛要看着对方。

师(一边给懒羊羊贴嘴巴，一边问)：嘴巴怎么听呀？

生：在倾听别人发言的时候，应该闭上嘴巴，不能随便插话。

师(小结)：同学们说得特别好。在倾听别人发言的时候，眼睛要看着对方，不随便插话，这是对别人的尊重。

师(一边贴懒羊羊的身体和四肢，一边问)：就连我们的身体和四肢也能帮助我们倾听，你们知道它们应该怎样听吗？

生：倾听的时候，手脚和身子不能乱晃。

师：倾听时小腰板要挺直，身体可以微微向前倾。当你表示同意或是听明白了的时候，可以轻轻地点点头；如果你不同意对方的发言或是还不太明白，可以轻轻地摇摇头。当我们的眼睛、嘴巴、四肢和身体都做到了认真倾听，这时候我们的耳朵才会听得最认真，听得最清楚。（将懒羊羊的耳朵最后贴上）懒羊羊是一个很好学的孩子，课堂上他也是这样做的。但是过了不久，他的身上又出现了新的问题。下面我们一起来看一段录像。

录像内容：上课时，老师在讲“看”和“着”这两个字的区别。回答问题的时候，同学们都很积极，但是懒羊羊不仅举着手，嘴里还不停地喊着：“我……老师叫我……”根本不听同学的发言。结果，当老师真的叫到他时，他却支支吾吾地回答不上来。

师：孩子们，你们发现在课堂上懒羊羊又出现什么问题了？

生 1：懒羊羊总是站着举手，他的姿势特别难看。

生 2：懒羊羊只顾着举手，他没有认真倾听同学发言。

师（小结）：认真倾听还有很重要的一条，那就是有耐心。上课时不仅要认真听老师讲课，还要耐心听同学发言，因为每个人的发言都有可能会提醒你。这样不仅能从其他同学身上学到优点，这更是尊重别人的表现。

设计意图：通过直现、生动的小品表演，引发学生对如何倾听的思考，让学生了解倾听的方法，同时懂得倾听也是一种重要的学习方法，是尊重他人的表现。

（四）活动体验，实践倾听

活动 1：小小传话员

1. 游戏体验。

师：刚才同学们学习得特别认真，现在我们休息一下。我告诉大家一个好消息，咱们羊村小学明天要去春游了，通知刚刚发下来。现在，老师就请你来做小小传话员，把春游的要求传给同学们。

春游通知内容：

① 星期六上午 8 点，在学校门口集合。

② 带上水、面包、报纸和干湿纸巾。

游戏规则：

① 学生分为 6 个小组，每组 5 人，分别是 1 号至 5 号。

② 老师只把通知给每组 1 号学生看，1 号学生看完后记在心里。

③ 老师说“开始”，各组 1 号学生轻声告诉同组 2 号学生通知内容，传递过程

中不能让其他人听到，依次后传，每人只能传一次。

④ 5号学生收到通知后，记住通知内容，然后举手。

⑤ 哪一小组最准、最快、最守规则就是胜利者，哪组犯规就取消资格。

活动结束，老师宣布结果。

2. 全班交流。

(1) 小组成功的原因。

生：听清前面同学说的内容并且要把它记住。

师：看来，你们把心思全部都集中到了这次活动上，你用心了，所以会成功。所以，倾听的时候要边听边记。

(2) 小组失败的原因。

生：我没有看清楚也没有记清楚通知上的内容就着急往后传，所以我们组传错了。

师：看来倾听比输赢更重要，要是按照这个小组传递的通知，那明天的活动很可能你们都去不成了。所以，倾听要用心，不能着急，边听边记是关键。

活动2：学习倾听儿歌，学会有目的地倾听

1. 学习倾听儿歌。

师：现在老师给大家听一首小儿歌，看看谁最会倾听，能最先把它背下来。

会听爱听，精神集中，
身体坐正，静心细听，
倾听同时，边记边想，
听清听懂，再听完整。

学习步骤：① 老师带读；② 学生带读；③ 自己练习；④ 会背的学生背诵。

2. 总结会背的原因。

生1：在老师和同学带读的时候，我就一边听一边记。

生2：老师让我们记的时候，我抓紧时间，一遍一遍小声读，认真记。

设计意图：让学生在真实的活动中感受认真倾听的重要性，并切实体验与体会掌握倾听的方法和技巧对于自己和集体活动的影响。

（五）班主任总结

老师（教认“聪”字）：聪的左边是“耳”，要想成为聪明的孩子得先会用耳朵听。右边上方的一点一撇表示眼睛，除了认真听我们还得会观察；右边中间的“口”，表示要学会用嘴去表达；右边下方的“心”，表示要用心去记忆。如果我们每节课都能做到耳到、眼到、口到、心到，那么我们就会变得越来越聪明。我相信每位同学都会像喜羊羊那样成为学习小明星。

设计意图：通过分析“聪”字，引导学生认识到，成为聪明的孩子，不仅要用耳朵“听”，还要用心、用脑，要边听边动脑筋思考，使学生对倾听方法的感知和认识得到深化和加强，能有意识地改正自身不足，培养良好的倾听习惯。

五、活动延伸

倾听习惯不是一下子就能养成的，它需要一个长期的过程，所以今后我还要将它做成一个系列活动，帮助学生养成倾听的好习惯。

1. 利用学校脱口秀时间，让学生到讲台前讲故事或见闻，要求其他学生认真倾听。

2. 在语文课上可以利用分角色朗读或表演课本剧的形式训练学生倾听。

3. 在平时生活中让学生学会轻声交谈，学会倾听并且不随便打断别人说话。

4. 让学生准备一个小本子，记录自己每天听到的有趣的事情，回家后讲给爸爸妈妈听；爸爸妈妈在本子后面记录下自己听到后对孩子肯定和鼓励的话语，这样可以激励孩子更加专心倾听。

寻找阳光下七彩的我①

——帮助学生树立积极自我意识主题班会

一、活动背景

初二下学期，被大家俗称为“小中考”的生物、地理中考和零诊考试(摸底考试)即将来临，很多学生在心情日志中感叹压力太大，担心考不好，甚至没有勇气和信心面对这两场考试。的确，有部分学生整天精神不振，闷闷不乐，上课状态和作业质量大不如前；还有一部分孩子则更为糟糕，甚至出现上课睡觉、发呆和作业应付现象。

青少年时期面临的主要问题和困惑是自我认识不全面、不客观，这种问题在面临较大压力时就会在很大程度上影响他们的情绪和生活。分析我班学生状态，他们只是因为多次失败，给自己形成了消极自我暗示，认为自己没有读书天分，对于即将到来的“小中考”，更是觉得重如泰山，无法应对，于是就开始破罐破摔放弃自己。但从他们每次面对分数时沮丧的样子，又可看出来他们内心深处其实不想放弃，因此，帮助学生发掘自身优势和潜能，让他们学会利用积极力量完善自身就显得至关重要。

---

① 敬仕凤.寻找阳光下七彩的我[J].班主任,2016(5).(略有改动)

二、活动目标

1. 让学生了解“认识自我”的重要性；

2. 让学生充分认识和了解自己的优势，树立积极的自我意识，掌握两种积极评价方式；

3. 让学生学会运用自身优势，针对具体问题制定策略，营造积极心理环境。

三、活动准备

1. 设计、填写、汇总、分析调查问卷；

2. 准备心形标签卡；

3. 制作绘本故事的PPT；

4. 剪辑音频资料。

四、活动过程

（一）导入：绘本欣赏

1. 视频播放英国乔恩·布莱克(Jon Blake)的绘本故事《我不知道我是谁》。

故事概要：兔子达利有好多烦恼：他是谁？他应该住在哪里？他应该吃什么？他通通不知道！而最让他疑惑的是他为什么长了一双大脚。一天，树林里来了一只黄鼠狼，其他兔子都躲进了地洞，只有达利还在树上傻乎乎地吃橡子。黄鼠狼爬上树要吃掉达利，却被达利的一双大脚给踢飞了。兔子们跑出来赞扬达利是个英雄。达利更疑惑了：“黄鼠狼说我是兔子，怎么大家却说我是英雄呢？”

在舒缓的音乐声中，学生专注观看视频，时而轻笑，时而微皱眉头。

2. 学生谈观后感或对达利进行评价。

生：兔子达利不知道自己是谁，不知道该干什么，对自己没有准确的定位，没有觉得自己战胜不了黄鼠狼，因此才会打败黄鼠狼。

3. 教师总结。

师：达利的确是一只天真无知又俏皮活泼，甚至有点傻傻的兔子。但是这只兔子却问了一个非常富有智慧的问题：“我是谁？”这个问题的确非常重要。印度有一句谚语：“认识自己，你就能认识整个世界。”我国古代哲学家老子也曾说过：“知人者智，自知者明。”这两句话都包含了一个关键词——认识自己。其实早在2000年前，古希腊人就把“认识你自己”作为铭文刻在阿波罗神庙的门柱上。然而时至今日，不得不遗憾地说，人们距离“认识自己”的目标仍然还很遥远。人们总是喜欢看万物，看他人，就是看不到自己。平时，我们都喜欢评价别人，却往往忽略了自己。今天这节课，我们就将踏上寻找自己的旅程，去寻找阳光下七彩的我。

设计说明：绘本故事《我不知道我是谁》看起来比较幼稚，但里面却蕴藏了一个深刻的主题：在真正认识自我的过程中，谁都有无法把握自己、准确定位自己的困惑，这时只有大胆去面对、尝试，才能够真正找到属于自己的七彩光芒。所以，在音乐声中欣赏绘本故事，不仅是为了营造一种轻松、愉悦的课堂氛围，而且是为了巧妙地引出本次班会的主题——认识自我且给自己贴上积极标签，就能成为最棒的自己。

（二）我的自画像

1. 学生用两分钟仔细思考自己在情绪态度、智力能力及品德和人际关系方面所具有的独特之处，然后在纸上以“我是一个________的人，因为我________”的句式表达出来。每个方面至少写两句。

例如：

A. 情绪态度

我是一个积极乐观的人，因为我遇到困难总是想办法去克服。

我是一个容易欢喜容易忧的人，因为我总是因为一件小事就开心或忧郁。

B. 智力能力

我是一个比较聪明的人，因为我总是能够发现别人忽略的事。

我是一个能力一般的人，因为我感觉自己做事情不如别人顺利轻松。

C. 品德和人际关系

我是一个比较讲公共道德的人，因为我做任何事都会想想别人的感受。

我是一个比较受人欢迎的人，因为我拥有很多知心朋友。

学生时而凝神沉思，时而奋笔疾书，都在认真思考这个看似简单却较难回答的问题。教师巡视时发现大部分学生对自己的评价都比较消极，尤其是学习成绩不太理想的学生。

2. 学生对自己的评价进行“＋”或“－”标记，然后统计“＋”“－”各有多少。

标记方法：以“是否积极”作为标准进行评估。如果是积极评价，做“＋”标记；如果是消极评价，则做“－”标记。

教师先以自己的评估为例做示范，告诉学生，其实“＋”就是平时自认为做得比较好的方面，而“－”则是平时做得不太好或想要做得更好的方面。

学生给自己的每一项评估标记“＋”或“－”时，大多表情严肃，而大部分学生得“－”的标记明显多于得“＋”的标记。

设计说明：这个环节主要是想通过补充句子的方式，让学生从三个方面对自己做一个比较简单的评价，有一个比较粗浅的自我认识，从而为下个环节的找优势活动做准备。

（三）寻找我的色彩

1. 改变灰色的我。

(1) 学生在自认为做得不好的方面寻找“好”处。

师：刚才我们已对自己做了简单评价，但这个评价真的是我们每个人真正的色彩吗？这可不一定。下面，让我们继续踏上旅程，去寻找“我的色彩”。我们先来改变那个灰色的我。其实，在我们自认为做得不太好的方面，一定也有处理得比较好的时候，请仔细回想并将这件事情写出来。

学生开始思考，但很大一部分学生迟迟没有下笔，他们有的皱着眉头，眼神迷茫；有的轻轻摇头，好像在表明自己并不知道答案。只有少数几个学生写了一两件事。

(2) 学生交流展示自己的消极评价和在这方面做过的出色的事。

有学生说自己不太擅长交际，但在上一周还是热情大方地接待了外国客人；有学生说自己总是不太自信，但是却靠自己的不断调整让自己对一向学得都不太好的数学充满信心，并且有了显著进步；有学生说自己平时脾气暴躁，但有一次和朋友吵架后竟然能心平气和地安抚对方的情绪……

其他学生非常认真地倾听，不时若有所思地点点头，不时有所感悟地在纸上添加文字。紧接着，更多的学生开始分享。

(3) 教师小结。

师：同学们说得很对，其实我们不自信时，很可能是消极标签在作怪。就像达利，他之所以能够赶走黄鼠狼，就是没有给自己贴上“兔子害怕黄鼠狼”的消极标签。那么，以后被他人或自己贴上消极标签时，我们该怎么办？

生：撕掉。

学生边回答，边会意地微笑、点头，表示认同。课堂气氛又开始变得轻松起来。

2. 寻找七彩的我。

(1) 每个学生在标签卡的左边至少写出自己的三个优点。

师：对，我们要改变灰色的自己。但这还不够，我们还需要去寻找自己的七彩阳光。我这里还有一招要与大家分享——多给自己和他人贴积极标签，但是要实事求是，不要自我吹嘘和相互吹捧。下面请大家结合自身实际，在标签卡的左边至少写出自己的三个优点。可以参考美国的塞利格曼(Martin E.P. Seligman)博士与美国人格心理学专家克里斯托弗·彼得森(Christopher Peterson)教授建立的含有 24 种可测量的积极品质要素的 6 类 24 种人格力量。

PPT 展示积极品质要素的 6 类 24 种人格力量。(具体内容略)

学生开始在标签卡上写自己的优点。很多学生都找到了自己的优点,其中也包括一部分平时比较沉默寡言、容易消极的学生。

(2) 同组成员间交换标签卡,在对方的标签卡右边写下至少一个优点和相应的事实依据。

这时教室的气氛显得更加轻松,很多学生在给别人写标签卡时都面带笑容,满含对对方的欣赏。大部分学生标签卡右边的优点明显多于左边的优点,也有一部分学生标签卡上左右两边都写得密密麻麻的。

(3) 学生展示和分享标签卡。

(4) 教师小结。

师:标签卡的左边是自我评价,右边是他人评价,两者合起来才是完整的我们。在生活中,我们只有既撕掉身上的消极标签,又为自己和他人贴上积极标签,才能够真正拥有七彩阳光。对于这两点大家还有什么需要补充的吗?

学生思考后进行补充,觉得还可以做到以下两点:① 不用贬义的自我描述,多使用积极的自我描述,如“我语文学得好”“我数学最近学得比较轻松”;② 所有消极的“自我标签”,都是害怕失败,回避尝试的结果。因此,我们应该勇敢地找一些自己以前不愿干、不会干、不敢干的事情,去花一些时间认真做一做。

设计说明:这个环节是本次班会的主体部分,主要想通过撕掉消极自我标签和贴上积极标签(通过自助和同伴互助),让学生充分认识和了解自己的优势,树立积极的自我意识,帮助学生掌握给自己和他人贴积极标签的方法。

(四) 为自己掌舵

1. 呈现学生最近情绪和心理的调查结果。

师:对于大多数兔子来说,不想面对、不敢面对的,就是黄鼠狼。现在对于我们班的大多数同学来说,最不想干、不想面对的事,无非就是生物、地理的中考和随之而来的零诊考试。这是我们上次就班上同学最近的情绪和心理所做的问卷调查的结果。

PPT 展示调查结果。(具体内容略)

2. 学生写出自己在面对两项考试时最大的困难。

师:看来,这两项考试已经变成了压在很多同学心上的大山了。那我们今天就来试试利用刚才找到的优点来搬走这座大山,为自己的未来掌舵。请大家在纸上写出自己在面对这两项考试时最大的困难。

学生所写的困难,有的是静不下心来复习;有的是觉得生物、地理知识点太多不想背；有的是觉得时间太短了，自己又掌握得很不好；有的是觉得自己压力很大，害怕考不好无法面对家长……

3. 针对困难，学生思考并写出解决办法。

师：大家都写出了自己的困难，那我们能否利用自己标签卡上的优点想出具体的解决措施呢？老师先给大家做个示范：

我的困难：有部分同学想学好，但是感觉力不从心。

我的优点：热爱学习，坚持不懈。

解决策略：① 阅读专业书籍和文章，学习有效的复习方法和应试技巧，比如思维导图、知识梳理和整合、有效记忆等方法，然后介绍给大家；② 坚持和一些同学个别交流，并且有针对性地提出建议。

有少部分学生很快就写出来了，但是也有一部分学生抓耳挠腮，无从下笔。

4. 已经写好的学生进行展示。

比如，有个学生写到自己觉得最大的困难就是对生物的很多知识都不大懂，死记硬背后很快就忘记了。而自己的优点是充满热情且做事能够坚持不懈，所以制定出的解决办法是：告诉自己“我能行”，并且多向老师和同学请教不懂的地方，坚持认真修改、整理和记忆错题。

5. 已经找到解决办法的学生帮同组其他同学一起想办法。

6. 在小组帮助下想出办法的学生进行展示。

设计说明：这个环节承接上个环节，仍然是本次班会的主体部分。上个环节中学生充分认识和了解了自己的优势，但无论有多少优势，都必须要发挥出来才有意义，才能真正帮助自己成功应对外界压力和心理困扰。所以，这个环节主要是想教会学生运用自身优势去营造积极心理环境，真正做到从心理和行动上去应对心理困扰和各种现实问题。

（五）我真的很棒

师：刚才经过我们的努力，发现“小中考”中的很多问题，我们都能够利用自己身上的优点来找出解决的办法。其实，人生路上我们会不断遇到很多困难，都可以运用这个方法来解决，相信大家都可以成为像达利一样的英雄，找到属于自己的七彩阳光。最后，让我们一起在歌声中用简单的手语动作来结束这次班会。

全班起立，在老师的带动之下，在伍思凯的《我真的很不错》的歌声中，边做简单的手语动作，边说“我真的很棒”，以进行积极的心理暗示。开始，学生显得比较羞涩、拘谨，脸上是不好意思地笑，动作也很慢，声音也很小。但重复几遍后，他们的声音越来越大，语气也越来越坚定，脸上也开始拥有了自信的微笑。

设计说明:这部分虽为结尾,但是仍然很重要。结束语既是对本次班会做一个总结,同时也告诉学生认识自身的优势和合理运用自身优势去营造积极心理环境这个方法不仅可以应对"小中考"的压力,也可以应对以后生活中出现的各种困扰。而最后全班学生在老师的带动之下一起做"我真的很棒"的手语动作更是一种积极的心理暗示,强化学生的积极情绪。

六、课后反思

本堂心理班会主要是针对班上孩子面对"小中考"出现的各种消极行为和情绪而设计的。因为活动环节清晰流畅,活动体验的成分比较丰富,而且运用了大量的积极心理学的原理和方法,各项活动的安排也注重互动、交流,最大限度地调动学生参与课堂的积极性、主动性。所以,在活动过程中,我能够明显地感受到学生情绪的变化,尤其是那些最近在成绩上受挫比较多的孩子,到最后都是满脸阳光了。

下课后,一个孩子对我说:"敬老师,今天这节班会比起您以前苦口婆心说10个小时都有用。"这句话让我又是羞愧又是高兴。的确,我们老是让孩子去学别人,这对他们来说是多么困难的一件事啊!而他们身上其实有那么多闪光之处,那么多隐藏在不足之后的闪光处,我们为什么不能去发现呢?为什么不能引导他们自己去发现呢?为什么不教会他们利用自己的优点去面对学习和生活中的困境呢?

但是,本节心理班会仍存在遗憾。由于时间有限,在"我为自己掌舵"环节展示的学生略微少了点,这其实是一个相互分享、相互学习的好机会。所以下课以后,我提醒学生可以多看看其他同学的解决方案,以便自己借鉴学习。

"中国梦"的践行者①

——讲述爸妈的中国故事

一、班会主题解析

"爱国"是社会主义核心价值观在公民层面的要求,"爱国"应该成为每个中国人的基本价值观。经过研究,我们认为,"爱国"可以分为四个维度:爱国之情、爱国之识、爱国之志、爱国之行。

"爱国"的核心是"爱",因此首先属于情感层面。爱国主义教育若不想陷入空洞说教,则必须注意情境营造,调动学生的情感体验,使之从情感上认同与热爱国

① 何杰."中国梦"的践行者[J].班主任,2016(11).

家。因此，“爱国”主题班会，必须在情感体验的激发上做足功课。

学生到了高中以后，则应在朴素的“爱”的情感基础上增加理性思考。如果没有对事物的理性认知，朴素的情感往往会因为各种因素而改变。长期以来，爱国主义教育只停留在朴素的情感层面，没有引导受教育者理性认识国家现状，受教育者一直处于被灌输而缺少理性思考的状态，这是导致爱国主义教育实效性不强的重要原因。这涉及引导学生爱国之识的问题，是认识层面的要求。

“爱国”情感与理性认识相结合，进而形成爱国之志。爱国之志属于理想信念层面的要求。树立“为中华之崛起而读书”的志向是中学生爱国之志的具体内涵，这对激发学生学习动力有巨大作用。

“爱国”最终应该落实到行动上。因此，评判爱国主义教育的落实情况，要根据学生在学习、公益活动、社会实践中的表现来进行，即是否有“爱国之行”。这是行动层面的要求。

本次主题班会，主要解决“情”“识”“志”的问题，即通过激发情感、提升认识来树立爱国之志，并在今后进一步落实到行动中。

二、班会背景分析

爱国主义教育的方式与渠道有很多。本次班会力求探索新的教育方式——通过挖掘身边的教育资源，使学生能够从身边的人与事中汲取正能量。

我所带的高一(10)班学生的家长来自各行各业，整体素质较高。作为“65后”一代，他们经历了中国改革开放至今的全过程，并且以其勤奋而卓有成效的工作为中国改革开放30年来的发展作出了巨大的贡献，是“中国梦”的践行者。但他们的孩子却未见得知晓其父母工作的意义。同时，由于年龄尚小，他们也并不理解“中国梦”的真正含义，在他们看来，“中国梦”还只是政治说教的名词。因此，引导学生从身边的人与事——主要是从家长身上做深入挖掘，使其认识到父母的工作在实践“中国梦”中的意义，认识到自己的成长离不开众多人的默默奉献，使爱国的概念具体化，成为本次“爱国主义教育”主题班会的重要策略。

本次班会以学生采访父母后写作文、在班会上宣讲典型案例的方式进行。学生在采访父母的过程中，体会父母为国家默默奉献的精神，体会他们为国效力的自豪感，本质上是学生体验美德的过程。学生再通过作文、宣讲等方式深入阐释父母的奉献精神，本质上是育美的过程。

三、班会目标

通过对家长工作价值的阐释，使学生理解“中国梦”是每个中国人践行的成果，提高学生对国家发展与个人生活关系的认识。具体目标有三个方面。

1. 激发爱国之情——心灵受到感染，体会、理解父母为国奉献的精神，增强自豪感。

2. 提升爱国之识——通过认识父母工作对国家发展的意义，理解国家发展与个人的关系。

3. 增强爱国之志——认识到每个人都是“中国梦”的践行者，未来的践行者将是我们自己，树立爱国之志，树立“为中华之崛起而读书”的志向。

四、前期准备

1. 在班会正式召开之前一个月，我给每位家长写信，请求他们配合我的工作，接受孩子的采访。学生根据采访写一篇作文，题目为《“中国梦”的践行者》。从学生上交的作文看，家长们对这个活动非常支持，他们都认真与孩子进行了长时间的沟通，使作文内容非常充实，保证了班会质量。

2. 作文收集上来以后，我认真批阅，并且选取典型案例，最终形成七个案例与大家分享，构成班会的主体。

3. 设计开场视频与总结视频。开场视频主要阐释“中国梦”的含义，并且展现全班30位学生家长的工作场景和工作意义。总结视频指出20年后的中国发展前景，指出当下中国面临的问题，并对学生提出期望，期待他们立下爱国之志。

五、班会过程

（一）开场视频：“中国梦”的阐释

习近平同志指出：“实现中华民族伟大复兴，就是中华民族近代以来最伟大的梦想。……历史告诉我们，每个人的前途命运都与国家和民族的前途命运紧密相连。国家好，民族好，大家才会好。实现中华民族伟大复兴是一项光荣而艰巨的事业，需要一代又一代中国人共同为之努力。”

班会以PPT自动播放视频的形式开始，首先呈现了习近平同志关于“中国梦”的阐释，然后用丰富的素材，展现了近代以来一代又一代中国人为实现“中国梦”而努力的故事，并指出：“‘中国梦’的实现，离不开每一个中国人的努力。而我们的爸爸妈妈，更是这30年发展的主力军。他们用自己的行动，践行着中国梦想。”最后，呈现全班30位学生家长的工作剪影与简要点评。

设计意图：营造情境，使学生理解“中国梦”的内涵；全面展现并使学生了解其他同学家长的工作意义，增强学生的自豪感，同时为后面的环节做好铺垫。

（二）学生分享：讲述爸妈的中国故事

7名学生讲述了他们爸爸妈妈践行“中国梦”的故事：徐理江的妈妈——“外企人的心怀”，杨慕华的爸爸——“金融人的自豪”，管荫尘的爸爸——“石油人的艰难”,张译文的爸爸妈妈——“三峡梦的实现”,贾漩的爸爸妈妈——“军队魂的传承”,王宇晨的爸爸——“航天人的自豪”,周雯昕的姥爷——“工程师的风骨”。

下面节选其中3名学生的发言。

石油人的艰难

我的父亲是一名石油工作者。从2000年开始,他被派往海外工作。……他去的第一个国家是苏丹。

众所周知,苏丹不是一个安定的国家,尤其是在南苏丹。可是,苏丹石油贮藏的主要集中地正在南部。那时正是中国这条巨龙腾飞之始,中国对于能源的需求是巨大的。我的父亲就是在这样一个大背景下作为一名普通的工程师,跟随项目组来到这个陌生的国家。

我的父亲当时是一线常驻人员,需要在最恶劣的时期坚守营地。……18个月过去,我的父亲在热带雨林的生活终于结束了。随之结束的,还有一个60万吨油田的一期建设工程。这么高难度的工程,在国际上,25个月能完成就很优秀了。也许其他国家在技术、经验上优于我们,但我们中国人更能吃苦。别人干不了的时候,我们能干;别人能干的时候,我们干得更快。这是中国人勤劳的品格,是我们最值得骄傲的。而我知道,让我感到骄傲的,也包括我的父亲。

我的父亲因表现优秀被公司培训做海外项目管理,然后被调往阿尔及利亚。……撒哈拉沙漠的环境是极其恶劣的,晚上温度降到零下,要生炉子,白天地表温度却高达80摄氏度……在这样的环境中,我的父亲工作了3年。

3年过去,油田终于建成了。这个油田提供了阿尔及利亚南方四省的主要能源,使得石油真正成了当地的支柱产业。3年坚守,没有任何一个人能保证中国成功。外国人不信,甚至项目组内也没有人敢肯定。但最后我们确实成功了,是一步步的摸索,更是永不放弃的坚守。我问父亲,为什么他们在没有胜算的情况下能做到不离不弃。他告诉我说:“因为不能丢脸,不能丢自己的脸,更不能丢中国人的脸!”于是我得以知道,在为自己和国之尊严而坚守的人中,有一个是我的父亲。

中国近些年的变化可谓天翻地覆,从前的国际项目招投标会上很少能见到中国人的身影,就算有,也只能充当配角。而在今天的国际舞台上,中国已经成为一支不可忽视的力量。我们的技术成熟,我们的经验丰富,我们诚信厚道,我们勤劳能干,我们还有许许多多的优势。我的父亲说,坐在国际谈判桌上,代表的就是中国的利益。他还常感叹:“中国这10年的变化太大了!”是啊,变化是很大,尤其对于我的父亲来说。10年了,他一直在海外,作为中国的代表,从不被信任、被歧视,到被认可、被接受,再到现在的被信赖、被尊重,中国走过的路,每一步都在他的身上映射出来。正是千千万万个像他一样的人,一直怀揣信念和梦想,走出了中国的发展之路。

……

班主任点评: 当我们享受私家车的快捷方便时,当我们在家里享受热水淋浴的舒适时,我们应该明白,我们的高品质生活是靠像荫尘爸爸这样的人艰难工作换来的。我们应该对这些海外石油人充满敬意。

中国发展离不开能源,中国会有更多像荫尘爸爸这样的人走出国门,到世界各个艰苦的地方工作。这是国家发展的战略。而这个战略的实现,就要靠像荫尘爸爸一样的人的艰难工作。

我一直认可鲁迅先生所说的,中国从来不缺少埋头苦干的人、拼命硬干的人,我想荫尘爸爸的工作经历可以证明这一点。

三峡梦的实现

我的父亲从事财务工作,虽然没有直接参与三峡工程的建设,但是每个阶段的工作中都有他的身影。前期筹集资金、预估风险,保证工程建设的正常进行;建设过程中通过会计核算,准确反映每部分工作的成本与投资;建设完成后还要向社会反映工程的总价,为三峡的建设营造良好的舆论环境。

从批准建设三峡工程开始,反对和质疑的声音一直没有消失。三峡集团也曾一度承受了很大的压力。父亲顶着压力默默地工作,只是预算和评估更为精准仔细。

我的母亲是一名工程师,从事三峡机电专业的工作。电站的机电工作是一项十分复杂的系统工程,前后一共有几十个环节,除了需要专业基础,更需要强烈的责任意识。母亲是一个非常细心且耐心的人,她始终怀着热忱对待每一项工作。20 年来,她所管理的项目从未出过差错。

三峡工程从最初的设想、勘察、规划、论证到正式开工,经历了 75 年。从 1994 年正式开工,到 2012 年落成,三峡人经历了 18 年奋斗。10 多年来,父母与三峡亲密接触,他们心里有如同看见孩子羽翼渐丰的幸福,但同时又觉得自己太渺小,太微不足道。

一个伟大的梦想是由无数件平凡的小事构成的。"中国梦"是一个非常远大的目标,我的父母只是这汪洋大海中的一滴水。在他们自己看来,他们只是忠于职守,将工作任务尽力做好,从没有想过谋求什么宏伟的东西。如今三峡工程建成,几代人的梦在他们手中实现,他们心里有些不敢置信的欣喜,多少年的付出终于得到回报。但是他们明白这不是终点，他们还不能止步……

我父母都是很渺小的个体，不是大手一挥就能够改变国家命运的人物，但他们却拥有让国家甚至世界变得更美好的信念。这样的信念将他们联系在一起，将看似遥不可及的愿望一点点变为现实……

班主任点评：我请译文来发言，是想和大家分享基础设施工程对中国发展的深远意义。

如果没有水电，我们的生活几乎无法正常运转。这就是三峡对整个中国的意义。像译文的爸爸妈妈这样的三峡人，保证了我们的日常生活。

正如译文刚才所说，“10 多年来，父母与三峡亲密接触，他们心里有如同看见孩子羽翼渐丰的幸福”，这是所有三峡人、水电人的幸福。虽然他们觉得自己很渺小，但在我看来，他们是伟大的一群人。

航天人的自豪

我的父亲毕业至今的 22 年间，一直从事航天军工科研工作，这在我眼里既神秘又神圣。

国防科研工作没有捷径可走。虽然父亲没有明说，但是我却早就有了深刻的感受。记得小时候父亲出差，一走就是一个多月；记得许多个周末，父亲都要去完成一些紧急的任务；记得无数个凌晨，父亲匆匆赶去机场，又在隔天的深夜搭晚班机飞回北京……好像父亲很少能有悠闲轻松的时刻，更没有时间和家人一起旅行度假。这种关乎国防建设的工作就是这样，忙碌、紧张、强度大。当然，父亲还说，“完成任务是硬指标，试验成功是硬道理”，在困难面前没有退缩的理由。我觉得，这种“高大上”的工作貌似稳定，但更多的是责任与使命。

父亲说，作为航天人，“国家利益高于一切”是他们秉承的核心价值观，在工作中他们将周恩来总理提出的“严肃认真、周到细致、稳妥可靠、万无一失”的要求作为工作指南。他们对待具体工作体现出“四特”精神：特别能吃苦、特别能战斗、特别能攻关、特别能奉献。听到这些，我表现出了明显的讶异。父亲说，这就是他们这个行业需要的，也是国家装备发展需要的。仔细想想，确实是这样。

我询问父亲这些年工作上的变化。父亲说感受颇多。这 20 年来，我国军工技术发展迅猛，已从原来模仿苏联到现在具备了自主研发和创新发展的能力，武器装备的性能已达到国际先进水平……

我想，父亲确实是值得我自豪的。……或许是因为工作的性质，我觉得父亲真的是在践行着“中国梦”。虽然父亲没有这么说，可我知道，他是在工作中自觉或不自觉地为实现“中国梦”做着自己的努力。

这让我对“中国梦”的认识改变了不少。原先觉得“中国梦”就是领导人提出的口号，对于个人，没什么机会践行。可现在我觉得“中国梦”就在我身边，把工作完成好，就是为国家的发展作贡献。每个人都是“中国梦”的践行者，只要你有这份心，有自己的行动。它的存在让我们不再那么愤世嫉俗，学会用理性的眼光看待当下社会存在的问题，驱使着我们着眼于自己能为别人做的、能为这个社会做的，让我们着眼于未来，而不是一味批评现状。着手去行动，哪怕再小，也是践行者。

班主任点评：真正的人才并不在聚光灯下，而在沙漠中、在实验场。我一直很佩服军工人、航天人，在他们身上最能体现中国精神。“特别能吃苦、特别能战斗、特别能攻关、特别能奉献”，正是这四个“特别”保证了中国 65 年的和平，让曾经欺侮我国的列强再不敢肆意妄为。除了敬意，我们没有别的感情可以表达给像宇晨爸爸这样的军工人、航天人。

设计意图：选取典型事例，深入阐释“中国梦”践行者的行动，通过学生分享与教师点评，集中传递“中国梦”的内涵，使学生在理性认识上有所提升。

（三）班会总结：前景展望与激励立志

1. 教师总结。

什么是“爱国”？有人说，做好自己的事情就是爱国。这话对了一半，做好自己的事情是爱国的体现，但如果没有爱国之心和为国家奉献的精神，你也不可能做好自己的事情，也只能是过自己的小日子而已。

有人说，我认为真正爱这个国度，并非要天天把“爱国”两个字挂在嘴边。这话看似正确，但经不起推敲。没有谁整天把“爱国”放在嘴边，相反现在倒是谁提“爱国”，有时反而要受人攻击。

还有人说，爱国，就要不时鞭策政府，让其更卖力地为这个国度和人民奋斗。我想说的是，我们当然应该监督政府，但不等于政府和我们是对立的。对于我们这些青年学生来说，首先要做的是为社会作出自己的贡献，不能只想着批评别人，只想着监督别人而忘了自己的责任。

今天，我们听了这些故事（其实还有很多故事），这些故事的主人公就是你们的父母，他们在用自己的精神与行动践行着“中国梦”。他们的行动就是踏踏实实地工作，虽然偶尔会抱怨，但他们一直在担当。

一些媒体总喜欢渲染悲情，抓住现在中国的问题无限放大，把中国说得一团糟。这些人真应该读读鲁迅先生的《中国人失掉自信力了吗》，文中所说的中国脊梁一直存在，这就是你们的父母，未来也会是你们。

……

2. 展望与激励。

用视频文字的形式，向学生描绘20年后中国的美好图景，同时也指出我国发展所面临的严峻挑战，最后激励学生：

爸爸妈妈已经和正在践行着“中国梦”，未来的践行者将是我们……

让我们共同努力，为中华之崛起而读书！

设计意图：在分享、点评的基础上，再度营造情境，引导学生思考，以激发学生的爱国情感体验。

六、班会创新点

1. 正确理解“爱国”的意义。

一说“爱国”，往往被认为是宏大叙事，这与“国家”这个概念的宏大性有关系。宏大叙事亦有其必要，但教育更多强调从小事入手、润物细无声，尤其是“爱国”这一教育主题，如果不落到实处，很容易知行脱离，使学生意识不到国家与个人的正确关系，从而陷入“社会不公、国家落后、我很悲凉”这一怪圈中。此次班会强调国家发展是每个人努力工作的结果，强调国家发展与个人生活的关系，这是教育理念上的创新点。

2. 挖掘身边教育资源。

本次班会采用的教育方式是：“挖掘身边的教育资源，使学生能够从身边的人与事中汲取正能量。”“身边教育资源”，这里主要指家长资源。学生在班会召开前一个月采访家长并根据采访写一篇作文，是整个班会成功的基础，也是学生参与班会的保障。每个学生通过与家长的交流，既体会到了属于家长自己的“中国梦”践行故事，又认识到“爱国”并非空洞大道理，而是具体的实际行动。

平时，家长没有太多机会与孩子沟通，很少有机会谈自己的工作。班会前期的采访创造了一个亲子沟通交流的机会，增进了亲子间的理解。这是这次活动收获的额外成果。

七、实践者说

这次班会，我们力图告诉学生，我们现有的生活不只是一个家庭的努力成果，而是整个中国发展的结果，它是一个又一个中国人共同努力的成果。“爱国”不是空洞的口号，而是充满感恩之心的理性认识与实实在在的行动。

我们通过对家长这一身边资源的开发，使学生深切体会到“中国梦”的实现是靠每个人践行而成的。他们在为父母骄傲的同时，也感受到了国家的意义。

作为高中学生，绝不能是一群只会过日子的人。我们对他们的教育，除了学业讲授、纪律约束和生涯指导外，还要关注他们的精神世界，用崇高、理性与情怀激发他们的成长动力。而这一切又必须基于我们教师自己的理想信念。

我们都生活在现实中，不可避免地感受到工作和生活的压力，体验到社会不公和人生迷茫，因此在工作和生活中难免有倦怠、不满。但作为身负国家赋予的教育责任的教师，我们应该认识到我们职业的价值与使命。

第二节　主题班会的实施

近年来，我国的班主任工作得到了前所未有的重视和加强，班主任的专业培训得到了有效开展。在加强班主任队伍建设中，各地都把开展主题班会活动作为提高班主任专业技能的重要内容，组织开展了各种观摩、竞赛活动，为班主任的专业成长搭建平台，取得了显著成效。主题班会在班集体建设、学生自我教育和班主任专业成长中起着重要作用。组织实施主题班会，班主任除了必须具有高度的责任感、扎实的基本功和先进的教育理念外，还应当正确处理好以下四个方面的关系。

一、静态预设与动态生成的关系

追求目标是人类行为的基本特征，所谓预设，就是人类对自身实践活动的筹划设计活动。主题班会作为对学生进行思想道德教育的一项重要活动，同样需要周密的筹划设计。随着课程改革的深入，“生成”的概念逐渐融入教学实践。所谓生成，就是创生、生长和建构。在传统的主题班会活动中，教育的目的性、计划性、预设性，常常会使班主任不关注教育过程本身，把教育过程看成是预定计划或活动方案的简单体现，从而使最有活力的教育过程僵化。“动态生成”，要求班主任用动态生成的观点看待主题班会，在主题班会中，班主任不是机械地执行预设方案，而是应该根据学生的实际表现，随时调整活动的进程，真正使学生成为活动的主人。

强调主题班会活动过程的“动态生成”，并不否定静态预设的必要性。因为，“凡事预则立，不预则废”，教育是有目的、有计划的活动，主题班会需要预先计划安排，教育实施的过程总是在一定的目的、任务和计划的支配之下，防止出现漫无边际的无序状态，因而具有较明显的预设性。但是如果完全按部就班，直线式、机械地操作而无视主题班会活动中的变化因素，教育过程又容易走向静止和封闭。主题班会活动在按计划执行的过程中，总是会遇到各种各样的问题，而使活动不能完全按预设的方案进行。在课堂教学中，我们强调课程的生成性和经验性，在主题班会活动的开展上，生成性表现得就更加突出。因此，班主任一方面对主题班会活动要进行充分的计划与准备；另一方面也要灵活机动、相机行事，重视主题班会活动过程的生成性，要巧用学生生活琐事和身边案例，引发生成；通过师生互动，促进生成。主题班会活动是一个“静态预设”与“动态生成”辩证统一的过程。预设是一种态度，生成是一种智慧；预设需简约，生成需灵动。

二、学生主体与教师主导的关系

主题班会是培养学生品德的活动，是学生在班主任引导下的自身活动中，经过内在的矛盾斗争，形成正确的思想观点、政治立场和良好的道德品质的过程。因此，主题班会应以学生主体性的充分发挥作为最根本的出发点。所谓主体性，是指在尊重学生主体地位的前提下通过调动学生主体积极性的手段，以达到发挥学生主体作用的目的。苏霍姆林斯基说，“只有能够激发学生去进行自我教育的教育，才是真正的教育”。只有强调学生的自主自动，使学生的思想处于积极活跃状态，主动参与到各种班会活动中，增强学生的自我教育能力，才能取得教育的实际效果。自我教育就是要学生能自己提出任务，主动采取措施，自觉地进行思想转化和行为控制。只有自觉地把客观要求与影响内化成自我需要的人，才能达到自我期望的思想境界，这种思想境界一旦与原有思想水平构成矛盾，就会成为自我教育的新内容，就能成为良好品德形成的内驱力。

在主题班会中，学生主体性主要表现为两个方面：一是活动的过程主要是对学生活动的设想与规划，活动的各个步骤指向学生的活动，学生是活动的主角；二是在活动设计方案的产生过程中，要有学生的参与，从主题的确定到活动的过程都需要在教师的引导下，在学生与学生之间以及学生与教师之间达成意见一致。主题班会要充分调动学生的主动性、积极性、能动性，让学生自己去发现问题、提出问题、分析问题、解决问题。

在主题班会活动的组织实施过程中，虽然学生作为活动主体承担主要的活动与角色，但要使主题班会活动顺利进行，发挥应有的教育效果，班主任对主题班会活动的整个过程要实时进行监控，发挥主导作用。主题班会不一定由班主任主持，但对其主旨确定、内容设计、活动形式，以及所获得的效果等，班主任必须予以认定、指导、帮助。在主题班会活动开展前，班主任对准备工作进行检查，及时发现问题，与学生商讨弥补措施，要鼓励学生努力把主题班会活动组织好。在主题班会活动开展的过程中，班主任要注意观察，搜集学生的各种反馈信息，对于活动中的矛盾和偶发事件及时妥善处理。班主任还要抓住活动中的教育契机，对学生进行及时引导，对活动中遇到的困难及时给予帮助与解决。因此，主题班会是师生互动的过程，既要重视学生主体作用，也要发挥教师的主导作用。

三、情感体验与价值引领的关系

主题班会是对学生进行思想品德教育的重要阵地和载体。但是，如果我们把主题教育活动看作简单的“灌输”，把学生视作被动的客体，是管理的对象、贮藏知识的容器，很少考虑学生的兴趣和需要，习惯于“发号施令”，采用“我讲你听”的注入式，用一系列理性知识和规范去要求学生，势必会导致学生个性心理处于压抑状态和主题班会教育效果不佳。因此，要根据学生的特点，主题班会应当生动活泼、形式多样，要形成浓烈的氛围，具有感染力和震撼力，能打动学生、感动学生、教育学生。事实证明，学生获得了切身体验的东西，才能入脑入心，珍藏久远，对人生的成长与发展起到巨大的引导作用。因为，体验是学生道德生成的基础。通常，人们把外界事物、情境所引起的“我”的内心感受、体会或亲身的经历，称之为“体验”，包括对过去生活、现实情境和未来希冀的追忆、体会和想象。从道德发生的意义上看，只有当人从内心体验某种价值，产生认同、敬畏、信任的情感或产生拒绝、厌恶、羞愧的情感时，才谈得上道德学习和道德教育的实效性。因此，主题班会活动要尽量让学生的每一点认识都从丰富鲜活的体验中产生，让学生在体验中选择新的观念来丰富精神世界，抵制消极影响，并最终实现教育素材内化和道德情感升华。

主题班会既要使学生产生必要的情感体验，更要重视价值引领。因为，在个体思想品德和道德行为的形成发展过程中，外部的价值引导是必不可少的，个体接受正面教育是天经地义的，是个体社会化的需要。事实证明，学生道德品质和行为习惯的形成离不开来自外部的教育和引导。“没有规矩不成方圆”，所以，主题班会的主题必须明显，导向必须正确。主题是班会活动的灵魂，要贯穿班会活动的始终。班会的主题要与时代的发展，与学生的生理心理、思想品德发展状况紧密联系。一堂好的主题班会，能够使学生终生不忘，留下深刻的记忆。这是因为这种主题班会真正触及学生的灵魂，真正为他们的成长注入了营养，真正在他们饥渴的时候给予了甘露。一堂好的主题班会,能够使学生心理上受到良性的撞击,使学生十分情愿地展示自己的能力和才华,使师生的心理交融,使班主任的教育意图自然地化为学生的需要。这样的主题班会活动使学生在头脑中建立起一系列条件反射,形成道德行为上的高层次的动力定型,从而取得最佳的教育效果。

四、遵循规范与开拓创新的关系

经过长期的教育实践,在主题班会活动的组织与实施过程中形成了一些行之有效的基本规范。如,主题班会活动方案的设计应包括班会活动主题、活动背景、活动目标、活动准备(活动时间地点、参加人员、活动材料)、活动方式、活动过程、活动小结等方面,主题班会活动都要有相应的步骤和环节。活动过程一般由导入主题、展开主题和深化主题三个基本环节构成。此外,班会的主题需要简洁明确地写在活动方案之首,主题的呈现一般有这样几种形式:问题式,如“雷锋精神过时了吗”;核心概念式,如“送你一个微笑”,“迎奥运,创文明”;倡导式,如“感恩父母”;抒情式,如“母亲之歌”“剪个福娃迎奥运”等。以什么样的语句表现主题,需要结合活动的内容和活动的背景以及参加人员来确定。这些主题班会的基本规范都必须加以遵循。

然而,当前在主题班会活动中也存在着一些不容忽视的问题:有的目标模糊,针对性不强;有的内容缺乏时代感,令学生厌烦;有的过于集中在德育或文体活动上,而忽视科技教育、网络教育、心理健康教育;有的形式呆板,一味灌输,缺乏趣味性;等等。因此,主题班会活动需要在继承传统、遵循规范的基础上不断开拓创新。主题班会活动的创新是指由学生和班主任一起选择、设计出新颖独特、主题鲜明、教育意义深刻的班级活动,并由师生积极参与、全员合作、培养学生主动性。班主任应为学生提供创新的氛围、契机和一定的空间,鼓励和引导学生在主题班会活动中思索、探求和创造,从而培养学生的创新精神和实践能力。

要根据不同的主题、不同年级学生的生理和心理特点以及生活环境、知识背景来选择和创新班会活动的内容和形式。根据青少年学生求新、求异、求变的心理特点,主题班会要丰富多彩、形式新颖。主题班会的形式很多,每次班会也不是只能使用一种形式。形式是为主题服务的,要根据主题选择一种或多种形式。主题班会的形式要因内容而变化。内容和形式只有相互统一,才能相得益彰。随着时代的发展,科技给我们的生活带来了很多的变化。班主任应根据这些变化丰富主题班会活动。比如,对于学生而言,手机、iPad、电脑、网络、游戏是这个时代赋予他们的一种享受、一种时尚。我们要尊重这种时尚的存在，并利用这种时尚为教育特别是为主题班会活动注入新的元素。

主题班会的内容安排要体现时代性，把握时代脉搏，与时代息息相关，使学生有一种亲近感、迫切感、现实感，培养学生的时代意识，了解时代要求，明确成才方向，树立奋斗目标。班会的主题切入口要小，挖掘要深。主题班会内容的展开要有层次、有内涵、有深度，应当是螺旋式上升。

【相关链接】

班级活动的核心主题和两大领域[①]

我们研究和了解了国内外不少有关班级活动的理论和经验，尤其是苏霍姆林斯基有关学生成长与教育的著作，给我们在如何改革班级活动，尤其在选择主题思路上的启发是：班级活动应以满足和提升学生的成长、发展需要为核心主题。儿童和青少年成长阶段性的问题与特征的明显存在，又使我们关注如何让班队活动构成纵向的年级系列和横向的年度系列。我们认为，学校班级活动如若离开了这一核心主题，就会失去教育价值。

明确核心主题后，重要的是要进一步研究这一核心主题在学生学校生活中所涉及的领域。经过十多年的探讨，我们逐渐形成了一些认识(尽管还不完善，还要加强和深入研究)，它可以分为这样两大领域。一是与外部世界相关的认识需要，学生与环境互动能力的提升，以及进行有意义、有明晰目标的活动的意识与能力。这是与外部世界发生关系的领域。其中涉及社会物质、政治、文化精神生活等，每一方面还有当代问题：如文化精神生活中的价值多元化倾向和网络世界带来的一系列问题；全球化背景下对自己、国家、民族的认识、热爱和责任的培养问题。在对待自然的态度上，对自然生命的关爱、环保意识、节约能源等都是当代社会突出的与每个公民相关的问题。学生对外部世界的认识，还涉及学校、班级群体生活、家庭生活中的一系列问题，包括矛盾与冲突。与这些事、物相关的还有各种人际关系，包括与成人的和与同伴的、熟悉的和不熟悉的、重要关系人与非重要关系人等各种类型的人际关系。其中，最为核心的是同伴关系(包括好友与冲突者、合作者与竞争者)、师生关系、父母与子女关系、社区邻里关系、公共场合的各种相关行为

---

① 叶澜."新基础教育"论：关于当代中国学校变革的探究与认识[M].北京：教育科学出版社，2006：320－322.

人之间的关系等，学生生活中经常要面对和处理的人际关系，也是学生处于活动中必然会发生的各种关系。这些“事”与“人”是学生成长经历与环境的直接构成，内涵于学生的生活，具有内生性。

班级活动相关主题的第二大领域直接与学生自我发展的一系列问题相关。它包括在与外部世界相互作用中的内在感受、体悟、内需的激发与提升，也包括自我反思、同伴间或与相关成人一起进行的直接指向活动主体内在精神世界发展的活动，有认识的、情感的、意志的、价值取向的、行为的等方面。最终汇聚到学生健康人格和丰富的内心世界的成长。这里将更多涉及心理发展的主题、心理健康的主题，是以往班级活动中忽视的一面。

两大领域的班级活动的系列建设，合成在班级活动中服务于当代社会需要的新人精神培养的基础性构成，有了对基础性构成的认识，这些主题在不同年级，以及同一年级的不同时段、不同班级乃至每个学生上都会有不同的表现、不同的关注的重点、不同的轻重程度和不同的变化路线。

第三节　主题班会的评价

能否上好一堂主题班会课？究竟什么是好的主题班会？作为班主任必须明确影响主题班会的主要因素，掌握评价主题班会的基本标准。

一、主题班会的评价标准

组织主题班会是班主任的一项基础性工作。许多班主任都注重运用各种资源，智慧地开好班会，使其充分发挥对学生的教育引领作用。那么，如何评价主题班会？一般应当把握以下五个方面。

（一）主题具有思想性

班会的主题与时代的发展，与学生的生理心理、思想品德发展状况联系紧密，它应该反映学生心灵深处的需要和热点。主题是主题班会的灵魂，导向要鲜明，要贯穿主题班会活动的始终，对学生具有激励和鼓舞作用。

（二）内容具有真实性

主题班会不能教师一言堂、贴标签、搞表演。主题班会的内容要贴近生活、贴近实际、贴近社会，选择的典型事例真实，可信度高。缺乏真实性的主题班会会产生极大的负面影响，使本来求真、求善、求美的主题班会变成虚假的。

（三）形式具有新颖性

形式为内容服务，素材为主题服务。一节主题班会有了好的主题，好的内容，还要选择适当的形式，才能使学生乐于接受，入耳入脑。青少年学生求新、求异、求变的心理特点和发展需要，要求主题班会的形式生动活泼、丰富多彩、喜闻乐见。

（四）氛围具有感染性

主题班会形成的浓烈的氛围，具有感染力和震撼力。主题班会要能打动学生、感动学生、教育学生，给学生留下难忘的印象，对他们为人处事产生积极影响。

【相关链接】

《感动中国》给主题班会的启示①

《感动中国》是近年来中央电视台推出的一个备受观众好评的社会公益性节目。一年一度的《感动中国》颁奖晚会，也成为一个特殊的社会道德教育的大舞台。其成功的秘诀之一就在于营造了一种强大的情感感染的氛围，它不是在生硬地向观众讲述抽象的道德故事，而是以普通人的真实的道德故事和道德情怀去打动观众，唤起观众强烈的情感共鸣，让故事中的人物真正走进观众的内心世界，并被他们接受和认同。《感动中国》栏目的成功是情感教育的成功，该节目是主题班会在设计理念上值得去认真研究和借鉴的成功范例。

（五）师生具有互动性

主题班会面对的是全体学生，要充分调动学生的主动性、积极性、创造性，要体

---

① 檀传宝.教师德育专业化读本[M].北京:教育科学出版社,2012:6.

现学生的主体性和群体性。在主题班会的开展过程中，每个学生都要积极主动参与，都要扮演一定的角色，表现自己的才能。但同时也不能忽视教师的主导作用，在师生互动过程中，班主任也是主体。

【相关链接】

学生眼里的班会课

高中的班会课真的是记忆犹新，明明不搞笑却还会笑，明明偶尔会冷场却闹腾了三年。毕业后大家把心路历程汇成一本书，我很感激，很多同学都提到了高中的班会课，哪怕是轻描淡写的一句话，我想它在你的心上多多少少都占据了一些位置。我也不知道哪里来的浇不灭的热情和使不完的精力，感激同我一起耗尽脑汁策划和安排的人，谢谢你们与我的“志同道合”；感激配合“演出”的人，谢谢你们把讲大道理的班会课变得生动有趣；感激理解、帮助、支持我们的老班，谢谢你允许并乐意将班会课交到我们手里。

我很感激，曾经为之倾心付出的东西，刻在了同学的脑海里。我在想我从中收获了什么，你们的记忆就是我的收获。回忆里，我们在一起，在班会课上，不是无聊的说教，不是重复的自习，不是厌恶的奖惩，班会课让我们熟悉彼此，让我们凝聚在一起。

刚开始的班会课总是有些尴尬，没思路，没新意，没人配合。庆幸的是，当其他班级的班会课上可能弥漫着竞争的烟火味时，我们把班会课发展成了趣味活动课，一次，两次，三次，大家逐渐地放开，游戏停不下来，节目停不下来，欢乐停不下来，即使是老掉牙的“击鼓传花”也总是惹得我们欢声笑语。可怜的离家的住宿生活，成为班会课的谈资，喘不过气的学业压力，在班会课上被抛到一边。

于我而言，班会课是我人生中极为重要的成长阶梯。作为团支书，我是同学和老师之间的桥梁，我庆幸自己当初和其他班干部一起开辟出班会课这一欢乐时光。主持班会课，我锻炼了自己在台上讲话的胆量和气魄，练就了活跃气氛、机智救场的本事，使我进入大学后得以多次主持晚会；组织班会课，我提升了自己协调各种事务和各方人员的能力，学会了如何策划活动、如何总结活动，大学有幸成为一名小部长也得益于此。

班会课当然离不开老班的苦口婆心，老班总会争取尽快交代好必要之事，把时间腾出来，让我们“掌控”班会课。老班是全天下最好的老班，他有很大的自信，几乎把班会课全权交予我们。我们成了班会课的主人，我们自主自由而轻松愉快，老班在背后默默关注，又能够主导班级风气。老班是个睿智的男人，有些事情不必自己插手，找几个得力助手，加以指点就高效而完美地实现了很多目标。看上去，我们胡闹着“玩”过了三年的班会课，不如说是以更快乐的形式体验我们的高中生活。我至今仍清晰地记得，高三的一次班会课上，几位“学霸”毫无保留地分享学习经验和方法，同学们受益颇多，仿佛自那节课之后，大家都找到了努力的方向，同学间相互信任和帮助，教室里的空气都如舒展了眉头一般，不再沉闷到令人窒息。

三年的时光，我处在同学和老师的中间，其中的责任和负担在悄悄地变化。回过头才发现，老班始终在我需要鼓舞的时候让我大胆尝试，始终在我需要帮助的时候毫不犹豫地伸出手。班会课再也不是枯燥的思想品德教育课，再也不是专门用来评价学生表现的管理课，然而我们的班会课仍然富有教育意义，是高中三年别样的“心灵鸡汤”。这样的老班值得敬爱，这样的班会课值得珍藏。

（何薇薇　南京师范大学 2015 级本科生）

班主任在主题班会中的主导作用①

班主任在主题班会的设计与实施中的主导作用，主要体现在以下几个环节上：① 在主题的选择与确定过程中充分发挥主导作用。教师可以在主题酝酿阶段充分调动学生的兴趣，发挥学生的主体作用，甚至可以让学生来共同确定主题内容，但教师必须清楚主题的针对性，把握主题的方向。② 通过班会实施过程的动态掌控实现主导作用。教师要善于在班会实施的过程中寻求最佳的教育契机。班主任在主题班会设计中通常都有一个具体的内容计划和大致的时间表。有经验的班主任常常会根据班会实施过程中的具体情况大胆打破原来的计划，主动改变班会的时间进程。抓住教育契机，因势利导，放大教育影响，寻求最佳的教育效果。③ 班主任的主导作用还体现在重要环节的适时介入上。在学生做主持人主持班会的模式中，很多教师在班会开始以后就完全躲进了“幕后”，在班会结束的总结环节以前教师完全游离于班会之外，这种做法是不可取的。班主任要有意识地在重要的环节上回到班会的现场。尤其是小学低年级段的主题班会，学生对主题班会的掌控能力是有限的，教师要在必要的时候适时介入班会现场。

① 檀传宝.教师德育专业化读本[M].北京：教育科学出版社，2012：11.

二、班主任的专业素养和主题班会课①

如何看待主题班会课的功能，班主任的观念起主导作用。从优秀班主任的个案中可以发现一个普遍规律，即优秀班主任往往非常重视主题班会课，并且能很好地发挥主题班会课的功能与作用，进而使主题班会课成为系统地对学生施加教育与影响的舞台，同时也成为检验班主任专业知识与专业素养的重要载体。

正如全国模范班主任任小艾老师所说："主题班会的成功与否，与班主任自身素质的高低有着直接关系。对学生成长期规律的研究，对现实社会发展的关注，对影响学生未来的诸多因素，都要有一定的把握。其中，最为关键的是教师对学生爱的投入，对学生成长细节的观察，对有效应对问题以及防范问题的思考。班主任需要有一定的居安思危、未雨绸缪、防患于未然的能力，还要有敏锐发现问题、勤于思考问题、有效解决问题的本领。"②

正如教学名师的教学风格可以通过他的公开课得以展现一样，班主任的专业素养、带班理念、与学生的交往方式、对理想班集体的构想，也都能在他的班会课中体现出来。虽然不同的班主任有不同的带班风格和管理理念，但是在重视班会课并善于发挥班会课的功能和作用方面，往往是一致的。好的班会课的背后往往隐含着丰富的教育内涵，正如好的公开课值得人们反复品味一样，好的班会课也会令人回味无穷。

这里从班主任的专业素养与主题班会课关系的视角出发，结合优秀班主任的主题班会课课例，来探讨究竟什么是好的班会课、班会课与班主任的专业知识与素养之间有何内在关联、如何更好地发挥主题班会课的功能与作用等问题。

好的主题班会课应该具备三个条件或标准：好的主题、好的设计、好的效果，即内容、形式、效果三个方面都好，而班主任的专业素养也可以通过这三个方面得以具体体现。

（一）班主任对教育问题的敏感性与班会课主题的确定

班会课主题的确定有的是服从于学校整体工作安排，如大的节庆活动安排；有的是班主任根据本班学生的实际自主开发设计。这里所讲的好的班会课主要指后

---

① 齐学红.班主任的专业素养和班会课：兼论什么是好的班会课[J].班主任，2011(5).

② 任小艾.序：班主任与主题班会[M]//丁如许.魅力班会课.上海：华东师范大学出版社，2009.

者。上好班会课，是班主任的一项基本功，对于形成特有的班级文化氛围有着不可取代的作用。

班会课的主题往往来源于班主任对学生特点的把握，以及对学生当下现实问题的关注与思考。因而，班会课主题的确定，要求班主任从学生的需要出发，善于发现学生当下存在的问题。对班会课主题的选定可以表现出班主任对教育问题的敏感性和思想的深刻程度，而对教育问题的敏感性则是班主任教育理想与信念的具体表现。一位优秀班主任应该有自己对于教育的理想与信念。下面呈现的是两位有着截然不同做法的高中班主任的班会课案例。

【工作案例】

一位高中班主任从本校和本班学生的实际出发，设计了“快乐教育”以及职业生涯规划系列主题班会，深受学生欢迎。该校生源较差，能够考上本科院校的学生只是极少数，绝大多数学生看不到升学的希望，自信心普遍不强；学习对于他们毫无快乐可言，尤其是在残酷的升学竞争中，更多的是对失败的体验；人生在他们眼里不是一片光明，而是毫无希望可言。

为此，这位班主任提出“快人一步，乐在其中”的“快乐教育”理念，让学生在高中阶段体会学习的快乐、人生奋斗拼搏的快乐，并围绕这一教育理念设计了一系列班会活动，让学生成为班会课的主角，自主设计、自主组织。班会课成为学生展示才能的舞台，这些升学无望的学生在这里找到了自信，焕发了生命的活力。

但是，学生在班会课上的投入并没有换来学习成绩的提高，反而影响了班级在年级的考试排名。班主任为此承受了来自学生、家长和学校领导的压力，甚至想到了放弃。在经历了痛苦的反思后，班主任把班会课的主题确定为高中生的职业生涯规划和设计，把活动与升学目标有机结合起来，取得了较好的效果。在常人眼里近乎黑暗的高三生活成了学生值得回味的一段人生经历。

对于另外一位带重点班的高三班主任来说，他面临的是完全不同的教育问题。这位班主任所在的学校是当地的四大名校之一，他所带的班级是省招班，学生是当地的优质生源。他的困扰是，班上的学生只知道学习，可谓“两耳不闻窗外事，一心只读圣贤书”。对于这样的好学生，其他班主任可谓求之不得，但是这位班主任却有着不一样的忧思：这样的教育培养出来的人虽然能有好的成绩和看似光明的前途，但却是有缺陷的，是不符合未来社会对人才的需要的。

为此，他精心设计了一个题为“寻找自己”的学校生活表演剧，让学生把只知学习的行为表现与纪律散漫、自由潇洒的行为表现用摄像机记录下来，以法庭的形式让学生自由辩论“当代中学生应该有怎样的人生理想”；同时，请学生扮演不同行业、职业的专业人士，从他们的视角谈一谈对人才的理解，共同探讨什么才是当代中学生应有的行为表现。这样的主题有深度，对于高中阶段学生的思想产生了极大的触动。

（二）班主任的教育理念与班会课的设计

班主任的教育理念总是贯穿在班会课的设计中，其对教育的理想、对达成教育目标途径与方法的理性思考，都会在班会课的设计中得以体现。其中，班主任对教育资源的整合意识是班会课设计理念的一个方面。

班会课不仅是展示学生才能的舞台，还是家长展示才艺的舞台。吸纳并整合家长的教育资源，是许多班主任工作的共同之处。著名班主任任小艾的做法，在今天仍然有效。南京市芳草园小学郭文红老师的班会课，从学生讲坛发展到家长讲坛，吸引家长踊跃报名参加。她班上的学生同当年任老师的学生一样幸运，也有到机场参观并乘坐飞机的经历和体验；从学生讲坛走出来的“故事大王”走出了学校，走上了电视。至今，郭老师仍然坚持家访的做法，每学期走遍每个学生的家庭。她说：“只有走进了学生的家里，我才知道我班的那个学生为什么总是迟到，而迟到的理由总是找不到衣服或学习用品。因为他的家里乱得无法下脚。”确实，家庭对一个人的影响，靠老师一个人的力量是不能改变的。因此，与家长站在一条战线上，最大限度地争取家长的理解与配合，是一些优秀班主任成功的秘诀之一。而时至今日，人们对家长作为一种教育资源和教育力量的认识还远远不够。一些班主任仍然把家长作为训斥的对象，难以形成家庭与学校一致的教育影响，教育效果也大打折扣。

把家长请进来是一种做法；把学生带出去，将班会课的舞台从学校拓展到社会，利用社会的教育资源也有异曲同工之妙。有位班主任把学生带到植物园种树、让学生到麦当劳店体验一天的工作等，既锻炼了学生的能力，又增长了学生的见识。这样的收获，是那些总是担心学生的安全问题、不敢带学生离开学校半步的班主任无法企及的。

在一个个想常人所未想、做常人所未做的班会课的精妙设计中，一定体现了班主任打破常规、大胆创新的先进教育理念。例如，如何让传统教育题材焕发时代活力，就是班主任的创新之处。而所谓创新，往往体现在观念和手段两个方面。如3月5日学雷锋日，组织全校或全班搞义卖活动，把义卖所得捐给贫困生或需要帮助的人;为了纪念长征胜利 70 周年,围绕“重走长征路”,组织开展系列主题班会活动,同时让学生畅谈参加这些活动的感受和体会,变传统德育的被动说教式为学生主动参与的主体探究活动,同样收到意想不到的效果。

总之,一个好的设计、一个具体做法的背后隐含着班主任的教育思想和理念。所以,班会课的设计绝不仅仅是操作层面的具体做法,而是思想观念的现实化过程。

(三) 班主任的个人素质与班会课的实施

班会课的成功,除了班主任要有正确的教育理念以及对当下社会问题和学生思想发展状况的准确把握外,还需要具有一定的组织协调能力和管理智慧。一堂好的班会课,除了得益于一个好的理念、一个鲜明的主题外,还得益于班主任良好的专业技能和个人素质。从这个意义上说,班会课不仅是学生、家长展示才艺的舞台,还是班主任个人素质展示的平台。

一堂好的班会课往往会给学生的一生带来启迪和影响。在一堂成功的班会课上,师生之间、亲子之间能够达到水乳交融的效果,这是任何说教式德育无法实现的。由于班主任个人的先天素质不同,表现在班会课的组织与实施上往往各有所长,例如,有的班主任擅长组织文艺或体育活动,有的班主任擅长演讲,有的班主任擅长心理剧等。同时,班会课的成功还取决于班主任对各种教育元素的组合与重整,而不是班主任一个人唱独角戏。

(四) 班主任的角色意识与班会课的效果

如果说班会课是一个舞台,班主任就是导演、策划,学生才是真正的演员。只有导演和策划是不够的,离开了学生的积极参与,班会课无法取得理想的效果。

从班会课的功能来看,好的班会课往往体现出一定的开放性,不唯教育性,可兼具娱乐性。如一位高三班主任所说:“对高三学生来讲,学习已经非常紧张,高考这根弦已经绷得够紧了,在这种情况下,放松是提高效率的最好手段。我的班会课就是让学生笑,开怀大笑,既可以起到放松精神的作用,也可以达到缓解紧张学习气氛、融洽师生关系的目的。班会课的作用就像是使机器得到良好运转的润滑油。”笑的题材就来自学生的日常生活。这就要求教师和学生善于观察、用心体会、认真发现生活中乐观向上的积极因素。

学生既是生活的主角,也是班会课的主角。班会课的效果,一是取决于学生的广泛参与;二是学生能够在班会课上有所感悟,心有所动。例如,“学会感恩”的主题班会，通过创设教育情境，营造教育氛围，把师生情、父母亲情、同学情通过细节表达出来。这里有父母写给孩子的信，有孩子从小到大的照片和成长故事，有学生为退休教师精心编织的围巾，更有给当事人的惊喜和心灵的震撼。好的班会课的效果未必立竿见影，但往往会对学生的一生产生影响。

综合来看，一节成功的班会课往往融合了多种教育元素，是班主任教育智慧的结晶，也是班主任综合素质的集中体现。在班主任专业化的进程中，应该重视并强调班会课的重要性，把班会课纳入学校的课程体系，使班会课系列化、课程化，不仅重视主题班会课，同时规范日常的班会课，避免班会课的随意性；充分挖掘班会课丰富的教育内涵和特有的教育功能，为学生身心的全面健康发展创设更加有利的机会。

【相关链接】

主题班会的影响因素①

能否开出一个成功的主题班会，影响因素主要有三个方面：班主任关于主题班会设计和实施的教育理念；班主任平日相关知识和素材的积累；班主任在主题班会的组织实施中的实践智慧。一个成功的主题班会从大的方面去看，是理念、途径和方法三个重要因素。从具体方面来看，理念主要集中体现在选题的创建性上；使用什么途径取决于日常的积淀与准备，日常的积淀准备怎么样，决定是否能够使用一个创建性的方式来开这个主题班会；在方法上，情感的激发与共鸣可能是我们各种成功的主题班会当中必须关注的一个具体问题。从总体的理念到具体的准备决定了一个成功的主题班会是否能够达成预定的目标。

思考与练习

一、思考探究

1. 在主题班会实施过程中，如何调动学生积极性，让学生主动参与到主题班会中来？

2. 结合自己班主任工作的实践经验，谈谈你对下述两个问题的看法。

(1) 班主任应该如何提升自己主题班会的设计理念？

① 教育部师范教育司，基础教育司.班级活动设计与组织[M].北京：北京师范大学出版社，2008：37－41.

(2) 主题班会的主题设计与班主任的教育敏感性有何关系?

二、情景问答

1. 请根据你的任教学段和主题班会设计的原则与要求,对本章“相关链接”中的主题班会设计方案(选择其中一个)进行点评。

2. 在主题班会上,班主任正在谈中学生不宜谈恋爱的话题。班主任说,中学阶段的学生,主要任务是学习,通过学习走向成熟,这时期谈恋爱会影响学习,妨碍成长。这时一位同学站起来说:“老师,我不同意你的观点。我看到有的同学谈恋爱并没有影响学习,成绩反而上升。”这时有部分同学也鼓掌支持这位发言的同学。

作为班主任,应该如何回答学生的问题?如何引导学生正确看待恋爱问题?

3. 在五年级的一次主题班会上,老师讲了《蝈蝈与蚂蚁》的故事:蝈蝈玩了一整个夏天,蚂蚁却始终在搬动粮食。冬天到了,蚂蚁有了过冬的食物,蝈蝈却饿肚子。无奈之下,蝈蝈向蚂蚁求助,蚂蚁说不劳动者不得食,说它们的粮食只够自己过冬。于是,蝈蝈饿死了。老师要同学们学蚂蚁的勤奋负责,不学蝈蝈的贪玩懒惰。这时有一位同学说:“我不学蚂蚁,蚂蚁不分食物给蝈蝈,不会帮助人。”另一位同学说:“我要学蝈蝈,蝈蝈死了好,死了不用读书。”课堂顿时热闹起来。老师一时不知如何引导。

如果你是班主任,应该如何处理这个突发的问题?

三、方案设计

请以“中国梦”为主题,设计一节主题班会方案。

要求:

1. 题目自拟;

2. 写出实施方案的年级;

3. 设计的方案要反映出设计的目的意义、准备过程、实施过程等,其他不限;

4. 字数不超过 2 500 字。

延伸阅读

1. 教育部师范教育司,基础教育司规划指导.班级活动设计与组织[M].北京:北京师范大学出版社,2008.

2. 王一军,李伟平.班级活动设计与组织实施[M].北京:教育科学出版社,2007.

3. 齐学红.创新班会课(小学、初中、联校卷)[M].北京:教育科学出版社,2016.

第十章 人际沟通与交往能力

名人名言

一个好教师意味着什么？首先意味着他是这样的人：他热爱孩子，感到跟孩子交往是一种乐趣，相信每个孩子都能成为一个好人，善于跟他们交朋友，关心孩子的快乐和悲伤，理解孩子的心灵，时刻都不能忘记自己也曾经是个孩子。

——苏霍姆林斯基

班主任作为班级教育活动的组织者和协调者，其重要的角色在于协调好各种教育关系，如班主任与学生、任课教师的关系，任课教师与学生的关系等。和谐的人际关系有助于集体成员在愉悦的心情下取得对团体的认同感与个人潜能的充分发挥。班主任是班级和谐人际关系的主要缔造者，也是班级成员和谐发展的重要他人。班主任的工作重点是协调各方面教育力量，形成有利于学生身心全面健康发展的人际氛围。班级教育系统即班级的人际关系系统，构成了班主任的工作网络，其中，班级内部关系包括：班主任与学生、任课教师、其他班主任以及学校领导的关系；外部关系包括：班主任与学生家长、社会相关人员的关系，如图 10 - 1 所示。

班级教育活动的组织者与协调者这一角色的核心要求即人际沟通与交往能力，是班主任必须具备的一项重要专业技能，在很大程度上影响班级工作的顺利开展。本章内容将从班主任有效人际沟通的基本素质、班主任与学生、班主任与任课教师、班主任与家长的有效沟通四个方面展开。

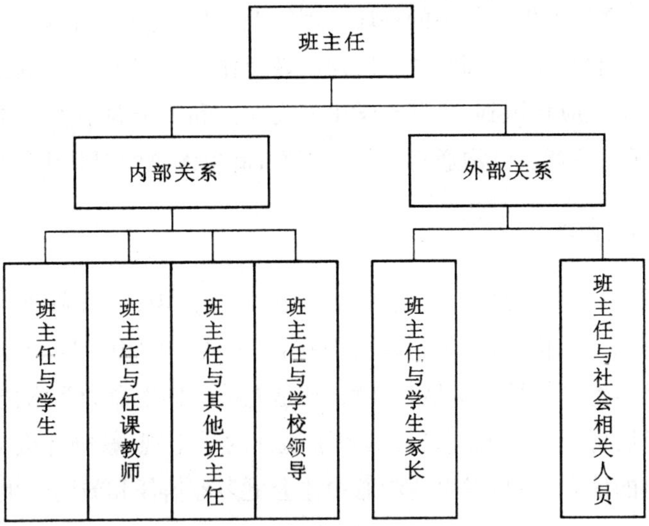

图 10－1 班主任的人际关系

第一节 班主任有效人际沟通的基本素质

班主任实施有效人际沟通不仅仅是沟通技巧问题，也是班主任整体素质的体现。班主任应当重视自身人际沟通基本素质的培养和沟通能力的提高，这也是成为一名好教师必须具备的首要条件。其中，班主任与学生沟通的效果直接决定着教育活动的效果。

一、树立现代教育观念

（一）现代学生观

学生是教师的教育对象，也是直接沟通的对象，教师关于学生的教育信念直接影响着教师对学生的定位，继而影响教师对学生的态度。

1. 学生是鲜活的生命个体

学生是活生生的人，具有生命的独特性。基础教育的对象是处在童年、少年或青年期的学生，这是人生最集中的一段学习时期，对于每个人来说是非常宝贵但却并不知晓其价值的时期。因此，这一阶段的教育作用特别重大，可能对学生的一生产生影响。班主任应意识到，自己与学生的沟通是和一个弱小生命的对话，要热爱和尊重生命；同时注意自己沟通言行的恰当性，避免无意中对学生造成伤害。

2. 学生具有巨大的发展可能性

传统观念对学生的看法大多强调的是他们缺乏知识、能力和经验的一面，主要看到的是学生现在的状态，而不是他的潜在状态、内心的积极性和发展的可能性。现代学生观把学生看作虽有不足和稚嫩，却是充满旺盛生命力和潜能，具有多方面发展需要和发展可能性的人。只有具备了这样的学生观，教师才会对学生的成长和发展有坚定的信念，在与学生的沟通中才会更多地信任和鼓励学生。

3. 学生是不可替代的学习主体

传统观念把学生发展的过程视为把人类已有文化和道德知识传递给学生的过程，忽视了学生作为学习主体的作用。其实，学生的心灵不是一个需要填充的容器，而是一颗需要点燃的火种。新的学生观把学生看作具有主观能动性，有可能积极、主动参与教育活动的人，是学习活动中不可替代的主体。只有具备了这样的学生观，教师才不会把教育仅仅作为一个灌输的过程，而会尊重学生，更多倾听学生的表达，与学生平等沟通。

4. 学生是有个别差异的独立个体

正确的学生观还应该包括对学生个别性和差异性的尊重。把每个学生看成一个独特的个体，承认学生有不同的特征和禀赋，了解与接纳不同年龄阶段学生的心理特点，尊重每个学生的尊严和价值，并有信心使每个学生都得到发展。具备了这样的学生观，班主任在沟通中就会以开放的心态接受这种差异，不带个人偏见，对学生一视同仁，并注意根据学生的个别差异和年龄特征选择有效的沟通方式。

（二）现代师生关系观

关于师生关系的观念对班主任在沟通中的态度和行为方式也会产生很大影响。在教育活动中，教师是教育者，学生是受教育者，因此人们容易把学生定位为一个被动接受的角色，而忽视了他们接受教育的过程也是一个主动成长的过程。加上中国传统的“师道尊严”观念的影响，许多教师习惯于居高临下地说教和灌输。

随着信息社会的到来，学生接受信息、获取知识的渠道多样化，教师在知识方面的优势逐渐丧失，教师的角色更多的是从经师到人师的转变；随着社会民主化进程的推进，学生的主体意识、民主意识逐渐增强，教师的地位更多地从主宰、主演发展为主导。班主任应意识到教师角色地位的变化给师生关系带来的影响，更多地成为学生学习活动的组织者和参与者，而不只是知识的传授者；在学生人格成长方面成为他们的良师益友，而不仅仅是社会道德规范的传播者；教师作用的发挥不仅依靠个人权力，而是依赖于教师的人格魅力和良好的师生关系。

从教育现实来看，学生期待的是一种师生之间平等沟通、亦师亦友的新型师生关系。班主任要认识到在现代教育中教师地位、角色和师生关系的变化，改变传统的教育模式，像对待成人一样给学生以尊重，变居高临下为平等沟通；更多地与学生对话，变单向沟通为双向沟通；给学生更多的表达机会，变传道、教导为聆听、讨论。

二、树立有效沟通的信念

要实现与学生的有效沟通，班主任需要觉察自己关于沟通的有关信念是否正确，因为它会影响教师对学生的沟通态度，进而影响沟通的效果。在与学生沟通过程中，班主任需要不断反思下列问题。

1. 是否关心沟通的有效性

在班主任的教育实践中，一些班主任感到自己已经说了许多该说的话，讲了很多该讲的道理，但是学生还是不听，这就是低效甚至无效的沟通。无论班主任所讲的话多么正确，如果不能让学生接受、信服，就不可能产生真正意义上的教育。可见，教育的有效性不仅在于教育内容的正确性，更在于教育沟通的有效性。从某种意义上说，有效比有道理更重要。

2. 是否会根据不同沟通对象采取不同的沟通方式

一些班主任会习惯性地选择自己常用的沟通方式和方法，当沟通无效时，往往认为是学生的问题，缺少对自己的反思。其实没有两个人是完全一样的，如果这一信念能成为我们的思维模式，面对沟通无效时我们应该思考的问题是：沟通无效的原因是什么？沟通对象有什么特点？反思自己原有的沟通方式并选择有效的沟通方式，而不是一味抱怨学生。

3. 是否以平等尊重的态度与学生对话

当教师能够以平等尊重的态度和学生对话，与学生讨论问题，而不是把自己的观点强加于人时，这种态度会使学生愿意和你讨论问题，接受你的影响。那种不给对方空间，将自己的观点强加于人的态度会让学生产生反感和抵触情绪，即使明知教师的意见是正确的，也不愿意接受。

4. 是否能根据学生反馈信息及时调整沟通方式

沟通是一个双向的活动，需要根据对方的反馈信息及时进行调整，才能保证沟通的顺畅和有效。因此，需要树立这样一个信念：沟通的效果取决于学生的反应。

这里的沟通效果是以改变对方的行为为目的的，对于沟通效果的检测是以这种作用达到的程度为标准的。有的班主任或是因为缺乏双向沟通的意识，或是过于主观、缺乏对学生的尊重，或是缺乏觉察能力，常常在沟通过程中只顺着自己的思路一直讲，不能根据学生反馈的信息及时觉察并调整自己的沟通方式，因而导致沟通不畅或效果不佳。

另外，一些班主任与学生沟通无效的一个重要原因是他们头脑中“没有办法”的框框使得他们很少去尝试新的办法。突破困境的办法是树立一个有效的信念：办法总比困难多。重复旧的做法，只会得到旧的结果。当我们说“没有办法”时，我们的大脑也就停止了工作。只有树立有效的信念，才能帮助我们灵活选择、有效尝试。

三、提升自我意识水平和自我觉察能力

沟通是一种双边活动，是一个双向互动交流的动态过程。个体在这个过程中需要去感知、理解对方所传递的信息，也需要表达自己的意见和感受。自己的表现一方面是由个人意志来决定；另一方面又受到对方的影响，被对方所规定。因此，个体为了取得自己与对方的协调，必须不断自我认知、不断修正对自己的看法，同时不断了解和认知对方对自己的看法，修正自己的表现。而自我意识的调节机制也就存在于这种不断修正、不断协调的相互作用中。可见，班主任在沟通过程中要做到知己知彼，才能有效把握沟通的过程。这就需要班主任有较高的觉察能力，包括觉察自己和觉察对方的能力。

（一）觉察沟通背后的教育信念

随着教育改革的不断深入，许多现代教育观念逐渐得到传播，教师也都耳熟能详。但是在教育现实中，教师话语表述中的教育观念与实际的教育行为常常出现背离现象，甚至会出现违反师德、变相体罚等不恰当的教育行为。例如，面对学生公开提出不同意见的做法，师道尊严观念强的教师可能会感到自己的权威受到了挑战而大为恼火，而具有民主平等观念的教师则觉得是一件很正常的事，因而能平心静气地与学生对话。不同的信念系统会让人对同一件事情作出不同的解释与评价，从而产生不同的情绪反应，并对之后的行为反应产生动力性和指导性的作用。可见，支配人们行为的是个体在自己生活经历中逐渐形成的个人信念系统。信念系统大多存在于人的潜意识中，往往不容易被个体意识到，所以需要提高自我觉察的能力，了解在教育行为背后的信念系统，以便进行及时和有效的调整。

班主任要提高自我觉察的敏感性，要有"把自己的言行活动作为研究对象"的研究意识；在把自己作为研究对象的过程中，要注意关注自己，特别是关注自己的情绪反应。情绪往往是内隐观念表达的信号。教师对于自己在教育活动中的情绪反应要敏锐，要多问自己："我何以如此？"这种反思有可能触动和揭示教师内隐的教育观念，促使教师自我意识的增强和自我觉察敏感性的提高。

（二）觉察自己的状态和情绪

语言是人际沟通最重要的工具，但这并不意味着言语沟通是人类沟通的唯一形式。非言语形式的沟通与语言沟通一样，都是人类交往沟通的形式，在交往中都具有传达某种思想、意义、情感等多方面的功能。非言语沟通的工具是非言语符号系统，包括眼神、面部表情、手势、身体姿势、空间距离，以及没有固定语义的发声，如哭声、笑声、呻吟、叹息及各种叫声等。

非言语信息常常比言语信息更可靠。人对言语信息的操纵一般总是自觉的，这就带来了掩饰的可能。许多人往往不能意识到自己的表情动作和身体姿势，非言语信息往往在不知不觉中传递给了对方。班主任应能及时察觉自己的情绪状态，并且加以调整，或者在有负面情绪时不与学生进行沟通，这都是非常重要的。

（三）觉察对方的反应

学生的反应包括言语的和非言语的反应。班主任在与学生沟通过程中要全面关注学生的言语信息和非言语信息，特别是非言语信息，及时把对学生观察了解所获得的信息和对自己沟通行为进行监控得到的信息进行综合比较，从而判断沟通的效果以及学生接受和理解信息的程度，并及时调整下一步的沟通行为。

要想提高自己的沟通效能，班主任要注意强化了解、观察学生的意识，抓住学生在各种非言语沟通中无意识传达的许多真实的、有价值的信息，准确把握学生的心理状态，并及时从学生的表情、情绪反应中反观自己沟通言行的恰当性，根据沟通情况及时调整自己的沟通行为，使个体的反应恰到好处，保证沟通活动顺利进行和富有成效。

第二节　班主任与学生的有效沟通

班主任承担着班级管理和教育学生的任务，师生之间直接的人际沟通是班主任工作的基本形式。班主任要与学生个体或集体进行谈话、讨论问题、听取意见、分享感受……在这个过程中，班主任的每一句话，甚至一个眼神、一个微笑，都直接或间接地传达了某种教育信息。同时，人际沟通不仅是班主任实施教育的工具，沟通本身就具有教育性。通过良好的人际沟通，班主任与学生双方相互作用、相互影响，构成双方的精神交流，从中达到传播知识、交流思想、沟通感情的目的，师生都获得心智的启迪、精神的感染。

班主任经常要对学生进行个别教育，因此，个别沟通成为班主任重要的基本功之一。掌握个别沟通的技巧也是与学生集体进行沟通的能力基础。

一、班主任与个别学生沟通的技巧

在现实生活中，班主任在沟通中往往享有话语主导权和优先权，居于话语权的核心，许多班主任习惯于进行上下沟通和单向沟通。这表现在教师较多采用以下四种话语方式。

（1）教诲式或教导式。即班主任对学生循循善诱，语重心长地讲授道理、劝诫人生。这种话语方式常常表现出温和、诚挚、热心，容易受到推崇和褒扬。

（2）规范式。班主任对学生进行道德宣讲，以理服人。这种话语方式的关键词是“应该”“你们应该如此”。

（3）命令式。这种方式是班主任显在的权力表达，它往往不容商量，必须贯彻执行。常用的关键词是“必须”“要”“你们必须如此”。

(4) 惩罚式。这种方式常常以祈使句或“不……就……”“……否则……”的句式表达。

以上四种话语方式,表面上看来相去甚远,其差别更多地表现在形式上和程度上,其实质同属于一种教师权力观,表达的是同一种类型的教师话语权,传达出的是作为教师的优越感,考虑的是以何种方式让学生接受自己的意图。

班主任应与学生进行平等双向的沟通,建立价值平等的对话性关系。例如,班主任在教育学生,特别是在讲解道德原理和道德规范时,应尽可能地使用“对话法”,以平等的对话者态度参与到学生的世界中,多当听者,不断倾听学生的声音,了解学生的意愿,实现师生间的沟通与融洽。这就需要班主任掌握如下六个技巧。

(一) 创设良好沟通氛围的技巧

有效沟通首先要建立和谐的信任关系,创造良好氛围,可以采用“先跟后带”的技巧,即先配合对方,建立接受与信任关系,让对方愿意听你讲,然后才说出自己的意思,带领他去你想去的方向。即尽可能让对方充分地表达自己的观点、想法或看法,甚至是情绪的宣泄,在声调语气和身体语言方面要有一定的配合,如表示“我能理解”“我明白”等,避免使用“但是”“不过”这两个词语,除非对方邀请,否则不首先提出自己的看法。创设良好的沟通氛围,就为后续沟通的有效进行提供了条件。

(二) 倾听的技巧

倾听与言说是人们言语沟通中的两种基本行为。美国语言学家堡尔、兰金等人认为,人们日常生活中言语实践的使用情况是:听占45%,说占30%,读占16%,写占9%。[①] 也就是说,人们有近一半的时间是在听。倾听作为一种沟通行为,是对对方态度、情感的反应。听人说话本身就是向对方发出一种尊重、接纳的信息,它是言语沟通的基本前提。在教育谈话中,教师要通过倾听来了解学生的思想状况、学生对教师谈话接受或拒斥的反应,以便确定下一步的谈话内容及相关的教育措施。班主任在沟通中要做到以下两点。

(1) 用心倾听。班主任要用集中注意力的耳朵和饱含关切的心去倾听,给别人以尊重的态度和友好的感情;要完整地、全面地倾听,学生讲话的内容和个人的

---

① 田良辰,刘电芝.试论教师倾听的类型与技巧[J].现代中小学教育,2000(5).

情绪都应受到关注。

(2) 巧妙引导。说话是说者与听者双方的事，成功的沟通有赖于双方积极地参与。在教育谈话中，班主任要善于运用一些倾听用语，表明教师作为倾听者的态度，诱导学生大胆、深入地表达自己的意思。如“哦”“对”“是啊”“你说得对，往下说吧”“还有这事儿”等。另外，把对方的话原封不动地或稍加变化地重复一遍也是一种有效地引导，如使用“你的意思是不是……”“听起来你说的是……”“能不能举些例子说明你的感受”等句式引导对方更深入地表达。

(三) 表达的技巧

在班主任与学生的沟通中，教师的表达是决定沟通效果的关键环节。影响班主任表达效果的因素很多，包括前述的教育观念和沟通态度等。从沟通技巧的角度看，教师的言语表达最重要的是要亲切自然，简洁易懂，针对性强，启发性大，表达方式委婉而有分寸，言语刺激讲究实效并恰到好处。

(1) 感性回应。比较下面两组对话，注意听后的不同感受。

对话一

老师：你叫什么名字?

学生：刘杨。

老师：你是哪个班的学生?

学生：四年级(1)班。

老师：你们班班长是谁?

对话二

老师：你叫什么名字?

学生：刘杨。

老师：听起来像是你爸爸姓刘，妈妈姓杨?

学生：老师，你猜对了。

老师：你是哪个班的学生?

学生：四年级(1)班。

老师：我听很多老师说你们班班风不错。你们班班长是谁?

(2) 真诚表达。请看下面的例子。

老师正在教室里巡视，要学生坐好。一个学生对他说：“你是不是怕今天早上校长会来检查我们?”不同的老师可能有不同的回答：

A 老师：今天老师会以平常的态度来讲课。

B老师：我应该不会紧张，他们只是一群人而已。

C老师：有点紧张是很自然的事。

D老师：我紧张是因为我不相信你们能表现得和平常一样。

E老师：不必替我担心，只要注意你自己的态度就好了。

F老师：是的，老师有点紧张，希望你们好好表现，帮我这个忙。

在上面六个回答中，A和B表现出教师想掩饰自己真实的紧张心情；C和D都承认了自己的真实心情，但C只是说明了一般人都会有的情况，并没有直接表达自己的心情，D则对学生有一定的伤害；E也伤害了学生；最好的表达是F，既坦然承认了自己真实的紧张心情，又对学生有积极的期待，这会拉近师生的心理距离，也能激励学生有更好的表现。

（四）提问的技巧

在班主任与学生的沟通中，教师通常处于引发谈话或讨论的位置，因此，通过直接提问题来引发学生表达是非常必要的，这样能使学生根据教师的要求，厘清思路，表达所感所想。而提问技巧的使用将有助于提高引导的效果。

（1）多用“什么”“怎么样”，少用“为什么”。当事情没有向人们期望的方向发展时，我们会情不自禁地问：为什么？你为什么这样做？你为什么迟到了？而当以“怎么样”和“什么”提问时，给人的感觉是想了解更多的情况，获得更多的信息。

（2）把提问句改为陈述句。有时班主任的问句并不是表达一种询问，而只是一个要求，如“你想去吃饭吗？”其意思可能是“我想出去吃饭，并且想让你同我一道去”。或者是强调某种语气，如“你怎么能那样做？”在上述两种情况下，把提问句改为陈述句效果会更好。

（五）提供反馈（批评）的技巧

在教育活动中，班主任常常需要对学生提供反馈信息，包括批评意见，帮助学生改进行为。

班主任首先要明确提供反馈的目的，给学生提供反馈甚至批评，是为了使接受方获益，而不是为了出气，更不是秋后算账。

班主任提供反馈时要注意：① 及时反馈；② 针对行为本身而非针对人，关注可以改变的行为而非个体内在稳定的特性（如“你没有为自己订立一个目标”与“你真没出息”的区别）；③ 着眼于未来而不是过去，不去证明他有什么不好，而是找出他如何能够做得更好的办法。

（六）处理学生情绪的技巧

班主任在与学生沟通过程中，要关注学生的情绪状态，如果学生处在比较激动的情绪状态，很难接受班主任的意见，那么班主任要先处理学生的情绪问题，让学生的情绪平静下来，再继续沟通。

当学生表现出有情绪但暂时没有足够时间来处理时，可以先说："我看到（听到）……我觉得你内心有些情绪，是不是？"不管他如何回答，再说："现在我做些什么能够使你感觉舒服一点？"不论他怎样回答，尽快回到该谈的事情上。

二、班主任与集体沟通的技巧

在学校教育中，班主任对班级全体学生负有教育的责任，经常要面对班级学生集体进行沟通，例如，班会课上向全班同学讲话等。

班主任与班级学生集体沟通的传统方式多为单向沟通，即班主任讲学生听，教师只管使用语言、表情姿势等沟通方式向学生讲述问题、灌输观念、提出要求，教师一言堂，而没有让学生表达他们的看法和要求，学生被动地接受信息输入，沟通效果较差。以现代学生观和师生观为指导，班主任与班级学生集体的沟通应更多地采用双向沟通和多向沟通。为此，班主任需要学习一些沟通技巧，提升与学生集体沟通的能力。

（一）与学生建立关系，拉近心理距离

实现有效沟通的前提是双方心理上的相互接受。班主任与学生集体沟通要做的第一件事情就是要和学生建立心理上的联系，让学生接受自己。例如，教师站在学生面前时，首先要在最初的几秒钟用眼睛环视全班同学，与每一位同学进行眼神接触，这是和每一个学生打招呼，提醒学生进入状态。老师有亲和力的面部表情非常重要。

（二）演讲表达要清晰简洁、有条理

班主任的演讲表达要清晰简洁、有条理，使学生易于吸收，记忆深刻。有的班主任表达不清楚，比较啰唆，学生不得要领，从而影响了沟通的效果。表达的清晰来源于思维的清晰，包括概念的准确使用、逻辑关系的简洁描述，以及条理清楚等。班主任要提高自己演讲表达的水平，平时要注意训练自己的思维。

（三）鼓励接受与适度挑战相结合

双向沟通与多向沟通需要学生的共同参与，如果学生不敢或不愿意参与，沟通就无法进行下去。因此，班主任要注意调动学生参与的积极性和主动性。首先要注意的是鼓励和接受学生；对学生的挑战要适度，尽可能不直接批评，也不宜以仲裁者的身份对学生意见进行对错的评判，这会让部分同学担心因说错话被老师评判而害怕或不愿意发表意见。

（四）设定规则，灵活控场

在双向沟通和多向沟通中，由于学生的参与，班主任控制整个场面的能力就显得尤为重要。有时候学生可能因为讨论有兴趣的话题而难以停下来，也可能因意见不同而激烈争论，面对这种比较混乱的场面，一些班主任习惯用语言提示让大家静下来，如果提示无效就可能变成批评或训斥。其实，维持秩序可以有很多的办法，并非只有语言提示或者训斥，如老师可以先设定规则，告诉学生自己的提示方式，如铃声或手势，当学生听到或看到提示时，大家就要停下讨论，听教师讲话等。

总之，沟通是一门艺术，有效的沟通要考虑沟通对象的特点和具体情境，灵活处理。班主任沟通能力的提高需要勤于学习、勇于实践、善于总结，才能逐步达到炉火纯青的艺术境界。上述有些沟通技巧在与任课教师、家长的沟通中也同样适用。

第三节　班主任与任课教师的有效沟通

在日常教育教学工作中，班主任与任课教师的关系是否协调，直接影响到班级工作的顺利开展。两者关系协调，感情融洽，就会充分发挥全体任课教师的积极性，从而形成班级教育合力。协调与任课教师的关系是班主任人际沟通的重要组成部分。除了班主任与任课教师的直接沟通与协调外，班主任还要协调学生与任课教师之间的矛盾与冲突，从而营造一个和谐的班级教育氛围。

一、协调与任课教师的关系

在日常的班级管理中，班主任要注意以下三点。

第一，创造良好的教学环境。例如，创设整洁的室内环境、保持学生良好的精神风貌等，使任课教师心情愉快地投入到教学工作中。要留心一些小的细节问题，比如在教室或讲台上放一束花，保持讲台的整洁，这样会增加任课教师的愉悦感，以促进教学活动的顺利开展。

第二，经常向任课教师征求意见。班主任要经常向任课教师了解学生的各种情况，征求任课教师的意见，使任课教师感到自己是班级管理中的重要力量，从而激发起他们的积极性，使他们主动配合班主任的工作，以形成教育合力，共同做好班级的管理工作。

第三，请任课教师参与班级活动。要尽可能多地创造机会，让任课教师参与班级活动，为班级活动献计献策。例如，主动邀请任课教师参加主题班会、家长会和其他班级活动，使他们感受到被尊重与爱戴。

二、协调学生与任课教师之间的关系

一个班级学生成绩的好坏，素质提高得快慢，与任课教师的工作热情有直接的关系。如果班主任不能很好地协调任课教师与学生之间的关系，就会对任课教师的教学热情产生影响。因此，协调好任课教师与学生之间的关系，架起学生与任课教师之间沟通的桥梁，是班主任工作的重要内容之一。

今天听到办公室的很多老师在大发感叹，为什么这么多学生面对老师的拖堂和补课一点都不理解，尽说些不痛快的话！老师的态度是：我拖几分钟或者补一节课，不都是为了你们好吗？难道我不会自己轻松一些，非要给你们补课吗？因此，很多老师怀着郁闷的心情上完了这节课。学生的态度是：我们下课一共才 10 分钟，老师拖堂就耽误了几分钟，连调节思维的时间都没有。本来自己的自习课安排得好好的，突然来个老师上课，把自己的计划打乱了。学生也在抵触的情绪中听完了这节课。双方都有自己的道理，作为班主任，怎么去协调任课老师和学生的关系呢？

班主任需要协调的不仅是任课教师拖堂引起学生不满的事情，协调任课教师与学生的关系是多方面的。班主任应帮助学生走进教师的世界，让他们发现：教师和自己的父母一样是平凡的人，他(她)和蔼可亲，无须畏惧。帮助学生走进教师的世界，可以先从走进班主任开始。班主任和学生走得近一些，给学生讲述自己的家庭，讲述自己的喜怒哀乐，让他们看见教师生活中真实的一面。你会发现，学生的眼睛会亮起来。班主任不妨透露一些任课教师的业余爱好以及与教学无关的个人特长，满足学生对老师的好奇心。以下将介绍具体的做法。

（一）移情换位，激发情感

在协调任课教师与学生关系方面，很重要的一点是加强尊师教育，让学生尊敬每一位教师，珍惜教师的劳动成果。一方面，班主任可以通过移情换位的方式激发学生的情感，比如让学生观察教师一天的工作和生活，加深对教师职业的了解，体验教师工作的辛苦，从而在情感上产生对教师的尊敬与爱戴；另一方面，多与任课教师沟通，让他们站在学生的立场上考虑问题，更多地关心学生的生活、情感和思想，从而让双方在情感上达到很好的交流。

（二）树立威信，增进了解

任课教师在学生心目中的威信，会直接影响其教学效果。通常情况下，学生往往会因为喜欢某一位老师而喜欢上他的课，尤其是低年级的学生更是如此。如果学生从心底里喜欢老师，就会认真地听课，从而取得良好的学习效果。相反，对于没有威信的老师，学生会在内心产生一种抵触情绪，不认真听讲，不认真完成老师布置的作业，这样很难得到好的教学效果。因此，班主任要帮助任课教师树立威信。具体说来，可以经常向学生介绍任课教师的专业水平和成就，介绍任课教师的特长、爱好以及教学特色，由此增进学生对任课教师的了解，产生对任课教师的敬重和信任，缩短师生之间的心理距离。

（三）化解矛盾，融洽关系

学生与任课教师之间产生矛盾在所难免。有的是因为任课教师过于严厉，说话不留情面，学生很难接受；有的是因为任课教师管理太松，有不负责任之嫌；有的是因为教师上课的方式方法不切合学生的要求，枯燥乏味，学生产生抵触情绪等。无论哪种情况，如果班主任处理不当，就有可能造成师生之间的对立，不利于教学工作的正常进行。作为班主任，既要考虑学生的意见，采取积极有效的措施化解矛盾，使师生关系和睦融洽；又要尊重任课教师，保证教学工作的顺利开展。

班主任是班级组织的领导者和管理者，但班级组织的管理者并非仅班主任一个人，实际上存在着一个管理者的团队。这个团队是由班主任和同自己“搭班”的其他任课教师共同组成的。在班级管理中，班主任不仅直接领导与管理着整个班级，还通过对班级管理团队的领导进行班级管理。班主任在协调与任课教师之间的关系时，要了解任课教师的教学情况，为他们正常的教学提供支持。班主任与任课教师之间的支持是管理上的相互支持，因为学生的成长既是班主任的责任，也是任课教师的责任。

以下是一位班主任协调学生与任课老师关系的成功做法。

【工作案例】

爱，可以这样写①

上午课间，天空飘着蒙蒙细雨，初一(4)班班主任葛琴手中拎着一个东西匆匆下楼，原来她要去看望生病在家的王老师，她带去了一份特别的礼物，29个小"心"和班主任一个大"心"织成的一个爱心，王老师看见它时会是怎样的开心啊！

礼物可以用钱买到，而孩子们纯洁的心灵再多钱也买不来，它需要呵护，需要灌溉，需要培养。每一个这样的活动，每一次全新的创意，带给孩子的是书本上永远学不到的东西。

葛老师和初一(4)班的孩子告诉我们，爱——可以这样写！

上述案例中，班主任很好地把握了与任课教师沟通的契机，在任课教师生病时带去自己学生的牵挂，这对于王老师来说无疑是一次师生情感的传递，给老师的心灵带来了震动。这一举措拉近了任课教师和学生之间的距离，对于班主任工作的有效开展增加了无形的助力。

【工作案例】

化解师生冲突的方法——校园教育心理剧

师生发生冲突的起因很多，但冲突的扩大或者发展到不可调和，根源只有一个，师生双方的互相不了解与不理解。一个成熟的班主任应该做的工作是通过一

---

① 资料选自白下教育叙事网吴虹博客。

些心理暗示，告诉孩子老师的工作是为了他们能健康地成长。比如我在接班时，以近期报纸上刊登的一起师生矛盾事件为背景，安排了一场心理剧。在该事件中，学生和老师因为一件小事发生冲突，双方处理不当，最后导致孩子跳楼自杀的悲剧，家长到学校闹事，老师也背上了很重的心理负担，得了抑郁症。我请了几个学生分别饰演学生、家长、老师、校长和同学等角色，和学生一起设计了不同的版本。起因都是小事，但学生、老师、同学、家长、校长各自的不同态度，不同的处理问题的方法能够导致事态向不同的方向发展。表演结束后，请学生自己谈感受，不少学生能够站在老师的角度看待问题；作为班主任的我也及时地表达了要从学生的角度考虑问题，要适度地忍让与智慧地处理冲突的意愿，希望学生平时能和老师多谈心、多交流，能把我当个朋友，少些冲突，多些沟通。

当师生已经发生冲突时，作为教师一定要保持冷静，切忌头脑发热、口不择言，导致冲突升级，学生产生过激举动。可以寻找缓冲人，比如有经验的任课教师、年级组长，及时将真实情况告知家长，多方努力先把学生的情绪稳定下来。我当班主任多年，和学生的冲突也不少，第一感觉就是预防是最好的方法，向大家推荐一种有效的方法——校园教育心理剧。

校园教育心理剧是基于心理剧的理论基础之上，通过学生扮演当事人或由当事人自己借助舞台来呈现他们各种典型的心理问题与教育热点问题，在老师和全体参与演出者以及观众的帮助下学会如何应对和正确处理遇到的来自生活、学习、交往等多方面的不易解决的困惑和心理问题，从而使全体学生受到教育启发的一种团体教育方法。校园教育心理剧是学生把自己实际生活中遇到的事件编写成剧本，然后按照剧本自己表演。表演者不完全是会表演的学生。根据剧情发展和观众表现，还可以随时邀请作为观众的学生上台来表演剧中某一角色，让学生参与到剧中来，让他们有更深的心理体验。因此，校园心理剧不是单纯地背台词，它是一个变化的过程，是一个分享的过程，也是当事人和观众共同成长的过程。在心理剧之后能够组织学生对心理剧所产生的问题进行讨论与辩论，从多角度看待问题，也可以让部分参演的学生谈谈心得体会，有些话从他们的嘴里说出来，效果远远优于老师的说教。

我在我所带的班级做了一些尝试，如“作弊的后果”“职场应聘”等活动的开展，不仅锻炼了很多学生的表演才能，也培养了他们的组织能力和团队合作精神。通过学生的表演，一些本来严肃的问题以一种轻松的形式呈现在学生面前，他们看过表演后，从不同的方向、不同的立场提出自己的看法。虽然有的学生的看法比较极端，但也有不少学生的看法恰恰是老师想要表达的，这些原本是老师说教式的语言，通过他们表达出来，对学生的触动更大。作为教育心理剧，要带有一定的教育目的，班主任对过程的发展要有适当的控制，特别是刚刚接班的老师对教育心理剧的演出以及后面的学生评论的方向要加以指导，切不可任由学生发挥，否则反而会失去原有的教育作用。

（袁子意　南京市建邺高中）

在本案例中，袁老师提供了一个有效且有趣的方法——校园教育心理剧，在丰富学生课余生活的同时，很好地处理甚至是预处理了很多师生之间、家长与学生之间的矛盾，作为一种新的交流沟通手段，值得学习与借鉴。

第四节　班主任与家长的有效沟通

家庭教育是一切教育的基础，学生的健康成长离不开家庭教育的有效配合。但是，现在的家长要么无暇教育孩子，要么只关心孩子成绩的好坏，忽视对于孩子成长期心理上的教育和关注，致使学生与家长之间的关系冷漠乃至恶化，这对学生的成长是不利的。作为班主任，要在充分了解学生和家长心理需求的前提下做好协调工作，促进家庭教育和学校教育的和谐统一。

一、协调学生与家长之间的关系

（一）帮助学生走进父母的世界

帮助学生走进父母的世界，首先，要让学生了解自己的父母：父母小时候是怎么玩的？父母最喜欢的颜色是什么？最喜欢吃的食物是什么？他们是什么时候结婚的？妈妈怀你的时候有什么妊娠反应？妈妈生你的时候是顺产还是难产？……虽然父母是你最亲近最熟悉的人，但是你会发现父母身上有着你不知道的世界。

其次，要教会学生感谢父母。让学生不仅要把感激之情说出来，还要写出来、作出来。班主任可以安排学生完成一项特殊的作业：向爸爸妈妈说一声“我爱你”。不仅仅说一次，而且要经常表达，让父母知道你爱他们。这样，学生会对父母有新的认识，和父母的关系也会更加融洽。在母亲节、父亲节的时候，班主任要提醒学生别忘了给父母写一封信，感谢父母的养育之恩；在父母生日的时候，班主任要提醒学生别忘了买支鲜花、买张贺卡祝贺一下。班主任还可以布置一项长期的家庭作业：为父母分担一些家务，哪怕是为父母端茶送水。通过这些方式，帮助学生走进父母的世界，体味父母那份最深沉、最永恒的爱。要知道，一个能够感激父母、感恩父母的人，怎能不热爱他人、热爱生活呢？

（二）营造“尊长辈、敬父母”的班级氛围

今天的学生，特别是中学生，他们对于新生事物充满好奇，追求新鲜刺激的东西，而这些想法在被传统思想禁锢的父母那里往往是行不通的。因此，学生普遍认为家长不理解他们，有的把家长的话当耳旁风，有的甚至完全和家长对立起来。面对这种情况，班主任要做学生的思想教育工作，通过各种班级活动，营造“尊长辈、敬父母”的班级氛围，发挥集体舆论的导向作用。

（三）为学生和家长搭建沟通的平台

教育是建立在教育者与被教育者之间充分沟通的基础之上的。现在，不少家长和孩子之间的沟通只是表面的，其关系并没有得到很好的改善。因此，班主任要通过各种方式为学生和家长搭建沟通的平台，让家长走进孩子的心灵，让孩子体会家长的关心。

（四）消除家长与学生之间的隔阂

在我们的教育实践中，经常会遇到这样的家长：因为缺乏教育学、心理学的知识，教育方式简单粗暴，非打即骂，作出一些违反教育规律的事来。这往往影响了家长与孩子的关系，严重的甚至会引起孩子的逆反心理，削弱了学校教育的效果。这时，班主任应当主动关心，找出一些巧妙的方式化解和消除家长与学生之间的隔阂。

二、家校沟通的有效策略与技巧

与家长沟通，是班主任和家长的双边活动，是语言、情感的双向交流。家长的为人、阅历、性格特征、心理因素等直接影响着沟通效果。沟通要因人而异、因时而异、因情而异，面对各不相同的家长，班主任需要不同的技巧策略。实现家校沟通的有效策略与技巧有很多，但班主任需要掌握的有以下三种。

（一）在细节中把握沟通合作的技巧

班主任在与家长沟通交流时应注意的细节有：

（1）选择或创造使家长和班主任处于平等地位的环境。

（2）关心孩子，询问有关他或她的情况。

（3）倾听与理解。

（4）当提及孩子的学校生活时，使用描述性语言而不是判断性语言，避免使用教育术语。

（5）不要谈论别的父母或他们的孩子，尊重所有家庭的隐私。

具体的沟通方法有技术沟通法和感情疏通法。

1. 技术沟通法

班主任常用的技术沟通法主要有：① 利用家长会，向家长宣传自己的教育理念和一些新的教育方法；② 利用家长接送孩子的机会主动交流孩子的学习活动情况，有哪些突出表现等；③ 与家长一起为孩子制定学习目标；④ 向家长了解孩子在家的表现、个性倾向等；⑤ 通过"校讯通"及时与家长交换关于教育孩子的意见，灵活使用各种沟通与交流工具，包括微信等新媒体平台；⑥ 开展"亲子活动"，创造家长参与学校教育的机会等。

2. 感情疏通法

与家长直接沟通情感，有利于教师与家长相互信任，使知情统一，顺利达成认识上的一致、情感上的共情。教师在与家长直接沟通时要特别注意：① 称呼得体；② 语气委婉；③ 正确运用非语言技巧，包括面部表情、身体动作、手势、空间位置、穿着打扮等；④ 间接沟通情感，主要针对处理学生问题时难以与家长达成共识、易造成家长不理解、引起误解的情况。

【工作案例】

和家长沟通时的"三个一"

"三个一"没有任何神奇的地方："一把椅子""一杯热水""一句寒暄"。

先说"一把椅子"。我们条件有限，接待家长就在办公室。办公室的椅子人手一张，没有多余的。来了家长，不管为什么来，是主动找上门来还是我们约请过来的，不管学生是优等生还是犯了错误来解决问题的，老师第一件事是到处找不在的老师的椅子，让家长坐。谈了一半，椅子的主人回来了，再去找别的空椅子。有时一次谈话能“几易其椅”，但是无论怎样，始终要让家长坐着。

你见过家长来了老师无动于衷的吗？原来该干什么还在干什么，家长来了，最多点个头，手上的活照旧。我见过，而且不止一次。这情景有点像我们找有关责任部门办事，是门难进、脸难看，有时面见领导也是这样，让你在那儿等着，我手上的事比你重要得多，等我忙完了再来搭理你。这样做不对，这是缺乏职业道德和修养的表现。班主任和家长是什么关系？合作者、朋友……从来都不是领导者和被领导者的关系。班主任有没有一点服务意识？家长来访，先放下手头的活计，让家长坐下，是一种起码的尊重，如果手头的事还没有处理完，和家长打个招呼，先把家长安顿好，再继续处理。更不能你坐着，让家长站着和你说话。如果手边实在没有多余的板凳或椅子，那就站起身来和家长说话。

所以，一把椅子，体现尊重。我破旧的办公桌里常备一次性杯子，一是为了有时学生生病要吃药临时拿个杯子盛水；二是来了客人可以招待一下。家长也是客人，待客之道，人之常情。给家长倒杯水，家长一般都会拒绝，但是我们要坚持倒，特别是谈话时间比较长，更要如此。如果说，一把椅子体现了尊重，那么一杯热水就体现了一分关心。这也是一个细节，但是这个细节很重要，可以一下子加深你和家长之间的感情。

所以，一杯热水，体现关心。

家长来了，不管你生孩子多大气，不管家长的素质如何，先打个招呼问个好，该有的礼仪还是要有的。当前两件事都办完了，开始和家长谈话了，我一般不先直奔主题，而是先寒暄几句：怎么样，最近还好吗？还是那么忙吗？气色不错啊……这些话，看似和谈话的主题没有一点关系，但是既可以拉近和家长之间的距离，也可以缓解家长来找老师的紧张和不安。

所以，一句寒暄，是一分温暖，让人如沐春风。

教育其实很简单，就是做好做人之道。感染，是在无形中的，不留痕迹的。整天把“教育”“素质”挂在嘴边，不一定做得好教育。实实在在地去做，哪怕是再小的事。习惯成自然，自己不觉得别扭，别人不觉得虚假。人格魅力，就是这样一点点培养起来的。我们很多老师都会感慨，不仅现在的学生难教，家长也越来越难缠，素质低的家长也很多。我深有体会，我接待过满嘴酒气的家长，接待过无理取闹的家长，也接待过满腹牢骚的家长。这些家长，各有各的问题和苦衷，有的家长自己接受的也是不成功的教育，的确素质不高。但是，人的情绪是可以互相传染的，人的精神是可以互相感染的，我们为家长创设一个文明礼貌的情境，让他不好意思露出丑态，让他的素质在一个良好的氛围中得到暂时的提升，这点还是可以做到的。如果你把上面三件事做到位了，我不知道还有多少家长还会“素质低”。我们做教师的，就是要为人师表，我们教学生懂礼，自己要先懂礼。其实这不是大道理，而是待人接物的一般常识。多少年来，我可以说没有和家长红过脸。干吗呢？你是学生的老师，又不是家长的领导，就算是领导，端着个架子算哪一出呢？我也常听到一些有点身份地位的家长，因孩子不争气，经常被老师“请”到学校去。事后我就会听到他们这样的感叹：别看我在单位呼风唤雨说一不二的，到了学校照样像个龟孙子，给老师训了还点头哈腰。我也常听到老师很牛地说：别看他家长是个人物，到了我这里，再大的官也得听我的。我在想：这是哪儿对哪儿呢？难道做老师的就在这里找成就感吗？特别是出了问题连孩子带家长一块儿教训的，更不应该。同时，我接待过一些自认为有点实力的家长，在老师面前很骄傲，指手画脚，恨不得教老师怎么做，或者总是说自己和某某领导关系怎样，我很反感。那么反过来说，我们也不应该对家长居高临下，大家的目的只有一个：更好地教育孩子，除此以外，不要有其他想法。所以，我的原则就是礼数尽到，提供帮助，做好服务，同时又不卑不亢。长期以来，形成了一种习惯，这帮助我更好地和家长沟通。

（陈宇　南京市第六中学）

（二）把握与家长沟通的特殊心理

目前，家校合作表现出“流于形式多、单向灌输多、一味要求多”等一系列问题，许多家长把孩子在学业或行为方面出现的问题及其责任一律推给教师，这严重影响了班主任的工作效率和教育质量，不仅不利于孩子的健康发展，而且给班主任造成了极大的心理压力。因此，班主任应把握与家长沟通时的特殊心理，讲究沟通的艺术，与家长架起一座沟通的桥梁，赢得家长的尊重、理解和合作。为此，班主任应注意如下四点。

(1) 评论学生要客观。

(2) 把握好问题呈现的时机。

(3) 提供解决问题的可行性建议。

(4) 善于运用“期待效应”。

赞扬孩子、赞扬家长是与家长交流的法宝。著名的“罗森塔尔效应”的实质就是“爱”的效应或“期待效应”。班主任需要把自己对学生的期望和肯定通过家长传输到学生那里，这样会产生意想不到的激励效果。这一点在班主任与“后进生”家长沟通时尤其重要。

一位优秀班主任必然会耐心倾听他人的意见、感受并善于询问，而不是只顾自己滔滔不绝，剥夺家长讲话的机会。班主任要积极地、饶有兴趣地倾听，多用开放式提问方式，尽量少用封闭式提问方式等。

（三）因人而异，选择多元化的方法策略

由于家长间存在身份、文化程度、自尊心等方面的差异，班主任应清楚：差异是沟通的基础，沟通不是为了排斥差异、消除差异，而是为了更好地理解差异，求同存异。为此，班主任应注意以下三点。

(1) 考虑家长的个性多元化。

(2) 考虑问题的性质。

(3) 考虑学生家庭教育方法的差异性。

班主任与学生家长在教育目标上是一致的，二者之间不存在领导与被领导、教育与被教育的关系。班主任在工作中会遇到各种学生家长，遇到问题时头脑要冷静，要意识到每位家长都希望有个引以为荣的子女，绝不能“越位”训斥家长，既不能把学生的过错强加到家长身上，也不能把对学生的气撒在家长身上。作为班主任应心平气和地用商量、征询的口气，向家长解释，主动协调，共同探寻解决问题的途径，这才是解决问题的方法。

思考与练习

一、思考探究

1. 谈谈你对“教育是一项语言的艺术”的看法。

2. 列举一两个你认为与家长沟通最成功或最不成功的案例，试分析成功与失败的原因。

3. 反思一下在下述情境中你通常会有怎样的心态和行为模式。

(1) 当你对学生提出教育要求时，你是期待学生对你的意见没有异议，还是希望他们能够说出自己的真实想法，即使这些想法跟你的想法不一样？

(2) 当学生顶撞你时，你会觉得很难接受，感到自己的权威受到挑战，忍不住大发雷霆，训斥学生，还是可以比较敏锐地觉察学生情绪化语言背后的原因，并可以保持比较平和的心态，给予听取他真实意见的时间和空间？

(3) 当有学生违反了校规班规时，你首先想到的是什么？心态怎样？你会怎样做？

二、情境问答

1. 教师利科纳说:“我希望我的学生知道我不仅仅是他们的老师,同时也是怀有不同兴趣的丈夫、父亲和个人。在我的教室里,我向他们展示我的妻子、女儿还有小狗的照片;我的大学文凭;高中时获得的奖品;我在加利福尼亚时教过的班级照片;一些我最喜爱的书籍以及我的业余爱好物品。在学期刚刚开始的几个礼拜,其他的学生做课堂作业,我则在教室角里会见每个学生,时间大概是十分钟。他们进来时带着自己制作的书籍‘我的所有’。在这些谈话里,我逐渐从更个人的角度了解了他们,而他们也了解了我。这使我和每个学生的关系变得更加亲近了。”

(1) 你认为他这样做合适吗?

(2) 你认为与小学生交往和沟通的原则是什么?

2. 一天下午,六年级的小丽回家晚了,一进门就与妈妈发生了冲突。“到哪里去了,这么晚才回来!”小丽回答道:“到同学家做作业了。”“做了什么作业,拿出来给我看!”小丽没好气地说:“给你看? 你又不懂,吵什么!”这时小丽接到表姐的电话聊了起来。妈妈说:“话还没交代清楚,接什么电话!”小丽摔下电话,说要与表姐去看演出,妈妈不许:“放学不回家,作业不完成,看什么表演!”小丽这时大叫道:“我在家什么自由都没有,我不想待下去了!”说完离家出走了。

作为班主任,得知此事后你会如何帮助小丽与她妈妈?

3. 在中学阶段,考试成绩被看作衡量学生好坏的重要标准。随着期末考试的临近,校园里的气氛越来越紧张,虽然你也十分希望你的班能够考出一个好成绩,但是违背诚实原则的事你一向不屑于做。所以,你告诉你的学生即使考不出好成绩,也要做个诚实的学生。考试那天你听监考老师说有个考场抓到了一个作弊的学生,而且是你们班的。这时的你又生气又羞愧,很是诧异自己班怎么会有人作弊? 怎么有人敢作弊?

针对考试作弊现象,你准备怎样对全班同学进行教育引导?

4. 在高中阶段,由于课程安排较为紧张,老师一般都要挤出时间才能将计划的内容讲完。于是,由此产生了一种不受学生欢迎的现象——“抢课”。有些老师为了自己未讲完的内容,往往会与一些副科老师商量,让其将类似于体育、美术、音乐之类的课换给自己上数学、语文之类的主科,但大多数学生对此还是很不满的,毕竟高中课余休息时间很少。

(1) 你如何看待高中老师“抢课”这一现象?

(2) 作为班主任,你会如何协调与任课教师的关系?

三、方案设计

1. 你带的班，在学校每月一次的文明班评选活动中，近一年还没被评上过一次。你很着急，对照文明班的评选条件，召开了一次班会，让同学们寻找差距，分析原因，想想办法。会上，同学们都把矛头指向那几个“后进”生，纷纷指责他们拖后腿，这几位“后进”生却不服。

请针对这一具体情况，设计一下，接下来的班会课你将怎样开？

2. 学校的篮球联赛，我班有绝对的实力取胜，全班同学都很兴奋。可决赛时，由于队员们轻敌，对手实力也确实很强，所以我班比分有些落后，学生的情绪也有点焦躁；中场休息时，我班啦啦队的助兴表演又遭到对方的无故起哄，虽然同学们都很生气，但是当对方的啦啦队上场时，我班学生还是报以热烈的掌声。同时更用力地为场上队员加油，场上的队员也在奋力地拼抢，力争缩小与对手的差距，可是结果还是输了。同学们泪流满面，默默无声地坐在地上……

针对这次班级输球事件，你会怎样设计一节班会课？

延伸阅读

1. 韩东才.班主任基本功：班级管理的基本技能[M].广州：暨南大学出版社，2009.
2. 齐学红.新编班主任工作技能训练[M].修订版.上海：华东师范大学出版社，2012.
3. 齐学红.优秀班主任都是沟通高手[M].北京：中国人民大学出版社，2014.

第十一章 专业自主发展能力

班主任感言

作为一名教师，作为一名班主任，我们要用微笑去面对学生，要用爱心去对待学生，要用诚心去打动学生，要用热心去帮助学生。我们要给学生一个美丽的天空，让他们自由而轻松地翱翔，使他们成为明天最美的太阳，而我们就是太阳下最幸福的教师！

——陆佳(苏州第十中学)

班主任专业化不仅意味着班主任工作是一项专门的职业，而且意味着每一个班主任都必须要达到一定的专业水准，具备基本的专业能力，实现可持续的专业发展。班主任专业发展是指班主任为了适应工作的需要，通过系统教育和自我发展相结合的途径，不断提高和完善专业素质的过程。班主任专业发展既是班主任专业化的前提条件，又是班主任专业化的目标指向，具有不容忽视的意义和价值。

班主任专业发展是班主任对本职工作的热爱与追求。从本质上讲，班主任的专业成长是一种自主建构和自我发展。班主任对自己所从事的工作有了理性的认识，对工作充满了自信与热情，把工作当作事业来做，才会主动利用外在条件，激发内在动力，自觉自愿地去学习、实践、反思、提高，努力优化班主任工作的实践品质，提升班主任工作的专业水准。

第一节　教育信念：班主任专业发展的内在动力

教育是基于信念的事业，是一种基于信念的文化活动。教育信念是班主任素质的重要组成部分，是班主任情感、态度、价值观的具体体现。班级教育的成效在很大程度上取决于班主任的教育信念。如同没有教育信念的教师绝不可能成为好教师一样，没有教育信念的班主任也绝不可能成为一个好班主任。教育信念对班主任的教育态度和教育行为有显著的影响，它是班主任做好工作的前提和基础，是班主任专业发展的内在动力。

一、班主任教育信念的基本内涵

信念是指一个人对一种思想、理论或事业的确信看法和坚定追求，是一种认识、情感和意志的有机统一，是一种综合、稳定而持久的心理品质。它常常成为人们一生中执着追求的既定目标和一种巨大持久的精神激励力量。

所谓教育信念，是人们对教育事业、教育理论及教育主张、原则的确认和信奉。班主任的教育信念，具体表现为对如下问题的理解：教育的目的是什么，学生应接受什么样的教育，什么是"好"的教育，"好"的教育应该如何实施和评价，如何看待教师职业，如何看待班主任工作，等等。班主任的教育信念是一种文化和习惯，是积淀于班主任个人心智中的价值观念，通常作为一种无意识的经验假设支配着班主任的行为。它是应用型的，通过班主任的行动得以实现和表现，班主任不经意的行为往往最能体现其教育信念。教育信念是班主任摆脱功利的诱惑、教书匠的困惑、漂浮无根的惶惑，使平凡工作得以升华和富有意义，使自己成为研究型、专家型班主任的关键所在。

班主任的教育信念是当代班主任教育哲学研究的主题，也是班主任教育哲学研究的一个富有生命力的生长点。班主任的教育信念是丰富、生动和具体的，如，"让每一个学生都获得良好的发展"；"教育应保护学生的自信，教育应关注学生的生活，教育应唤醒学生的潜能"；"没有不合格的学生，只有不合格的教师"；"没有教不会的学生，只有不会教的老师"；"教师最大的成功与快乐是培养出值得自己崇拜的学生"等。班主任的教育信念对其教育态度和教育行为有直接的影响。

班主任的教育信念具有专一性、稳定性、执着性等主要特征。

(1) 专一性。班主任教育信念是孜孜以求、坚定不移的，绝不犹豫徘徊、三心二意，无论是利益的诱惑还是境遇的变迁，都能做到"咬定青山不放松"，毫不动摇，即使遭受挫折，也能矢志不移。

(2) 稳定性。班主任对班级工作的认识由于认同而内化为信念，经历了情感深化之后，不仅具有理智上的坚信不移，而且得到情感上的强烈支持，因此，信念具有比一般知识要高的稳定性。班主任的教育信念一经确立就比较难以改变。

(3) 执着性。从主体来说，人们都认为自己的信念是正确的，均持坚决相信的态度，这就使得信念带有极大的执着性。班主任树立了坚定的教育信念，就会为党的教育事业，为班级学生的健康成长，勇于排除一切阻力，克服重重困难，百折不挠，鞠躬尽瘁。

二、班主任教育信念形成的要素分析

班主任教育信念是建立在认知和情感基础上的一种思想意识。教育信念不是与生俱来的，而是班主任在对自己所从事的班级工作的认识逐步深化的基础上形成的，是班主任专业发展到一定程度的产物。

(一) 要以认知为条件

知识是作为人的精神世界的重要组成部分，是形成教育信念的一个重要条件。从性质上讲，教育信念属于知识观念的范畴，但它又不仅属于知识，而是充满着人的意志、情感和愿望并且能转变为内心信念的知识。科学的教育信念与知识是相互联系、相互统一、互为条件的。教育理论知识有助于形成科学的教育信念，没有教育理论作基础的教育信念是不牢固的、不科学的。同时，也只有当班主任认识到教育事业是培养社会主义建设者和接班人的事业，是关系到社会主义现代化建设的前途命运、生死存亡的千秋大业时，才会感受到自己肩负的历史使命和崇高责任，才会自觉地、理性地对待自己的职业与人生。

(二) 要以情意为要素

教育信念的形成需要班主任知识的积累，更需要情感的激发和意志的维持。情感是认知转化为行为的重要环节，是信念的心理基础。对班主任来说，能否形成丰富而深刻的职业情感，是能否形成个人健全的道德意识的关键，更是能否履行班主任工作职责的条件。班主任职业情感的核心是热爱学生，热爱学生是无私的、不追求任何回报、不含任何功利念头的，这是优秀班主任的共同品质。正如模范班主任于漪所说："像点燃的蜡烛，从头到脚，一生光阴，自己的毕生精力和全部智慧恭恭敬敬地奉献给可爱的学生。"意志是班主任个人控制或开发热情，在工作中所表现出来的战胜困难、克服障碍的毅力和精神。锻炼顽强的意志对班主任教育信念的形成具有十分重要的意义。

(三) 要以理想为前提

理想是构筑信念的基石。教育信念的形成基于对教育理想的选择,而教育理想的实现还需要教育信念的力量。由于教育信念的产生在于理性的认识和对信仰对象的选择上,因此,只有选择崇高的教育理想作为信仰对象,才能确立科学的教育信念。教育理想是人类通过教育这种有意识的生命活动,根据其内在需求和外在条件塑造自我,塑造自然界以及社会上所设想的有可能达到的完美状态。教育理想主要回答主体向往和追求完美标准的问题;教育信念不仅要以完美标准作为认识的前提,而且伴有深刻而持久的情感体验,并使人表现出顽强的意志力,它是知、情、意的统一体。因此,教育信念的形成是与教育理想相联系的。教育理想是一种积极的、符合事物发展规律的理念,只有在这样的教育理想中,教育主体看到自身发展的实存状态与可能达到的完美状态的差距,才会鞭策自己,战胜困难,实现目标。教育信念则是激励主体按照自己的教育理想去行动。

(四) 要以实践为基础

教育信念不是天生的,而是后天在教育实践中逐步形成和发展起来的。实践是认识的基础,也是教育信念形成的基础。班主任只有在改造客观世界的过程中,在班级工作的实践中,才能更好地改造自己的主观世界。信念只有在积极的行动中才能够生存,才能够得到加强和磨砺;没有行动的信念,不是信念,它只能是一种自负。实践证明,班主任只有在教育实践中,才能逐步形成热爱教育事业、热爱班级工作的情感,才能体会到学生的可爱,从而全身心地做好班级工作,才能更好地认识到自己行为的是非善恶,认识到自己的崇高责任,从而努力提升自身的素质。

三、教育信念在班主任专业发展中的重要作用

教育信念是人们认定的教育思想,是人们对某种教育理念、教育思想的确认和坚信。“教师的信念——这是学校最宝贵的东西。”教育信念不仅影响班级工作的质量和学生的健康成长,而且对班主任自身的专业发展产生重要作用。

(一) 教育信念是班主任做好工作的精神力量

班主任的教育信念是一种强大的精神力量。伟大的人民教育家陶行知之所以能放弃大城市优厚的生活条件,投身于乡村教育,就是因为他有坚定而明确的教育

信念，要“捧着一颗心来，不带半根草去”。一位优秀班主任曾这样描述自己的信念：她最初选择教师这个职业，是从饭碗考虑的。她真正认识到小学教师工作的意义，深深地爱上自己的工作，还是在中华人民共和国成立以后。看到孩子们在党和政府的关怀下迅速成长，她感受到了无穷的乐趣；在党的教育下，她逐步树立了“一生为着孩子的成长，一生为着祖国的未来”的信念。她说：“有了这个信念，我才千方百计、如饥似渴地去补充自己的知识，再苦再累也心甘情愿；有了这个信念，个人的安逸、家庭的幸福，如有必要，我都能牺牲；有了这个信念，什么样的屈辱我都可以忍受，什么样的磨难我都不怕；有了这个信念，所有那些瞧不起‘孩子王’，瞧不起教育工作的世俗观念，都不能使我动摇。”可见，树立坚定而科学的教育信念，会给班主任带来巨大的精神力量。

（二）教育信念是班主任职业道德的重要支柱

班主任工作是一种人与人之间全面接触、相互作用的劳动，是一种“做人”与“育人”密切联系、内在统一的劳动。徐特立有句名言：“做教育工作的人，一般总是先进分子。”因此，班主任必须具有良好的职业道德。而班主任崇高的职业道德来自坚定的教育信念。这种教育信念造就了班主任的教育人格，这种教育信念支配着班主任的职业道德。

信念造就人格。教育信念一经确定就难以改变，从而造就了班主任所特有的教育人格。只有这种教育人格的魅力才是实现班级工作有效管理的最重要的力量。班级教育的魅力在很大程度上来自学生所感受到的班主任的人格魅力，在班级工作中，无论是感染学生还是引导学生，都先要使学生信服，而这种信服力正是通过班主任的人格魅力来实现的。

信念支配道德。道德总是与美好的事物结合在一起的，然而在教育意义上理解道德时，不能不把道德与社会发展、人类进步联系在一起。任何一种道德只有在这种意义上才能体现其价值和时代感，才需要不断地新旧交替，不断地更新，人们才需要用新道德完善自己，推动社会发展。因此，不是社会的发展、人的完善服务于道德，而是道德必须服从于人的完善、社会的发展和人类的进步。可见，不是道德支配信念，而是信念支配道德。班主任的教育信念支配着他们的职业道德。如果一个班主任具备了坚定而科学的教育信念，就会使他更好地从事教育活动，促使他更深入地掌握教师职业道德规范，认清遵守它们的必要性，从而把教师职业道德内化为自己的行为准则，自觉地调节自己与他人、与教育机构整体的利益关系。因此，班主任的教育信念支配着他们的职业道德，班主任要有高尚的职业道德，首先必须有坚定而科学的教育信念。

（三）教育信念是班主任专业成长和发展的内在动力

信念实质上是人的思想追求、精神支柱，是支配人的行为的目标导向。信念坚定的人，认识深刻而全面，情感强烈而奔放，意志坚强而勇敢，行为自觉而积极，而这些正是个体成才的基本要素。班主任的教育信念是其在教育过程中评判自己行为善恶的一种内在力量。当他感到自己的行为符合职业要求时，他就会产生一种快乐、欣慰的情感，从而得到精神上的享受和满足，并进而产生新的力量和信心，不断进取。因此，坚定的教育信念能使班主任在工作中具有一种强烈的进取精神，不断产生做好班级工作的信心、勇气和毅力。在教育实践中，许多优秀教师之所以能克服重重困难，任劳任怨，为了学生的健康成长奉献出自己的一切，就是因为他们树立了坚定而科学的教育信念。信念是人们的一种向往和追求，需要为此作出长期艰苦的努力。一个班主任有了坚定的教育信念，就会在班级教育活动中去创造闪光的业绩。

教育信念是客观存在的，但它是潜在的；教育信念是极其宝贵的，但它不是与生俱来的。教育信念是知、情、意的融合体，是通过班主任的教育态度和教育行为表现出来的。班主任有无教育信念，有何种教育信念，将直接影响到班主任工作的态度、素质的提升和班级工作的质量，直接关系到学生的健康成长和学生素质的发展方向。因此，要把教育信念作为提升班主任专业素质的"软件"来建设，并成为班主任个体专业化的奋斗目标和精神追求。

【相关链接】

教育信念确立的基石①

相信信念的力量，是人文精神的应有之义，也是心灵力量和教育力量的重要源泉。按哲学家贺麟的话说："唯有抽象的观念，乃作为理性动物的人所独具，而为禽兽所无有，故抽象观念实为人之所以异于禽兽最可宝贵的精神力量。"在贺麟看来，承认观念的力量是提倡学术文化的基本信念。否认观念的力量，只承认物质的力量、金钱的力量和武力的力量，是文化的堕落，也是社会趋于无理性的野化、俗化的显著现象。

① 肖川.教育信念确立的基石[N].中国教育报，2006－09－16.

教育不是简单的操作性行为，而是基于信念的事业。因为真正的教育是精神创生和灵魂感召。如果教育只是一种简单的操作性行为，那么我们完全可以用现代化的教学媒体取代教师。正因为人只能由人来建树，心灵只能由心灵来感召，所以，教师将是一个永恒的职业。没有教育信念的教师绝不可能成为好的教育者。而教育信念确立的基石就是对于理想社会和理想人生的祈望。

教育作为一项实践活动，从教育目标、课程内容，到教育的途径、手段和方法，再到教育的评价体系，无不受制于社会的发展水平和需要，受制于个人身心发展的规律。

教育是最深刻地牵涉于社会与个人之间的一项活动。对于理想社会的构想和预设，是形成和确定教育理想的前提和基础。任何社会都是由现实的、具体的个人组成的，而任何个人都必定生活于一定的社会之中。社会无非是人与人之间的相互作用。

对于理想社会的理想，自古及今都不曾缺少过。而理想社会中必须具有哪些要素，这是一个值得认真研究的课题。在我看来，理想社会包括这样四个层面。

个人自由——个人行为在社会法律规范和道德规范范围内具有充分的可选择性和自主性，个人享有广泛的人权，并获得自由充分的发展。个人自由是衡量社会文明程度的最为重要的尺度。

社会公正——公正意味着为了少数人、个别人的利益而牺牲多数人的利益是不公正的；为了多数人的利益牺牲少数人，甚至是个别人的正当、合法利益同样是不公正的。每一个具体的个人都能受到公正的对待。

政治民主——社会中每一个有责任能力的个体都能自主、平等、充分地参与公共事务的决策与管理，公民享有广泛的知情权，有健全的对于公权的监督机制。

经济繁荣——科学技术的进步与生产力的提高，使得社会的物质财富不断地丰富，从而使每一个人都能享有免于物质匮乏的自由。

而中国传统的社会理想中缺失的恰恰是民主，是个人自由，缺少对人的自由权利的尊重与信任。近乎严密的宗法等级伦理规范体系与专制制度根本没有体现对个体的人的尊重和信任，个体的人只是作为伦常序列实现的符号、载体、工具，有的只是平均而不是公正的观念，只有民本而没有民主。

没有理想的社会就没有理想的人生。且不说“宁做太平犬，不做乱世人”是一种凄切的境遇，就是“达则兼济天下，穷则独善其身”也是一种无奈的选择。理想的人生一定应该有主体性的张扬，有对“自由意志、独立人格”的守护，有对基于平等的人与人之间关系的诚信与互惠的普遍践履。清末国学大师章士钊先生曾指出：

“中国人之思想，动欲为圣贤、为王者、为天吏、作君、作师、不肯自降其身，仅求为社会之一分子，尽我一分子之义。”这种心理上的“特权”是与政治上、经济上的特权有着千丝万缕的联系的。

教育信念确立的基石就是对于社会的理想和人生的理想。无论是对于社会的理想，还是对于人生的理想，如果缺乏现代文化精神的价值指向，缺乏自由、民主、平等、人权这些核心的价值，这个“理想”就值得怀疑。这意味着教师应该成为具有丰厚的文化底蕴，谙熟人类文明历程，能确立现代社会核心价值，有思想、有灵魂的人。

第二节　教育科研：班主任专业发展的有效路径

班主任岗位是具有较高素质和人格要求的重要专业性岗位。班主任专业化，既是一个奋斗目标，更是一种精神追求；班主任专业发展，既需要外在支持和外力推进，更需要内在自觉和自主发展。教育科研是促进班主任专业发展的有效路径，因此，分析班主任教育科研的现状、探究班主任教育科研的意蕴、寻求班主任教育科研的策略就具有十分重要的意义。

一、班主任教育科研的现状分析

近年来，我国的班主任工作得到了前所未有的重视和加强，班主任的专业培训得到了有效开展。但是，从总体上讲，班主任的素质仍然不能满足素质教育不断深化的需要和社会对他们的要求，班主任的专业化水平还不高，班主任教育科研的意识和能力还不强。尽管班主任不搞教育科研的原因是多方面的、复杂的，这里既有主观和客观方面的问题，也有政策和制度层面的问题，但就班主任个体而言，在开展教育科研方面存在的一些认识上的误区和实践上的差距却是问题的关键，主要表现在以下三个方面。

（一）一些班主任强调平时工作忙，不能搞科研

班主任工作忙是事实，“上面千条线，下面一根针”，学校中与学生有关的大大小小的事情都要找班主任，都得由班主任来解决。但是“磨刀不误砍柴工”，教育科

研与平时工作不是对立的，而是相互促进、相得益彰的。有的班主任辛辛苦苦地工作了一辈子，但是，有“经历”不等于有“经验”，有“经验”不等于有“体验”，有“体验”还不等于掌握了教育科学。班级建设与管理是一项极其复杂、专业性很强的工作，不仅需要先进教育理念的引领和班主任人格力量的支撑，而且更需要班主任的教育智慧和专业能力。班主任应该用一种科研的态度对待自己的每一项工作，把自己所带的班级当作自己的教育科研基地，思考怎样让自己从应付烦琐的事务中解放出来，让自己有更充裕的时间找学生谈心，深入学生心灵，研究学生思想，探索教育改革，进行教育实验，实现“自我解放”。因此，只有开展教育科研，班主任才能把自己从体力型的“勤杂工”真正还原成“人类灵魂的工程师”，以一种智慧的心态面对工作，每天都有新的发现，每天都有新的领悟，每天都有新的收获，因而每天都有新的欢乐。①

（二）一些班主任认为教育科研存在神秘感，不敢搞科研

有的班主任认为，科研是专业理论工作者的事，班主任是做具体工作的，只要带好班级、管好学生就行了。其实，教育科研有三种形态：一是理论研究；二是应用研究；三是行动研究。班主任教育科研主要是行动研究，行动研究是一种融教育理论与教育实践为一体的研究，它以解决教育中的实际问题为导向，着眼于改善教育过程的质量。它包含反思与实践两个方面，并且反思与工作改进同步进行。班主任的行动研究是指研究学生在班级和学校生活中的各种处境、情况，由反思而提高专业的理解力及技巧，从而改善班级工作状况，改善学生生活处境的全过程。在行动研究方面，班主任有绝对的优势：一是有一定的理论基础；二是有丰富的实践经验；三是有优越的实验环境，这些是一些理论工作者无法比拟的。因此，班主任要提高自己的专业地位，就要树立教育科研意识，彻底改变专家学者搞科研，班主任搞实践的传统观念，要确立“问题即课题，教育即研究，成果即成长”的理念，在实际工作中加强行动研究，这是实践者通过自身的实践进行研究的形式。行动研究将研究和实践效果有机结合起来，让班主任在班级管理过程中边学习、边提高，真正使班级成为班主任专业发展的载体和摇篮。

（三）一些班主任缺乏科研基础和方法，不会搞科研

一般来说，班主任都是教师中的佼佼者，有一定的理论基础和写作能力。班主

① 董晓宇.自我解放：班主任专业化成长的有效途径[J].今日教育，2007(Z1).

任开展教育科研最基本的途径有两条：一靠勤奋。爱因斯坦说得好："在天才和勤奋之间，我毫不迟疑地选择勤奋，她几乎是世界上一切成就的催产婆。"二靠方法。班主任只要树立科研意识，在实践中不断探索科研方法和技巧，勤于思考，常于动笔，长期坚持，锲而不舍，具有"板凳须坐十年冷，文章不写一句空"的专注精神，就一定能在科研上取得丰硕的成果。一些在一线工作的班主任在教育科研方面所取得的显著成绩就是最好的例证。如山东临沂八中年仅29岁的班主任王立华，参加工作10年，已经发表了很多对班主任工作进行思考的论文，被评为"全国十佳班主任"，成为山东省班主任创新研究的代表人物。[①]

总之，班主任开展教育科研有其自身的特点和优势，教育科研不神秘，教育科研很重要，教育科研很可爱。教育科研是班主任从经验型向专家型转变的必由之路。

二、班主任教育科研的意蕴探寻

教育科研是以先进的教育思想和理论为指导，应用科学的方法系统认识和有效改革教育实践，探索教育规律，促进教育对象和教育者自身发展的实践活动。班主任开展教育科研既是事业发展的需要，也是其自身专业发展的需要。

（一）班主任开展教育科研是事业发展的需要

《教育部关于进一步加强中小学班主任工作的意见》（以下简称《意见》）指出："中小学班主任工作是学校教育中极其重要的育人工作，既是一门科学，也是一门艺术。"班主任工作有其自身的特点和规律，需要加强研究和探索。这是因为，班主任是班集体的组织者和指导者，是促进学生健康成长的骨干力量，班主任要对几十个学生的身心健康成长负责，要关注每一个学生的成长和发展，要深入细致地做好每一个学生的思想工作；而且由于学生来自不同的家庭，有着不同的生活经历，受到不同的教育影响，他们的性格特点各异，心理品质也千差万别。对这些个性各异的学生需要因材施教，才能取得良好的教育效果。如果班主任不研究学生身心发展的特点与规律，就不能胜任自己的工作。尤其是在经济全球化、价值多元化、信息网络化的今天，班主任工作面临着许多新的挑战。生活条件的优越、独生子女的特点，增加了对学生教育管理的难度；此外，外来务工子女、单亲家庭子女、贫困家庭子女、留守儿童教育等问题，对班主任工作提出了新的更高的要求。因此，新时

① 田恒平.王立华：班主任专业化成长的典型个案[J].班主任之友，2007(2).

期的班主任必须是一个研究者，是一个具有强烈问题意识和独立开展教育研究能力的研究型教师。班主任开展教育科研是改进班级工作、应对各种挑战、实现教育事业可持续发展的需要。

（二）班主任开展教育科研是其自身专业发展的需要

班主任工作是一种专门的职业，班主任应当成为具有专业知识、专业技能、专业道德的专业工作者。班主任开展教育科研不仅是改进自己的专业工作的最有效的方法，而且是促进自己专业化素质提高的有效途径。这是因为，班主任专业化是一个终身学习、不断更新的自觉追求过程。在教育科研中，班主任会遇到许多新的问题，会感到“学然后知不足，‘研’然后知困”，可以激发班主任对教育科学知识、专业理论的渴求，促使他们去广泛收集班级建设与管理的相关研究成果和资料，不断更新知识结构，自觉地去弥补不足，保持求知的热情与动力。因此，教育科研能够提高班主任的知识涵养。教育科研是一种科学研究活动，其本质是求真与创新。这就要求班主任具有求真务实的科学精神，要认真学习与实践，努力做好与研究相关的每一项工作，久而久之，就会习惯成自然，培养起严谨务实、一丝不苟、追求卓越的工作态度。因此，教育科研能够培养班主任的专业人格。教育科研为班主任的不断进步与发展提供了平台。班主任从中得到了自身发展的喜悦和幸福，加深了对职业意义的理解，实现了自我超越。因此，教育科研能够提升班主任的专业理想。苏霍姆林斯基说过，如果你想让教师的劳动能够给教师一些乐趣，使天天上课不致变成一种单调乏味的义务，那你就应当引导每一位教师走上从事一些研究的这条幸福的道路上来。

教育实践表明，专业化的班主任一定是重视教育科研的、研究型的班主任。从任小艾、魏书生、李镇西到张万祥、万玮等这些大家所熟悉的全国著名的班主任来看，他们个个都是善于思考、勤于实践、精于研究的行家里手，都是有自己独特教育思想、教育理念的班主任工作方面的专家。可见，教育科研是优秀班主任专业发展和事业成功的重要因素。

三、班主任教育科研的策略建议

教育科研是班主任专业发展的重要途径，教育科研能力是班主任专业素质的重要方面。班主任是否开展教育科研，既有态度问题，也有水平问题。态度决定一切，水平影响成功。因此，班主任要切实加强理论学习，注重实践反思；学校和教育行政部门要积极营造科研氛围，努力建构班主任开展教育科研的外部支持系统和制度保障体系。

（一）加强理论学习，提升学术涵养

根据班主任专业发展的理智取向，班主任开展教育科研应当加强理论学习，提升学术涵养。研而不学则罔，善学才能善研。研究总是先从学习开始，并伴随研究的全过程。增强班主任科研能力，最重要的是要加强理论学习。要坚持工作学习化，学习工作化，做到学以立德，提高境界；学以增智，开阔眼界；学以致用，改造世界。要认真学习邓小平理论、"三个代表"重要思想、科学发展观和习近平总书记系列重要讲话，掌握科学的世界观和方法论，熟悉有关的方针、政策，懂得管理学、教育学、心理学等基础知识，并运用有关理论知识对教育教学中遇到的许多现实问题作出科学的解释，把自己多年积累的丰富经验加以整理，使之条理化、科学化，从而得出具有普遍意义的科学结论。因此，对于班主任而言，学习不仅仅是对外在变化的一种适应，更应成为专业发展的一种需要、内在生命的一种自觉。

（二）注重实践反思，勇于剖析自我

班主任教育科研能力还需要个体在反思中不断地培养和提升。反思是行为主体立足于自我以外批判地考察自己行为及其情景的能力。班主任的反思是班主任以自己的班级管理活动为思考对象，对自己的思想和态度、行为和方法、教育和管理进行审视与分析的过程，是一条通过提高参与者的自我觉察水平来促进能力发展的途径。

根据班主任专业发展的实践——反思取向，班主任开展教育科研应当注重实践反思。因为班主任专业发展的主要途径是持续不断的实验和批判性反思，班主任的研究能力首先表现为对自己的教育实践和周围发生的教育现象的反思能力，善于从中发现问题、发现新现象的意义，对日常工作保持一份敏感和探索的习惯，不断地改进自己的工作并形成理性的认识。因此，班主任教育科研能力既需要班主任在学习研究中提高和发展，更需要班主任在实践反思中锻炼与成长。实践是认识的基础，也是班主任开展教育科研的基础。教育教学活动是班主任最基本的实践活动，这些活动是增长班主任才干的广阔舞台，通过教育实践，师生的朝夕相处，既可以培养他们热爱和献身人民教育事业、热爱学生的高尚品德，也可以培养班主任的教育科研能力。实际上，许多优秀班主任的教育科研能力和组织管理能力，都是在教育实践中通过自己磨炼或教学相长而逐步形成的。因此，班主任要注

重在工作实践中磨炼意志，在想干事、会干事、干成事中提高自己的科研能力和管理水平。

（三）营造科研氛围，倡导团队成长

根据班主任专业发展的社会生态取向，班主任教育科研需要积极开展校本研究，营造科研氛围。实践表明，没有一个好的文化氛围和合作氛围，班主任个人的专业化会受到阻遏。班主任教育科研的推进过程既需要班主任加强理论学习和实践反思，也需要专业引领、团队协作和政策激励，从而提高班主任的整体科研水平。

1. 专业引领

"专业引领"是指在学校教育科研中具有教育研究专长的人员通过他们的先进理念、思想方法和先进经验引导以及带动一线教育工作者开展教育实践探索和研究，促进教师专业发展，促进学校内涵发展的活动形态。专业引领的实质，是理论、经验对实践的指导，是理论、经验与实践的对话，是理论、经验与实践关系的重建。班主任的专业引领，我们认为既有先进的教育理念、理论、方法和经验的引领，也包括专业道德、科学态度和敬业精神等人格魅力的影响；既有直接的，也有间接的专业引领；既有显性的，也有隐性的专业引领。班主任的专业引领方面的主要形式有组织学术报告、科研讲座，专家咨询、专题培训等。近年来，上海、北京等地成立中小学优秀班主任工作室的做法值得我们学习和借鉴。工作室采取自主研修和专家引领相结合、集中学习与分散研究相结合的方式，具体活动有理论学习、专题研讨、主题论坛、课题研究、反思总结和交流展示等，充分发挥优秀班主任的示范引领作用。

【相关链接】

班主任队伍缺乏专业引领①

班主任应该是有很高的技术含量的工种。但是，长期以来，它缺少自己的学术专业委员会，也没有相应的技术职称评定制度。各级教育科学研究部门也只有明确的学科教研员而缺乏专职的班主任研究员，学校的班主任更是学科教师的附属品，任何一个学科教师都可以被学校认命为班主任，使得班主任从上到下变得仿佛

---

① 冯心怡，徐卫，薛昌伟.班主任：说爱，不容易[N].中国教育报，2007-01-22.

没有专业性可言。

在与校长的交流中，我们发现，校长们虽然意识到班主任技能培养的重要性，他们希望教研部门能对学校班主任工作予以关注和扶持，希望能多开展班主任的专业性培训。但是，学校一般都没有成立专门的班主任研究的组织机构。与此同时，各级教育科学研究部门对班主任工作的理论研究和对学校班主任工作的实践指导的重视同样不够。教研部门对班主任培训工作参与度不够，班主任的培训工作主要是由各级教育行政部门的德体艺卫科室进行组织，班主任培训在师德方面的要求多于技能方面的培养。

2. 团队科研

班主任是教育共同体的成员之一，共同体内每个成员的思想、观点、见解、想象、兴趣、疑问、关切、洞察、设计乃至忧虑都是一份宝贵的精神财富。每个成员的智慧汇合交融，就形成共同体共有的教育资源。学校要积极申报和组织开展德育与班主任工作的课题研究，通过项目研究，形成科研团队，提高班主任的研究能力；开展校本研究，定期举办“班主任论坛”或“班主任学术沙龙”，围绕学校德育和班主任工作方面的热点、难点问题进行研讨；每次论坛确定一个研讨主题，充分发挥班主任集体的智慧，营造合作交流的氛围，为班主任整体素质提升增添新的动力。寒暑假学校可布置班主任撰写科研论文，并开展论文评比，在此基础上组织班主任优秀论文报告会，积极营造科研氛围。为鼓励班主任不断反思和改进工作，学校可以在校园网中开设“班主任博客”栏目，要求班主任把自己每天工作中的所做、所思、所感记录在自己的博客当中。通过写博客，及时审视和改进自己的工作，并在工作中寻找和体验教育的幸福与快乐。

3. 政策激励

学校要积极营造“科研兴校”“科研兴教”的良好氛围，建立激励机制，解决内动力不足的问题。在教师年度考核、班主任评优中要有科研成果的要求；在职称评定中，班主任工作方面的研究成果应当与学科教学的研究成果同等对待；在政策制定上要确认班主任工作的学术性，不断提高班主任的学术地位。在实际工作中，人们对班主任工作的重要性十分强调，但对其科学性缺少关注，因而对班主任工作的理论研究不够，学科建设滞后，因此要根据《意见》的要求，“教育科研机构应该加强班主任工作的理论研究，列入重点科研课题，组织专家、提供经费、保障条件，积极探索班主任工作的规律，不断丰富新时期班主任工作的理念和思路”。高等院校应该在思想政治教育专业中招收有班主任工作经历的老师，开设专门课程，为学生毕业以后从事班主任工作提供必要的理论和技能的训练，为造就专业化的班主任队伍奠定基础。总之，通过采取各种有效措施，充分调动班主任开展教育科研的积极性和主动性，不断提高班主任的专业地位、学术声誉和科研水平。

第三节　自主发展：班主任专业发展的理想境界

班主任专业发展的过程既需要同伴互助和专业引领，更需要班主任自我反思和自主发展。自主发展是班主任专业发展的理想境界。

一、班主任自主发展的价值追寻

班主任专业化分为职业群体和班主任个体两个层面。从职业群体角度看，班主任专业化是指班主任群体在职业层面上逐渐达到专业标准的过程；从班主任个体角度看，班主任专业化是指班主任的专业道德、专业知识、专业能力不断更新、演进和丰富的过程。关于班主任的群体专业化，笔者曾从加强五个建设，即道德建设、能力建设、制度建设、班级建设和文化建设的角度，分别进行了论述。① 然而，在班主任专业发展过程中，班主任的个体专业发展更为重要，因为后者是前者的基础，没有个体的专业发展，就不可能实现群体的专业成熟。个体专业发展是一个职业上升为专业的必要条件，也是一个职业保持、巩固其专业地位的必然要求。

自主发展在班主任个体专业发展中具有十分重要的意义。在班主任专业发展过程中，自主发展是根本，这是来自班主任自身本能的内驱力。班主任只有自己努力提高专业知识、专业能力和水平，从经验型班主任向研究型班主任发展，使自己的专业成熟程度不断提高，真正成为训练有素、不可替代的角色，才能使班主任工作成为令人尊敬和羡慕的职业。

班主任专业发展不是一蹴而就的，而是一个持续提高的终身发展过程，这要求

① 黄正平.能力建设：班主任专业化的关键[J].班主任之友，2006(2)；制度建设：班主任专业化的保障[J].班主任之友，2006(9)；道德建设：班主任专业化的核心[J].中小学教师培训，2006(10)；班级建设：班主任专业化的载体[J].班主任之友，2007(2)；文化建设：班主任专业化的灵魂[J].中小学教师培训，2007(6).

班主任必须具有强大而恒久的内在发展动力。在快速发展的现代社会，班主任的劳动对象是在不断发展变化的，班主任只有不断调整和改进自己的工作理念、工作思路和工作技巧，才能适应社会、教育和学生的发展要求。对于班主任的专业发展来说，定期的专业培训是必要的，但这只能解决一些共性问题，而难以面向个性各异的班主任个体，难以深入到具体的班主任工作实践中。因此，班主任自觉的自主发展意识和强烈的自主发展愿景非常重要，一方面，它们能够帮助班主任把所拥有的原理性知识、陈述性知识转化为实践性知识、程序性知识，实现理论在实践平台上的"软着陆"，优化班主任工作实践；另一方面，它们又能够把班主任的缄默知识和个性体验提炼、升华，纳入班主任的理念体系和素质结构之中，促进班主任的思想更新和能力提升。自主发展是班主任专业发展的基本的关键的动力系统。

二、班主任自主发展的具体内容

教育部国家督学、《人民教育》杂志总编辑傅国亮认为，班主任专业化包括学科专业和教育专业两个方面。班主任的"学科专业"是指班集体建设、班会的组织、团队活动的指导、与学生谈话的艺术等，它们构成班主任学科知识的体系。班主任的"教育专业"是指教育学、心理学以及与学生精神成长相关的知识，包括关心、理解、尊重、信任等。班主任的"学科专业"很重要，但最重要的是班主任的"教育专业"。"教育专业"是在"学科专业"基础上对学生的精神关怀，促进学生的精神成长。具备这样的素质与能力，才是一个专业化的班主任。

班主任工作是一项专业性很强的工作，不仅需要先进教育理念的引领和高尚人格力量的支撑，而且更需要班主任的教育智慧和专业能力。学生要成为合格人才，班集体要成为"成熟班集体"，班主任必须处理好"教育主体"与"学习主体"的关系，"刚性管理"与"柔性管理"的关系，以及"物化环境"与"心理环境"的关系。班主任要增强自主发展意识，就应当在专业认知、专业能力、专业道德等方面不断提升自我，超越自我。参阅本书第一章中班主任专业化的相关内容，这里不再赘述。

三、班主任自主发展的基本策略

（一）学习：在理性认识中丰富自我

当今社会是一个学习化的社会，任何人要想跟上时代发展步伐，就得不断学习。

加强学习是班主任提高素养的必要途径。班级的建设与管理,学生的教育与培养是一门很深的学问,需要广博的知识、丰富的经验,需要教育才能和管理艺术。而知识与能力是辩证的统一体,知识是能力的基础,雄厚的知识基础是提升能力的精神宝库。因此,班主任自主发展最重要的是要加强学习,在理性认识中丰富自我。

【相关链接】

读书是终身的旅行①

知识和学问是无限的,生命是有限的,解决这个矛盾,就要持之以恒,把读书作为终身的习惯。

欧阳修曾经提出"三上"的说法:枕上,马上,厕上。他平时对文章苦苦思虑,全神贯注,才能在不经意中灵感突然袭来。不是书要我去读,而是我要读书,读书的欲望全然在我们自己。

学习的欲望是一种知不足而求足的欲望。要保持这欲望,使它长盛不衰,就要在一些关键时刻超越种种精神障碍,处劣势时发现自己的优势,翻过一面看问题。

自己是自身潜力的载体、潜力的释放、精神的解放,自己最知深浅,最知可能。所以,要发挥主观能动性,挖掘自身的潜力。别人用 8 个小时读书,你花上 10 个小时读书,把应该读的文献都梳理一遍,才能在学科领域获得充分的发言权。

有的人知识比较系统,本是好事,但是写文章容易落入教科书框框;有的人知识比较芜杂,本是坏事,却往往有自己的体会,不入框框,一旦成熟,就多少有点创造性。研究工作贵在创新,如果别人怎么讲你就照着讲,是不可取的。所以,要善于发现自己的精神优势,欣赏和发挥这种优势,把它落到实处,建立学术上有根柢的创新机制。

围绕着一些有价值的、有兴趣的领域,对与它相关的各种材料进行竭泽而渔式的阅读,相互比较揣摩,从它们微妙的差别、不同层面的变化甚至相反相成中,发现深层的文化意义和精神体验。这样,你的思想就自由了,你就有了发言权。因为人家没读的你读了,人家没读那么多而你读了那么多,人家没注意到的你注意到了。

(二) 实践:在师生交往中发展自我

班主任的自主发展既要在学习中提高,更要在实践中锻炼。实践是认识的基

---

① 齐琦,姜圣瑜.读书与修养[N].新华日报,2007-06-06.

础，也是班主任自主发展的基础。通过教育实践，师生朝夕相处，一方面，班主任亲眼看到自己的辛勤劳动化作了学生在德、智、体等方面的进步，看到学生走上工作岗位后成为各条战线上的有用之才并作出较大贡献时，便会感到极大的欣慰和幸福，从而更加热爱教育事业；另一方面，班主任可以在班级管理的实践中不断提高自己的能力和水平，培养其对班主任工作的深厚感情。实际上，许多优秀班主任的思想道德品质和组织管理能力，都是在教育实践中不断磨炼出来的。"为了实践、关于实践、在实践中"构成了班主任自主发展的一条主线。

（三）研究：在把握规律中超越自我

基础教育课程改革要求教师成为研究者。班主任相对于普通教师而言，更应具有较强的研究意识和研究能力。班主任的教育科研能力对其专业化发展起着至关重要的作用。班主任要树立终身学习的思想和教育科研意识，彻底改变专家学者搞科研，班主任搞实践的传统观念。班主任要将工作任务和工作中的难点与教育科研相结合；将接触学生与研究学生相结合；将制订班主任工作计划与研究课题方案相结合；将班主任的教育活动与相关的课题实验研究相结合；将撰写班级工作总结与撰写科研论文、实验报告相结合，在把握规律中超越自己，不断提高工作能力和学术水平。

班主任要在实际工作中加强行动研究。行动研究是实践者通过自身的实践进行研究的形式。行动研究注重理论与实践的紧密结合，所关心的是学校或班级中出现的实际问题，在教师的教学实践中具有广泛影响。行动研究将研究和实践效果有机结合起来，让班主任在班级管理过程中边学习、边提高，真正使班级成为班主任专业发展的载体和摇篮。

（四）反思：在总结经验中提升自我

班主任的自主发展需要个体在反思中不断地培养和提升。反思是指行为主体立足于自我以外批判地考察自己行为及其情景的能力。班主任的反思是指班主任以自己的班级管理活动为思考对象，对自己的思想和态度、行为和方法、教育和管理进行审视和分析的过程，是一条通过提高参与者的自我觉察水平来促进能力发展的途径。

根据美国教育家布鲁巴赫等人的观点，反思性实践可分为三类：一是"对实践的反思"，二是"实践中反思"，三是"为实践反思"。"对实践的反思"是指反思发生在实践之后；"实践中反思"指的是反思发生在实践的过程中；而"为实践反思"则是前两种反思的预期结果，即“对实践的反思”与“实践中反思”的目的最终形成超前性的反思，从而形成在实践之前的三思而行的良好习惯。班主任通过“实践中的反思”来观察自己在班级管理活动中的行为，就好像自己是局外人；而后又进行“对实践的反思”和“为实践反思”，分析班级管理活动，从而不断改善班级管理行为。在经过一段较长时间的反思后，班主任就会成为一个自觉而有效的反思者。

总之，班主任需要经过专门的培养，才能成为具有专业知识、专业技能、专业道德的专业工作者。班主任的专业化发展是一个目标，是一种追求，也是一项事业，需要建立和健全相关的保障制度，促进班主任形成专业角色意识；需要班主任在教育教学实践中去体会和感悟；更需要班主任个体的素质建构、内涵提升、自主发展，从而实现自我完善、自我超越。

【相关链接】

一个不可多得的班主任工作典型①

“小艾，你有没有带什么材料？”

“我什么都没带，就带了一本《人民教育》。”

“你怎么就带了一本《人民教育》？”

“因为里面写了我。”

1996 年，任小艾应邀出席在澳门召开的东南亚华文教育德育工作研讨会，这是她和著名教育家、时任澳门中华教育会会长刘羡冰的一段对话。刘羡冰看完任小艾带的杂志之后，感慨万千地说：“你的经验太好了，太先进了。”

当天晚上，刘羡冰就让会务组复印了 1 000 多份长篇通讯《任小艾》，第二天发放给与会代表，人手一份。就这样，一位年轻班主任的优秀事迹，在中国内地“火”了 7 年之后，又一下子轰动了澳门及东南亚华文教育界。

说起这段“轶闻”，刘堂江面带微笑，一脸轻松，但在写作《任小艾》的 1989 年，他却是经历了一次“痛苦的过程”，不知曾为此挠断了多少青丝。

“1989 年春，《人民教育》朱世和总编辑派我去采访北京优秀教师任小艾。因为在此之前的春节教师茶话会上，任小艾的发言‘一鸣惊人’，许多新闻媒体都已经将镜头对着她。”进入采访后，刘堂江发现，这个年轻教师真不简单，教育观念特别新，育人的方法技巧更是高招迭出，在她身上蕴藏着一种很深厚的东西。

---

① 冯永亮.一个不可多得的班主任工作典型[N].中国教师报，2008－12－24.

但这究竟是什么？他一时也说不清楚，有点“朦朦胧胧云遮月，隐隐约约雾看花”之感。同时，刘堂江也注意到，当时率先报道任小艾事迹的报纸和电视台几乎“众口一词”，就是任小艾“爱学生”，有的说“爱，为了明天”；有的说“啊，伟大的母爱”。

“我觉得爱学生固然是任小艾事迹中很重要的一个方面，但任小艾班主任工作的经验绝不仅仅是个爱学生的问题，应该往深层次开掘。”为了挖透任小艾先进事迹的实质，抓住报道的主旨，刘堂江找任小艾所在学校的校长谈，找时任北京市教育局局长的著名教育家陶西平谈，他们都给了刘堂江很大的启示。“经过反复琢磨，我脑子里逐渐形成一个概念，任小艾班主任工作经验的实质在于：根据20世纪80年代中学生生理和心理变化的新特点，大胆更新教育观念，努力探索一整套全新的育人经验和方法，做好‘80年代中学生’的德育工作。这是任小艾经验的新闻价值之所在，也是我的通讯的主题。”

主题明确以后，刘堂江又研究了夏衍的《包身工》、魏钢焰的《红桃是怎样开放的》、穆青的《县委书记的好榜样》、陈祖芬的《祖国高于一切》等从20世纪30年代到80年代的经典报告文学代表作，最终完成了3万多字的《任小艾》，发表在1989年第6期的《人民教育》上。而这离任小艾“一鸣惊人”已经过去了将近半年，但还是在教育界产生了很大的反响。

现在，将近20年过去了，在中国的基础教育界，任小艾依然还是明星级的人物。谈起《任小艾》的意义，刘堂江说，任小艾敏锐地把握住了20世纪80年代中学生的新特点，用全新的教育理念，创造了一套全新的教育方法和艺术，是新时期做好学生德育工作，做好班主任工作一个不可多得的典型，对于做好中小学的德育工作和班主任工作起了重要的推动作用。

思考与练习

一、思考探究

1. 为什么说建设班集体既是班主任工作的目标，也是班主任专业发展的重要载体？

2. 为什么说班主任专业发展，既是一个目标，也是一种追求，更是一个过程？

二、情境问答

1. 两位公司资产分别为1亿元和60多亿元的中国商人争取荷兰外商在中国的总代理权，最后荷兰总裁挑中了资产少的那位中国商人，原因就在于这位中国商人多读了一本荷兰总裁同样爱好的《道德经》一书，从而赢得了相当难得的商机，改变了公司的命运。有时候事情就是这么简单，什么叫成功？成功就是比别人多读一本书！

请结合自己的实际，谈谈读书对自己专业成长的意义。

2. 著名教育家魏书生说过，教育科研“是每位教师分内的事，是每位教师心灵深处的需要”。他认为：“同样是教书，斯霞、于漪、钱梦龙等许多优秀教师却感到幸福、快乐，充满了新奇感，工作充满了创造性，重要原因之一，在于他（她）们总是从科学研究的角度看待教育教学工作。”

请你谈谈教育科研能否使教师体会到职业的幸福感。

3. 全国教书育人楷模桂贤娣老师有“一周三问”：一问，你爱你的学生吗？二问，你会爱你的学生吗？三问，你的学生能感受到你的爱吗？

请你谈谈如何热爱你的学生。

延伸阅读

1. 齐学红.今天，我们怎样做班主任：优秀班主任成长之路[M].上海：华东师范大学出版社，2006.
2. 张万祥.班主任专业成长的途径：40位优秀班主任的案例[M].上海：华东师范大学出版社，2008.

第十二章 班主任基本功比赛

近年来，随着立德树人教育根本任务的贯彻落实，我国班主任工作与班主任专业发展日益为人们所重视，各级各类的班主任培训不断开展，班主任工作研讨不断深入，加强班主任队伍建设的举措不断推出，而组织开展班主任基本功训练与比赛就是其中的一项重要内容。班主任基本功比赛得到广大班主任老师的积极响应和广泛参与，在全国产生了重要而深远的影响，有力地促进了班主任的专业发展。

第一节 班主任基本功的内涵

为贯彻落实立德树人的教育根本任务，根据《长三角学校德育教师培养合作意向书》，自 2012 年起，长三角地区三省一市（江苏、浙江、安徽、上海）教育厅（教委）决定每年举办中小学班主任基本功大赛，共同探索新形势下班主任队伍建设的新途径、新方法，全面推进班主任队伍专业化发展。基本功比赛聚焦班主任设计主题教育活动的能力，关注班主任解决活动过程中难点问题的能力，考查班主任掌握、运用相关政策和德育原理加强中小学生思想道德教育的能力，提升班主任建班育人的基本功。

这里将班主任基本功与教师基本功、班主任基本功与班主任基本功比赛，以及班主任基本功比赛与班主任专业成长的关系作简要的分析阐述，旨在为班主任基本功比赛的开展提供理论支撑和实践指导。

一、班主任基本功与教师基本功的区别

基本功一般是指从事某项工作所必须具有的基本能力。班主任基本功与教师基本功既有联系又有区别。教师基本功从传统意义上讲，有三方面内容：一是学科

专业技能之功。比如语文教师要能写得一手好字，说得一口标准普通话，即所谓的“三字一话”，音乐教师要会吹拉弹唱等。二是对教材及知识本身的钻研之功。三是对班级、学生的“掌控”之功。上课时“掌控”课堂，带班时“掌控”班级。[①] 班主任基本功是从教师基本功中分化出来的，是教师专业能力在班级建设中的具体化。

“班主任岗位是具有较高素质和人格要求的重要专业性岗位”，“在普遍要求全体教师都要努力承担育人工作的情况下，班主任的责任更重，要求更高”。[②] 应当说，班主任基本功与教师基本功在内涵上有相互联系的方面，即具有一些相同性，因为班主任首先是一名科任教师，教师基本功的要求对班主任来说都是适用的，也是必须具备的。然而，班主任的专业角色与教师的专业角色是有所不同的，他们除了和科任教师一样要完成好教学工作之外，还要履行班主任的职责，要求班主任对他们所在班级学生的生活、学习以及学生的全面发展和班集体建设承担重要责任，要对学生和班集体进行教育和管理。班主任必须具备胜任班主任工作所需要的多方面的基本功。因此，我们认为，班主任基本功是以教师基本功为基础，以专业化为取向，履行班主任职责与任务，开展建班育人所必须具有的基本知识、基本技能和基本素养。基本技能和基本素养要以基本知识为基础，基本知识也只有转化为基本技能和基本素养才能发挥作用。班主任基本功的主要内容应包括以下三个方面。

（一）基本知识

教师的基本专业知识包括学科性知识、教育性知识、实践性知识。专业化的班主任需要有清醒的专业自觉，不能仅凭经验工作，除了要具备一般科任教师所应具备的基本专业知识外，还有特殊的要求。班主任的工作对象既是学生个体，又是班级集体，因此，班主任一方面要具有对学生个体的教育知识，如教育学、心理学、德育学等相关知识；另一方面也要具有对班级集体的教育知识，如班级管理学、班级社会学、班级文化学、集体行为学等相关知识。

（二）基本能力

知识只有转化为能力，才能发挥其潜在的作用。一个专业化的班主任在掌握全面的基本专业知识的基础上，还要具备较强的专业能力，如深入了解和研究学生

---

① 顾文秀.让教育充满常做常新的智慧挑战——谈教师新基本功[J].人民教育，2012(11).

② 教育部关于进一步加强中小学班主任工作的意见[Z].2006-06-04.

的能力、学生个别教育的能力、班集体组织与管理的能力、组织开展班队活动的能力、灵活机智的应变能力、与学生家长和班级科任教师的沟通协调能力、熟练地运用网络开展德育工作的能力以及较强的教育科研能力等。

（三）基本素养

班主任的基本素养主要体现在对待职业、对待学生、对待教育教学和对待自身发展等方面的基本理念和态度。新时代的班主任要以现代教育理念和信念引领专业活动，指导班级管理、开展班级工作。这就需要确立班主任是一个重要的专业性岗位，班主任是学生的主要精神关怀者，班主任是全面关心学生发展的主任教师，班主任是学生发展的“重要他人”，班主任是学生合法权益的保护者等基本理念，做一个专业自觉、专业自信、专业自强的班主任。班主任的基本素养具有先进教育理念、高尚师德修养、公平发展意识、民主法制观念等。

二、班主任基本功与班主任基本功比赛

近年来，各地为加强班主任队伍建设，提高班主任专业化水平，纷纷组织开展了班主任基本功的训练与比赛活动。从各地开展的班主任基本功比赛情况来看，班主任基本功比赛的内容和要求主要有以下四个方面。

（一）基础理论知识

主要涉及近年来党和国家出台的教育方面的重大方针政策中有关班主任工作方面的基本内容，这是班主任应该掌握和了解的现代教育理念、班级管理基本原理。如《中共中央国务院关于进一步加强和改进未成年人思想道德建设的若干意见》，中共中央办公厅《关于培育和践行社会主义核心价值观的意见》，《教育部关于进一步加强中小学班主任工作的意见》和《中小学班主任工作规定》，教育部《中小学德育工作指南》，以及习近平总书记关于教育工作的一系列重要论述等。

（二）主题班会设计

主题班会是指围绕一个专题，在班主任的组织和指导下，根据学生的兴趣和身心发展特点，以班集体的智慧和力量为依托，以学生为主体，经过一系列精心设计、策划的班级教育活动。主题班会是班主任综合素质和教育实践智慧的集中体现，从一位班主任提供的主题班会设计方案中，我们可以更具体地洞悉该班主任的教

育理念和对班主任工作的理解。主题班会设计方案要求体现活动过程的教育性和完整性，一般包括题目、教育背景、教育目标、活动准备、实施过程等基本内容，其中实施过程要具体、明晰、可操作。从2020年起，长三角地区中小学班主任基本功比赛增加了主题班会方案实施的内容。

（三）教育故事演讲

教育故事演讲是班主任通过对班级管理和学生教育中亲身经历的印象深刻的教育案例以故事形式进行叙述，从而揭示内隐于这些故事背后的班主任工作的教育理念、原则、方法和技巧。教育故事演讲要求参赛选手讲述班级管理和学生教育中所发生的故事，其中的得失成败和个人的专业成长，要有真情实感并渗透相关的教育思想和理念。如第二届长三角地区班主任基本功大赛(2013年11月)的教育故事演讲题：小学组，请以“不让一个孩子掉队”为题讲一个教育故事；初中组，请讲述一个指导学生正确消费的教育故事；高中组，请讲述一个帮助学生树立理想、规划人生的教育故事。

（四）模拟情景问答

模拟情景问答是通过具体案例或对班级建设和学生教育中的热点难点问题的虚拟，来考查班主任的班级管理理念、专业能力和教育机智等综合素养。要求参赛选手根据题目提供的具体情景，进行模拟性的体验和思考，提出解决问题的策略和方法。在此基础上，回答评委提问。

模拟情景问答最大的特点是情景性、即时性，限定时间要求选手作出敏捷思考和准确回应。优质回答不仅要求参赛选手有班级管理经验和比较系统全面的专业知识，还要有理论修养和教育机智，难度相对较大。可以说，它是大赛中最能体现选手的教育理念、专业素养、班级管理技能、技巧的具有挑战性的一个环节。

由此可见，班主任基本功比赛与班主任基本功在内容上不同，两者之间是重点与一般、部分与整体的关系。由于班主任基本功比赛受到时间、场地等限制，所选择的内容只能是一些基本的和比较重要的方面，并且是容易展示和检测的内容，不可能涵盖班主任基本功的全部内容，更何况班主任在实际工作中所遇到的情况和需要处理的问题更为复杂和具体。因此，班主任基本功比赛注重培育和聚焦班主任的核心素养。从近年来组织开展的班主任基本功比赛的情况来看，这些内容和要求的设定基本符合班主任工作的实际，得到大家的广泛认同。

第二节　主题班会的基本理念与要求

主题班会方案设计是班主任基本功比赛中的一项重要内容，这说明主题班会与班主任基本功之间的密切联系以及对于促进班主任专业成长具有重要意义。因此，我们要了解班主任基本功与主题班会的内涵和要求及其相互关系，努力提高班主任设计与实施主题班会的能力和水平。

一、主题班会设计与实施的基本理念

习近平总书记说："理念是行动的先导，一定的发展实践都是由一定的发展理念来引领的。发展理念是否对头，从根本上决定着发展成效乃至成败。"理念是一个人观念、思想的总和，它决定了一个人看问题的角度、态度和行为方式。例如，如果你认为"没有教不好的学生，只有不会教的老师"，那么你就会在教学过程中千方百计、想方设法把每个学生教育好，否则你就会感到内心不安；相反，如果你认为学生有三六九等，总有一些学生"恨铁不成钢"，那么你就会在教学过程中只关注学习成绩好的学生，不关心甚至放弃学习上的"后进"生，而你还会心安理得。班主任具有什么样的教育理念决定了他会怎样看待师生关系，怎样与学生交往，怎样设计和实施班级教育活动。因此，班主任组织实施主题班会需要树立科学的教育理念。

（一）树立立德树人的理念

培养什么人、怎样培养人、为谁培养人是教育的根本问题。党的十八大以来，以习近平同志为核心的党中央高度重视立德树人，明确提出要"把立德树人作为教育的根本任务"，并要求"把立德树人融入思想道德教育、文化知识教育、社会实践教育各环节，贯穿基础教育、职业教育、高等教育各领域，学科体系、教学体系、教材体系、管理体系要围绕这个目标来设计，教师要围绕这个目标来教，学生要围绕这个目标来学"。主题班会是对学生进行思想品德教育的重要阵地和载体，属于活动课程，是班主任老师的思政课。我们要根据《中小学德育工作指南》的要求和中小学生的思想实际，组织开展理想信念教育、社会主义核心价值观教育、中华优秀传统文化教育、生态文明教育和心理健康教育。

（二）树立以生为本的理念

学生是一个有思想、情感、欲望、需求以及各种能力的活生生的人，是发展中的人、整体性的人、过程中的人，是其品德发展的主体。组织实施主题班会的出发点和落脚点就是要不断满足中小学生的全面需求、促进他们的全面发展。班会主题内容的选择要与时代的发展，与中小学生的生理心理、思想品德发展状况紧密联系。只有当主题班会使中小学生感兴趣，才能激发起他们主动参与的热情和欲望。外国有这样一句著名的教育格言：你可以把马牵到河边，但是，你不能强迫它饮水。这句话便是强调了教育主体性的重要地位。

（三）树立能力为重的理念

在主题班会中，班主任除了要注重培养学生的良好思想品德，还要提升他们的各种能力，如锻炼中小学生组织、合作、演讲、表演、辩论等方面的能力，更深入一点讲要培养学生的道德实践能力，包括道德判断能力、道德选择能力、道德行动能力和自我反思能力等。这些能力的培养在当今社会尤其重要，要在多元中立主导，在多样中谋共识，在多变中定方向，要培养学生道德判断、道德选择等多方面的能力。这也是发展学生核心素养所要求的内容，是学生将来走向社会、适应生活所必须具有的重要品质和必备能力。

（四）树立生活教育的理念

陶行知先生是中国现代教育史上伟大的人民教育家，生活教育理论是陶行知教育思想的核心，他强调：生活教育是给生活以教育，用生活来教育，为生活向前向上的需要而教育。“生活即教育”不是要把生活与教育等同起来，二者的关系是生活决定教育，教育改造生活。中小学生的生活是丰富多彩的，有学习生活、日常生活、交往生活，有私人生活、公共生活，有物质生活、精神生活，等等。生活是中小学生品德形成与发展的源泉，学生的品德来源于生活，过什么样的生活，就接受什么样的教育，就有什么样的道德。美国教育诗人诺尔特的教育长诗《孩子从生活中学习》，曾影响了很多教师关于教育影响机制的思考，其中，第一句是“如果孩子生活在批评里，他们就学会谴责”，最后一句是“如果孩子生活在友谊中，他们就学会快乐地生活”，这说明生活对学生品格和心理成长产生的影响。因此，主题班会要充分注意主题内容与中小学生现实生活的联系、与中小学生经验世界的联系，要关心他们的学习生活、指导他们的交往生活、引导他们的日常生活，注重学生的情感体验，在生活教育中培养他们的良好品德和健全人格。

二、主题班会设计与实施的基本要求

由于主题班会是班主任综合素质和教育实践智慧的集中体现，因此，主题班会方案设计或实施是班主任基本功比赛的一项重要内容。

（一）主题班会功能定位

从功能上讲，主题班会最重要的目的在于对学生进行思想品德教育，与一般的教育方式不同，主题班会要实现的是德育功能。因此，主题班会是学校开展德育工作的一个重要载体，是学生自我教育的一种有效方式，因而具有思想性、参与性、主体性和教育性等基本特征。

至于主题班会是“课”还是“活动”，在实践中人们的认识还并不一致，有的称“主题班会课”，有的称“主题班会活动”，从性质上说，主题班会活动应该是班会的最主要形式，主题班会活动更能体现班会的主体性、参与性和互动性的原则与要求。如果把主题班会上成“课”，就很容易套用学科教学的模式，变成“一言堂”式的说理课。一般来说，主题班会既是“课”，也是“活动”，它具备“课”的特点，但“活动性”是它的主色调。作为“课”，班主任在实施主题班会时必须遵循课堂教学规范，充分发挥教师的主导作用，凸显学生的主体地位。作为“活动”，班主任在实施主题班会时要充分体现学生的参与性，但又不能变成一种课堂表演。[①] 总之，班会的形式要根据班会的主题和内容来确定。

（二）主题班会方案设计

主题班会方案设计一般包括活动题目、教育背景、教育目标、活动准备、实施过程等基本内容，要求体现活动过程的教育性和完整性，对每一项内容也都有明确的要求。

活动题目要根据主题来设计。题目表达要准确清楚，用陈述句，不用疑问句。题目如用正副标题，虚实结合也可以。例如，以“梦想”为主题设计的主题班会方案中，有的选手设计的题目是“寻找明天的自己——放飞梦想，坚定前行”。

---

① 韩东才.班主任基本功——班级管理的基本技能[M].广州：暨南大学出版社，2009：64－65.

教育背景的分析是主题班会方案设计的重要内容之一。在顺序上，它处于整个方案的第一部分；在地位上，它是整个方案的基础。教育背景的分析不能大而空，要有问题意识，可从宏观和微观或重要性与必要性两个方面，即党和国家的有关方针政策，以及班级和学生的实际情况等方面进行论述，要有现实针对性。

教育目标应明确、具体、可测。根据品德构成的三个因素（道德认知、道德情感、道德行为）来制定，即从认知、情感、行为三个方面进行撰写。教育目标要体现班主任的教育理念和设计思路。教育目标应与教育背景相呼应。

活动准备贵在组织、切忌零碎。要体现教育资源的综合利用，整合家长、社会、学生资源，利用各种媒体资源。可从氛围营造、组织准备、素材准备三个方面，也可从物质准备、心理准备、教师准备、学生准备四个维度进行表述。

实施过程是主题班会方案设计的重点，是主体部分，应包括导入、展开、提升等环节。各环节之间要逻辑自洽、内在关联、层层推进。内容要丰富充实，避免空洞无物，体现班主任的学识修养和经验积累。实施环节的表述要简单、清晰、完整。重点说明这一环节是什么（有环节名称）、做什么（概述活动内容）、怎么做（简单描述教师和学生活动）、为什么这么做（说明这一环节的设计意图和期望达成的效果）。需要强调的是，实施过程要有可操作性，不能搞成表演，也不能写成实录。

总之，主题班会方案设计要贴近学生、主题鲜明，体现主体性、针对性、适切性、操作性、创新性和规范性，做到切入点巧妙、导入方式新颖、环节名称别致、实施环节相扣，这样才能取得比较好的效果，给人留下深刻印象。

【相关链接】

长三角地区班主任基本功比赛中主题班会方案设计的要求

（1）主体性。凸显学生的主体地位，面向每一个学生的个性发展，尊重他们的特殊需要和兴趣爱好；强调学生的参与体验和亲身经历，重视学生在活动过程中的自我生成和创造性建构，为学生自主性的充分发挥开辟广阔时空。

（2）针对性。贴近学生、贴近生活和贴近实际，聚焦一个主题，注重正面引导，紧密联系学生需求和班（队）实情开展劳动教育活动。

（3）适切性。根据教育规律和学生年龄特点设计活动，目标贴切，主题鲜明，内容丰富，学生活动空间较大；形式多样，生动活泼，为学生所喜闻乐见。

(4) 操作性。教育设计体现结构化,具有清晰的层次感,富有内在的逻辑性;实施步骤具体,过程完整,操作性强。

(5) 创新性。锐意进取,立意新颖,方法和形式生动、多样,求新忌陈,不落俗套,具有时代特点,富有创意,体现新思路、新角度、新特色和新水平。

(6) 规范性。方案书写有必要的元素,符合规范的设计体例;语言文字生动流畅,富有感染力;队会要强调仪式。

(三) 主题班会方案实施

主题班会方案的实施主要包括主题导入、主题展开和主题提升三个阶段。

主题导入是主题班会实施的第一阶段,导入的形式要新颖,要简洁、朴实、生动,“良好的开端是成功的一半”;我们可以用故事导入、视频资料导入、趣味活动导入、问题情境导入;导入的活动要有趣味性,能引发学生的情感共鸣和思考,为接下来的主题活动打下良好基础。

主题展开阶段是在主题导入以后,通过有效的活动,让学生深刻体会主题教育的内容,获得关于主题的态度、体验和经验的过程。在这个环节中,班主任要根据主题和学生的特点选择适宜的活动形式,创设体验空间,丰富学生的感受。常用的活动形式有:体验型活动(就是给学生提供相应的体验空间,使他们获得对某个主题内容比较深入的体验,从而加深他们对相关教育内容的深入理解),讨论型活动(学生在班主任老师的正确引导下,围绕某个主题进行深入的探讨或辩论,从而获得对某一问题的深入理解和清晰的认识),表演型活动(通过让学生模拟一定的生活场景,扮演某一生活场景的角色,来获得关于某一问题的深刻体验,比如心理剧、情景剧就是班级活动中常用的体验方式),叙事型活动(通过故事的讲述,调动学生对这个故事的体验,唤起学生的情感共鸣),综合型活动(前面介绍的体验型、讨论型、表演型以及叙事型,实质上都是一种理论上的划分,在真正的主题班会中,往往是两种或几种类型的综合)。

主题提升阶段是在班会结束时由班主任和学生共同总结班会的体悟,进行主题的深化和提升,有助于学生获得关于班会主题的清晰印象,同时也是充分发挥班主任主导作用的重要体现。班主任必须事前准备好“总结发言”,要凸显主题、深化体验和定向引领。班主任在总结发言中要真情投入,能够感染学生,营造更好的情感氛围,进一步增强主题班会的效果。

【相关链接】

长三角地区班主任基本功比赛中主题班会方案实施的要求

(1) 主题导入，自然贴切，引发主动学习；

(2) 教育过程，师生互动，关注动态生成；

(3) 活动形式，强调体验，侧重主体感悟；

(4) 资源利用，精选妙用，激发学生思维；

(5) 媒体技术，运用适切，增强教育效果；

(6) 课堂小结，概括提炼，升华主题内涵；

(7) 目标达成，自主建构，促进自我教育；

(8) 学生参与，乐于合作，发展思辨能力；

(9) 课堂氛围，民主和谐，有助观点分享；

(10) 课外衔接，有机贯通，注重行为引导。

三、努力提高主题班会设计与实施的基本功

班主任工作是一个重要的专业性岗位，不仅需要先进教育理念的引领和高尚人格力量的支撑，而且更需要班主任的教育智慧和专业能力。因此，班主任要以教师专业发展理论为指导，坚持技术理性与实践反思理性相结合，加强理论学习，注重教育实践，善于总结反思，努力提高设计与实施主题班会的能力与水平。

（一）加强理论学习，在学习中更新理念

当今社会是一个学习化的社会，任何人要想跟上时代发展步伐，就得不断学习。根据教师专业发展的理智取向，加强理论学习是班主任提高专业素养和主题班会设计与实施基本功的必然要求。主题班会设计的教育理念是否先进，教育背景的分析是否准确到位，教育目标的设计是否适切可行，活动准备是否体现学生为本、发挥学生的主体作用，教育资源是否得到有效整合，实施过程中能否处理好预设与生成的关系，以及主题班会功能与作用是否有效发挥，这些都与班主任的理论素养密切相关。

因此，班主任要不断加强理论学习，把学习作为一种生活方式，作为生命的一种内在自觉。在学习中更新理念，努力做到学以立德、学以增智、学以致用。要认真学习邓小平理论、“三个代表”重要思想、科学发展观和习近平新时代中国特色社

会主义思想，掌握科学的世界观和方法论，熟悉党和国家的有关方针政策；要认真学习教育学、心理学、管理学等基础知识。运用教育科学理论对班级管理和学生教育中遇到的许多现实问题作出科学的解释，把自己班级工作中积累的经验加以整理，使之条理化、科学化，用于指导班级工作实践，不断提高自身素养和主题班会设计与实施的能力与水平。

（二）注重教育实践，在实践中积累经验

"学习的目的在于运用"，理论必须与实践相结合，坚持知行合一。一个专业化的班主任在掌握基本专业知识的基础上，还要具备较强的专业能力。能力在实践中锻炼，经验在工作中积累。实践是认识的来源，也是班主任专业发展的基础。因此，在班主任专业发展中，既要重视理论性知识，更要重视实践性知识。

建班育人是班主任最基本的实践活动，是班主任积累经验的途径、增长才干的舞台。实际上，许多优秀班主任的思想道德品质和组织管理能力，都是在教育实践中不断磨炼出来的。"为了实践、关于实践、在实践中"构成了班主任专业发展的一条主线，也是班主任成功设计与实施主题班会的关键。

主题班会的主题往往来源于班主任对班级情况和学生特点的分析与把握，对学生当下存在的现实问题的关注与思考。因此，对班会主题的选择与确定可以体现出班主任对班级工作管理经验的丰富性和对教育问题的敏感性。一堂好的主题班会，既得益于一个先进的教育理念、一个鲜明的教育主题，还得益于班主任良好的专业技能和个人素质。从这个意义上说，主题班会不仅是学生展示才艺的舞台，还是班主任个人素质展示的平台，而个人素质的提高就需要班主任不断地在教育实践中锻炼和养成。同时，主题班会的成功还取决于班主任对各种教育元素的组合与重整，以及班主任在长期的教育实践中所积累的丰富经验、教育艺术和在各种具体的教育情景中正确处理教育问题的能力与水平。因此，注重教育实践、积累工作经验，是班主任设计、组织和实施好主题班会的基础和前提。

（三）善于总结反思，在反思中促进发展

反思是指行为主体立足于自我以外批判地考察自己行为及其情景的能力。班主任的反思是指班主任以自己的班级管理活动为思考对象，对自己的思想和态度、行为和方法、教育与管理进行审视和分析的过程，是一条通过提高参与者的自我觉察水平来促进能力发展的途径。根据教师专业发展的实践反思取向，主题班会设

计与实施的基本功既需要班主任在学习中提高、在实践中锻炼，更需要班主任在反思中发展，不断提升专业品质。

主题班会设计与实施的过程应当成为班主任总结反思的过程。班主任通过“实践中的反思”，来观察分析主题班会设计的理念是否准确，教育背景的分析是否符合班级与学生的实际，教育目标设计是否切实可行，活动准备是否体现以学生为本、充分发挥学生的主体作用，教育资源是否得到有效整合等；而后又进行“对实践的反思”和“为实践反思”，分析主题班会组织实施过程中是否处理好预设与生成的关系，学生主体与教师主导的关系，情感体验与价值引领的关系，遵循规范与开拓创新的关系以及主题班会的功能与作用是否得到有效发挥等。主题班会的设计和实施一般要经过主题酝酿、组织实施和总结提升三个阶段。一个专业化的班主任会在每次主题班会后进行及时的总结反思，分析其中的得失与成败，从而不断改进和创新主题班会的理念与方法、内容与形式，提高主题班会的质量与效果。总之，“对实践的反思”，“实践中反思”，“为实践反思”，是班主任提高设计与实施主题班会基本功的有效路径。

对班会主题的选择。从总体上讲，一是依据党和国家有关教育方面的重大方针政策，社会关注的热点问题，使班会主题体现时代性；二是贴近学生的生活实际，关注学生在生命、生活和生态方面面临的新情况新问题，使班会主题体现针对性。

设计主题班会方案，一般都要寻找相关素材或背景资料，类似高考中的命题作文，这些资料体现主题班会开展的宏观背景或重要性。

第三节　模拟情景题的内容与要求

模拟情景题是通过案例和有关问题情景（班级建设和学生教育中的热点难点问题）来考查班主任的班级管理理念、专业能力和教育机智等综合素养的一种面试题型。要求参赛选手根据题目提供的具体情景，进行模拟性的体验和思考，提出解决问题的策略和方法。在此基础上，回答评委提问。模拟情景题是近年来中小学班主任基本功比赛面试中的一项重要内容，从 2016 年第五届（第二轮起）起，长三角地区中小学班主任基本功比赛增加了“班主任角色表演”环节。

一、模拟情景题的主要内容

模拟情景题是一种经验情景，是与班主任生活经验相关的情景，是班主任在日常教育活动中遇到的真实问题。情景的性质是由情景所能暗示问题的性质所决定的，这些教育情景能引起班主任的思维、激发班主任的思考。模拟情景问答要求班主任根据已有知识资料和基本教育理论，运用知识资料和通过思维活动对问题进行分析，这个过程是班主任思考、设计、谋划、创新的过程，通过这个过程班主任能够找到解决问题的答案。班主任运用自己的知识资料、生活经验，通过自己思考整理、排列问题解决的办法，使解决问题的办法逻辑化和系统化，提升班主任的思维品质，促进班主任专业发展。

从班主任职责任务的角度来看，模拟教育情景答辩题的内容主要围绕三条主线展开：班级管理（班集体建设）、学生教育（指导学生的学习和生活）、家校合作（家庭教育指导并保持与家长的沟通协调）。具体来讲，情景题主要涉及以下九个方面。

（一）班集体建设方面

如班干部的选拔培养、班风建设（中途接手乱班）、班级文化建设、学生非正式群体的教育引导、编排学生座位时出现矛盾、班级凝聚力不强、学生不关心集体等。

（二）师生关系处理方面

如学生与科任教师关系的处理，如任课教师拖堂、课堂上师生冲突；班主任与学生关系的处理，如对班主任管理方法学生不认同等。

（三）家校沟通合作方面

如学生学习、纪律、品德等方面情况如何与家长沟通以及沟通方式，家校合作的边界，家长教育观念偏差、家校沟通不畅、家长干涉班主任工作、学生与家长发生矛盾、学生遭遇家庭暴力、家长袒护学生等。

（四）特殊群体学生教育方面

如留守儿童教育、“学困生”问题、学生缺乏上进心、学生不接受批评等。

（五）青春期教育方面

如青春期学生叛逆、学生早恋、不善与同伴交往等。

（六）行为习惯养成教育方面

如学生经常不完成作业、学习习惯不良、做事磨蹭、学生穿戴不合要求、班里失窃、学生说谎等。

（七）网络教育方面

如学生沉迷网络游戏、不能正确使用手机等。

（八）学生心理健康教育方面

如单亲家庭学生心理不健康、学生生命意识淡薄、学生心理承受能力差、学生出现逆反心理、嫉妒心理等。

（九）校园欺凌与暴力方面

如学生之间发生冲突、出现校园霸凌现象等。

二、模拟情景题的答题要求

长三角地区中小学班主任基本功比赛模拟情景答辩的基本要求包括三个方面：基本素养（包括仪容仪表、语言表达、思维逻辑、临场应变等），专业素养（包括专业理论掌握程度、教育观念更新程度、教育目标适切程度、教育方法创新程度、教育效果体现程度），个性特色（包括个性表现、思路新颖、活动富有独创性等）。

模拟情景题一般应从两个方面回答：一是做法，二是想法。做法是应对策略，通过角色表演完成；想法是陈述理由，做法要切实可行，想法要准确科学。因此，模拟情景答辩要坚持价值性与工具性的统一，工具性问题解决的是“怎么办”的问题，价值性问题探讨的是“为什么”的问题。要做到知行统一、说的和做的、做法和想法要前后一致，不能自相矛盾。具体来讲，表演环节，把握三个特点；陈述环节，处理三个关系；追问环节，关注三个维度。

(一) 表演环节，把握三个特点

1. 互动性

班主任角色表演在抽到题目准备 5 分钟后就开始，教育情境中的问题基本上都是班主任在日常班级管理、学生教育中所遇到的各种各样的情况和问题，构成了一个个具体的、处于不断流变中的教育情境。教育情境总是独特的、具体的，涉及特定人物(学生、任课老师、学生家长等)与特定时空(在教室、办公室、校园里、学生家里)，是人际互动情境。因此，班主任角色表演一定是与学生或者科任老师与家长的互动，而不是一种思辨性论述，如康德讲的要让学生成为树林中的树；也不是案例分析，如对两位班主任不同的管理方法进行评价(见下面的"相关链接")。这是增加班主任角色表演环节后与过去的不同，原来的模拟情景答辩首先是怎么看、然后是怎么办，现在首先要解决怎么办的问题，而且是在与助演互动中完成的。

班主任角色表演具有紧迫性，参赛选手必须在有限的时间内迅速作出抉择、采取行动、解决问题(而不是先运用理论进行分析和解释)，班主任角色表演是一种在复杂情境中的即时抉择。

【相关链接】

◆ 康德谈教育时说过，一棵长在旷野中的树，无拘无束，没有制约，于是枝枝杈杈就会疯长，就不能成材。现在有些官二代、富二代、星二代，在社会上不断生发事端，可能就是成了这种长在旷野中的树。怎么让儿童既能顺其自然，又能符合基本的社会规范呢？康德说，那就是树林中的树，既能顺其自然，又有其他树相互制约、相互影响，于是就能挺拔向上，成为有用之材。因此，学生管理就是要让学生成为长在树林里的树。

(1) 谈谈你对康德这一教育思想的理解。

(2) 请你结合学生管理实际，谈谈如何处理好自律与他律的关系。①

◆ 王老师是全校最认真负责的班主任——亲力亲为班级大事小事，时时处处在学生身边紧盯学生一举一动，她每晚在办公室与学生谈话几小时，包办许多学生力所能及之事。全班学生的思想动态她皆一清二楚，班级秩序井然。可是在此大好形势下，却总有一些学生悄悄给她留下类似的小纸条："王老师，请给我们放放假吧，哪怕两个小时都行。"

---

① 选自第二届(2013 年)长三角地区中小学班主任基本功比赛试题。

马老师带班轻松——一周进班的次数甚至没有其他班主任一天多。在此“放羊”情况下，他所带班级凝聚力自然不强，学生迟到、早退、旷课现象较多，学习成绩偏低，但该班课堂气氛活跃，学生个性鲜明，能歌善舞、多才多艺者众多。

两位班主任在班级管理中对管与放的度的把握不同，导致管理效果也出现了很大差异。

请评价两位班主任的管理方法及你在班级管理中把握管与放的基本策略。①

2. 生成性

班主任角色表演的内容、遇到的教育情景具有不确定性，因而具有生成性的特点。因为教育情景不可能都是事先考虑到、准备好的，需要展示班主任的聪明才智、教育机智，体现专业性。班主任在角色表演处理具体问题时，不能就事论事，而是既要体现专业人员的基本素养，又要分清是非，体现价值引领。班主任的角色表演要有针对性、艺术性，说什么，怎么说，要符合情理，对策措施要适合具体场景、紧扣情景内容，能解决问题、有实际效果。切忌空洞说教，不着边际、不切实际。

3. 适切性

班主任角色表演要适合学生年龄特点、切合情景材料的内容要求，要符合情景材料中所呈现的实际情况，不偏离、不做作、不夸张，使表演让人觉得恰到好处。班主任工作的目的是为了促进学生的发展。教育是有目的的行为，班主任是学生的精神关怀者，合法权益保护者，是学生健康成长的引路人。家校沟通要注意准确定位，考虑话语方式，态度真诚平等，说话把握分寸，不能居高临下，态度粗暴。

（二）陈述环节，处理三个关系

1. 内容与形式的关系

从班主任职责任务的角度来看，模拟情景答辩题的内容主要围绕三条主线展开：班级管理（班集体建设），学生教育（指导学生的学习和生活），家校合作（家庭教育指导并保持与家长的沟通协调）。具体包括：班集体建设、师生关系、家校沟通、学生教育（特殊群体）、青春期教育、养成教育、网络教育、心理健康教育、防治校园欺凌与暴

① 选自第三届（2014年）长三角地区中小学班主任基本功比赛试题。

力等方面。陈述必须贴合情景材料，不能生搬硬套，说的和做的要一致，即知行合一。

同时，参赛选手要展示自己现场表达的有声语言能力和肢体表达能力，即表演素养。面对受众时表演者必须自信与坚定，肢体语言的表达要松弛，要善于把握内容逻辑性和节奏感，从而使表演更富有感染力。

表演节奏有两个层面：一是表现在有声语言层面，二是表现在对表达内容的安排上。有声语言节奏的表达通过适当的语速、停顿、间隔等才能形成适当的表达速度，体现表达所需的情感和意境。在表达内容层面上，主要是注重内容表达的叙事性和逻辑性。

身体表现力方面，身体要放松自如，具有一种良好风格的仪态和行为，从而展示出优雅潇洒的风度。风格没有正确与否的标准，但有是否适合的区别。是站着讲还是坐着说，可以选择。参赛选手的身体表达要有信念感，要自信，可以用适当的手势来增强面试中的感染力和表现力，但不能出现任何不恰当的肢体动作，如掏耳朵等，更不能双手抱臂，双腿僵硬。有的选手在表演环节中、互动交流时指手画脚、指指点点，给人看了很不舒服。

表演的理想境界是要让参赛选手面对助演和评委时，和他们共同进入到直观、平等而感性的对话状态，在这个交流过程中他们可以相互吸引并产生精神共鸣。因此，应有真情实感，不能虚情假意。

2. 理论与实践的关系

如果说班主任角色表演是解决“怎么办”的问题，陈述环节是说明“为什么”的问题，班主任角色表演是操作层面的，陈述是理念层面的。班主任角色表演遇到的是教育情境、面对的是具体场景，需要解决实际问题。但在陈述环节要说明做法背后所渗透的教育理念，要分析案例背后所蕴涵的东西，要有理论支撑，要有思想高度，要有专业素养。这就要求参赛选手要关注和了解中小学生的生理心理特点，要掌握教育学心理学的一些基本原理，体现专业性。

3. 个别与一般的关系

模拟情景题的内容是微观的、具体的，要解决的是实际问题，但在陈述时要能够从个别中揭示一般、从局部中看到整体，要从多个维度、多种视角去分析，说明对这一类问题处理的总体思路和理性思考，从而展示自己的基本素养和理论高度。

（三）追问环节，关注三个维度

班主任基本功比赛在面试环节中，参赛选手完成了“班主任角色表演”和陈述理由后，评委的提问是一种追问（追问带有很大的偶然性，不同的评委关注的问题是不一样的），但总体来讲，这种追问关注三个维度。

1. 价值性追问

即为什么的问题。针对参赛选手在“班主任角色表演”和陈述理由中存在的问题，如教育理念上的问题、处理情景方法上的问题进行追问，这种追问的目的是使参赛选手明确班级管理和学生教育中应当遵循的科学的教育理念和教育方法。如在学生换座位问题上，与“和我有帮助的学生坐在一起”这条换座位的原则是有问题的，在价值观上是以自我为中心，需要班主任进行价值澄清。

2. 学理性追问

即是什么的问题。对参赛选手面临的教育情景应当采取的教育方法和教育态度，以及在这种情景问题中所持观点的理由。有的是针对选手回答问题中所提到的某一种教育理论、教育思想或教育观点，请选手作更进一步的思考和阐释。有的是针对选手回答问题过程中遗漏的内容进行一种暗示性的提问。

3. 方法性追问

即怎么办的问题。解决两个问题之间的冲突。对选择一种争端而不选择另一种争端的基本理由的充分性进行检验。有的是针对情景中的两难问题，要求选手能提出解决问题的策略方法和基本思路。也有针对选手在表演和陈述中有些不很恰当的做法而进行的追问。

总之，班主任基本功比赛面试环节，要用专业的视角，体现班主任的专业素养。在面对和处理各种情景问题时，班主任能否体现出专业性，以一个专业人员的形象来表演和陈述以及回答评委的提问，需要认真对待、积极思考和充分准备。

第四节　班主任基本功比赛的内容、特点与价值

这里以长三角地区中小学班主任基本功大赛为例，从理论与实践的结合上对班主任基本功比赛的内容与依据、形式与特点、意义与作用进行科学界定和价值探寻，为班主任基本功比赛的开展提供理论支撑和实践指导。

一、内容与依据

班主任基本功是以教师基本功为基础，以班主任专业化为取向，班主任切实履行工作职责与任务，开展建班育人所必须具有的基本知识、基本能力和基本素养。基本能力和基本素养要以基本知识为基础，否则就没有内涵；而基本知识要转化为基本能力和基本素养，否则就没有价值，这三个方面是相互联系、相辅相成的有机整体。

班主任基本功比赛内容的确定不是随意的，而是依据教师专业发展的理论、班主任基本功的含义和班主任的工作职责与任务，以及班主任工作的教育实践来确定的。关于教师专业发展理论的研究，国内外学者都进行了不少尝试，其中，比较有代表性的为美国学者哈格里夫斯和加拿大学者富兰的观点。他们认为教师发展可以从三个方面来理解：知识与技能发展、自我理解和生态变革。基于此，人们将教师专业发展的取向划分为三种：理智取向、实践反思取向和生态取向。① 这三种教师专业发展取向的理论同样也适用于班主任的专业发展。

理智取向认为，教师专业发展的重点是知识的获得、技能的提升和行为的变化。教师学科专业知识和教育专业知识的掌握，能够促进教师个体行为的变化以及教育教学专业技能的形成。依据理智取向理论，班主任获得的专业知识是其行为变化的基础，班主任掌握了有关专业理论知识，用来指导班级工作实践，就会对行为的变化起到刺激的作用。因此，班主任基本功比赛就包含有班主任工作的基础理论知识和主题班会设计方面的内容与要求。

实践反思取向认为，教师专业发展除了掌握学科性知识和教育性知识，还必须具备一定的实践性知识，即从事教师职业所具有的内隐性知识。教师职业的内隐性知识是教师通过个人的实践与反思获得。依据实践反思取向理论，班主任对于影响其专业活动的知识、理想或信念，主要是依赖于班主任个人或合作的“探究”和“发现”，并在此基础上提出专业发展的设想，发现其中的“意义”，以促成“反思性实践”。因此，班主任基本功比赛设计了班主任的教育故事演讲和模拟情景问答方面的内容与要求。

生态取向认为，教师的成长植根于教师专业发展的生境中，通过个体的学习、实践与反思，强化教师的专业意识、奠定专业基础，提升专业技能，增强职业认同

---

① 杨天平，申屠江平.教师专业发展概论[M].重庆：重庆大学出版社，2012：57－61.

感，形成良好的个体专业发展的生态环境。[①] 依据生态取向理论，促进班主任专业发展应当是一种合作的发展方式，构建一种合作的教师文化。教师文化包括教师在群体中的态度、价值、信念、习惯、假设和做事的方式。因此，班主任基本功比赛要求建立在广泛发动、层层推进、全员参与的基础上，要求"以赛促训、赛训一体"，团队协作、营造氛围，努力使班主任在相互交流、学习借鉴过程中促进整体素质的全面提升。

二、形式与特点

长三角地区中小学班主任基本功比赛采取笔试和面试两种形式，笔试由基础理论知识测试(这部分内容的测试方式一般采用"填空"和"选择"两种题型，或单项选择与多项选择题型)和主题班会方案设计构成。面试包括教育故事演讲和模拟情景问答以及回答评委提问等环节。教育故事演讲和模拟情景问答均采用当场抽签的方式(给予参赛选手一定的准备时间)进行。

2020 年(第九届)长三角地区中小学班主任基本功大赛有重大调整。由于受疫情影响，选手没有到比赛现场参赛，班会主题在比赛前一周公布，不是封闭式的，然后在规定时间内要求参赛选手通过网上提交设计方案和班会课堂实施的视频(小学为 35 分钟，中学为 40 分钟)；面试环节，即教育模拟情景答辩的比赛是在线上进行的。

长三角地区中小学班主任基本功比赛紧密结合时代要求、联系班主任工作的具体实际，针对班主任在建班育人中遇到的情况和问题，制定比赛方案、设计比赛内容，检测班主任的专业能力和专业素养，具有坚持问题导向、注重实践取向和体现专业指向等鲜明的特点。

(一) 坚持问题导向

问题导向就是以解决问题为方向。由于班主任面临的教育对象千差万别，教育情境千姿百态，教育内容千变万化，班主任必须根据具体的教育对象、教育情景和教育内容因人而异、因地制宜，创造出适合的教育方法。班主任在教育中没有现成的模式可以套用，没有一成不变的方法可以照搬，每一位班主任都需要运用自己的聪明才智去做好班级管理和学生教育工作。因此，班主任应具有较强的专业能力和较高的教育智慧。

班主任基本功比赛中坚持以问题为导向。如模拟情景问答题设计就涉及班主

---

① 靳玉乐，殷世东.生态取向教师专业发展的理念与策略[J].教师教育学报，2014(1).

任在班集体建设(班干部选拔培养)、家庭教育指导、家校沟通、特殊学生教育(单亲家庭学生、问题行为学生的教育态度与方法、异性交往、心理健康教育)、学生学习、师生关系、与科任教师关系、职业认识(师德修养)等日常工作中遇到的一系列问题。其中有面对一些家长只关心孩子学习成绩,不让孩子参加学校和班级组织的活动,班主任如何协调处理?当学生不接受教师批评出现极端行为时班主任该怎么办?面对心理承受能力差或自暴自弃的学生,班主任该怎么办?如何帮助学生克服意志品质方面的不足,锻炼他们的意志力?班主任在班级管理中如何把握管与放的尺度?班主任如何与家长沟通,形成教育合力?在同学之间的竞争中如何帮助学生克服嫉妒心理?如何培养学生的自我管理能力?面对家长送礼班主任该怎么做?等等。通过具体教育情景,要求班主任运用有关教育学、心理学和教育哲学、班级管理学等方面的现代教育理论进行分析论述,并提出解决问题的应对策略。

(二)注重实践取向

实践性知识是教师在面临实现有目的的行为中所具有的课堂情境知识以及与之相关的知识,这种知识是教师教学经验的积累。教师的教学不同于研究人员的科研活动,具有明显的情境性。班主任工作是一项需要在实践中不断积累经验,也在实践中促成专业成长的工作岗位。实践取向是教师教育的一种发展趋向。班主任的专业发展必须落实到育人实践的能力提升上。班主任实践性知识和实践智慧的生成需要教育实践情景。

班主任所获得的实践性知识总是特定教育情景的知识,没有教育实践情景活动,就不会有实践性知识的获取。在班级教育工作中,很多情况下需要班主任机智地对待,这种教育的机智不是一成不变的,在某种情况下适宜的和必要的方法,在另一种情况下可能就是不恰当的。只有针对学生的特点和当时的情景有分寸地进行工作,才能表现出班主任的教育智慧。班主任的专业发展就是在复杂情景的问题解决过程中形成的"实践性知识"的发展。作为班主任专业发展的知识基础,实践性知识主要是在班主任遇到问题情境时,通过行动反思与情境对话,对问题情境重构的过程中生成。因此,班主任基本功比赛,无论是主题班会设计、还是教育故事演讲和模拟情景问答都具有鲜明的实践取向,都是班主任在班级教育实践中所遇到的实际情况,具有很强的现实针对性和实践指导性。

(三)体现专业指向

《教育部关于进一步加强中小学班主任工作的意见》指出:"班主任岗位是具有

较高素质和人格要求的重要专业性岗位”，促进班主任专业发展是班主任队伍建设的目标要求。班主任基本功比赛围绕促进班主任专业发展，从专业知识、专业技能和专业道德等方面，设计班主任基本功比赛的内容和要求，如教育故事演讲要求班主任有反思的心路，有创新的行为，有真挚的情感。因此，他们的教育故事是实实在在的，是活生生的。这些教育故事是知识领域中的经验性知识，它和理论性知识一样，都是知识世界中不可缺少的重要部分。通过记载故事、讲述故事，促使班主任老师在实践中不断学习、反思和提升。

又如模拟情景问答要求班主任既要有想法，又要有做法，想法要准确科学，做法要切实可行。苏霍姆林斯基在《给教师的一百条建议》中的第一条指出：“没有也不可能有抽象的学生。”因此，模拟情景问答只要符合教育原理和教育规律以及学生身心发展的特点和规律，只要言之有理、持之有据，就应当给予肯定的评价。因为同样的问题可以有不同的教育方法，不同的学生有不同的特点，不同的班主任有不一样的思维方式。同时，模拟情景问答时还要求班主任分析情景背后所蕴含的思想理念，不能就事论事，要有理论支撑，要有思想高度，体现班主任的教育理念和专业素养。

三、意义与作用

班主任基本功比赛与班主任专业发展是相互联系、相互促进的。班主任基本功比赛是手段，促进班主任专业发展是目的。班主任专业发展要以班主任基本功提高为基础，班主任基本功的提高必然促进班主任的专业发展。因此，我们注意到，一些学者在论述班主任专业基本功时一般都涵盖了班主任专业发展的内容和要求，所以两者是相互关联的，只是论述的角度不同。

（一）班主任基本功比赛有助于改善班主任工作的生态环境

我国教育战线上有数以百万计的班主任，他们是学校思想道德教育的骨干，是实施素质教育、教书育人、立德树人的重要力量。改革开放以来，党和政府高度重视班主任工作，相继出台一系列重要文件，为班主任工作的开展和班主任队伍建设提供了政策依据和制度保障，使我国班主任专业地位得到整体提升。

但在实施过程中，由于班主任工作的一些相关政策还不配套，措施还不到位，因此班主任工作还存在着“职责无边界，发展无阶梯，职业无生涯”等困惑和问题[①]，使

---

① 黄正平.我国班主任工作现状分析与对策建议[J].教育学术月刊，2010(3).

一些教师担任班主任工作缺乏成就感和幸福感。如《中国教师报》(2014 年 6 月 4 日)刊载的杨丽玲老师的文章《我为什么不愿当班主任》,文章从班主任琐碎、繁杂的劳动,承受巨大的责任压力,经济待遇低,年终考核评优制度不合理,以及现在一些学生难管理、家长不讲理等方面,诉说了她不愿当班主任的种种理由。从中可以看出当下班主任的生存状态以及所面临的困难和问题。

然而,班主任基本功比赛由省、市、县(区)等各级教育行政部门层层组织开展,充分体现了政府对班主任工作重要性的高度认同,对班主任专业发展的高度重视。这对于长期在教育一线工作的班主任老师是巨大的鼓舞和鞭策,具有重要的导向和激励作用。我们欣喜地看到一些班主任老师在班主任基本功比赛中脱颖而出,有的已成为当地"班主任名师工作室"的主持人,有的荣获"全国优秀教师""全国中小学优秀德育课教师"、省"优秀教育工作者"等称号,逐渐成长为当地的"名、特、优"教师。有些地方将省(市)班主任基本功比赛一等奖获得者作为省(市)"五一劳动奖章"的表彰对象。因此,班主任基本功比赛对于改善班主任工作的生态环境,调动班主任的工作积极性,增强班主任的成就感和幸福感具有重要意义。

(二) 班主任基本功比赛有助于提高班级管理水平

在实际工作中,影响班级管理水平的因素虽然很多,但是,班主任的基本功是班集体建设的关键因素。班集体建设与管理是一项极其复杂、专业性很强的工作,不仅需要先进教育理念的"先导"和班主任人格力量的支撑,而且需要班主任的教育智慧和扎实基本功。开展班主任基本功比赛,促使班主任们能静下心来反思自己班级管理和学生教育的思想和态度,反思自己的行为和方法,反思自己班级工作中的得失和成败,体现了班主任专业发展的实践反思取向。正如一位参赛的班主任老师说:"用学到的思想理念反观自己的教育行为,不得不承认,自己很多行为是有问题的,甚至是有悖教育法律法规的,自己的管理方式存在着许多缺憾。"通过实践反思,能够让班主任更好地认识自己,更好地认识学生,更好地总结工作中的经验和不足,从而努力改进教学工作和班级管理的方式方法。因此,班主任基本功比赛有助于提高班主任的专业素养和班级管理水平。

(三) 班主任基本功比赛有助于促进班主任专业发展

班主任专业化是教师专业化的一种特殊形式。班主任在学生成长发展中的地位与作用日益受到人们的重视和关注,班主任的角色正在经历着由"副业"向"主业"、由"职业"向"专业"的深刻转变。因此,班主任应当成为基本功扎实的专业教育工作者。

近年来，各地各校为了做好参赛的准备工作，都分别组织开展班主任基本功训练与比赛活动，层层推进，全员参与，有力地促进了班主任队伍整体素质的提升。正如一位参赛的班主任老师深有感触地说："我现在处理学生中的问题时，不像过去那样草率、简单，而是能够多作一些思考，多想一些办法，多了一些儿童立场。"在班主任基本功训练与比赛过程中，班主任们努力学习党和国家关于教育方面的方针政策、有关教育法律法规，学习德育与班主任工作的基础理论知识，研讨班集体建设与管理的方法和技巧，提升了教育理念与专业素养，体现了班主任专业发展的理智取向；在班主任基本功训练与比赛过程中，班主任之间加强相互学习交流，实现了资源共享、优势互补，共同成长，体现了班主任专业发展的生态取向。有的参赛班主任老师甚至感到"一次比赛胜过十次培训"。因此，班主任基本功比赛使班主任能够进一步认清自己的角色与使命，更有效地履行班主任的职责与任务，不断提高自身的专业化水平，有助于促进班主任的专业成长。

实践证明，班主任基本功比赛是一个重要平台，是一种政策导向，是一项激励机制，是落实立德树人教育根本任务的一项重要举措，是加强班主任队伍建设，促进班主任专业发展的有效形式。

思考与练习

思考探究

1. 长三角地区中小学班主任基本功比赛中主题班会方案设计与实施的基本要求是什么？

2. 从班主任职责任务的角度来看，班主任基本功比赛的模拟教育情境答辩题主要涉及哪些内容？

延伸阅读

1. 教育部基础教育司.关于开展2021年全国中小学班主任基本功和思政课教师教学基本功展示交流活动的通知，2021-07-05.

2. 长三角地区中小学班主任基本功比赛试题资料(2012—2020)

后记

为贯彻落实《中共中央国务院关于进一步加强和改进未成年人思想道德建设的若干意见》《教育部关于进一步加强中小学班主任工作的意见》和《中小学班主任工作规定》的精神，进一步探索新形势下班主任队伍建设的新思路、新途径、新方法，推进班主任队伍的专业化建设，上海市教委、江苏省教育厅、浙江省教育厅、安徽省教育厅决定，自2012年起，每年举办一次长三角地区中小学班主任基本功大赛。受江苏省教育厅委托，江苏省教育学会班主任专业委员会、南京师范大学班主任研究中心、南京师范大学出版社共同策划并编写了《班主任专业基本功》一书。

本书力图体现班主任专业化理论研究的新进展，针对作为"专业"的班主任在"应知、应会、应能"方面的基本内容，以及班主任基本功大赛的基本要求，以通俗易懂、简明扼要的语言对班主任的专业道德、专业知识和专业技能进行全面论述，以提供对班主任工作具有可操作性的指导建议。

在江苏省教育厅基教处领导的直接关心和具体指导下，经过编委会成员的充分讨论和认真编写，本书第1版于2013年7月出版。在编写过程中，南京师范大学班主任研究中心副主任、江苏省教育学会班主任专业委员会副理事长朱曦副教授，南京师范大学出版社时任高教部主任林荣芹，参与了该书写作框架的讨论，并提供了丰富的案例素材；江苏省教育学会班主任专业委员会副理事长、江苏第二师范学院黄正平研究员承担了第一编第一、二、三章，以及第三编第九、十一章的写作；南京师范大学班主任研究中心主任、江苏省教育学会班主任专业委员会理事长齐学红教授承担了第二编第四、五、六、七章，以及第三编第八、十章的写作。时任江苏省委教育工委副书记、省教育厅副厅长（现任南京大学党委书记）胡金波先生拨冗为本书作序。在此，对关心本书编写出版的各位领导和专家表示衷心的感谢！

本书出版后，得到诸多地方教育行政部门的厚爱和许多班主任的喜爱，有的将其作为班主任全员培训的指定用书，这是对我们的鼓励和鞭策。2014年、2017年，我们对本书做过两次修订，并在相关章节编配了二维码，链接丰富的“延伸阅读”资源。为深入学习贯彻习近平总书记关于教育工作的重要论述，根据近年来我国基础教育改革发展的新形势以及党和国家对教育改革发展的新要求，我们对本书内容再次进行了修改和完善，并增加了第十二章“班主任基本功比赛”，由黄正平撰写，从而使本书更具针对性、时代性和实用性。

由于水平有限，书中出现不当之处在所难免，恳望得到广大读者的批评指正，以期本书日臻完善！

作　者

2021 年 4 月